Heiner Knell

**Athen im 4. Jahrhundert v. Chr. –
eine Stadt verändert ihr Gesicht**

Heiner Knell

# Athen im 4. Jahrhundert v. Chr. – eine Stadt verändert ihr Gesicht

Archäologisch-kulturgeschichtliche Betrachtungen

Wissenschaftliche Buchgesellschaft
Darmstadt

Einbandgestaltung: Neil McBeath, Stuttgart.

Einbandmotiv: Statue der Eirene mit dem Plutosknaben.
Römische Kopie nach dem Bronzestandbild des Kephisodot d. Ä.
München, Glyptothek Nr. 219.

Die Deutsche Bibliothek – CIP-Einheitsaufnahme
Ein Titeldatensatz für diese Publikation ist bei
Der Deutschen Bibliothek erhältlich.

Das Werk ist in allen seinen Teilen urheberrechtlich geschützt.
Jede Verwertung ist ohne Zustimmung des Verlages unzulässig.
Das gilt insbesondere für Vervielfältigungen, Übersetzungen,
Mikroverfilmungen und die Einspeicherung in und Verarbeitung
durch elektronische Systeme.

© 2000 by Wissenschaftliche Buchgesellschaft, Darmstadt
Gedruckt auf säurefreiem und alterungsbeständigem Papier
Printed in Germany

**Besuchen Sie uns im Internet: www.wbg-darmstadt.de**

ISBN 3-534-14987-4

# Inhalt

| | |
|---|---|
| Verzeichnis der Abkürzungen | 7 |
| Vorwort | 9 |
| Einleitung | 11 |
| Der Friedhof des Kerameikos und attische Grabreliefs spät- und nachklassischer Zeit | 23 |
| Das Pompeion | 47 |
| Die Pnyx | 55 |
| Die Agora | 63 |
| *Das Buleuterion* | 65 |
| *Die Tholos* | 67 |
| *Die Ehrenstatue des Konon* | 70 |
| *Das Standbild der Eirene* | 73 |
| *Der Tempel des Apollon Patroos* | 80 |
| *Das Kultbild des Apollon Patroos* | 89 |
| *Der Oikos der Phratriengötter* | 91 |
| *Das Eponymenmonument* | 93 |
| *Die Gerichte* | 96 |
| *Handel* | 105 |
| *Die Münze Athens* | 107 |
| Das Heiligtum des Asklepios | 115 |
| *Asklepiosdarstellungen* | 121 |
| Das Dionysostheater | 126 |
| *Das Standbild des Sophokles* | 139 |
| Choregische Weihgeschenke | 148 |
| *Das Lysikratesmonument* | 149 |
| *Das Thrasyllosmonument* | 159 |
| *Das Nikiasmonument* | 161 |
| Das Panathenäenstadion | 167 |
| Gymnasien in Athen | 173 |
| *Die Akademie* | 175 |
| *Der Kynosarges* | 180 |
| *Das Gymnasion beim Lykeion* | 182 |
| *Das Standbild des Apollon Lykeios* | 184 |
| *Götterbilder des Praxiteles* | 186 |
| Schlußbetrachtung | 196 |
| Glossar | 205 |
| Register der Schriftquellen und Inschriften | 211 |
| Allgemeines Register | 213 |
| Abbildungsnachweise | 219 |

# Verzeichnis der Abkürzungen

Zusätzlich zu den in AA 1997, 611 ff. empfohlenen Abkürzungen werden folgende Abkürzungen verwandt:

| | |
|---|---|
| Auffarth | Chr. Auffarth, Aufnahme und Zurückweisung „Neuer Götter" im spätklassischen Athen: Religion gegen die Krise, Religion in der Krise?, in: Eder, 337 ff. |
| Bengtson | H. Bengtson, Griechische Geschichte, HdA 3 ⁵(1977) |
| Bleicken | J. Bleicken, Die athenische Demokratie ⁴(1995) |
| Borbein | A. H. Borbein, Die griechische Statue des 4. Jahrhunderts v. Chr. Formanalytische Untersuchungen zur Kunst der Nachklassik, JdI 88, 1973, 43 ff. |
| Camp | J. M. Camp, Die Agora von Athen (1989) |
| Clairmont | C. W. Clairmont, Classical Attic Tombstones (1993) |
| Coulton | J. J. Coulton, The Architectural Development of the Greek Stoa (1976) |
| Délorme | J. Délorme, Gymnasion. Étude sur les monuments consacrés á l'éducation en Gréce, BEFAR 196 (1960) |
| Deubner | L. Deubner, Attische Feste (1932), (Nachdruck 1962) |
| Dörpfeld | W. Dörpfeld – E. Reisch, Das griechische Theater (1896) |
| Eder | W. Eder (Hrsg.), Die Athenische Demokratie im 4. Jahrhundert v. Chr. Verfall oder Vollendung einer Staatsform? (1995) |
| Gruben | G. Gruben, Die Tempel der Griechen ³(1980) |
| Habicht | Chr. Habicht, Athen. Die Geschichte der Stadt in hellenistischer Zeit (1995) |
| Hintzen-Bohlen | B. Hintzen-Bohlen, Die Kulturpolitik des Eubulos und des Lykurg (1977) |
| Hoepfner | W. Hoepfner, Das Pompeion. Kerameikos 10 (1976) |
| Judeich | W. Judeich, Topographie von Athen ²(1931) |
| Knell | H. Knell, Überlegungen zur öffentlichen Architektur des 4. Jahrhunderts in Athen, in: Eder, 475 ff. |
| Knigge | U. Knigge, Der Kerameikos von Athen. Führung durch Ausgrabung und Geschichte (1988) |
| Lullies | R. Lullies – M. Hirmer, Griechische Plastik. Von den Anfängen bis zum Beginn der römischen Kaiserzeit ⁴(1979) |
| Parke | H. W. Parke, Athenische Feste (1987) |
| Parker | R. Parker, Athenian Religion. A History (1997) |
| Richter | G. M. A. Richter, The Portraits of the Greeks 1–3 (1965) |
| Schmaltz | B. Schmaltz, Griechische Grabreliefs (1983) |
| Stupperich | R. Stupperich, Staatsbegräbnis und Privatgrabmal im klassischen Athen (1977) |
| Thompson | H. A. Thompson, Buildings of the West Side of the Agora, Hesperia 6, 1937, 1 ff. |
| Thompson–Wycherley | H. A. Thompson – R. E. Wycherley, The Agora of Athens (1972) |
| Welwei | K.-W. Welwei, Das klassische Athen. Demokratie und Machtpolitik im 5. und 4. Jahrhundert (1999) |
| Zanker | P. Zanker, Die Maske des Sokrates. Das Bild des Intellektuellen in der antiken Kunst (1995) |

# Vorwort

Bekanntlich gilt die fast ein halbes Jahrhundert andauernde Friedenszeit vom Ende der Perserkriege bis zum Ausbruch des Peloponnesischen Kriegs und somit die Phase zwischen 478 und 431 v.Chr., die als eine besondere Epoche unter dem von Thukydides geprägten Schlagwort einer Pentekontaetie bekannt geworden ist[1], als Kulminationspunkt griechischer Kunst und als Höhepunkt griechischer Kultur überhaupt. Mit Verweis auf Dichter und Schriftsteller wie Aischylos, Sophokles und Euripides sowie Herodot und Thukydides oder auf Künstler wie Phidias und die unübertroffenen Meisterwerke der Architektur auf der Athener Akropolis ist dies leicht zu begründen. Wer wollte schon widersprechen, wenn dabei von Künstlern, Architekten und Intellektuellen die Rede ist, deren Werke fraglos zu den herausragenden Ergebnissen der Weltkultur gehören.

Allerdings ist mit solchen Stichworten und Hinweisen noch wenig über die Stadt, aus deren Lebenszusammenhang derartige Spitzenwerke hervorgegangen sind, gesagt. Bisweilen kann sich der Eindruck aufdrängen, die immer wieder betonte Betrachtung der gepriesenen opera nobilia habe den Blick auf die Stadt selbst und deren Ausstattung oder Gestalt eher verstellt oder doch zumindest eine genauere Berücksichtigung des städtischen Gefüges und eines dadurch mitgestalteten Lebensklimas weniger motiviert. Dies müßte nicht völlig willkürlich sein, weil dem eigentlichen Stadtgebiet in jener viel gerühmten Epoche anscheinend nur wenig Interesse galt. Zumindest stellt sich das Bild, das das städtische Zentrum Athens von seiner auf das 5. Jahrhundert v.Chr. projizierten Blütezeit hinterlassen hat, baulich eher bescheiden und unattraktiv dar. Es mag sein, daß die vor allem in perikleischer Zeit äußerst ehrgeizig und zielstrebig betriebene Erneuerung und Ausstattung der Athener Akropolis nahezu alle Aufmerksamkeit und Kräfte an sich gebunden hatte, so daß es kaum noch möglich war, sich zusätzlich mit anderen Projekten zu befassen und weitere Bauaufgaben zu fördern.

Daß eine derartige Fokussierung keinen unverrückbar gebliebenen Dauerzustand beschreibt und nicht für alle Zeiten der Geschichte Athens gilt, deutet der Titel dieses Buchs an. Dabei konzentriert sich die Betrachtung auf das 4. Jahrhundert und damit auf eine Zeit, in der für Athen, wie beispielhaft das erneuerte Dionysostheater oder die großen Gymnasien zeigen können, andere Prioritäten galten. Daß sich damit aktualisierte Themen für die Stadt, ihr Image und ihren Ruf äußerst positiv auswirken sollten, ist gut überliefert. Offensichtlich gewinnen jetzt die Stadt selbst und ihre Ausstattung vermehrtes Interesse, ein Paradigmenwechsel, der in der Stadtgestalt seinen deutlichsten Niederschlag gefunden hatte. Damit aufgeworfene Fragen stehen im Mittelpunkt dieses Buchs. Die Konzentration der Betrachtung auf Athen selbst und seine Stadtgestalt bringt es mit sich, daß andere Stätten Attikas wie z.B. Brauron, Eleusis, Piräus oder Rhamnus im hier gegebenen Zusammenhang außer Betracht bleiben. In erster Linie soll der Versuch unternommen werden, ein möglichst differenziertes und zugleich plausibles Bild von Athen in einer Zeitphase zu skizzieren, die für die Entwicklung der Stadtgestalt des antiken Athen wichtiger und folgenreicher gewesen sein dürfte als jede andere Epoche der Geschichte dieser Stadt. Daß es dabei nicht nur auf die materiellen Hinterlassenschaften, die durch archäologisches Fundmaterial bekannt geworden sind, beschränkt werden kann, ist naheliegend. Darüber hinaus wird von anderen Überlieferungen die Rede sein, deren Bewertung die fachliche Zuständigkeit des Archäologen leicht überschreiten kann. Dabei bleiben archäologische Funde die wesentlichen Gegenstände dieser Studie, deren Rahmen zusätzlich durch historische und kulturgeschichtliche Überlieferungen abgesteckt wird. Trotzdem bleibt die Betrachtung – wie jeder Interpretationsversuch, der sich nicht nur im engeren, eigenen Kompetenzrevier bewegt – ein riskantes Vorhaben, dessen Durchführung und Wege in ungesichertes Terrain voller Fallen und Untiefen führen können. Doch sollte ein solcher Versuch nicht zuletzt deshalb interessant und lohnend sein, weil er als Fallstudie einem Thema gilt, durch das sich Athen als eine besondere und in ihrer bemerkenswerten

Art unvergleichbare Stadt zeigt. Anscheinend wurde Athen erst nach der viel zitierten Blütezeit der Klassik des 5. Jahrhunderts v. Chr. und durch im 4. Jahrhundert v. Chr. umgesetzte Veränderungen und Erneuerungen zu dem, was den bleibenden Glanz dieser Stadt ausmacht: eine Stätte, die sich als Zentrum und Hort von Kultur schlechthin versteht. Deshalb gilt diese Studie vornehmlich jenem Athen, das kulturelle Kompetenz und Ausstrahlung zur Leitlinie einer neu verstandenen Gegenwart und einer auf zukünftige Zeiten gerichteten Parole werden ließ. Auch deshalb gab sich die Stadt ein neues und – wie dieses Buch zeigen soll – unverwechselbares Gesicht.

Soweit dies möglich erschien, wurden die einzelnen Kapitel so formuliert, daß sie jeweils in sich abgeschlossene Teildarstellungen ergeben, die weitgehend ohne ein Querlesen in anderen Abschnitten verständlich sein sollten. Da sich dieses Buch nicht nur an die Fachwelt wendet, sondern nicht weniger an allgemeiner an antiker Kunst, Architektur und Kulturgeschichte interessierte Leser, begleiten den Text Abbildungen, die den Inhalt unmittelbar anschaulich werden lassen sollten. Anmerkungen beschränken sich auf Quellenmaterial und Hinweise zu weiterführender Literatur. Da es im gegebenen Zusammenhang vor allem um Athen selbst und seine Stadtgestalt geht, bleiben andere Orte und Fundplätze aus Attika und der Umgebung Athens unberücksichtigt oder werden höchstens beiläufig gestreift.

Daß die Darstellung dieses vielschichtigen Themas Kompetenz und fachliche Möglichkeiten einer Person überschreitet, ist naheliegend. Um so dankbarer nenne ich bereitwillig erteilte Anregungen und Hilfen, die ich vielfach in Anspruch nehmen durfte. Dabei gilt mein Dank insbesondere A. H. Borbein, G. Böhme, W. Eder, W. Ehrhardt, G. Fischer, H.-R. Götte, W. Hoepfner, H. Kienast, V. Kockel, L. Schneider, St. F. Schröder, M. Stahl, R. H. W. Stichel, R. Stupperich, H. Svenshon, B. Wernig, D. Willers und P. Zanker.

Darmstadt, im Juli 2000

Heiner Knell

---

[1] Thukydides 1.118,2.

# Einleitung

Im 4. Jahrhundert v.Chr. entstandene Bau- und Kunstwerke Athens sind die Gegenstände dieser Studie. Sie verfolgt weniger die Absicht, bisher offen gebliebenen Fragen zu einzelnen archäologischen Funden nachzugehen, sondern soll versuchen, Zusammenhänge aufzuzeigen und Bögen zu schlagen, die über die Darstellung von Einzelwerken hinausgehen. Insofern sind einzelne Bau- oder Kunstwerke Brückenpfeiler einer Betrachtung, deren Ziel es ist, die Situation Athens in einer bestimmten und für das Verständnis der kulturellen Bedeutung dieser Stadt m.E. sehr aufschlußreichen Zeit aus archäologischer Sicht zu thematisieren. Dabei wird zu diskutieren sein, in welcher Weise sich Athen im 4. Jahrhundert von anderen Zeiten seiner Stadtgeschichte unterscheidet und welche Eigenheiten durch Stadtgestalt und Ensemblebildungen evident werden konnten. Allerdings muß nicht jede inhaltlich bedingte und offensichtlich erkennbare Veränderung bedeuten, daß deshalb ältere Traditionen keine Rolle mehr gespielt hätten und vernachlässigt worden sein müßten.

Den zeitlichen Rahmen stecken scheinbar sehr pragmatisch anmutende Daten bestimmter historischer Ereignisse ab[1]. Der Beginn des hier thematisierten Zeitraums konzentriert sich auf das Ende des Peloponnesischen Kriegs 404 v.Chr. mit der Niederlage Athens[2]; der Abschluß der Studie verweist auf Athens Verlust seiner Autonomie durch die 317 v.Chr. vom makedonischen Hof auferlegte Staatsverwaltung durch Demetrios von Phaleron und die zehn Jahre später erfolgte Okkupation Athens durch Demetrios Polyorketes[3]. In den zwischen diesen Eckdaten liegenden Generationen erlebte Athen zwar nicht nur gute Zeiten, aber doch auch eine Blüte, mit der nach dem dramatischen Machtverlust durch die katastrophale Niederlage im Peloponnesischen Krieg wohl kaum jemand rechnen konnte. Wahrscheinlich war es geschickter Politik in Athen und zumindest latent stets vorhandener und bisweilen auch aufbrechender Konkurrenz und Uneinigkeit zwischen anderen Poleis zu danken, daß sich Athen von den schweren Verlusten, die der Peloponnesische Krieg über diese Stadt gebracht hatte, innerhalb weniger Jahrzehnte so weit erholen konnte, daß Athen wieder als spürbarer Faktor bemerkbar wurde. Nicht zuletzt äußerte sich dies in Baumaßnahmen, die das Bild der Stadt derart nachhaltig verändert haben, daß der Eindruck entstehen könnte, Athen habe jetzt die Rolle einer Metropole übernommen.

Heutige Besucher nehmen hiervon freilich nur wenig wahr, weil von den im Stadtgebiet gelegenen Bauten höchstens noch rudimentäre Reste überliefert sind. Der auf Athen gerichtete Blick heutiger Betrachter trifft vor allem und fast ausschließlich auf die Akropolis mit ihren in perikleischer Zeit, also im Zenit von Klassik schlechthin entstandenen Meisterwerken[4]. Nach wie vor schmücken und bestimmen diese einzigartigen Zeugnisse antiker Kunst und Kultur als dominante Stadtkrone das Bild Athens (Abb. 1). Dabei gerät leicht in Vergessenheit, daß dies von der Stadt selbst und dem Leben, das sich in ihr abspielte, kaum einen Eindruck vermittelt. Allerdings ist nicht auszuschließen, daß die auf das Schlagwort „Akropolis" verkürzte Bezeichnung Athens bestimmten, im 5. Jahrhundert verfolgten Interessen nicht ganz fremd zu sein braucht. Auf jeden Fall konzentrierte die perikleische Zeit nahezu alle ihr zur Verfügung stehenden Ressourcen auf die Neuausstattung der Athener Akropolis[5], so daß für die zu ihren Füßen ausgebreitete Stadt nur noch wenig Mittel übrig blieben.

Dies sollte sich erst im 4. Jahrhundert v.Chr. deutlicher ändern. Die Ausgestaltung der Stadt mit Gebäuden für öffentlichen Nutzen wurde zu einem wichtigen Thema. Zu dieser Zeit veränderte sich nicht nur das Stadtbild; zugleich setzte ein Bauboom ein, wie ihn Athen zuvor noch nicht gekannt hatte. Summiert man dessen Ergebnisse und vergleicht sie mit dem in der Klassik des 5. Jahrhunderts erbrachten Bauvolumen, dann zeigt sich, daß die Athener Bautätigkeit des 4. Jahrhunderts jene des 5. Jahrhunderts bei weitem übertroffen haben muß. Die für öffentliches Bauen in Anspruch genommenen Grundstücksflächen sind in ihrer Größenordnung relativ gut abschätzbar[6]. Sie zeigen, daß hierfür im 4. Jahrhundert eine Gesamtfläche von etwa 60000 qm überbaut wurde, während für öffentliche Bauten des

# Einleitung

Abb. 1. Die Athener Akropolis. Ansicht von Südwesten.

5. Jahrhunderts gut 20000 qm ausreichend gewesen sind[7]. Ob dieser bemerkenswerte Umstand als Begründung ausreicht, um gerade für diese Zeit die archäologischen Überlieferungen Athens monographisch zu thematisieren, mag kritisch hinterfragt werden, zumal die reine Bauflächenquantität noch nicht allzu viel aussagt.

Interessanter und aufschlußreicher dürfte es sein, nach Form, Inhalt und Bedeutung der im 4. Jahrhundert v. Chr. in Athen geschaffenen Bau- und Kunstwerke zu fragen. Daß sie in einer Zeit entstanden sind, die in unterschiedlicher Weise Veränderungen und mehrfachem Wandel ausgesetzt war, kann als pauschaler Hinweis der näheren Betrachtung vorausgeschickt werden. Der Wandel betrifft die Rolle und Bedeutung Athens innerhalb ihres geographischen, geschichtlichen und kulturellen Kontextes ebenso, wie Wertvorstellungen und Selbstbewußtsein der Bürger, die von Veränderungen, die die Stadt betrafen, nicht unberührt bleiben konnten. Dabei mag es im hiesigen Zusammenhang genügen, wenn einige besonders wichtige Ereignisse der Geschichte Athens, die nicht ohne Folgen für den Zustand dieser Stadt geblieben sind, stichwortartig in Erinnerung gerufen werden.

Als Beginn des Zeitraums, dem das folgende Interesse gilt, wurde das Ende des Peloponnesischen Kriegs genannt. Tief gedemütigt, mußte Athen eine nahezu bedingungslose Kapitulation gegenüber seinem verhaßten Gegner Sparta hinnehmen und dessen Sieg akzeptieren[8]. Der Krieg, der nahezu eine ganze Generation dauerte, hatte Athen machtpolitisch, militärisch, wirtschaftlich und moralisch ausgelaugt. Bereits während der zäh verlaufenden Kriegsjahre wurden innerhalb des attischen Seebunds Abspaltungstendenzen spürbar. Viele der Partner im Seebund waren froh, daß sie nach dem verlorenen Krieg nicht mehr an Athen gebunden blieben. Damit hatte Athen nicht nur einen Krieg verloren, sondern zugleich seinen gesamten Einfluß aufgeben müssen.

Bereits in den späteren Kriegsjahren hatten sich in Athen selbst Unzufriedenheit mit den labilen Situationen und Zweifel an der Tauglichkeit von Staat und Verfassung ausgebreitet. Im Jahr 411 v. Chr. wurde sogar die demokratische Verfassung zwischenzeitlich suspendiert.

Auch wenn sie ein Jahr später wieder eingeführt werden konnte, blieben Kritik und der zweifelnde Blick in eine unsichere Zukunft allenthalben spürbar. Im Jahr der Kapitulation Athens war es dann wohl für eine machtgierige Gruppe, die als die berüchtigten „Dreißig" in die Geschichte eingegangen sind, kein allzu großes Problem mehr, die Staatsmacht an sich zu reißen[9]. Deren äußert hart und rücksichtslos betriebenes Terrorregime trug dazu bei, die in Angst und Schrecken versetzte Bevölkerung Athens zu demoralisieren. Trotzdem gelang es nach einem knappen Jahr, die Tyrannen zu vertreiben und die Rechte der Verfassung wieder einzusetzen. Für Athen, die einst stärkste Macht der Ägäis, ging es jetzt vor allem darum, sich auf die veränderte Situation einzustellen und den Staat nach innen und außen zu stabilisieren.

Daß die Zeit um die Jahrhundertwende nicht nur durch machtpolitische Veränderungen für Athen einen Einschnitt bedeuten sollte, ist mehr als einen nur knappen Hinweis wert. Offensichtlich wurde diese Zeit auch unter ganz anderen Gesichtspunkten als das Ende einer Epoche verstanden. Dies unterstreicht eine Bemerkung, durch die Aristophanes im Jahr 405 v.Chr. fast apodiktisch feststellte, nach dem Tod des kurz zuvor verstorbenen Sophokles, dem letzten der drei großen attischen Tragiker, sei das Ende der Tragödiendichtung gekommen[10]. Zwar braucht man dies – bezogen auf die Dichtung – nicht zu generalisieren[11], doch ist es bemerkenswert, daß mit dem Tod des Sophokles in Athen selbst die Vorstellung vom Ende einer Kulturepoche aufkam.

Auch andere Ereignisse bestätigen, daß Athen eine Krisenzeit durchlebte. Exemplarisch zeigt dies der berühmte Prozeß gegen Sokrates[12]. Dessen Tod im Jahr 399 v.Chr. ist wohl auch und nicht zuletzt die Konsequenz einer Zeit, die sich in ihren Grundfesten erschüttert sah. Dies meint keine machtpolitischen oder wirtschaftlichen Einschnitte, sondern tiefer eingreifende Irritationen. Hierzu gehört, daß man sich nicht mehr damit begnügte, die Lebensumstände, den Staat und sogar die heiligen Mythenüberlieferungen oder auch die Götter als gleichsam unverrückbar vorgegebene Selbstverständlichkeiten zu akzeptieren, sondern daß man damit begonnen hatte, die Dinge zunehmend intensiver zu befragen und kritisch in Frage zu stellen. Sokrates, der dies wie kein zweiter unnachgiebig und beispielhaft betrieben hat, trug damit – und sei es auch gegen eigene Absichten – entscheidend dazu bei, daß Fragen gestellt wurden, die vor nichts mehr Halt machten. Die Versiertheit der Sophisten[13], die jede noch so schäbige Schurkerei wortgewandt und unwiderlegbar zu begründen verstanden, ist nicht zuletzt ein Mißbrauch der Lehren und Methoden des Sokrates. Solche Entwicklungen und Ereignisse tragen zumindest punktuell zu einem Verständnis dafür bei, daß mit dem Übergang vom 5. zum 4. Jahrhundert nicht nur ein Jahrhundertwechsel wie andere auch zur Diskussion steht, sondern ein tief einschneidender Epochenabschnitt besonderer Art.

Zu seinen unmittelbaren Folgen gehört, daß Athen nach der Niederlage 404 v.Chr. einige Zeit brauchte, bis es sich wieder soweit erholt hatte, daß neue Aufgaben aufgegriffen werden konnten. Für Athen günstig wirkte sich aus, daß seine einstigen Partner im attischen Seebund, die jetzt stärker an Sparta gebunden waren, dessen Macht zunehmend als unerträgliches Übel empfanden. Bald war Spartas Vormacht so verhaßt, daß neue Bündnisse durchaus attraktiv zu sein schienen. Zumindest kam eine Stimmung auf, von der Athen nur profitieren konnte. Persien, die nach wie vor stärkste Großmacht in der östlichen Ägäis, hatte ihre Interessen bereits durch den 387 v.Chr. in der persischen Residenz in Sardes verkündeten sogenannten Königsfrieden abgesichert[14]. Dort war festgelegt, daß die Städte Kleinasiens persischem Einfluß unterstellt bleiben und die Autonomie aller anderen griechischen Poleis unverletzbar sei[15]. Persien profilierte sich damit als Garant der Freiheit griechischer Städte. Dies bedeutete zugleich, daß Bündnisverträge gegen den Willen Persiens kaum möglich waren und einzelne Städte auch keine besonderen Machtpositionen erreichen konnten. Deshalb war Persien am Machtzuwachs Spartas nicht sonderlich interessiert und unterstützte Poleis, die sich aus der Machtumklammerung Spartas lösen wollten. Angesichts dieser geopolitischen Konstellation hatte Persien nichts dagegen, daß der attische Seebund, den Sparta nach 404 v. Chr. aufgelöst hatte, neu konstituiert würde. Ein Machtmißbrauch Athens, wie er im 1. Attischen Seebund zu Unmut geführt hatte, schien durch die Bedingungen des Königsfriedens ausgeschlossen zu sein. Im Jahr 378 v. Chr. konnte der 2. Attische Seebund gegründet werden und brachte es bald auf mehr als 70 Mitglieder[16].

Trotz aller vertraglich abgesicherten Vorbeugungen ließ es sich nicht vermeiden, daß der neue Seebund auch als verführerisches Machtinstrument in das Blickfeld ehrgeiziger Militärs rückte. Zu ihnen gehörte ein als Stratege bekannt gewordener Timotheos, durch dessen Politik Athen erneut in den Sog imperialistischer Interessen geriet[17]. Er riskierte damit einen gleichsam vorprogrammierten Konflikt, der sich 357–355 v. Chr. im sogenannten Bundesgenossenkrieg entlud. Der Krieg endete mit einer Niederlage Athens und zugleich der Auflösung seiner Flotte[18]. Dies war für Athen ein deutlich spürbarer Verlust, weil die Flotte dazu beigetragen hatte, die durch das Mittelmeer führenden Handelswege für die Seefahrt offen zu halten. Athen hatte an einem prosperierenden Warenaustausch und Handel gut verdient und war natürlich auch nach dem kläglich verspielten Abenteuer im Bundesgenossenkrieg weiterhin daran interessiert, einen florierenden Handel aufrecht zu erhalten. Dem entspricht, daß sich Athen in den folgenden Zeiten hauptsächlich auf seine eigenen Angelegenheiten konzentrierte und dabei gute Gewinne machte. Die militärische Zurückhaltung bedeutete allerdings nicht, daß Athen seine Verteidigungsfähigkeit völlig vernachlässigt hätte und gleichsam wehrlos geblieben wäre. Im Gegenteil: Einer militärisch zurückhaltenden Außenpolitik, die auf hegemonial betriebene Expansion verzichtete, entsprach eine auf Konsolidierung gerichtete Innenpolitik, zu deren unbestritten anerkannten Grundlagen eine deutlich wahrnehmbare Wehrhaftigkeit gehörte. Deshalb waren Instandsetzung, Wartung, Erneuerung und Ausbau der Stadtmauer, die sich im Prinzip am Verlauf der sogenannten themistokleischen Stadtmauer orientierte[19], ein stets wichtig gebliebenes Thema.

Bereits kurz nach dem Ende des Peloponnesischen Kriegs hatte sich Konon 394/93 v. Chr. für eine umfangreiche Reparatur der gegen Ende des Kriegs von spartanischen Truppen ziemlich ramponierten Stadtmauer engagiert[20]. Im Jahr 348 v. Chr. ließ der Fall von Olynth eine Ausbreitung der Makedonen befürchten und damit zugleich weitere Arbeiten für die Stadtmauer aktuell werden. Später waren es vor allem die Schlacht bei Chaironeia des Jahres 338 v. Chr. und dadurch ausgelöste Ängste um die Zukunft Athens, die dazu führten, größere Anstrengungen für den fortifikatorischen Ausbau der Stadtbefestigung in die Wege zu leiten. Das von solchen Maßnahmen betroffene Gräberfeld vor dem Dipylon legt hiervon ein beredtes Zeugnis ab[21]. Bleibt somit bewußt, daß die Stadtmauer und ihr Erhalt sowie der Ausbau der Befestigungen ein Dauerthema Athens geblieben sind, das die Geschichte dieser Stadt kontinuierlich durchzieht, brauchen ihre einzelnen historischen und topographischen Sequenzen nicht gesondert besprochen zu werden.

Für Athen selbst, die weitere Entwicklung des innerstädtischen Lebens sowie die Stadtgestalt war es von herausragender Bedeutung, daß nach dem Ende des unergiebigen Bundesgenossenkriegs allmählich wieder Gelder in die öffentlichen Kassen flossen. Dadurch konnten die Staatsfinanzen soweit in Ordnung gebracht werden, daß sich Athen in der Lage sah, auch größere Projekte zu planen. Die geglückte Sanierung des staatlichen Haushalts ist vor allem Eubulos zuzuschreiben, der 354–350 v. Chr. und wahrscheinlich nochmals in etwas späteren Jahren die staatlichen Gelder verwaltete[22]. Als Politiker war er wohl vorrangig an einer positiven Entwicklung der Wirtschaft Athens und hiervon abgeschöpfter Staatseinnahmen interessiert. Wahrscheinlich geht es auf sein Engagement zurück, daß die Verwaltung öffentlicher Gelder nach der Mitte der 50er Jahre des 4. Jahrhunderts professioneller gehandhabt und dabei der Einfluß der Ratsversammlung zurückgedrängt wurde. Dies betraf vor allem die als Theorikon bekannte Kasse, deren Kompetenzen ursprünglich auf die Betreuung der Gelder für öffentliche Feste, die aus Überschüssen anderer Kassen finanziert wurden, eingeschränkt waren[23]. Zum einen hatten sich die Zuständigkeiten des Theorikons beträchtlich ausgeweitet, so daß de facto ein großer Teil des Staatshaushalts von dieser Kasse verwaltet worden ist; zum anderen war jetzt für ihre Verwaltung ein Amt geschaffen worden, dessen Vorsteher durch Wahl für jeweils vier Jahre bestimmt wurde[24]. Soweit bekannt ist, scheint Eubulos der erste Politiker gewesen zu sein, dem dieses einflußreiche Amt durch Wahl übertragen war. Daß er damit beträchtlichen Erfolg hatte, zeigen Bauten, mit deren Errichtung zu seiner Zeit begonnen wurde, allen voran das Dionysostheater[25]. Außenpolitischen Auseinandersetzungen stand Eubulos eher zurückhaltend gegenüber und setzte sich vor allem für eine Verständigung mit Kontrahenten und Konkurrenten ein. Daß dies zu seiner Zeit, in der die Makedonen sich als die vom Norden anrückende Gefahr bereits deutlicher angekündigt hatten, nicht ganz einfach gewesen sein dürfte, ist naheliegend. Mit einer im Prinzip makedonienfreundlichen Politik suchte sich Eubulos mit Philipp II. zu arrangieren, was ihm bei seinen Mitbürgern in Athen nicht nur Beifall eintrug. Vor allem mit Demosthenes, der anfangs die von Eubulos betriebene Konsolidierungspolitik grundsätzlich unterstützt hatte, geriet er in Konflikt. Demosthenes hatte sich als einer der aktivsten Gegner der Makedonen und jeder makedonienfreundlichen Politik hervorgetan und versuchte, das Volk für die Freiheit Athens gegen die Makedonengefahr zu mobilisieren[26].

In den kommenden Jahren, die für Athen besonders kritisch zu werden versprachen, hatte Lykurg von 338 bis 326 v.Chr. die Verantwortung für die Staatsfinanzen übernommen[27]. Der Beginn seiner Amtszeit fällt in dasselbe Jahr, in dem Philipp II. in der Schlacht bei Chaironeia den entscheidenden Sieg über das Heer der Thebaner und Athener errungen und damit seine Herrschaft über ganz Mittelgriechenland ausgedehnt hatte[28]. Obwohl Lykurg einer promakedonischen Politik stets skeptisch bis ablehnend gegenüberstand, vermied er einen offenen Konflikt und konzentrierte sein Engagement in Fortsetzung der Politik des Eubulos auf eine weiterhin positive Entwicklung der Wirtschaft und der Finanzen Athens. Trotzdem hatte Alexander der Große bereits ein Jahr, nachdem er die Königsherrschaft angetreten hatte, die – freilich erfolglos gebliebene – Auslieferung Lykurgs verlangt, weil sich Lykurg für die Verteidigung des Demosthenes, dem ersten Repräsentanten antimakedonischer Politik in Athen stark gemacht hatte[29]. Insofern blieb das Verhältnis zwischen Athen und den Makedonen stets etwas gespannt. Trotzdem gelang es, die innere Autonomie weitgehend zu erhalten, und Athen konnte sich weiterhin gut behaupten. Dies nicht zuletzt deshalb, weil während der 12jährigen Amtszeit Lykurgs als Verwalter der Staatsfinanzen kaum eine Entscheidung von größerer Tragweite ohne sein Mitwirken zustande kam und für Lykurg als engagiertem Patrioten die Sicherung von Athens Unabhängigkeit und der Ausbau der Stadt zu einem wirtschaftlich gesunden und kulturell blühenden Zentrum im Mittelpunkt seiner Politik standen. Die Jahre, in denen Lykurg maßgeblich an verantwortlicher Position tätig war, sind für Athen eine Blütezeit gewesen. Durch umfangreich geförderte öffentliche Bauten erhielt Athen einen neuen Zuschnitt und wurde das Bild der Stadt nachhaltig verändert[30]. Auch deshalb hat es sich eingebürgert, von der lykurgischen Zeit zu sprechen, ohne daß deshalb jedes zitierte Werk unmittelbar mit Lykurgs Aktivität in Verbindung gebracht werden müßte.

Daß Lykurg zu den einflußreichsten und für das in Athen vorherrschende Klima wichtigsten Personen seiner Zeit gehörte, steht außer Frage. Allerdings gelingt es kaum, die Motivation und Zielrichtung seiner Politik so abzuklären, daß deren Inhalt als politisches Programm eindeutig beschrieben werden könnte. Es mag sein, daß die im Umbruch befindliche und im Spannungsfeld entscheidender Veränderungen liegende Zeit mit dazu beigetragen hat, daß sich die Konturen seiner Person und seiner Politik weniger scharf herausbilden konnten.

Trotzdem lassen sich einige Wesenszüge

nennen, die für Lykurg als besonders wichtig zu bezeichnen sind. Hierzu gehört vor allem ein ausgeprägter Patriotismus, der sich in den für ihn bezeugten Aktivitäten zeigt. Häufig wird ihm eine eher konservative Grundhaltung bescheinigt[31], doch ist zu bezweifeln, ob dies die ausschlaggebende Leitlinie seines Handelns gewesen ist. Zumindest kann man den Eindruck gewinnen, daß es ihm als Eteobutaden und damit Abkömmling einer der ältesten und vornehmsten Familien Athens[32] und als Schüler von Platon und Isokrates weniger um ein konservatives Bewahren tradierter Werte um ihrer selbst willen gegangen ist, sondern eher um deren Übertragung und Aktualisierung in eine sich vorwärts bewegende Gegenwart[33]. Innerhalb einer solchen Tendenz finden scheinbar sehr unterschiedliche Aktivitäten ihren Platz. Dies betrifft zum einen die von Lykurg deutlich unterstützte militärische Stärkung Athens und den Ausbau der Stadtbefestigung, zum anderen sein Festhalten an Demokratie und rechtsstaatlicher Ordnung und ebenso für die von ihm protegierte Pflege alter Kultstätten und kultischer Traditionen. Vor allem aber nimmt die tatkräftige Förderung von Kultur breiten Raum ein und wird schließlich zum Markenzeichen Athens. Möglich wurde dies nicht zuletzt deshalb, weil sich Lykurg auf eine gesunde Finanzpolitik stützen konnte und er es in Athen mit einem wohlhabend gewordenen Bürgertum zu tun hatte, das sich einen durch Lykurgs Politik geförderten Lebensstil leisten konnte. Außerdem waren die Bürger Athens, die in der Ekklesia über die durch die Öffentlichkeit finanzierten Maßnahmen zu entscheiden hatten, offensichtlich bereit, sich den Stolz auf ihre Stadt etwas kosten zu lassen.

Natürlich blieb Athen von den umwälzenden Veränderungen, die durch den Aufstieg Makedoniens zur neuen und dominierenden Großmacht zur Wirkung kamen, nicht unberührt. Trotzdem konnte sich Athen über längere Zeit eine weitgehende Unabhängigkeit bewahren und wurde in seiner besonderen Funktion als kulturelles Zentrum wohl auch respektiert. So sah z.B. Alexander der Große anscheinend keinen Anlaß, auf Athens Eigenentwicklung besonders einzuwirken. Vielleicht hatte er als Schüler und Zögling von Aristoteles, den Philipp II. als Prinzenerzieher an den makedonischen Hof geholt hatte[34], gegenüber Athen als einem führenden Kulturzentrum eine gewisse Achtung bewahrt. Auf jeden Fall bemühte er sich um Anerkennung seiner Person in Athen. Als allerdings im Jahr 324 v.Chr. ein gewisser Demades in Athen den Antrag stellte, Alexander göttliche Ehren zu erweisen[35], setzte sich Lykurg einem solchen Ansinnen heftigst entgegen. Es war dies wohl für Lykurg, der im selben Jahr verstarb, die letzte Aktivität für seine Stadt.

Die weitere Entwicklung sollte schließlich auch Athen nicht mehr von dem außenpolitischen Niedergang verschonen. Mit Lykurgs Tod, wenngleich nicht hierdurch veranlaßt, war die politische Entmündigung Athens bedrohlich nahe gerückt. Ausgelöst durch den plötzlichen Tod des erst 33jährigen Alexander im Jahr 323 v.Chr., versuchten einige griechische Staaten gemeinsam mit Athen durch einen Aufstand gegen die makedonische Herrschaft die alten Freiheiten für ihre Stadtstaaten zurückzuerobern. Im sogenannten Lamischen Krieg bereitete 322 v.Chr. das makedonische Heer seinen Gegnern eine vernichtende Niederlage, die zugleich das Ende der attischen Flotte besiegelte[36]. Die Anführer des Aufstands, allen voran Demosthenes, wurden von den Siegern zum Tod verurteilt. Demosthenes floh an die Asylstätte eines Heiligtums auf Kalauria und entzog sich dort durch Selbstmord der Hinrichtung[37].

In Athen wurde eine makedonische Besatzung stationiert und die Stadt erhielt erneut eine timokratische Verfassung. Athens Demokratie war weitgehend funktionslos geworden. Wenig später, im Jahr 317 v.Chr., setzte Kassander, der in Athen die Interessen Makedoniens wahrnahm, Demetrios von Phaleron als neuen Staatsführer ein[38]. Einen Schlußstrich setzte schließlich Demetrios Polyorketes, der 307 v.Chr. Athen eroberte und Demetrios von Phaleron vertrieb[39]. Zwar wurde er in Athen zunächst gemeinsam mit seinem Vater Antigonos emphatisch als Retter begrüßt und mit vergoldeten Statuen auf der Agora sowie sonstigen nahezu göttlichen Ehren gefeiert[40], doch hatte

Athen spätestens jetzt viel von seiner Autonomie verloren.

Erst etwa eine Generation später und fast ein halbes Jahrhundert nach dem Tod des Demosthenes sollte Athen bewußt werden, was die Stadt durch die über sie gekommenen Veränderungen verloren hatte, und setzte ihrem unnachgiebig anhaltenden, wenngleich ohne greifbaren Erfolg gebliebenen Mahner auf der Agora ein Denkmal (Abb. 2)[41]. Es dokumentiert nicht nur den Versuch einer Rehabilitierung, sondern unterstreicht zugleich die Hoffnungen, die in Athen zumindest vorübergehend aufgekommen waren, nachdem 287 v. Chr. die alte demokratische Verfassung wieder in Kraft gesetzt wurde. Das Standbild zeigt Demosthenes als einen mit einem schlichten Mantel bekleideten Polisbürger. Seine verschränkten Hände signalisieren die Konzentration eines kompetenten, politischen Redners; seine Bärtigkeit sowie die zurückhaltende Neigung des Kopfes beschreiben die Würde eines älteren, erfahrenen Bürgers[42]. Ein am Sockel angebrachtes Epigramm, dessen Text bei Plutarch überliefert ist[43], liest sich wie ein sehnsuchtsvoller Nachruf auf eine verlorengegangene Zeit und deren engagiertesten Verfechter: *Wenn Du eine ebenso starke Macht wie Geisteskraft besessen hättest, hätte der makedonische Ares die Griechen niemals unterworfen.* Dies spielt nochmals auf Ereignisse an, mit deren Folgen die zeitlich untere Grenze dieser Studie abgesteckt ist.

Daß sich Athen trotzdem noch für längere Zeiten behauptet hat und der Name der Stadt auch weiterhin einen deutlich wahrnehmbaren Klang behielt, ist in erster Linie ihrem allgemein bekannten Ruf als einer Stätte blühender Kultur zuzuschreiben. Er trug den Namen Athens noch über Jahrhunderte durch die Alte Welt. Entscheidende Grundlage für eine derart lang andauernde und weitreichende Wirkungsgeschichte war der Umstand, daß im 4. Jahrhundert v. Chr. die im 5. Jahrhundert v. Chr. geschaffenen Voraussetzungen aufgegriffen, bewahrt und weiterentwickelt worden sind. Politische Rahmenbedingungen dürften mit dazu beigetragen haben, daß sich Athen gerade im 4. Jahrhundert auf besondere Qualitäten besann, diese ausbaute und zum Signum der

◀ Abb. 2. Portraitstatue des Demosthenes. Römische Kopie nach einer um 280/79 v. Chr. auf der Athener Agora aufgestellten Bronzestatue des Polydeuktos. – Kopenhagen, Ny Carlsberg Glyptothek Inv. Nr. 2782.

Stadt werden ließ. Vielleicht kann man es als einen Glücksfall der Geschichte bezeichnen, daß Athen am Ende des 5. Jahrhunderts seine machtpolitisch gescheiterten, hegemonialen Ansprüche aufgeben mußte und sich statt dessen verstärkt um eine innere Konsolidierung und reichhaltige Ausstattung der Stadt bemühte.

Damit wurde ein Weg eingeschlagen, der zuerst dem inneren Zustand, aber nicht weniger dem Ansehen Athens nach außen hin zugute kam. Die Stadt fand schließlich als Zentrum von Kunst und Architektur, von Dichtung und Philosophie in der Geschichte ihren Platz und sollte sich – gerade durch die im 4. Jahrhundert v. Chr. gemeisterte politische Situation – spätestens im Zeitalter des Hellenismus als Fundament einer Weltkultur erweisen. Deshalb bestätigt sich noch im Rückblick, daß Athen im 4. Jahrhundert aus einer einstigen Hegemonialmacht die nach Zeit und Rang erste Kulturmetropole der Alten Welt geworden war. Um so mehr dürfte es interessieren, den Blick auf das Gesicht dieser demokratisch verfaßten, wirtschaftlich prosperierenden und kulturell blühenden Stadt zu richten[44].

Ein solcher Wandel wurde zwar von der historisch entscheidenden Zäsur, die das Ende des Peloponnesischen Kriegs für Athen bedeutet hat, ausgelöst, aber deshalb durch ein solches Ereignis alleine noch längst nicht begründet. Nicht weniger wirksam dürfte für diese Zeit eine Verlagerung bisher gültiger Wertmaßstäbe gewesen sein, deren Geltungsverlust eine Stadt wie Athen in ihren inneren Grundüberzeugungen verunsicherte. Nachdem die Macht der Stadt zerstoben und herkömmliche Erwartungen in Frage gestellt waren, kam ein Prozeß in Gang, in dessen Verlauf das Interesse einzelner Bürger an ihren persönlichen Lebensumständen zunehmend deutlicher in den Vordergrund rückte. Private Anliegen und persönlicher Erfolg wurden zu einem in die Lebenspraxis umgesetzten Ziel. Ohnehin dürfte die Polis nach der Gewaltherrschaft der Dreißig vorerst nicht mehr allzu attraktiv oder alleine ausschlaggebend gewesen sein. Persönlicher Ehrgeiz konnte in erfolgreich betriebenen Geschäften und gutem Gewinn sicher mehr Erfüllung finden.

Dies mußte freilich nicht bedeuten, daß man sich nicht mehr für die Polis engagierte. Allerdings rückte der unmittelbar wahrnehmbare Nutzen für die Bürger bei entsprechenden Maßnahmen und öffentlichem Engagement vermehrt in den Vordergrund des Interesses[45]. Daß dies deutlich erkennbare Auswirkungen zur Folge hatte, zeigen vor allem mehrere Neubauten, deren Ausführung das besondere Qualitätsniveau der bekannten großen Repräsentationsbauten des 5. Jahrhunderts, allen voran der Bauten auf der Akropolis, in keinem Falle mehr erreichte[46]. Dies muß nicht bedeuten, daß im 4. Jahrhundert auf besondere Qualität verzichtet worden wäre[47], doch scheinen sich die Prioritäten verlagert zu haben. Es mag durchaus sein, daß mit anderen Bauaufgaben und damit einhergehenden gewandelten Interessen und Ansprüchen auch andere Qualitätskriterien verbunden waren.

Einem solchen Wandel könnte es z.B. entsprechen, daß – wie kürzlich von anderer Seite zutreffend bemerkt wurde[48] – im gesamten 4. Jahrhundert v.Chr. in Athen kein einziger Bau jenes Typs entstand, der im 5. Jahrhundert v.Chr. für Athen besonders aktuell gewesen ist: des dorischen Ringhallentempels als Repräsentant einer monumentalisierten Architekturform und entsprechend machtbewußt vorgetragener Staatsansprüche. Auch die Bautätigkeit auf der zuvor und vor allem in perikleischer Zeit im Mittelpunkt allen Engagements stehenden Akropolis kam – abgesehen von Instandhaltungsarbeiten[49] – weitgehend zum Erliegen[50]. Statt dessen hatten sich die Bauaktivitäten auf verschiedene Bereiche im Stadtgebiet zu Füßen der Akropolis verlagert (Abb. 3). Ihnen nachzugehen, dürfte aufschlußreich sein, um etwas vom Wandel, der sich ausgehend vom Ende des 5. Jahrhunderts im Verlauf des 4. Jahrhunderts v.Chr. in dieser Stadt vollzogen hatte, zu erfahren.

Zuerst soll ein Streifzug durch die Stadt im fortgeschrittenen 4. Jahrhundert v.Chr. simuliert werden. Er beginnt im Westen beim Dipylon und endet vorerst im Osten vor der Stadtmauer beim Ilissos. Da die erste Frage den im öffentlichen Baubestand augenscheinlich gewordenen Veränderungen gilt, wird notiert, was sich hierbei seit dem Ende des 5. Jahrhunderts getan hat. Ob und in welcher Weise die wahrnehmbar gebliebenen Überlieferungen Hinweise zu einem innerstädtischen geistigen Klima geben können, das für Kunst und Architektur, aber auch für Dichtung und Philosophie förderlich war, wird zu diskutieren sein. An einzelnen Punkten wird der Rundgang unterbrochen, um durch Exkurse auf Themen einzugehen, die mit dem an bestimmten Örtlichkeiten angetroffenen Material nicht ausreichend besprochen werden können.

Dies gilt auch für den Wohnbau und damit verbundene Ausdrucksformen der Privatsphäre. Form, Typus und Ausstattung des Wohnhauses veränderten sich und konzentrierten sich nicht nur auf die Befriedigung unmittelbaren Bedarfs. Falls es darüber hinaus auch einen in die Privatsphäre übertragenen Repräsentationswillen erkennen läßt, wäre es in

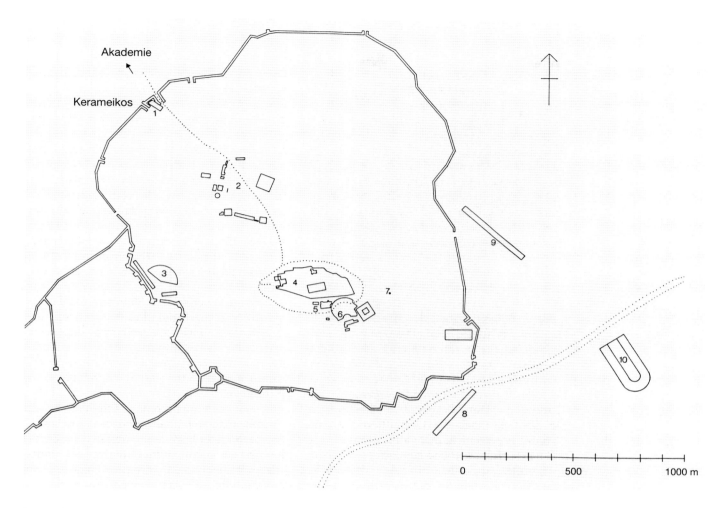

▲ Abb. 3. Athen. Stadtplan mit Bauten und Anlagen des späten 5. und des 4. Jhs. v. Chr.: 1 Pompeion, 2 Agora, 3 Pnyx, 4 Akropolis, 5 Asklepieion, 6 Dionysostheater, 7 Standort des Lysikratesmonuments, 8 Kynosarges-Gymnasion, 9 Lykeion-Gymnasion, 10 Panathenäenstadion.

besonderem Maße geeignet, unterschiedliche Komponenten zum Lebenszuschnitt innerhalb einer deutlicher ausdifferenzierten Gesellschaft zu signalisieren. Allerdings ist das bisher zu diesem Thema in Athen durch archäologische Funde bereitgestellte Material so spärlich, daß ein speziell hierauf bezogener Abschnitt unergiebig bleiben müßte. In einer kürzlich veröffentlichten Studie wurde darauf aufmerksam gemacht[51], daß sich in der Zeit, die vom 5. zum 4. Jahrhundert v. Chr. überleitet, eine deutliche Veränderung der Wohnhausformen abzuzeichnen beginnt. Sie äußert sich vor allem in der architektonischen Ausstattung des Hofs, soweit er jetzt als Peristyl gestaltet wird. Der damit bekannt gewordenen Typus des Peristylhauses ist vollständig zwar nur im Einzugsbereich Attikas und hier in besonders gut dokumentierter Weise in Eretria nachweisbar[52], doch ist es durchaus naheliegend, die im Umfeld Attikas bekannt gewordenen, neuen Hausformen auf Innovationen zurückzuführen, die ihren Ausgangspunkt im Zentrum, also in Athen selbst hatten. Auch auf den Landgütern wohlhabender Grundbesitzer könnte sich dieser repräsentative Haustypus Attikas verbreitet haben.

Daß er auch in Athen selbst bekannt war, lassen einzelne Baureste erkennen[53]. Vollständigere Grundrisse von Peristylhäusern sind innerhalb der Stadt allerdings erst durch Funde des späten 4. Jahrhunderts v. Chr. nachweisbar (Abb. 4)[54]. Trotzdem verweisen bestimmte Überlieferungen auf Tendenzen, nach denen das private Bürgertum und einzelne Personen oder Familien vermehrt Repräsentationsformen für sich in Anspruch nahmen. Damit geht die bereits erwähnte Verlagerung von Werten und Prioritäten einher, nach der eigenem Gewinn mehr Beachtung zukommen konnte als dem Zustand der Polisgemeinschaft. Dem ent-

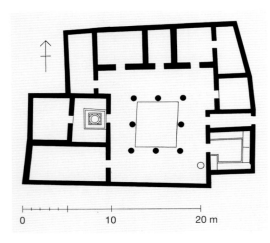

Abb. 4. Grundriß eines im späteren 4. Jh. v. Chr. an den Hängen des Areopag errichteten Peristylhauses.

spricht zeitgenössische Kritik an Bürgern, die sich mehr für eigenes Gewinnstreben und die prunkvolle Ausstattung ihrer Häuser interessieren als für Angelegenheiten der Polis[55]. Allerdings reichen die in Athen selbst aufgefundenen Baureste von Wohnhäusern nicht aus, um die damit aufgeworfenen Fragen nach dem persönlichen Lebensstil der Bürger Athens eingehender zu diskutieren.

Dagegen sind andere Fundzusammenhänge, die gleichfalls das Selbstdarstellungsbedürfnis einzelner Personen oder Familien betreffen, vergleichsweise gut und umfangreich überliefert. Dies gilt vor allem für die reichen Funde an Grabstelen, die die über das Gebiet des Kerameikos führenden Straßen säumten. Als demonstrative Zeugnisse einer selbstbewußt zur Darstellung gebrachten Bürgerschaft begleiteten sie den aus westlicher Richtung ankommenden Besucher bis zum großen Stadttor, dem Dipylon. Sie stimmten ihn darauf ein, daß er sich einer Stadt nähert, in der eine selbstbewußte Bürgerschaft, von deren Selbsteinschätzung Reliefs auf Grabstelen eindrucksvoll berichten, heimisch ist. Deshalb ist es naheliegend, bei der Schilderung der Befunde Athens mit der Betrachtung einer Auswahl attischer Grabstelen und deren Reliefs zu beginnen. Dies ist nicht zuletzt deshalb für unser Thema aufschlußreich, weil bereits die bemerkenswerte Tatsache, daß seit der Wende vom 5. zum 4. Jahrhundert v. Chr. signifikante Bildstelen auf den Gräbern errichtet werden konnten und hiervon auch reichlich Gebrauch gemacht wurde, zu den Besonderheiten gehört, die Athen im 4. Jahrhundert auszeichnen. Der anschließende Gang durch die Stadt wird an der Schnittstelle zu ihrem Vorgebiet beim Dipylon mit dem Pompeion beginnen. Dabei und in der weiteren Folge werden angesichts der beträchtlichen Materialmenge und einer engere Fachkompetenz überschreitenden Komplexität des Themas manche Lücken oder gewisse Unschärfen kaum zu vermeiden sein. Trotzdem bleibt es das Ziel dieses Buchs, ein in der Sache begründetes und allgemeinerem Interesse zugängliches Bild von Athen in einer für diese Stadt bedeutenden Periode nachzuzeichnen.

---

[1] Über die historischen Ereignisse informiert in knapper Form Bengtson, 151 ff.; siehe auch Welwei, 140 ff.; Habicht, 19 ff.

[2] F. Schachermeyr, Perikles (1969), 208 ff.

[3] Plutarch, Phokion, 26 ff.

[4] H. Knell, Perikleische Baukunst (1979).

[5] Neuerdings wird diskutiert, die Bebauung der Athener Akropolis nicht als das Ergebnis eines schrittweise und entsprechend der Chronologie der Bauten entstandenen Planungsprozesses zu verstehen, sondern die Bebauung insgesamt auf einen zu Beginn der perikleischen Aktivitäten auf der Akropolis vorgelegten Gesamtplan zurückzuführen. Siehe W. Hoepfner, in: W. Hoepfner (Hrsg.), Kult und Kultbauten auf der Akropolis (1997), 152 ff.

[6] Die Größenordnung der verschiedenen Gebäude kann zumindest hinsichtlich der hierfür in Anspruch genommenen Grundstücksflächen problemlos aus den bei Travlos, Athen genannten Bauwerken erschlossen werden.

[7] Knell, 476.

[8] Welwei, 240 ff.

[9] Zur Herrschaft der Dreißig Tyrannen siehe Bengtson, 259 f.; G. A. Lehmann, in: Festschrift für E. Stier (1972), 201 ff.; P. Krentz, The Thirty at Athens (1982); Welwei, 247 ff.

[10] Aristophanes, Frösche 66 ff.; H. Flashar, in: E. Pöhlmann – W. Gauer (Hrsg.), Griechische Klassik (1994), 17.

[11] B. Snell, Entdeckung des Geistes[6] (1986), 113.

[12] Platon, Apologie 24 b; Th. C. Brickhouse – N. D. Smith, Socrates on Trial (1989); zuletzt hat Parker, 199 ff. diesen Prozeß, seine Anlässe und Zusammenhänge sowie seine Eignung für eine Be-

wertung der inneren Zustände Athens besprochen und äußert sich vor allem 210 ff. kritisch zu einer damit begründbaren religiösen Krise. – Zu diesem Fragenkomplex auch R. J. Buck, Thrasybulos and the Athenian Democracy The Life on the Athenian Statesman. Historia, Einzelschriften 120 (1998), 90 f.

[13] Zu den Sophisten und den von ihnen gelehrten, bzw. praktizierten Methoden M. Untersteiner, Sofici I – III (1949–1954). Siehe auch J. Martin, Saeculum 27, 1976, 143 ff. und Bleicken, 448 ff.

[14] H. Bengtson, Die Staatsverträge im Altertum II (1962), 188 ff.; R. Urban, Der Königsfriede von 387/86 (1991); F. Quaß, HZ 252, 1991, 33 ff.

[15] Xenophon, Hellenika 5.1.31.

[16] Bleicken, 90 f.; J. L. Cargill, The Second Athenian League (1981). Zur wirtschaftspolitischen Situation Athens in der ersten Hälfte des 4. Jhs. siehe auch W. Schmitz, Wirtschaftliche Prosperität, soziale Integration und Seebundpolitik Athens (1988), 196 ff.

[17] Bengtson, 283; Welwei, 283 ff.

[18] M. Dreher, Hegemon und Symmachoi (1995), 287 ff.; siehe auch G. Wirth, Seekrieg und Flottenpolitik Athens zwischen Eubulos und Alexander, in: E. Chrysos u. a. (Hrsg.), Griechenland und das Meer. Peleus 4, 1999, ff.

[19] Zur Stadtmauer von Athen, ihrem Verlauf sowie ihrer Geschichte und Baugeschichte Judeich, 135 ff.; Travlos, Athen, 158 ff.

[20] Zu Konon, der 397 v. Chr. zum Befehlshaber einer mit Unterstützung Persiens aufgestellten Flotte avanciert war und drei Jahre später mit dieser Flotte bei Knidos einen wichtigen Sieg über die Flotte Spartas erringen konnte – Xenophon, Hellenika 4.8,7 f. –, sowie zu seinem besonderen Engagement für die Erneuerung der tradierten Bedeutung seiner Heimatstadt Athen G. Barbieri, Conone (1955). Siehe auch unten 109 Anm. 57.

[21] Siehe unten 33 f.

[22] Zu Eubulos mit Nennung weiterer Literatur zuletzt Hintzen-Bohlen, 95 ff.; Welwei, 298 ff.

[23] J. J. Buchanan, The Theorika. A Study of Monetary Distributions to the Athenian Citizien during the 5th and 4th Century B.C. (1962), insbesondere 57 ff., 74 ff.; E. Ruschenbusch, ZPE 36, 1979, 303 ff.

[24] H. Leppin, in: Eder, 557 ff.

[25] Siehe unten 129 ff.

[26] Der Neue Pauly 3 (1997), 467 ff., s.v. Demosthenes Nr. 2 (J. Engels); Welwei, 315 ff.

[27] RE 13.2 (1927), 2446 ff., s.v. Lykurgos Nr. 10 (Kunst); W. Will, Athen und Alexander. Untersuchungen zur Geschichte der Stadt von 338 bis 322 v. Chr. (1985); J. Engels, Ancient Society 23 (1992), 5 ff.; Habicht, 33 ff.

[28] Zur Schlacht bei Chaironeia und deren Auswirkung Diodor 16.85,5–86,6; Bengtson, 324 ff.; Welwei, 327 ff.

[29] Athen hatte sich dem Ansinnen Alexanders, 335 v. Chr. Lykurg an ihn auszuliefern, verweigert. Hierzu mit Nennung der Quellen RE 13.2 (1927), 2460 s.v. Lykurgos Nr. 10 (Kunst); siehe auch Habicht, 27; J. Engels, Studien zur politischen Biographie des Hypereides. Athen in der Epoche der lykurgischen Reformen und des makedonischen Universalreiches. QuFAW 2 (1989), 146 f., 155 f.

[30] In antiken Quellen, zu denen vor allem das Dekret des Stratokles – IG II2 457 – gehört, sind mehrere Bauten genannt, die Lykurg initiiert und zur Ausführung gebracht haben soll. Siehe Plutarch, Moralia 841 A-D und Plutarch, Moralia 852 A-E. W. Will, a. O., 98 f.; Knell, 475 ff.; zuletzt hat Hintzen-Bohlen Bauwerke aus der Zeit des Eubulos und Lykurgs besprochen.

[31] Zum religionspolitischen Konservativismus, der vor allem Lykurg zugeschrieben wird, zuletzt B. Hintzen-Bohlen, in: M. Flashar, u. a. (Hrsg.), Retrospektive. Konzepte von Vergangenheit in der griechisch-römischen Antike (1996), 87 ff.; siehe auch J. D. Mikalson, Religion in Hellenistic Athens (1998), 11 ff.

[32] Zur Familie der Eteobutaden P. MacKendrick, The Athenian Aristocracy 399–31 B.C. (1969), 22 ff.; J. K. Davies, Athenian Propertied Families 600–300 B.C. (1970), 348 ff. Nr. 9251, S. C. Humphreys, in: Festschrift Chester G. Starr (1985), 199 ff.; S. V. Tracy, Athenian Democracy in Transition: Attic Letter-Cutters of 340 to 290 B.C. (1995).

[33] Zu welchen Ergebnissen solche Vorstellungen führen konnten, zeigt nicht nur für den hiesigen Zusammenhang beispielhaft der Jüngere Tempel des Apollon Patroos auf der Athener Agora. Siehe unten 81 ff.

[34] Der Neue Pauly 1 (1996), 1135, s.v. Aristoteles (D. Frede).

[35] F. Blass, Die attische Beredsamkeit 3(1887–1898, Nachdruck 1979), Bd. 3.2, 266 ff.; H.-J. Gehrke, Geschichte des Hellenismus (1990), 152. Nach Plutarch, Moralia 842 D wandte sich vor allem Lykurg entschieden gegen solche Pläne.

[36] Zum Lamischen Krieg siehe Bengtson, 371 f.; N. G. Ashton, Aspects of the Lamian War (1980); O. Schmitt, Der Lamische Krieg (1992).

[37] Plutarch, Demosthenes 29 f.

[38] RE Suppl. 11 (1968), 514 ff., s.v. Demetrios von Phaleron (K. G. Wehrli); E. Bayer, Demetrios Phalereus der Athener (1942, Nachdruck 1969); J. Seibert, Das Zeitalter der Diadochen (1983), 201 ff.

[39] Plutarch, Phokion 26 ff.

[40] Chr. Habicht, Gottmenschentum und griechi-

sche Städte (1956), 44 ff.; M. P. Nilsson, Geschichte der griechischen Religion. HdA 5. 2,2 (1961), 150 f.

⁴¹ Lullies, Nr. 248.
⁴² Zanker, 85 ff.
⁴³ Plutarch, Moralia 847 A.
⁴⁴ Nach M. H. Hansen, Die Athenische Demokratie im Zeitalter des Demosthenes (1995), 269 ff. kann aus IG II2 457 und Plutarch, Moralia 852 F erschlossen werden, daß sich die Staatseinahmen Athens während der Amtszeit Lykurgs gegenüber der 1. Hälfte des 4. Jahrhunderts v. Chr. um mehr als das Dreifache erhöht hatten. Außerdem berichtet Pausanias 1.29,16, Lykurg habe 6500 Talente mehr für die Staatskasse zusammengebracht als Perikles. Zur wirtschaftlichen Situation jener Zeit siehe auch W. Schmitz, a.O. (= 21 Anm. 16), 311 ff. und F. Börner, Die bauliche Entwicklung Athens als Handelsplatz in archaischer und klassischer Zeit (1996), 150 ff.
⁴⁵ Siehe unten 29, 148.
⁴⁶ Zwar schränkt die bis in die Grundmauern reichende Zerstörung der meisten im Stadtgebiet entstandenen Bauten deren Beurteilung ein, doch bestätigt erhalten gebliebenes Baumaterial zumindest grundsätzlich ein deutlich erkennbares Qualitätsgefälle.
⁴⁷ Daß im 4. Jahrhundert v. Chr. in anderen Gattungen herausragende Werke von z. T. exquisiter Qualität geschaffen wurden, ist unstrittig; im hiesigen Zusammenhang zeigen dies vor allem Grabreliefs – siehe unten 30 ff. – und Skulpturen – siehe unten 73 ff., 89 ff., 121 ff., 139 ff., 184 ff. –, die fraglos zu den opera nobilia gehören.
⁴⁸ Ch. Höcker, Hephaistos 14, 1996, 45 ff.
⁴⁹ Hierzu gehören nicht zuletzt die Goldenen Niken, die auf Veranlassung Lykurgs beim Erechtheion als Ersatz für die im Peloponnesischen Krieg eingeschmolzenen Nikefiguren wieder aufgestellt worden sind. Pausanias 1.29,16.
⁵⁰ Daß sich die Aktivitäten nach dem 5. Jahrhundert v. Chr. u. a. vom Plateau der Akropolis vermehrt auf deren Hänge verlagert hatten, betonen zutreffend L. Schneider – Ch. Höcker, Die Akropolis von Athen (1990), 221 f.; eine Ausnahme könnte der Bau der Chalkothek gewesen sein, falls sie erst im 4. Jahrhundert v. Chr. errichtet wurde. Zur Chalkothek siehe L. La Follette, Hesperia 55, 1986, 75 ff.
⁵¹ E. Walter-Karydi, Die Nobilitierung des Wohnhauses. Lebensform und Architektur im spätklassischen Griechenland. Xenia 35 (1994).
⁵² Hierzu ausführlich am Beispiel eines exemplarischen Fundkomplexes P. Ducrey, I. R. Metzger, K. Reber, Le Quartier de la Maison aux Mosaiques. Eretria. Fouilles et Recherches 8 (1993); K. Reber, Die klassischen und hellenistischen Wohnhäuser im Westquartier. Eretria. Fouilles et Recherches 10 (1998), 111 f. Siehe auch Coulton, 7.
⁵³ E. Walter-Karydi, a. O., 26 ff. Daß Peristyle in Privathäusern ein besonderer Prestigegewinn für die Besitzer sein konnten, betont W. Hoepfner, in: W. Hoepfner – G. Brands (Hrsg.), Basileia. Die Paläste der hellenistischen Könige (1996), 2 ff.
⁵⁴ J. Threpsiades, ADelt 16, 1960 Chron. 29 ff.
⁵⁵ Besonders deutlich entspricht einem solchen Tenor der Appell, mit dem Demosthenes, 3. Olynth. 25 f. die Bürger Athens auffordert, sich der früher üblichen Bescheidenheit im privaten Lebenszuschnitt und der Zurückhaltung bei der Ausstattung ihrer Wohnhäuser zu erinnern; siehe auch M. Kreeb, Untersuchungen zur figürlichen Ausstattung delischer Privathäuser (1988), 88 ff.

# Der Friedhof des Kerameikos und attische Grabreliefs spät- und nachklassischer Zeit

Bereits bevor Athen über die von Westen ankommenden Straßen erreicht war, führte der Weg über den Kerameikos (Abb. 5). Wie entlang anderer Ausfallstraßen auch, begleiteten seit alters her Begräbnisplätze die Straßen, die ausgehend vom großen Westtor der Stadtmauer, dem Dipylon, in das Umland führten. Daß hierbei der Kerameikos ein besonders angesehener Friedhof gewesen ist, belegen nicht nur kostbare und kostspielige Grabausstattungen, sondern unterstreicht nicht weniger eine Bemerkung des Thukydides, der in eigener Kenntnis des Areals als kompetenter Zeitgenosse den Kerameikos als *die schönste Vorstadt Athens* bezeichnet hat[1]. Wahrscheinlich meinte der Autor zum einen die locker bestückte, parkartige Landschaft und bezog sich zum anderen auf die staatspolitisch wichtige Zone mit den Staatsgräbern, in denen die in Kämpfen für die Heimatstadt gefallenen Krieger beigesetzt und offiziell geehrt waren[2]. Zugleich dürfte einem Mann wie Thukydides nicht entgangen sein, daß sich das Bild dieses Friedhofs zu ändern begonnen hatte, der allmählich durch auffallende Grabausstattungen geschmückt wurde. Daß damit ein Vorgang angesprochen ist, in dessen Verlauf sich der Kerameikos zu einem reich geschmückten Bezirk verwandelt hat, belegen die vielfältigen Funde. Durch sie dürfte bereits im Vorfeld Athens jedem Ankömmling klar geworden sein, daß er sich einer Stadt nähert, deren selbstbewußte Bürger und Familien diese exklusive Lage nutzten, um durch aufwendig ausgestattete Grabanlagen öffentlich auf sich aufmerksam zu machen. Dies weist zugleich darauf hin, daß sich die Zeiten gewandelt hatten und mit ihnen die Lebensverhältnisse und Ansprüche der Bürger Athens.

Angesichts der überaus reichhaltigen Funde bietet es sich an, wenigstens in einer begrenzten Auswahl einige dieser Grabreliefs darzustellen. Dabei wird der Blick auch über die Funde vom Kerameikos hinaus reichen, weil einige besonders eindrucksvolle Beispiele aus anderen Fundzusammenhängen stammen und nicht übergangen werden können, wenn es darum geht, einen Eindruck von Stil und Inhalt einer der quantitativ reichsten und qualitativ bedeutendsten künstlerischen Gattungen spätklassischer Zeit zu vermitteln[3]. Zugleich soll ein solcher Abschnitt zeigen, daß bereits im Vorfeld Athens ein Wandel sichtbar geworden ist, der seinerseits erwarten läßt, daß – wenn schon die Friedhofsausstattung mit bemerkenswerten und neuartigen Werken und damit mit einem veränderten Bild aufwartet – dies erst recht für die Stadt selbst gelten dürfte.

Daß bedeutende Grabskulptur die Friedhöfe in Athen und Attika nicht erstmals in spätklassischer Zeit schmückte, ist allgemein bekannt. Erinnert sei lediglich an die reiche Blüte entsprechender Bildhauerkunst archaischer Zeit[4], in der Statuen und Reliefstelen zahlreiche Gräber schmückten. Bekanntlich trugen sie nicht unwesentlich zur Entwicklung archaischer Kunst bei, zumal auch hierbei das weit verbreitete Konkurrenzverhalten, das Auftraggeber und Künstler deutlich motivieren konnte, eine fördernde Rolle gespielt haben dürfte. Dies gilt nicht zuletzt und keineswegs nachrangig für Athen mit Attika und dort ansässige Bildhauerwerkstätten.

Gegen Ende der archaischen Zeit ist für Athen anscheinend unvorbereitet das abrupte Ende der Sepulkralskulptur gekommen. Die Gründe dafür sind zwar durch keine authentischen Quellen überliefert, doch wurden sie wiederholt auf ein offiziell verordnetes Gräberluxusverbot zurückgeführt. Ein Verbot aufwendiger Grabausstattungen könnte auf eine Initiative des Kleisthenes zurückgehen; zumindest wurde das Verbot gerne mit diesem ersten Repräsentanten der neuen demokratischen Staatsform Athens in Verbindung gebracht[5]. Freilich sind die Überlieferungen nicht so sicher, wie dies bisweilen mehr oder weniger unkommentiert vorausgesetzt wird. Evident bleibt vor allem ein Verzicht auf besonders reichhaltige Grabausstattungen, durch die zuvor wichtige Bürger Athens ihrem besonderen Rang und ihrer betonten Selbsteinschätzung unübersehbar Ausdruck gegeben hatten. Statt dessen blieben die Gräber auf den Friedhöfen vor den Toren Athens vorerst und über einen längeren Zeitraum weitgehend schmucklos

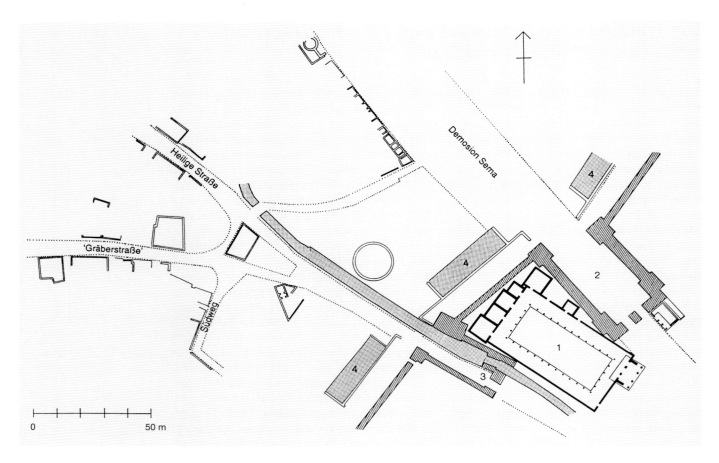

Abb. 5. Athen. Plan des Gebiets mit Pompeion 1, Dipylon 2, Heiligem Tor 3, Gräben vor der Stadtmauer 4 und dem äußeren Kerameikos.

und fast anonym. Es mag sein, daß diese Zurückhaltung einer in Athen um sich greifenden Stimmungslage entsprochen hatte, die auf ein innenpolitisches Klima zurückgeht, das durch die neue Verfassung, die die Gleichheit aller Polisbürger protegierte, ausgelöst wurde. Bekanntlich war die Demokratie Athens bestrebt, das Herausragen einzelner Personen aus dem Zusammenhang der Polisgemeinschaft grundsätzlich zu unterbinden. Die Einführung einer Institution, wie sie durch den Ostrakismos überliefert ist[6], unterstreicht dies deutlich genug. Ob es in einer solchen Situation noch eines expliziten Gräberluxusverbots bedurfte, um auffallende Repräsentationsgesten einzelner Bürger auf den Friedhöfen Athens zu unterbinden, sei dahingestellt.

Allerdings könnten auch andere Anlässe dazu beigetragen haben, daß man auf den Gräberluxus verzichtete. Immerhin war die Ausstattung der Gräber in archaischer Zeit mit enormen Kosten und beträchtlichem materiellem Aufwand verbunden. Ob dies in den Zeiten der Perserkriege, die Athen gewiß andere Anstrengungen abverlangten, noch angemessen sein konnte, kann man bezweifeln. Vermehrt dürfte dies für jene Zeiten zutreffend sein, in denen sich Athen nach den Perserkriegen auf den Wiederaufbau zerstörter Stätten konzentrierte. Vor allem jetzt dürfte es angemessen gewesen sein, sich bei privater Zurschaustellung herausragender Vermögensverhältnisse Zurückhaltung aufzuerlegen. Staatliche Anliegen und persönliche Interessen könnten sich somit im Gräberluxusverzicht getroffen haben. Zwar lassen sich solche Hinweise nicht durch authentische Quellen belegen, doch könnten sie zumindest eine Richtung für eine plausible Interpretationsmöglichkeit andeuten, die das plötzliche Ausbleiben aufwendiger Grabmäler seit dem Ende der archaischen Zeit wenigstens tendenziell begründen ließe. Daß sich dies vorerst nicht änderte, belegt die Überlieferung, nach der über einen Zeitraum von rund drei Generationen keine nennenswerte attische Grabskulptur bekannt geworden ist. Daß an anderen Orten solcher Verzicht nicht in gleicher Weise praktiziert wurde, zeigen z. B. klassische Grabreliefs, die anscheinend seit der Mitte des 5. Jahrhunderts v. Chr. auf den Kykladen entstanden sind[7]. Es spricht viel dafür, daß ihre Wirkung mit dazu beigetragen hat, entsprechende Sepulkralkunst auch in Attika wieder entstehen zu lassen[8]. Allerdings handelt es sich dabei nicht um ein Wiederaufleben einer alten, in spätestarchaischer Zeit unterbrochenen Tradition, sondern um einen Neubeginn in veränderter Form mit einem anderen historischen, geistigen und kulturellen Kontext. Hierzu gehören an erster Stelle Werkstätten und Ateliers perikleischer Zeit, die durch Staatsaufträge eine ungezählte Schar bestens geschulter und hoch qualifizierter Bildhauer hervorgebracht haben. Vor allem der Parthenon mit seinem riesigen Bildprogramm spielte hierbei bekanntlich eine herausragende Rolle[9].

In der Folgezeit hatten historische Unruhen und politische Verwerfungen des letzten Viertels des 5. Jahrhunderts v. Chr. wesentlich dazu beigetragen, den Zufluß vergleichbarer Staatsaufträge versiegen zu lassen. Es fehlte nach dem Tod des Perikles sowohl an einer visionären und durchsetzungsfähigen Führungspersönlichkeit als auch an hinreichend zur Verfügung stehenden finanziellen Mitteln. Bekanntlich trieb deren Inanspruchnahme im Peloponnesischen Krieg Athen an den Rand des Ruins. Eine Überlieferung wie jene, die davon berichtet, daß die am Erechtheion aufgestellten, goldenen Niken eingeschmolzen werden mußten, um die Kriegskasse Athens aufzufüllen[10], weist deutlich genug auf den strapazierten Zustand der attischen Staatsfinanzen hin. Zwar konnten in Atempausen des zwischenzeitlich durch kurzfristige Friedensschlüsse unterbrochenen Kriegs noch einige bedeutende Staatsaufträge auf der Athener Akropolis errichtet oder zu Ende gebracht werden[11], doch reichten solche Aktivitäten offensichtlich nicht aus, um Steinmetzen und Bildhauer auf Dauer und hinreichend mit Staatsaufträgen zu versorgen.

Ohnehin war die Zuversicht in das alleine maßgebliche Handeln der Polis als verbindlicher Rahmen eines alles umfassenden öffentlichen Lebens ins Wanken geraten. An solcher Irritation hatten sowohl die Wirren des für Athen sehr unglücklich verlaufenden Peloponnesischen Kriegs als auch in Athen allmählich aufkommende Zweifel und kritischer Disput ihren Anteil. Beispielhaft und keineswegs zufällig sind in solchem Zusammenhang Namen wie Aristophanes und dessen ätzend spottende Komödien sowie Sokrates und dessen gnadenlos betriebenes Fragen und unnachgiebiges Hinterfragen zu nennen. Zusätzlich gehört als Paradigma einer aus Verunsicherung geborenen Verwirrung auch das zu Athens Glück nur kurzfristig aktive Terrorregime der Dreißig zu diesem Kontext. Eine durch solche Prozesse ausgelöste Stimmung brachte deutliche Ansätze von Staatsverdrossenheit ebenso mit sich wie Zweifel an der Gültigkeit überkommener Wertvorstellungen und Verhaltensnormen. Da muß es kein Zufall sein, daß sich z. B. die Lehren der Sophisten größten Zulaufs erfreuten und neben anderen Phänomenen auch die persönlicher betonte Grabausstattung wieder zu einem aktiver wahrgenommenen Thema werden konnte[12]. Mit anderen Worten: Ein teilweiser Verlust an Bindungskraft der Polis als einer sich gegenseitig bedingenden Bürgergemeinschaft trug mit dazu bei, daß einzelne Personen, die vermehrt auch ohne den Staat ihr eigenes Glück zu machen suchten, hervortraten. In einem solchen Zusammenhang kam nicht zuletzt ein neu erwachtes, persönliches Repräsentationsbedürfnis zur Wirkung. Dies dokumentierten in besonders deutlicher Weise Grabausstattungen mit bemerkenswerten Bildwerken, die den Blick auf sich ziehen konnten und wohl auch sollten.

Ohne daß solche Prozesse genauer analysiert und präziser begründet werden könnten, drängt sich der Eindruck auf, die Entstehung und Ausbreitung der attischen Grabreliefs sei in spätklassischer Zeit nicht zuletzt durch eine doppelte Bedarfslücke begünstigt worden: Anscheinend entsprach dieser Bedarf den Wünschen einer bestimmten Schicht potentieller Auftraggeber ebenso, wie andererseits genügend bereitwillig zur Verfügung stehende, qualifizierte Arbeitnehmer vorhanden waren. Of-

Abb. 6. Darstellung eines Fackellaufs auf einem um 440/30 v. Chr. entstandenen rotfigurigen Vasenbild. – Cambridge, Fogg Museum of Art. Harvard University Inv. Nr. 30.444.

fensichtlich suchten, nachdem keine größeren Staatsaufträge mehr zu erwarten waren, ganze Heerscharen bestens ausgebildeter Steinmetzen und Bildhauer nach Aufträgen. Andererseits konnten private Auftraggeber ihren eigenen Repräsentationsbedürfnissen dadurch entgegenkommen, daß sie Bildhauer, die früher in Staatsaufträgen ihr Auskommen gefunden hatten, für eigene Zwecke in ihre Dienste nahmen. Das Ergebnis dieses Veränderungsprozesses ist durch die attischen Grabreliefs vielfältig und eindrucksvoll überliefert. Allerdings interessieren im hier angesprochenen Zusammenhang nicht so sehr einzelne Grabreliefs um ihrer selbst willen und auch kaum als Bestandteile einer durch ihren Stil gekennzeichneten Entwicklungsgeschichte. Statt dessen stehen Fragen im Vordergrund, die Inhalt und Bedeutung solcher Grabreliefs sowie die Örtlichkeit und die Art ihrer Aufstellung betreffen.

Entsprechend allgemein verbreitetem, antikem Brauchtum lag nicht nur der Kerameikos, sondern grundsätzlich jeder Friedhof außerhalb, vor den Toren der Stadt. Besonders aufschlußreich ist hierbei die topographische Situation des Kerameikos, bei dem gemeinhin der innere Kerameikos vom äußeren Kerameikos unterschieden wird. Die Schnittstele markiert die Stadtmauer, den topographischen Ausgangspunkt für den Friedhof das Dipylon. Nicht nur, daß dies das mächtigste und wohl auch wichtigste Stadttor Athens gewesen ist; noch bedeutsamer für den Rang des hier entstandenen Friedhofs dürfte es gewesen sein, daß ausgehend vom Dipylon Straßen in das Umland führten, die sich dafür angeboten haben dürften, entlang ihrer Ränder Gräber anzulegen.

Hierzu gehört als besonders wichtiger Weg die mächtig breite Verbindungsstraße, die ausgehend vom Dipylon zum nahe gelegenen Vorort Akademeia führte[13]. Für das Renommee dieser Zone ist die Straße von größter Bedeutung: Zum einen führte über diese Straße der bei den Panathenäen als Wettbewerb veranstaltete Fackellauf (Abb. 6), mit dem das Feuer vom Altar des Eros in dessen in der Akademie gelegenem Heiligtum zur Akropolis gebracht wurde, um dort das Feuer auf dem Altar Athenas zu entzünden[14]. Dies unterstreicht den rituell begründeten Charakter dieser Straße. Zum anderen lagen an dieser Straße die Staatsgräber, weshalb die Örtlichkeit auch als Demosion Sema, d. h. als öffentliches Grab bekannt geworden ist. An dieser Stelle weitet sich die Straße zur Akademie bis auf eine Breite von 39 m aus und weist damit auf den besonderen Rang der hier in einem offiziellen Staatsgrab beigesetzten Krieger hin[15]. Die an dieser Stelle platzartig verbreiterte Straße dürfte der Versammlung der Teilnehmer an einer als offiziellem Staatsakt begangenen Beisetzung gedient haben. Die hierbei gehaltenen Reden gehörten zum unverzichtbaren Bestand der Staatsbegräbnisse. Daß bei solchen Anlässen Personen der ersten Führungsschicht Athens als Redner aufgetreten sind, ist gut überliefert[16]. Zu ihnen gehörten z. B. Perikles und Demosthenes, deren herausragender Rang schon darauf hinweist, daß den Staatsbegräbnissen höchste Bedeutung beigemessen wurde.

Der staatspolitisch begründete Charakter jener Zone dürfte gewiß auch dem Ansehen des Friedhofs auf dem äußeren Kerameikos

◄ Abb. 7. Kerameikos. Ansicht der Eckterrasse.

insgesamt zugute gekommen sein. Daß die dortige Situation freilich nicht nur abgelegenem, stillem Gedenken galt, sondern in alltägliches Leben einbezogen blieb, ergibt sich ebenso eindeutig wie unmittelbar aus der Betriebsamkeit, mit der auf einer öffentlichen Straße zu rechnen war. Dabei dürfte vor allem die Nutzung einer Straße dazu beigetragen haben, daß ihre Randzonen als Begräbnisstätten besonders beliebt waren. Angehörige konnten sich gewiß sein, daß ein deutlich sichtbar aufgestelltes Grabmal an einer möglichst intensiv genutzten Straße die besten Chancen hatte, auf ihre Familie in aller Öffentlichkeit hinzuweisen. Gerade der Öffentlichkeitscharakter solcher Friedhöfe ließ es attraktiv erscheinen, besondere Anstrengungen für die Ausstattung der Gräber auf sich zu nehmen und in derartige Repräsentationsmöglichkeiten deutlich zu investieren[17].

Zusätzlich diente diese Straße als Wettlaufbahn. Darauf verweist schon ihr umgangssprachlich geläufiger Name als Dromos. Bekanntlich war ein Dromos für jeden gymnasialen Betrieb unverzichtbar[18]. Da Funde aus dem benachbarten Pompeion darauf hinweisen, daß diese Anlage bisweilen für Unterrichtszwecke benutzt wurde[19], spricht viel dafür, daß die an den Staatsgräbern vorbeiführende Straße des Kerameikos bei entsprechendem Bedarf als Dromos des bisweilen zum Gymnasion umfunktionierten Pompeion Verwendung finden konnte. Darüber hinaus scheint eine Textstelle bei Aristoteles darauf anzuspielen[20], daß auf dem Dromos auch Wettkämpfe und Totenspiele zu Ehren Verstorbener stattgefunden haben. Auf jeden Fall zeigen die unterschiedlichen Nutzungsmöglichkeiten und Nutzungsanlässe der zur Akademie führenden Straße, daß ihr unmittelbar anschließendes Umfeld ein prominentes Terrain war.

Nicht weniger gilt dies für die Straße, die ausgehend vom Dipylon in weiter westlich liegende Gegenden führt. Sowohl unter pragmatischem Gesichtspunkt als auch wegen bestimmter Kultzusammenhänge gehörte sie seit alters her zu den wichtigsten Verbindungswegen, die Athen mit anderen Orten seiner Umgebung verbunden hat. Beim Eridanos verläßt sie die Stadt in nordwestlicher Richtung und gabelt sich nach etwa 50 m in zwei Wege. Die an dieser Stelle, an der der Südweg abzweigt, entstandene Eckterrasse (Abb. 7) zählte zu den besonders prominenten Standorten im

Abb. 8. Kerameikos. Blick in die z.T. wieder hergerichtete Gräberstraße.

Kerameikos[21]. Von hier aus führt nach links die als Gräberstraße bekannt gewordene Verbindung zum Piräus, während die andere Wegegabel in ihrem weiteren Verlauf als „Heilige Straße" bezeichnet wird. Ihr Ziel ist das knapp 20 km entfernte Demeterheiligtum in Eleusis[22]. Die „Heilige Straße" ist der Prozessionsweg, der Athen mit seinem berühmten Mysterienheiligtum verband. Zur Bedeutung und Wichtigkeit der Straße, die von Athen zum Hafen im Piräus führte, bedarf es keiner besonderen Erläuterung. Das Feld des Kerameikos durchschneiden somit Straßen, die die Stadt sowohl mit dem Piräus und damit dem Ausgangspunkt und Umschlageplatz ihres in die Mittelmeerwelt ausgreifenden Handels, als auch mit Eleusis und damit dem zumindest für Athens Oberschicht besonders attraktiven Heiligtum der eleusinischen Mysterien und schließlich mit dem Vorort Akademeia mit seinem aktuell gebliebenen Bildungszentrum im Gymnasion Platons vernetzten. Deshalb konnte mit Gewißheit davon ausgegangen werden, daß im Kerameikos ständig reger Betrieb herrschte. Hierfür sorgten sowohl Bürger, die die Stadt verließen, als auch Besucher, die zur Stadt kamen. Vor den Toren der Stadt begegneten sie den dort gleichsam im Entree gelegenen Grabbezirken, für die im direkten Umfeld Athens wohl kaum eine bessere Lage denkbar gewesen wäre.

Daß dies sehr wohl begriffen wurde, ist u.a. dadurch belegt, daß Athen hier sowohl offizieller Staatsrepräsentanz Raum gab, als auch dadurch, daß Privatgräber entstanden sind, die einem bürgerlichen Darstellungsbedarf Ausdruck gaben. Hierzu gehören an erster Stelle reliefgeschmückte Grabstelen in sorgfältig hergerichteten Grabbezirken. Durch Restaurierung konnte ein Stück der Straße wieder soweit hergerichtet werden, daß ein ausschnitthafter Eindruck vom ehemaligen Straßenbild vermittelt werden kann (Abb. 8). Man erkennt dort zuerst eine sockelartige Stützmauer, auf der einige Grabstelen stehen. Dabei fällt unmittelbar auf, daß die Grabstelen ihre mit Reliefs geschmückten Sichtseiten der Straße zuwenden, während die Gräber selbst hinter den Stelen an deren Rückseite liegen. Deshalb konnte es keinen unmittelbar wahrnehmbaren Bezug

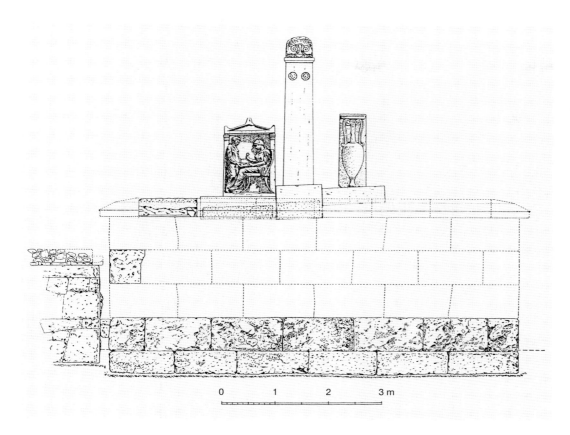

Abb. 9. Kerameikos. Zeichnerische Rekonstruktion des Koroibosbezirks mit der Hegesostele, der Palmettenstele des Koroibos und einer Lutrophorenstele.

zwischen der Bildszene des Grabreliefs und dem Grab selbst gegeben haben. Statt dessen entstand eine sehr deutlich erkennbare Sichtbeziehung zwischen der hier entlanggeführten Straße und den Reliefbildern. Sie scheinen eher den Weg zu begleiten als die Gräber zu schmücken. Dies signalisiert, daß die im öffentlichen Raum der Straße zur Wirkung gebrachte Repräsentation wichtiger gewesen sein könnte als ein direkter Bezug zum Grab oder ein verinnerlichtes Totengedenken. Dabei dürfte so manches Grab zur gerne wahrgenommenen Chance einer öffentlich vorgetragenen und aufwendig bekundeten Selbstdarstellung ehrgeziger Privatpersonen oder auch ganzer Familien geworden sein.

Besonders aufschlußreich ist eine Denkmälergruppe, deren einstige Aufstellung an der Gräberstraße des Kerameikos gesichert ist (Abb. 9). Zu ihr gehörten sowohl das berühmte Grabrelief der Hegeso als auch die schlank aufragende Palmettenstele des Koroibos sowie eine Stele mit einem erläuternden Epigramm und der Darstellung eines großen Gefäßes, einer sogenannten Lutrophore[23]. Die Gruppe ist nicht nur wegen ihrer typologischen Breite und künstlerischen Qualität bedeutsam, sondern zugleich für die Kenntnis von solchen Grabausstattungen und deren Zusammenhang ein äußerst bemerkenswertes Exempel. Im Gegensatz zu den meisten derartigen Grabreliefs, deren Grabzusammenhang verlorenging und die deshalb nur noch als Einzelstücke wahrnehmbar sind, ist die Gruppe mit dem Hegesorelief eines der eher raren Beispiele, deren antike Aufstellung und sepulkraler Kontext gesichert sind.

Das Hegesorelief (Abb. 10) gehört zu einer knapp 1.50 m hohen Grabstele. Es zeigt eine Zweifigurengruppe mit einer auf einem eleganten Lehnstuhl sitzenden Frau und einer vor ihr stehenden Dienerin[24]. Das Bildfeld ist von einem architektonischen Rahmen eingefaßt, der aus zwei flachen Anten an den beiden Seiten und einem darüber liegenden, niedrigen Giebel besteht. Akrotere schmücken die Mitte und Ecken des Giebels. Die Querleiste, die ein Horizontalgeison andeutet, trägt eine Inschrift, auf der zu lesen ist: *Des Proxenos Hegeso*. Ob mit diesem Proxenos der Vater oder Gatte der

Abb. 10. Grabstele der Hegeso. – Athen, Nationalmuseum Nr. 3624.

Hegeso gemeint ist, bleibt eine vorerst offene Frage. Ihre Beantwortung hängt davon ab, ob der Status der Hegeso zu klären ist. Falls dies möglich sein sollte, müßte es sich am ehesten aus einer genaueren Betrachtung und hierauf aufbauenden Interpretation der im Hegesorelief dargestellten Szenerie ergeben.

Gleich auf den ersten Blick wird verständlich, daß hier zwei keineswegs gleichberechtigte oder gleich wichtige Personen dargestellt wurden. Deutlich sind Haupt- und Nebenfigur unterschieden. Offensichtlich ist mit der auf dem Lehnstuhl sitzenden Frau die Hauptperson, also Hegeso, gemeint. Da sie als Sitzende nahezu die gleiche Bildhöhe beansprucht wie die ihr gegenüber stehende Person, läßt die Art der Darstellung keine Zweifel an dieser Identifikation aufkommen. Wollte man die unterschiedliche Körpergröße „wörtlich" nehmen, könnte der Eindruck entstehen, die stehende Gestalt würde mit ihrer Schulterhöhe lediglich die Gürtellinie der Hegeso erreichen. Dies entspräche der Größe eines etwa 10 bis 12 Jahre alten Mädchens. Daß ein solches Altersstadium jedoch nicht gemeint sein kann, zeigt die voll entwickelte Körperlichkeit der stehenden Person. Offensichtlich handelt es sich bei ihr nicht um ein kindliches Mädchen, sondern um eine junge Frau. Die unterschiedliche Körpergröße meint deshalb kein unterschiedliches Altersstadium, sondern beschreibt einen unterschiedlichen Rang und Status.

Die Darstellung betont dies zuerst durch die Art des Sitzens der Hegeso. Ausdrücklich wird ihr eleganter Lehnstuhl ins Bildfeld gebracht, indem er den architektonischen Rahmen, der die Szene weitgehend umschließt, überschneidet und damit die Sitzende bildlich in den Vordergrund rückt. Außerdem steht vor dem Sessel ein Fußschemel, auf den Hegeso ihre Füße stützt. In dieser Weise wird Hegeso in der Position einer Herrin gezeigt, der sich die Dienerin zwar vertraut, aber doch mit gebührendem Abstand nähert. Zusätzlich unterstreichen die Gewänder einen unterschiedlichen sozialen Rang und eine abgestufte gesellschaftliche Stellung. Dem entsprechend trägt die stehende Dienerin das für diese Personengruppe übliche, schlichte und hemdartig ungegürtete Gewand. Dagegen zeigt sich Hegeso in einer reicher drapierten Tracht, die zusätzlich durch einen Schultermantel und einen Kopfschleier zur Wirkung gebracht ist. Auch die Faltengebung der Gewänder trägt dazu bei, die Herrin von ihrer Dienerin zu unterscheiden. Während sie bei der Dienerin eher zurückhaltend und in ruhigem Fluß den Gewandverlauf begleiten, umspielen die Gewandfalten bei Hegeso in kunstvollen Windungen den Körper und bringen ihn sprechender zur Wirkung. Die dichteren Gewandpartien am Bausch der Gürtelzone und der kontrastierende Faltenfluß, der den Körperbau in organischen Verlauf kommentiert, tragen deutlich dazu bei, kenntlich zu machen, daß mit Hegeso eine Frau in der Blüte ihres Lebens dargestellt ist. Zugleich zeigen die spielerische Eleganz und eine reich ausgekostete Differenzierungsmöglichkeit der Formen des Gewands, daß sie einem Stil verwandt sind, die er der attischen Reliefkunst am Ende des 5. Jahrhunderts v Chr. eigen ist. Deshalb kann das Hegesorelief auch nur in dieser Zeit entstanden sein. Folglich gehört es im hiesigen Zusammenhang zu den frühen Beispielen, die das Wiederaufleben eines Brauchtums dokumentieren, durch das die Gräber einzelner Personen oder Familien zum Ort betont unterstrichener Repräsentation werden konnten.

Bei näherer Betrachtung kann verständlich werden, daß es sich bei der auf dem Hegesorelief dargestellten Szene nicht nur um ein in die Fläche gebrachtes Gegenüber von zwei Personen handelt, sondern mit diesem Gegenüber ein Raum bildhaft wird, der die stille Szene in besonderer Weise auf ihre Mitte zentriert. Bereits die Anordnung der Gestalten beider Frauen weist deutlich auf eine solche Räumlichkeit hin. Ihre Körper sind nicht wie die beiden Köpfe in flächiger Profilansicht einander gegenübergestellt, sondern in einer Schrägstellung, die von außen nach innen führt und damit auf einen imaginären Flucht- und Mittelpunkt weist. Dem entspricht die angewinkelte rechte Hand Hegesos mit den wie zu einem kapriziösen Griff zugespitzten Fingern. Sie betonen die Bildmitte, auf die zugleich die schräg abwärts gerichteten Blicke der beiden Frauen treffen. Das Ziel ist ein kleines aufgeklapptes Kästchen. Die Dienerin hat es in ihren schräg abwärts und zugleich nach vorne gestreckten Händen herbeigebracht und auf den rechten Oberschenkel der Herrin gestellt. Es ist dies eine Schmuckschatulle, aus der Hegeso ein Stück herausgenommen hat, das sie in ihrer angehobenen Rechten hält und prüfend betrachtet. Das Schmuckstück selbst ist nicht zu erkennen und war wohl lediglich in nicht mehr erhaltener Malerei dargestellt. Trotzdem ist deutlich, daß das Relief von einer eher intimen Szene berichtet, in der Hegeso dabei ist, sich festlich zu schmücken, während ihr die Dienerin bei den Vorbereitungen hilft.

Zu dem festlich anmutenden Schmuck gehört ein dünner, diaphaner Schleier, der locker über den Kopf gelegt ist. Das feine Tuch läßt das sorgfältig frisierte Kopfhaar durchschimmern, so daß der Kopf weniger bedeckt als geschmückt zu sein scheint. Der Schleier, den Hegeso trägt, gibt zu vielerlei Vermutungen und unterschiedlichen Interpretationsversuchen Anlaß. Gewiß ist lediglich, daß ein derartiger Schleier keineswegs zur üblichen Tracht von Frauengestalten auf attischen Grabreliefs gehört, sondern bisher in dieser Form bei keinem zweiten Beispiel dieser Gattung bekannt geworden ist. Deshalb liegt es nahe anzunehmen, daß der Schleier einen besonderen, wenngleich im Verborgenen gebliebenen Hinweis auf die Person Hegesos und deren besondere Bedeutung signalisierte. Darüber hinaus ist jedoch nicht auszuschließen, daß mit dem Schleier weniger ein unmittelbar gemeinter Bezug zu Bedeutung und Funktion Hegesos verbunden war, sondern lediglich ein bestimmter Sinngehalt der Szene zum Ausdruck gebracht werden sollte. Die geschilderte Szene könnte einer allgemein verbreiteten Vorstellung Ausdruck gegeben haben, nach der Reliefbilder auf Grabstelen sich weder an konkret gemeinten Personen noch an deren beim Tod erreichtem Lebensalter, sondern an einer die Verstorbenen überhöhenden Idealität orientierten. Sie beschreibt eine zeitlose Jugendlichkeit und Lebensblüte, die den vergänglichen Rahmen jeder Realität vergessen läßt. In diesem Sinne kann der Schleier, den Hegeso trägt, Sinnbild für eine Jugendlichkeit sein, wie sie einer Braut eigen ist. Daß dies im sepulkralen Zusammenhang nicht unangemessen gewesen zu sein braucht, dürfte mit einer kultisch und mythisch bedingten Auffassung in Verbindung stehen, nach deren Vorstellung eine Verstorbene zur Braut des Hades wurde.

Daß ein solcher Tenor einem thematischen Inhalt entsprach, der bereits in zurückliegender Zeit geläufig war, zeigt beispielhaft die Szene auf einer um 440/30 v.Chr. entstandenen Lekythos des Phiale-Malers (Abb. 11–12)[25]. Dort ist eine junge Frau dargestellt, die wie in

▶▶ Abb. 11 und 12.
Um 440 v.Chr. entstandene Lekythos des Phiale-Malers.
– München, Staatliche Antikensammlung Inv. Nr. 6248.

einer Boudoireszene scheinbar selbstvergessen damit beschäftigt ist, sich festlich gekleidet mit einem Diadem zu schmücken. Die Szene zeigt sie an einer Geländekante, die eine vor ihren Füßen liegende, tiefe Schneise andeutet. An der Gegenseite und somit in einem gleichsam imaginären Gegenüber sitzt auf einem Felsblock Hermes, der Götterbote. In seiner Linken hält er das attributive Kerykeion, mit der ausgestreckten Rechten und betont vorweisendem Zeigefinger deutet er in unmißverständlicher Geste auf die junge Frauengestalt. Es ist dies Hermes in seiner Funktion als Psychopompos, der die Seelen der Verstorbenen in die Unterwelt und das Reich des Hades geleitet[26]. Die dargestellte Situation weist darauf hin, daß die Frau dem Hades zugeführt und damit zumindest in übertragenem Sinn zu dessen Braut werden wird. Die Schmückungsszene beschreibt einen gleichsam transitorischen Moment zwischen einem diesseitigen Zustand und einer jenseitigen Sphäre.

In diesem Sinne wird man auch das Hegesorelief mit seiner sehr persönlich anmutenden Handlung verstehen. Nicht zuletzt bestätigen attisch weißgrundige Lekythen einen solchen Sinnzusammenhang. Die weißgrundigen Lekythen sind im gegebenen Zusammenhang besonders aufschlußreich, weil diese Vasen nur als Grabbeigaben verendet worden sind[27]. Ein besonders schönes Beispiel gehört zum Œuvre des Achilleus-Malers (Abb. 13)[28]. Das Vasenbild zeigt eine auf dem Lehnstuhl sitzende Frau, der die Dienerin einen Schmuckkasten reicht. Daß das Vasenbild keine Genreszene aus dem Alltagsleben, in dem sich Herrin und Dienerin begegnen, meint, sondern auf einen sepulkralen Inhalt anspielt, legt die Gattung der weißgrundigen Lekythen als solche nahe. Die Ähnlichkeit zwischen den Bildthemen der Lekythos und des Hegesoreliefs ist evident und kann wohl auch für einen analogen Sinngehalt angenommen werden.

Dabei gewinnt die Hegesostele durch ihren Aufstellungskontext im Kerameikos einen konkreter benennbaren Anspruch. Er ergibt sich vor allem aus den anderen Stelen, die zum selben Grabbezirk gehören. Dies betrifft zuerst eine schmale, hoch aufragende Stele, die ohne szenischen Reliefschmuck geblieben ist. Statt dessen besitzt sie lediglich eine sorgfältig ausgearbeitete Palmette als oberen Abschluß, die die Stele zeichenhaft bekrönt und verständlich werden läßt[29].

Auf der Fläche unter der Palmette sind fünf Namen notiert. Durch den jeweils ihnen beigegebenen Vaternamen wird deutlich, daß die auf der Stele genannten Personen familiär miteinander verbunden sind. Offensichtlich handelt es sich um einen Familienverband, dem über Generationen durch die auf der Palmettenstele niedergeschriebenen Namen des jeweils männlichen Familienoberhaupts gedacht wurde. Der erste dieser Namen ist Koroibos. Zwar wurde dessen verwandtschaftliche Beziehung zu Hegeso häufiger vermutet, doch konnte sie bisher nicht nachgewiesen werden. Fraglich ist auch, ob die beiden Stelen und darüber hinaus die dritte Stele dieser Gruppe ursprünglich zusammengehörten. Es könnte durchaus sein, daß die bereits kurz vor dem Ende des 5. Jahrhunderts entstandene Hegesostele erst nach der Mitte des 4. Jahrhunderts ihren endgültigen Standort gefunden hat und auch erst in dieser Zeit die beiden anderen Stelen der Gruppe so aufgestellt wurden[30], daß eine Dreiergruppe entstand, wie sie auf Abb. 9 dargestellt ist.

Der scheinbar verwirrende Vorgang geht auf bestimmte Ereignisse zurück, die den Schlüssel zu einer plausiblen Erklärung liefern können. Wie Ausgrabungsergebnisse grundsätzlich bestätigt haben[31], fand offensichtlich nach dem Ende des Peloponnesischen Kriegs zuerst in der Zeit um 400 v.Chr. eine deutliche Veränderung und Aufwertung der großen Feststraße mit den dort angelegten Staatsgräbern statt. Nach der Jahrhundertmitte stellte sich angesichts der zunehmend als bedrohend empfundenen Mobilmachung der Makedonen die Frage, ob und durch welche Maßnahmen sich Athen gegen einen befürchteten Vormarsch und Angriff der makedonischen Streitmacht rüsten und schützen könnte. In dieser Situation meldete sich vor allem Demosthenes zu Wort und trat schließlich im Jahr 337 v.Chr. als engagierter Wortführer jener Bürgergruppen auf,

◀ Abb. 13. Um 440 v.Chr. entstandene Lekythos des Achilleus-Malers. – München, Staatliche Antikensammlung, Sammlung Schön 79.

die es für dringend erforderlich hielten, die Verteidigungsfähigkeit Athens unbedingt und mit allen Mitteln zu verbessern[32]. Demosthenes scheute dabei nicht davor zurück, zu beantragen, die Stadtgräben vor den Mauern selbst zu Lasten hiervon betroffener Gräber zu vergrößern, um weitere Befestigungsanlagen einzurichten. Offensichtlich wurde an solchen Projekten während eines längeren Zeitraums gearbeitet. Nicht zuletzt spielten hierbei fortifikatorische Einrichtungen beim großen Stadttor, dem Dipylon, eine wichtige Rolle. Wie die Ausgrabungsergebnisse zeigen, hinterließen sie deutliche Spuren[33]. Anscheinend sind dabei Gebiete des angrenzenden Friedhofs zumindest teilweise so sehr beschädigt worden, daß dies damaligen Zeitgenossen nachhaltig bewußt blieb und auch an archäologischen Befunden bis heute zu erkennen ist. Ersteres überliefert die Anklagerede des Aischines in einem im Jahr 330 v.Chr. gegen Demosthenes eingeleiteten Prozeß. Hierbei wurde Demosthenes vorgeworfen, er habe es zugelassen, daß für die von ihm protegierten Stadtgräben

Abb. 14. Kerameikos. Rekonstruktionsskizze des Grabbezirks der Dexileosstele.

vor dem Dipylon selbst Staatsgräber nicht geschont wurden, um Material für die eiligst angelegten Verteidigungsanlagen zu gewinnen[34]. Wenn somit selbst Staatsgräber für die Materialbeschaffung herhalten mußten, ist anzunehmen, daß entsprechende Maßnahmen ach an Privatgräbern nicht spurlos vorübergingen. Deshalb erstaunt es nicht, daß hierbei auch Teile von Grabstelen Verwendung fanden[35].

Offensichtlich waren solchen Aktivitäten nicht nur einige Gräber zum Opfer gefallen, sondern zugleich hatte das ganze Gelände derart gelitten, daß es mit einigem Aufwand wieder in Ordnung gebracht werden mußte, bevor es weiterhin als Friedhof zu nutzen war. Im Anschluß hieran erhielt wohl auch der Bezirk des Koroibos seine neue und abschließende Gestalt. Daß bei diesen Arbeiten die Hegesostele aus ihrer ursprünglichen Position verrückt worden ist, zeigt z.B. die außermittige Aufstellung der Stele auf ihrer Basis[36]. Der Sinn dieser Maßnahme kann eigentlich nur sein, daß der Familie des Koroibos, die ihr Familienanthem in Form des hohen Antenpfeilers errichtet hatte, daran gelegen war, eine direkte Verbindung mit den Nachbarstelen entstehen zu lassen. Jetzt mußte es für jeden, der hier vorbeikam, unmittelbar verständlich sein, daß sich in dieser Gruppe von Grabstelen ein ganzer Familienverband demonstrativ und voller Stolz in der Öffentlichkeit des Straßenraums präsentierte. Dabei dürfte es weniger wichtig gewesen sein, zu zeigen, in welchem Verwandtschaftsverhältnis die im letzten Jahrzehnt des 5. Jahrhunderts v.Chr. verstorbene Hegeso zu Koroibos und dessen einzelnen Familienmitgliedern stand. Wahrscheinlich war es wichtiger, daß das Ensemble einen bestimmten Anspruch verständlich werden ließ. Aus ihm dürfte hervorgegangen sein, daß es sich bei den dort Bestatteten um eine der wichtigen und führenden Familien handelte, deren Bestand über Generationen beurkundet wurde und deren gehobenen sozialen Stand die Gestalt Hegesos nachdrücklich beschreibt. Daraus folgt, daß spätestens seit dem Übergang vom 5. zum 4. Jahrhundert bedeutende Familien Athens die Chance wahrgenommen und aufgegriffen haben, dort zu repräsentieren, wo es sich anbot, und dies in einer ihrem Rang entsprechenden, wirkungsvollen Form.

Entsprechende Absichten verbanden sich wohl auch mit der Aufstellung einer Grabstele, die nur wenige Meter vom Grabbezirk des Koroibos entfernt ihren Platz gefunden hatte. Allerdings vermittelt sie mit ihrem Relief einen anscheinend ganz anderen Sinnzusammenhang. Dies betrifft die berühmte Grabstele des Dexileos (Abb. 14)[37]. Die Stele aus pentelischem Marmor erreicht mit 1.75 m Höhe ein beträchtliches Format. Nach Qualität und Thema ihrer Reliefszene gehört sie zu den bemerkenswertesten Beispielen dieser Gattung. Dies unterstreicht nicht zuletzt eine absichtlich in großen Buchstaben geschriebene und gut lesbar gebliebene Inschrift auf der Vorderseite der Basis, die Namen der verstorbenen Person sowie Ereignisse, die zu ihrem Tod führten, eindeutig nennt. Hiernach ehrt die Stele den Krieger Dexileos aus dem Ort Thorikos im Osten Attikas. Er gehörte zu den Gefallenen einer kriegerischen Auseinandersetzung, die im Jahr 394/3 v.Chr. zwischen Athen und Korinth stattgefunden hatte. Damit ist die Reliefstele eindeutig datiert und gehört zusätzlich zu ihrer qualitativ und inhaltlich besonderen Bedeutung zu den eher seltenen, objektiven Anhaltspunkten in einer sonst meist auf stilgeschichtliche Begründung angewiesenen Chronologie.

Obwohl es in Athen offiziellem Brauch entsprach, die in einem Kampf für die Heimatstadt gefallenen Krieger in einem Ehrengrab im Demosion Sema an der breiten Straße, die zur Akademie führte, zu bestatten, wurde die Dexileosstele in einem von Privatgräbern geprägten Umfeld aufgestellt. Da unabhängig von der Stele des Dexileos sein Name auf einem offiziellen Denkmal Athens für seine Kriegstoten des Jahres 394 v. Chr. genannt ist[38], wäre es sehr befremdlich, wenn er nicht in einem Staatsgrab beigesetzt wäre. Deshalb ist es naheliegend, die Dexileosstele nicht mit dem Grab des Dexileos gleichzusetzen. Wahrscheinlich handelt es sich bei dieser Reliefstele um ein Ehrenzeichen, durch das die Angehörigen das Andenken an den im Kampf für seine Heimat gefallenen Sohn im Grabbezirk der Familie gesondert betonte. In einem solchen Kontext konnte sich die Familie rühmen, einen der ihren zu jenen zu zählen, die für die Vaterstadt ihr Leben geopfert hatten. Daß hierbei der Sohn, den es mit dieser Grabstele zu ehren galt, als Reiter gezeigt wird, bedarf der Erklärung, weil die Reiterei Athens wegen ihrer Unterstützung der „Dreißig" nach dem Zusammenbruch dieses Terrorregimes alles andere als gut angesehen war. Statt dessen galt sie eher als eine durch eigenes Zutun diskriminierte Einheit des attischen Heeres. Angesichts solcher Umstände ist gut verständlich, daß das Geburtsdatum des 414/13 v. Chr. geborenen Dexileos ausdrücklich in der Inschrift der Grabstele genannt wird. Dies stellt klar, daß er schon aus biologischen Gründen auf keinen Fall zu jenen Reitern gehört haben konnte, die durch ihre Unterstützung der Politik der „Dreißig" in Mißkredit geraten waren[39]. Statt dessen könnte er im Gegensatz zu jenen diskreditierten Reitern als Mitglied einer jüngeren Generation auf einen veränderten Zuschnitt der attischen Reiterei hingewiesen haben, der anzugehören für jene wohlhabende

▲ Abb. 15. Grabstele des Dexileos. – Athen, Kerameikosmuseum P 113.

Familie Anlaß gewesen zu sein scheint, die Erinnerung an den gefallenen Krieger ehrend im Gedächtnis zu bewahren.

Das annähernd quadratische Relieffeld war ursprünglich von einer tempelähnlichen Ädikula eingefaßt, die die Bildszene mit einer sakralen Aura umgab. Die Reliefszene (Abb. 15) zeigt einen jungen Krieger, der von links anreitend über einen in die Knie zusammengebrochenen Gegner hinweggaloppiert. Mit weit ausholender rechter Hand schleudert er seine Lanze gegen den Verlierer, während seine Linke die angezogenen Zügel hält. Er trägt

Abb. 16. Im Piräus gefundene Grabstele mit einem zweifigurigen Relief. – Athen, Nationalmuseum Nr. 726.

einen kurzen, gegürteten Chiton und einen auf der rechten Schulter durch eine Spange gehaltenen kleinen Mantel, der sich hinter ihm aufbläht. Vor allem dieses Manteltuch illustriert die Heftigkeit der Bewegung in der Dramatik des geschilderten Kampfes. Der dem Reiter unterlegene Gegner stützt sich im Zusammenbrechen mit seinem linken Arm auf einen Rundschild, der hochkant neben ihm auf dem Boden steht. Mit seiner angewinkelt vor das Gesicht gehaltenen Rechten versucht er den drohenden Todesstoß abzuwehren. Reiter und Gegner sind gegeneinander verschwenkt in der Bildfläche so angeordnet, daß durch den Körper des Unterlegenen eine Diagonale entsteht, die tief in den Bildraum führt. Einer solchen malerischen Darstellungsweise, die eine beträchtliche Raumtiefe suggeriert, entspricht auch das scharf angewinkelte linke Bein des Unterlegenen, dessen Unterschenkel wie in perspektivischer Verkürzung dargestellt ist. Solche Darstellungsmittel zeigen, daß der hierfür verantwortliche Künstler zu den äußerst progressiven Bildhauern seiner Zeit gehörte. Offensichtlich war es den Auftraggebern den Aufwand wert, für den gefallenen Angehörigen ein Denkmal zu setzen, das schon durch die besondere Art seiner künstlerischen Ausführung Aufmerksamkeit auf sich ziehen konnte. Zugleich zeigt die idealisierende Bildsprache von Bewegungsmotiven, Körperbildung und Gesichtszügen sowie die dicht und konsequent auf das Bildfeld bezogene Komposition, daß die Darstellung keinen beliebigen oder zufälligen Ausschnitt aus einem Kampfgeschehen meint, sondern die Erzählung auf einen Zweikampf konzentriert, dessen Tenor gut verständlich ist. Er betont den Mut und die kämpferische Tüchtigkeit des Kriegers und läßt die Schilderung solcher Eigenschaften zum eigentlichen Thema werden. Deshalb sind weder Dexileos selbst noch sein tatsächliches Schicksal oder Lebensende dargestellt, sondern eine heroisierende Überhöhung von Fähigkeiten eines vorbildlichen Reiters, der die für Dexileos in Anspruch genommenen Tugenden exemplarisch vertritt.

Zwar ist das Dexileosrelief eines der inhaltlich und künstlerisch bedeutendsten Werke dieser Gattung, doch bleibt es innerhalb der Entwicklung attischer Grabreliefs ein Einzelstück, zu dem sich weder auf benennbare Vorbilder noch auf eine direktere Nachwirkung verweisen läßt. Im Gegensatz zum Bildinhalt des Dexileosreliefs ist vor allem mit der Hegesostele an der Wende vom 5. zum 4. Jahrhundert v. Chr. ein Tenor und eine auf persönliche Repräsentationsbedürfnisse privater Personen oder Familien zugeschnittene Tendenz im öffentlichen Raum zur Wirkung gebracht worden, die in verschiedenen Spielarten und in variierender Darstellung die Ausstattung von

Gräbern mit attischen Grabreliefs nachhaltig beeinflußt hat. Dabei muß es genügen, auf einige Beispiele hinzuweisen, die stellvertretend für zahlreiche weitere Grabreliefs den Rahmen und die Intentionen solcher Repräsentationskunst skizzieren.

Etwa eine Generation jünger als das Hegesorelief ist ein im Piräus gefundenes Relief ohne Namensnennung (Abb. 16)[40]. Wie schon bei der Hegesostele wurde ein Stelentypus verwendet, den eine naiskosartige Architekturform kennzeichnet. Auf einen ersten Blick könnte der Eindruck entstehen, das Relief gehöre zu einer mehr oder weniger stereotypen Serie, die durch das Hegesorelief vorgeprägt sei. Erneut zeigt die Szene eine in der rechten Bildhälfte sitzend dargestellte Frau, vor der eine Dienerin steht, die ihr ein Schmuckkästchen bringt. Trotz aller allgemeinen Verwandtschaft zur Darstellung auf der Hegesostele wird bei einem direkten Vergleich deutlich, daß der gezeigte Inhalt eine neue Interpretation erfahren hat. Dies wird vor allem dadurch erkennbar, daß die Handlungselemente, die die beiden Personen auf dem Hegesorelief miteinander verbunden hatten, völlig zurückgenommen sind und somit jede Anteilnahme innerhalb der dargestellten Begegnung unterbleibt. Offensichtlich geht es nicht um die Schilderung eines vertrauten Beieinanders von Herrin und Dienerin in einer bestimmten Situation, sondern vermehrt um die Charakterisierung einer distanziert entrückten Sphäre, die die Verstorbene umgibt. Deutlich wird dies vor allem durch ihre vorgebeugte Haltung, den abwärts geneigten Kopf und den versunkenen Gestus ihrer Hände. Ihr distanzierter und teilnahmloser Blick trifft wie aus fernem Abstand auf das vor ihr aufgeklappte Schmuckkästchen, dessen Inhalt kaum noch ihr direktes Interesse findet. Trennung und Distanz werden durch weitere Bildelemente unterstrichen. Die gilt z. B. für die kräftig dargestellte und den Bildraum schräg durchschneidende Fußbank. Deren räumlich angelegte Schilderung zeigt, daß die Dienerin nicht mehr wie bei Hegeso im direkten Gegenüber zu ihrer Herrin auftritt. Statt dessen erscheint sie wie in einer hinteren Bildebene, die damit zu-

Abb. 17. Grabstele der Mnesarete. – München, Glyptothek Nr. 491.

gleich die Vorstellung von einem anders gearteten Daseinsraum vermittelt.

Daß diese Art einer spezifischen Situationsschilderung kein Einzelfall geblieben ist, sondern einer Tendenz entspricht, die mehrfach bei attischen Grabreliefs zu beobachten ist, bestätigt die etwas später entstandene Stele der Mnesarete (Abb. 17)[41]. Erneut bildet ein architektonischer Rahmen den Hintergrund der Bildkomposition und wird rechts eine sitzende Frau gezeigt, der eine Dienerin gegenübersteht. Noch stärker und konsequenter als im zuvor genannten Piräusrelief ist die Handlung zurückgenommen. Dies zeigt sowohl die in sich versunkene Haltung der auf ihrem Hocker sitzenden Frau als auch und vor allem die wie andächtig vor ihr stehende Dienerin, deren Hände keinen Gegenstand halten, sondern ruhig zusammengenommen sind. Eine scheinbar lautlos gewordene Situation prägt die

Stimmung dieser wie zu völligem Stillstand gekommenen Szene. Aufschlußreich sind die der Stele beigegebene Inschriften. Auf dem Horizontalgeison des Giebels ist der Name der Verstorbenen notiert: *Mnesarete des Sokrates*. Direkt unter dieser Inschrift befindet sich ein Epigramm, dessen Text die Darstellung kommentiert: *Sie ließ den Gatten zurück und die Brüder, der Mutter Leid und die Kinder, sowie unvergänglichen Ruhm ihrer Tugend. Hier hält Persephones Gemach Mnesarete umfangen, die zum Ziel aller Tugend gelangte*. Das Epigramm umschreibt die Trauer der Hinterbliebenen und verweist zugleich auf die Gattin des Hades, in dessen Unterwelt Mnesarete gelangte. Dabei interessiert nicht nur der gleichsam erzählende Teil des Epigramms, sondern nicht weniger der Tenor, der ihm beigeben ist. Er zeigt, daß ein deutlich verinnerlichter Bezug das Grabrelief begleitet. Zugleich rühmt der Text die Verstorbene als eine Frau von hohem Rang, der sich auf ihre zweimal hervorgehobenen Tugenden gründet. Sie beziehen sich auf innere Werte und ethische Eigenschaften, die Mnesarete ausgezeichnet hatten.

Einem solchen Tenor entspricht die beruhigte Bildsprache mit dem stillen Beieinander von Herrin und Dienerin. Dabei trägt der Reliefstil entscheidend dazu bei, den Sinngehalt verständlich werden zu lassen. Dies betrifft die Eigenart der Figurenkomposition ebenso wie deren Gestaltvolumen und ihr Verhältnis zum Reliefgrund. Zugleich wird die Körperlichkeit der dargestellten Figuren sehr viel deutlicher betont. Deshalb tritt sie stärker aus der Reliefebene hervor, als dies bei älteren Reliefs dieser Art zu beobachten ist. Durch den Zugewinn an Plastizität setzen sich die Figuren deutlicher vom Reliefgrund ab und suggerieren zugleich eine erweiterte Relieftiefe. In ihr sind die beiden Frauengestalten so angeordnet, daß Thema und Inhalt der Reliefkomposition dem Betrachter zugänglich werden. Dabei bietet der Bildraum so viel an Tiefe, daß die Dienerin nicht mehr direkt vor ihrer Herrin steht, sondern neben ihr und dort in einer eigenen, weiter in die Relieftiefe reichenden Schicht verbleibt. Unmißverständlich werden damit ein äußerer Abstand und eine innere Distanz sichtbar gemacht. Sie beschreiben die vollzogene Trennung zwischen Herrin und Dienerin, sowie die unüberbrückbare Kluft zwischen Leben und Tod.

Dabei ist die Verstorbene so gezeigt, daß sie die Verbindung zu anderen Bereichen abgebrochen zu haben scheint. Deutlich wird dies z.B. durch das Sitzmotiv: Mnesarete sitzt auf einem schlichten Hocker mit gedrechselten Beinen, ein Möbel, wie es häufig auf solchen Grabreliefs zu sehen ist. Das linke Bein hat sie zurückgenommen, das rechte locker vorgestreckt. Bekleidet ist sie mit einem Chiton, über dem sie einen Mantel trägt. Der über den Rücken gezogene und von dort nach vorne verlaufende Mantel windet sich um den linken Arm, der völlig verhüllt auf dem linken Oberschenkel liegt. Mit ihrer rechten Hand faßt Mnesarete nach dem Saum des Manteltuchs und zieht es öffnend nach vorne. Es ist dies ein allgemein bekannter Gestus, der gerne als Hochzeitsgestus, durch den sich die Braut ihrem Gatten zuwendet, gedeutet wird[42]. Sollte damit eine Anspielung auf die Verstorbene, die sinnbildhaft zur Braut des Unterweltgottes Hades wird, verbunden sein, könnte der Gestus durchaus in direktem Zusammenhang mit der Funktion der Szene als Grabrelief verstanden werden. Daß der Gestus der Mantelöffnung hier nicht darauf hinweisen soll, eine Frau zu zeigen, die sich anderen Personen zuwendet, ist evident und wird vor allem durch die Körperhaltung verständlich. Die in einem großen Bogen nach vorne geneigte Kontur des Rückens setzt sich in der Haltung des Kopfes fort. Mit ihrem in den Schoß gerichteten Blick nimmt Mnesarete einen über sie hinausweisenden Raum nicht wahr. Damit unterstreicht die Darstellung eine in sich versunkene Zurückgezogenheit, die sich nach außen verschließt und zugleich auf einen Zustand in einer distanzierteren Situation verweist. Verstärkt wird dies durch die Gestalt der Dienerin, die ihr scheinbar in unmittelbarer Nähe gegenübersteht und doch weder durch Blickbeziehung noch eine Geste oder Bewegung wahrgenommen wird. Dies kann nur meinen, daß sich die im Epigramm gepriesene Mnesarete in einem anderen Raum, in einer anderen Sphäre oder – wie es im Epigramm formuliert ist – in *Persephones Gemach* befindet.

Auch die Gestalt der Dienerin läßt an einer solchen Deutung keinen Zweifel. Mit gesenktem Kopf und wie in sich versunken steht sie ruhig mit übereinandergeschlagenen Händen an der linken Seite des Relieffelds. Das ältere Bildthema, das eine Dienerin mit einer Schmuckschatulle zeigte, ist völlig zurückgenommen und durch handlungsloses Schweigen ersetzt. Zugleich deutet die Zueinanderordnung der beiden Figuren eine Räumlichkeit an, durch die beide Gestalten in jeweils unterschiedlicher Bild- und somit Daseinsebene plaziert sind. Während Mnesarete ihren Oberkörper zu ihrer linken Seite gedreht hat und sich dadurch eine imaginäre Schrägstellung ergibt, der auch das rechte Bein folgt, verläuft die Haltung der Dienerin in umgekehrte Richtung. In Konsequenz dieser Orientierung ist ihr Oberkörper zu ihrer rechten Seite gedreht. Da zudem ihr Standmotiv ergibt, daß ihre Füße vom Schemel Mnesaretes überdeckt sind, steht die Dienerin tatsächlich in einer weiter in die Raumtiefe gerückten Ebene. Zugleich führen die Blicke beider Frauen in eine jeweils andere Richtung und in einen jeweils eigenen Bildraum. Das scheinbar vertraute Beieinander wird zu einem isolierten Nebeneinander, das jede Gestalt nur noch auf sich selbst bezieht und von ihrem Gegenüber trennt. Gerade solche Darstellungsweise gibt den Verstorbenen zum einen und deren Hinterbliebenen zum anderen ihren sprechenden Ausdruck und verwandelt die scheinbar sprachlose Begegnung in ein entrücktes Stimmungsbild.

Die attische Reliefkunst jener Zeit hat mehr als nur den bisher angesprochenen Typus für die Gattung der Grabstelen hervorgebracht. Daneben sind vor allem Bildwerke zu nennen, auf denen die Begegnung von Mann und Frau oder auch zweier stehender Gestalten gezeigt wird. Hierzu gehört ein Grabrelief, das nach Aussage seiner Inschrift für Theano und Ktesileos aus Erythrai aufgestellt wurde (Abb. 18)[43]. In ihren allgemeinen Zügen entspricht die Szene mit ihrem Gegenüber zweier Personen einer bekannten Typologie. An Stelle der auf anderen Reliefs gezeigten Dienerin ist ein Mann dargestellt, der gegenüber und vor einer sitzenden Frau steht. Es sind die in der Inschrift genannten Ktesileos und Theano. Ktesileos steht in der linken Reliefseite und blickt auf die vor ihm sitzende Theano. Er trägt ein

▲ Abb. 18. Grabstele des Ktesileos und der Theano. – Athen, Nationalmuseum Nr. 3472.

Manteltuch, das locker um ihn gewunden ist und den Oberkörper frei läßt. Unter seine linke Achsel hat er einen langen Stab geschoben, über dem er sich bequem und leicht nach vorne gelehnt aufstützt. Dies erlaubt es ihm, seine Füße in einem entspannten Standmotiv übereinanderzuschlagen. Entsprechend sind auch seine Arme locker herabgeführt und die Hände gelöst ineinander verschränkt. Darüber hinaus kennzeichnet ihn das bärtige Gesicht als einen Mann in reiferem Alter. Sein gepflegter Habitus und die selbstbewußte Art seines Auftretens entsprechen einem Erscheinungsbild, wie es für Mitglieder der oberen Gesellschaftsschichten erwartet werden kann. Er blickt auf die Gestalt seiner vor ihm sitzenden Gattin Theano. Wie selbstverständlich hat sie mit ihrer Rechten das Manteltuch ergriffen und so weit zur Seite gezogen, daß ihr von den Falten des dünnen Chitons umspielter Körper wahrnehmbar wird. Darin zeigt sich die Gestalt einer schönen Frau in der Blüte ihres Lebens. Ihre gepflegte Erscheinung unterstreichen zugleich das sorgfältig frisierte und wie in einem Beutel von einem Kopftuch eingefaßte Haar sowie der kostbare Schmuck an ihrem Ohr. Entsprechend dem Stil des Reliefs ist die Stele wahrscheinlich in die Zeit zwischen der Hegesostele und der Stele aus dem Piräus einzuordnen[44].

Der zeitlichen Nähe entspricht auch und unbeschadet ikonographischer Unterschiede der Inhalt oder Sinnbezug, den eine bestimmte, durch die Art der Darstellung vermittelte Stimmung zum Tragen bringt. Vertrautes Beieinander und zugleich unüberwindbare Distanz charakterisieren den Bildaufbau und die Gestaltung der Personen. Während man angesichts des Ktesileos den Eindruck gewinnen kann, er erblickte – und sei dies nur in einer Erinnerung – seine Gattin in vertrauter Nähe, hat Theano ihren Blick an ihm vorbei wie eine Blinde ins Leere gerichtet. Gerade hierin wird die solchen Grabreliefs eigene Darstellung von einerseits fast selbstverständlich gegenwärtiger Nähe und zum anderen völlig unüberwindlicher Ferne bildnerisch thematisiert.

Anscheinend ist die in dieser Weise geschilderte bildliche Vergegenwärtigung eines privaten Lebenszusammenhangs so aktuell und zugleich akzeptabel geworden, daß Familie in privatestem Kreis und bei persönlichster Betroffenheit zu einem in die Öffentlichkeit getragenen Darstellungsthema geworden ist. Zugleich gewinnt die Präsentation eines der privatesten Sphäre verbundenen Daseinsbilds Öffentlichkeitscharakter. Damit reagierten Grabreliefs auf einen Wandel, in dessen Verlauf es möglich geworden war, private Anliegen und persönliche Interessen zum Gegenstand öffentlicher Bekundung werden zu lassen. Dies bedeutet auch, daß zuvor eher unterdrückt gebliebene Selbstdarstellungsbedürfnisse einzelner Personen deutlicher und bewußter praktiziert und wahrgenommen werden konnten. Zugleich wurden die einst scharf gezogenen Grenzen zwischen persönlichen Interessen und öffentlichen Belangen unscharf. Zumindest hatten sich bestimmte Familien einen durch entsprechende Grabreliefs sichtbar gewordenen Freiraum geschaffen, in dessen Rahmen die repäsentative Selbstdarstellung wichtiger sein konnte als die einst alles überwölbende Repräsentanz der Polis. Offensichtlich verliert die zuvor beachtete Zurückhaltung einzelner Bürger und ein damit verbundenes Selbstverständnis viel von seiner Gültigkeit. Zumindest weisen zahlreiche im 4. Jahrhundert v. Chr. aufgestellte Grabstelen darauf hin, daß ihre einer bürgerlich privaten Sphäre entlehnten Bildthemen und Inhalte zunehmend deutlicher zum Gegenstand einer in der städtischen Öffentlichkeit zur Wirkung gebrachten Repräsentation werden konnten.

Für ein auf diese Weise erkennbar gewandeltes Klima, das die Lebensverhältnisse in Athen begleitet und mitbestimmt hat, spricht auch, daß die virulent gewordenen Repräsentationsanliegen einzelner Bürger kaum auf eine deutlicher wahrnehmbare Kritik gestoßen sind. Anscheinend war eine zuvor unstrittig gültige Grundeinstellung, nach der sich einzelne Personen in erster Linie als Bestandteile der Polis verstanden und deshalb nicht mit lauten Selbstbehauptungen in Erscheinung traten, weniger wichtig geworden. Daher konnten Grabmäler, die die auf Athen zulaufenden Straßen säumten, jedem Ankömmling nicht nur beiläufig zu verstehen geben, daß er sich einer Stadt nähert, in der wohlhabende Kreise eines selbstbewußt auftretenden Bürgertums den Ton angaben. Offensichtlich brauchte man sich bei solchen Repräsentationsgesten keine Zurückhaltung mehr aufzuerlegen und konnte eigenen Ansprüchen und einem sich selbst zugeschriebenem Rang unverhohlen Ausdruck zu geben. Im weiteren Verlauf des 4. Jahrhunderts v. Chr. bestimmt ein solcher Trend die Entwicklung von Grabmälern. Man muß keine lückenlose Stil- und Entwicklungsgeschichte attischer Grabreliefs aufzeichnen, um den mit ihnen bekundeten Wandel und die besonderen, auch künstlerischen Leistungen zu verstehen.

Daß hierbei sehr subjektiv verinnerlichte Inhalte thematisiert und qualitativ exquisite Reliefskulpturen hervorgebracht werden konnten, zeigt beispielhaft das Relief der nach ihrem Fundort benannten Ilissosstele (Abb. 19), die in der Zeit zwischen 340 und 330 v. Chr. entstanden sein dürfte[45]. Dargestellt sind ein unbekleideter, athletischer Jüngling und ein älterer Mann, der einen langen Mantel trägt. In lässigem Sitz lehnt sich der Jüngling an einen niedrigen, schräg ins Bildfeld gestellten Pfeiler und schlägt das linke Bein in gelöster Haltung über das Standbein. Neben seiner linken Seite kommt aus dem Hintergrund ein Hund hervor; an der anderen Seite hockt ein schlafender Knabe, der seinen weit vorgebeugten Kopf auf seine, auf den Knien ruhende Arme gelegt hat. Die Gestalt des Jünglings steht schräg zur Bildebene, löst sich fast vollplastisch vom Hintergrund und befindet sich in einer leicht drehenden Bewegung. Dadurch wird der Eindruck erweckt, er wende sich bis fast in eine Frontalansicht aus dem Relief heraus. Dabei ist der Kopf so weit zur rechten Schulter gedreht, daß das Gesicht mit seinen tiefliegenden, verschatteten Augen aus dem Reliefbild heraus in eine unbestimmte Ferne blickt. Knappes Beiwerk ergänzt die Darstellung: Hierzu gehört das Manteltuch, das in der Ellenbeuge über den linken Arm fällt, anschließend um die Rückseite geführt ist und als gebauschtes Polster auf dem schräg ins Bildfeld gestellten Pfeiler liegt. Am linken Unterarm des Jünglings hängt ein Wurfholz, das als Jagdwaffe geläufig war und

▲ Abb. 19. Ilissosrelief. – Athen, Nationalmuseum Nr. 869.

somit den Jüngling als Jäger, der von einem am Boden schnüffelnden Jagdhund begleitet wird, charakterisiert. Entgegen zahlreichen anderen Grabreliefs zeigt die Szene den Verstorbenen nicht in einem familiär häuslichen Zusammenhang, sondern beschreibt ihn in einer hiervon abgelösten Sphäre einer undefiniert gebliebenen Naturumgebung. Dort erscheint er als ein der Jagd verbundener junger Mann, der sich anscheinend mehr für Jagd und die Freiheit der Natur interessiert als für persönliche Bindungen. Deshalb wird es kein Zufall sein, daß die ihm beigegebene Bildwelt auf die weit verbreitete Szenerie mit ihren familiären Komponenten verzichtet. In übertragenem Sinn kann dies einem luxuriösen Lebensstil entsprochen haben, wie er auf anderer Ebene und entspre-

▶ Abb. 20. Grabstele der Korallion. – Athen, Kerameikosmuseum P 688.

chend bestimmter Götterdarstellungen von den Olympiern gleichsam vorgelebt wird[46].

Daß der Verstorbene einer anderen und von allen Bindungen gelösten Sphäre angehört, verdeutlicht vor allem die zweite Gestalt dieses Grabreliefs. An dessen rechter Seite erkennt man einen bärtigen Mann, der sich mit seiner Linken auf einen Stock stützt und mit der Rechten zu seinem Kinn greift. Haltung, Tracht und Bärtigkeit charakterisieren ihn als einen alten Mann, dessen Geste Schmerz und Trauer ausdrückt[47]. Im Gegensatz zu der Figur des Jünglings dreht sich seine Gestalt nicht aus dem Bildfeld heraus, sondern bleibt parallel zum Hintergrund mit der Reliefebene verbunden. Zugleich richtet sich sein Blick auf den Jüngling, der seinerseits jedoch von dem Alten keinerlei Notiz nimmt. Solche Unterschiede zeigen, daß hier die Gegenwärtigkeit des alten Mannes einer entrückten Distanz des Jünglings gegenübergestellt ist.

Andere Grabstelen, die sich thematisch und typologisch mehr dem traditionellen Familienbild anschließen, zeigen, daß unabhängig vom Inhalt der Szenen eine Entwicklung stattfand, innerhalb derer sich Figuren zunehmend vom Reliefgrund lösen konnten. Abgesehen von stilgeschichtlichen Phänomenen interessieren hierbei vor allem inhaltliche Fragen. Sie betreffen nicht zuletzt die Darstellungsart der zunehmend aus dem Reliefgrund heraustretenden Gestalten und den mit einer Inanspruchnahme von Bildvordergrund und Bildraum einhergehenden Darstellungsabsichten. Überliefert ist dies vor allem durch mehrfigurig angereicherte Reliefszenen, die die Person der oder des Verstorbenen in einem größeren Kreis von Hinterbliebenen zeigen (Abb. 20)[48]. Abgesehen davon, daß solche Szenen unterstreichen, welche Bedeutung der Darstellung ganzer Familien nun zukommt und wie überhaupt Familie zu einem Bildthema werden konnte[49], ist es bei entsprechender Figurenstaffelung nicht mehr möglich, die Szene und deren Inhalt im Relief auf ein Gegenüber von Personen zu konzentrieren. Die Darstellung halbkreisförmig um die Hauptperson gereihter Angehöriger erforderte eine tiefere Reliefschichtung und ergab zugleich eine deutlichere Lösung einzelner Figuren vom Reliefgrund. Zugleich konnte aus dem einst solche Reliefszenen bestimmenden Gegenüber von Verstorbenen zum einen und Hinterbliebenen zum anderen eine Figurenanreicherung werden, die letztlich zu Lasten der Bedeutung der Angehörigen ging. Dies gilt vor allem für Grabreliefs, auf denen der um eine verstorbene Person gereihte Kreis der Familie nur noch rahmendes Beiwerk zu sein scheint. Um so deutlicher treten die Figuren bestimmter Einzelpersonen formal und inhaltlich in den Vordergrund, den sie schließlich auch ganz für sich alleine in Anspruch nehmen konnten[50].

Zusätzlich zeigen andere Überlieferungen, daß entsprechende Darstellungen bei Grabmälern zwar nicht alltäglich, aber deshalb keineswegs ungewöhnlich gewesen sind[51]. Trotzdem ist eine gewisse Hypertrophie, die allerdings anscheinend nicht als negativ empfunden wurde, kaum zu übersehen. Einen Schlußstrich zog schließlich das Gräberluxusverbot, das Demetrios von Phaleron im vorletzten Jahrzehnt des 4. Jahrhunderts, ohne daß die hierfür verantwortlichen Gründe bekannt sind, erlassen hatte[52]. Es kann sein, daß dieses Verbot mit Einschränkungen in Verbindung stand, die sich nicht nur auf eine übermäßige Ausstattung von Privatgräbern bezogen, sondern auch andere Selbstdarstellungsmöglichkeiten ehrgeiziger Bürger betraf[53].

Unbeschadet dessen ist eindeutig und durch zuverlässige Quellen überliefert, daß Grabausstattungen in Athen und im dort vorherrschenden gesellschaftlichen Kontext außerordentlich wichtig geworden waren. Man könnte den Eindruck gewinnen, Athener Familien hätten sich fast um ihr Vermögen bringen können, wenn es darum ging, sich in der Öffentlichkeit mit Grabmalen zu zeigen, die ihrem gesellschaftlichen Rang und ihrer sozialen Stellung angemessen sein sollten. Anscheinend galten möglichst aufwendig gestaltete und zugleich in des Wortes eigentlicher Bedeutung sehr kostbar ausgestattete Gräber für besonders geeignet, die Bedeutung einer Familie zu propagieren und Konkurrenten sichtbar zu überbieten. Solche oder ähnliche Motive dürften dafür mitverantwortlich gewesen sein, daß für solche Zwecke außerordentlich hohe Geldsummen veranschlagt und ausgegeben worden sind. Zwar sind entsprechende Überlieferungen uneinheitlich und besagen nicht, ob und inwieweit sie einen Durchschnittswert ermitteln lassen, der in Relation zu den Grabausstattungen gesetzt werden könnte, doch vermitteln sie zumindest einen gewissen Eindruck von der Bandbreite. Hiernach kann man den Eindruck gewinnen, daß für ein wenigstens halbwegs „anständiges" Begräbnis mindestens 30 Drachmen aufgebracht werden mußten[54], während dem Aufwand nach oben allem Anschein nach keine Grenzen gesetzt waren. In besonderen Fällen wurden riesige Vermögenswerte in ein Grab und seine prunkvolle Ausstattung investiert[55]. Grabbezirke wohlhabender Familien dürften ein ganzes Talent, also 6000 Drachmen gekostet haben. Zumindest nennt Demosthenes diese Summe als Preis für das Grab eines bestimmten, wohl ziemlich reichen Atheners[56]. Daß die Vermögensverhältnisse eines normalen Bürgers einen so hohen Aufwand nicht erlaubten, geht ziemlich deutlich aus der Vermögensschätzung des Sokrates hervor, der gesagt haben soll, sein gesamter Besitz einschließlich seines Hauses entspreche einem Betrag von gut 500 Drachmen[57]. Sehr viel weniger dürfte z. B. alleine die Grabstele der Hegeso nicht gekostet haben, so daß man an Kosten für den Grabbezirk der Familie des Koroibos wahrscheinlich mindestens ein Talent annehmen muß[58]. Daraus könnte gefolgert werden, daß z. B. auf dem Kerameikos der Gegenwert ganzer Besitztümer und Vermögen in Grabanlagen und deren stolz zur Schau getragene Ausstattung investiert wurde. Deshalb ist der Weg, der über den Kerameikos führt, nicht nur eine reich bestückte Gräberstraße, sondern zugleich eine selbstbewußt vorgewiesene Visitenkarte im festlich ausgestatteten Vorfeld der Stadt. Mit ihr stellten sich wohlhabend oder gar reich gewordene Bürger und auch ganze Familien vor, die damit zugleich keinen Zweifel aufkommen ließen, wer sich in Athen gesellschaftlich zu profilieren suchte. Dies muß nicht nur für Athener Bürger gegolten haben. Ebenso gut könnten solche Darstellungsmöglichkeiten einer bestimmten Aufsteigermentalität entgegengekommen sein. Vor allem Metöken, die zwar nach wie vor ohne politischen Einfluß blieben, jedoch beträchtlichen Wohlstand erwerben konnten, dürften hierfür in Frage kommen[59]

Weitere Überlieferungen zeigen oder weisen darauf hin, daß solche Ansprüche im näheren Umfeld der Stadt – wenngleich nicht in ihrem unmittelbaren Vorfeld –, anscheinend noch sehr viel unverhüllter zur Schau gestellt wurden. Dies zeigt z. B. ein bei Kallithea am Weg nach Piräus gefundenes Grabmonument von mehr als 8 m Höhe[60]. Das Monument konnte zu beträchtlichen Teilen rekonstruiert und im Piräus-Museum wieder aufgebaut werden[61]. Mit den sonst üblichen Grabstelen hatte dies nur noch wenig zu tun, sondern ersetzte solche Verehrungsgesten durch die Demonstration aufdringlich ins Blickfeld gedrängter Repräsentationsansprüche. Andere Beispiele sind weniger durch archäologische Funde als durch Schriftquellen bekannt geworden[62]. Doch sind sie deshalb als Zeugnisse eines zugunsten höchst anspruchsvoller bis anmaßender Selbstdarstellungsmöglichkeiten vollzogenen Wandels nicht weniger aufschlußreich. Hierzu gehört ein sehr aufwendig ausgestattetes Grabmonument für den als Redner und Tragödiendichter bekannt gewordenen Theodektes von Phaselis[63], der in Athen tätig war und dort nach der Mitte des 4. Jahrhunderts verstarb[64]. Sein Grabmal[65] zeigte eine Statue dieses Dichters in einem Kreis von Standbildern, die die großen Dichter der Vergangenheit darstellten. Zu Plutarchs Zeit war von diesem Ensemble noch die Statue Homers zu sehen[66].

Auch wenn die Standbilder im einzelnen nicht mehr bekannt sind, ist die mit ihrer Aufstellung verfolgte Absicht noch gut zu verstehen. Offensichtlich sollte durch sie eine beanspruchte Gleichrangigkeit oder Bedeutungsnähe zwischen dem Verstorbenen und den großen Dichtern der Vergangenheit bis hin zu Homer, dem Nestor und Begründer aller Dichtkunst, inszeniert und vor Augen geführt werden[67]. Zugleich suggerierte die Statuengruppe eine sinnbildhaft in Szene gesetzte Situation, in der sich die unbestritten größten Dichter der Vergangenheit am Grab des Theodektes versammelt haben, um dem Verstorbenen als einem ihnen Gleichem die Referenz zu erweisen. Der Grabinhaber sollte offensichtlich nicht nur als ein wichtiger Bürger sondern auch als Angehöriger einer besonderen Elite verstanden werden, die sich dank ihrer ins Bild gesetzten Exklusivität mit Gegenwärtigem nicht vergleichen läßt und sich deshalb mit Zeitgenössischem erst gar nicht aufhält. Anscheinend verstand sich der Dichter als Teilhaber einer besonderen, von einer ruhmreichen Aura umgebenen Sphäre. Mit solchen betont inszenierten Selbstdarstellungen hat die tradierte und in der Polis verwurzelte Repräsentationsform der Bürger den ihr gesetzten Rahmen überschritten und damit zugleich ihr Ende vornotiert.

---

[1] Thukydides 2.34,5. Anscheinend diente der äußere Kerameikos nicht nur als Friedhof, sondern wurde z.T. auch als Wohngebiet genutzt. Dies ergibt sich aus einer Textstelle bei Platon, Parmenides 127 b–c, in der davon die Rede ist, Parmenides und Zenon seien anläßlich der Panathenäen nach Athen gekommen und hätten dort außerhalb der Stadt bei Pythodoros in dessen Haus im Kerameikos gewohnt.

[2] Ausführlich berichtet Pausanias 1.29, 3–16 von diesen Gräbern. Siehe Stupperich, 4ff. und C. W. Clairmont, Patrios Nomos. Public Burial in Athens during the Fifth and Fourth Century B.C. (1983).

[3] Zusammenfassend zur Forschungsgeschichte mit erläuterndem Kommentar zur älteren Literatur Schmaltz, XII ff., sowie 24ff. Neuerdings hat Clairmont das Material zu griechischen Grabreliefs in einem mehrbändigen Corpus zusammengetragen. Zu dieser nicht sehr nutzerfreundlichen Publikation siehe auch die ausführliche Rezension von B. Schmaltz, GGA 247, 1995, 153ff. Zu neueren Arbeiten zu attischen Grabreliefs J. Bergemann, GGA 247, 1995, 10ff. Familiäre Repräsentation auf Grabreliefs bespricht R. E. Leader, AJA 101, 1997, 683ff. Mit dem Versuch eines neuen Interpretationsansatzes J. Bergemann, Demos und Thanatos. Untersuchungen zum Wertesystem der Polis im Spiegel der attischen Grabreliefs des 4. Jahrhunderts v. Chr. und zur Funktion der gleichzeitigen Grabbauten (1997); siehe hierzu auch die bemerkenswerten, kritischen Ausführungen von N. Himmelmann, Attische Grabreliefs (1999), 97ff.

[4] G.M.A. Richter, Kouroi (1960); dies., Korai (1968); dies., The Archaic Gravestones of Attica (1961).

[5] Zum Gräberluxusverbot kleistheneischer Zeit Stupperich, 71ff.; Schmaltz, 153; siehe auch J. Engels, Funerum sepulcrorumque magnificentia. Hermes, Einzelschriften 78 (1998), 97ff.

[6] Aristoteles, Athenaion Politeia 22,3. Zu Funktion und Verfahren des Ostrakismos siehe G. A. Lehmann, ZPE 41, 1981, 85ff.

[7] Schmaltz, 189f.

[8] Schmaltz, 200.

[9] Zusammenfassend zur Parthenonskulptur H. Knell, Mythos und Polis. Bildprogramme griechischer Bauskulptur (1990), 95ff.

[10] RE 13.2 (1927), 2451 s.v. Lykurgos Nr. 10 (Kunst).

[11] Bekanntlich betrifft dies vor allem das Erechtheion und den Tempel der Athena Nike. Gruben, 188ff.; H. Knell, Perikleische Baukunst (1979), 51ff.

[12] Versuche, das in spätklassischer Zeit überlieferte, erneute Aufleben, die Gräber attischer Friedhöfe mit repräsentativen Grabstelen auszustatten, mit historischen Ereignissen oder benennbaren Anlässen in Verbindung zu bringen, haben – so auch Schmaltz, 197ff. – bisher zu keinen überzeugenden Ergebnissen geführt.

[13] Zum Vorort Akademeia und der dort entstandenen Akademie Platons siehe unten 175ff.

¹⁴ Der Fackellauf gehörte zu den nahezu rituellen Veranstaltungen der Panathenäen. Siehe Deubner, 211 f.; Parke, 64 ff.

¹⁵ Noch Livius 31.24 betont ausdrücklich die ungewöhnliche Breite dieser Straße. Allerdings lassen Ausgrabungsergebnisse Zweifel aufkommen, ob diese Straße zur Zeit des Livius tatsächlich noch eine zuvor vorhandene Breite besaß. D. Ohly, AA 1965, 302 ff. vermutet, die spätklassische Verschüttung habe vor allem die untere Partie der Straße nahe bei der Stadtmauer betroffen. Allerdings kann sich dieser Versuch einer Ehrenrettung des Livius auf keine archäologischen Befunde oder Ausgrabungsergebnisse stützen.

¹⁶ Zum rituellen Charakter der offiziellen Ansprache anläßlich einer Beisetzung von Gefallenen, dem sogenannten Epitaphios siehe Stupperich, 53 ff.

¹⁷ Schmaltz, 140 ff.

¹⁸ Zur Wettlaufbahn in Gymnasien siehe unten 173.

¹⁹ Siehe unten 51.

²⁰ Aristoteles, Athenaion Politeia 58.

²¹ Die Topographische Situation der Eckterrasse erläutert Knigge, 115 ff.; die archäologischen Funde werden ausführlich von M.Kovacsovics, Die Eckterrasse an der Gräberstraße des Kerameikos. Kerameikos 14 (1990) besprochen.

²² Travlos, Attika, 91 ff.

²³ Zum Grabbezirk mit der Hegesostele Knigge, 131 ff. Zu Lutrophoren und ihrer Bedeutung im Grabzusammenhang G. Kokula, Marmorlutrophoren. 10. Beih.AM (1984), 39 ff., 90 ff., 143 ff. Skeptisch äußert sich J.Bergemann, a.O. (= 44 Anm. 3), 46 f. zur Deutung solcher Lutrophoren als Sinnbilder einer geschlechtsspezifischen Aussage; J. Bergemann, AM 111, 1996, 149 ff.

²⁴ Erläuterungen und Deutungshinweise zum Relief der Hegesostele bei Lullies, Nr. 182; Schmaltz, 1 ff.; A. H. Borbein, in: Eder, 445 f. und Clairmont, Nr. 2. 150

²⁵ E. P. Arias – M. Hirmer, Tausend Jahre griechische Vasenkunst (1960) Nr. XLI–XL II. ARV² 1022, 138.

²⁶ P. Zanker, Wandel der Hermesgestalt in der attischen Vasenmalerei (1965), 106 f.

²⁷ D.C.Kurtz, Athenian white Lekythoi (1975); J.Wehgartner, Attisch weißgrundige Keramik (1983)

²⁸ R.Lullies, Eine Sammlung griechischer Kleinkunst (1954), 35 Nr. 79; E.P.Arias – M.Hirmer, a.O., Nr.185. ARV² 997, 154

²⁹ Zur Bedeutung der Palmettenstele siehe A. Brueckner, Der Friedhof am Eridanos bei der Hagia Triada zu Athen (1909),105 f.; Schmaltz, 212 f.

³⁰ D. Ohly, AA 1965, 340 f.

³¹ D. Ohly, a.O., 277 ff.

³² A. Schäfer, Demosthenes und seine Zeit, II² (1887), (Nachdruck 1967), 80 mit Anm. 4; Welwei, 313 ff.

³³ D. Ohly, a.O., 305 f.

³⁴ A. Schäfer, a.O., 6 ff.

³⁵ D. Ohly, a.O., 305 ff. Daß dieser Vorgang keineswegs widerspruchslos hingenommen wurde, sondern auch Anlaß sein konnte, gegen Demosthenes vor Gericht Anklage zu erheben, ist durch Aischines 3.236 gut überliefert.

³⁶ Knigge, 132 f.

³⁷ Lullies, Nr. 188; Clairmont Nr. 2.209; S. Ensoli, L'Heróon di Dexileos nel ceramico di Atene. Problematica architettonica e artistica degli inizi del IV secolo (1987). Hierzu R. H. W. Stichel, Gnomon 61, 1989, 157 ff. Siehe auch T. Hölscher, Griechische Historienbilder des 5. und 4. Jahrhunderts (1973), 102 f.

³⁸ Stupperich, 18 ff. A. Brueckner, AM 14, 1889, 407. Siehe auch C. W. Clairmont, a.O. (= Anm. 58), 212 ff. und K. Prinz, Epitaphios Logos (1997).

³⁹ Hierzu siehe G. R. Bugh, The Horsemen of Athens (1988), 138 f.

⁴⁰ Lullies, Nr.194; Clairmont, Nr. 2.300.

⁴¹ B. Vierneisel-Schlörb, München Glyptothek. Katalog der Skulpturen III (1988),19 ff.; Clairmont, Nr. 2.106.

⁴² G. Neumann, Gesten und Gebärden in der griechischen Kunst (1965), 66.

⁴³ Lullies, Nr.192; Clairmont, Nr.2.206.

⁴⁴ B. Vierneisel-Schlörb, in: Festschrift G. Kleiner (1976), 75 Anm. 50.

⁴⁵ Lullies, Nr.222; N.Himmelmann-Wildschütz, Studien zum Ilissosrelief (1956); Clairmont, Nr.2.950.

⁴⁶ Siehe unten 191.

⁴⁷ G. Neumann, a.O., 149 f.

⁴⁸ H.Diepolder, Die attischen Grabreliefs des 5. und 4. Jhs. v.Chr. (1931), 49 f.; Clairmont, Nr. 4.415. Nach J.Bergemann, a.O. (= 44 Anm.3), 129 f. werden bisweilen Männergestalten im Duktus des der Öffentlichkeit zugewandten Polisbürgers gezeigt, während Frauen auf demselben Relief so dargestellt werden können, daß sie die familiäre Zurückgezogenheit im Oikos repräsentieren. Anscheinend werden die Grenzlinien zwischen Öffentlichkeit und Privatsphäre nicht mehr eindeutig gezogen.

⁴⁹ Daß die Darstellung von Familien in öffentlich präsentierten Aufstellungssituationen auch in anderen Zusammenhängen der Bildkunst des 4. Jahrhunderts v.Chr. aktuell geworden war, zeigen beispielhaft Szenen auf Weihreliefs, die für Asklepios gestiftet wurden. Siehe unten 123 f. und J. Bergemann, a.O. (= 44 Anm. 3), 123.

⁵⁰ Zu welchen Ergebnissen dies führen konnte, überliefert beispielhaft und in zugespitzter Form die Grabstele des Aristonautes. Sie zeigt in nahezu voll-

plastischer Form einen Krieger, der in weitem Kampfschritt und dramatischer Pose aus dem zu einem Naiskos vergrößerten Reliefrahmen herauszustürmen scheint. Zu dieser nach 320 v.Chr. entstandenen Grabstele siehe H. Diepolder, a.O., 52; Clairmont, Nr. 1.460; B. S. Ridgway, in: Festschrift Erika Simon (1992), 1450 ff.

[51] Bis zu welchen übersteigerten Formaten und Ansprüche Grabausstattungen entwickelt werden konnten, ist ziemlich gut überliefert; siehe unten 43 f.

[52] Zum Gräberluxusverbot durch Demetrios von Phaleron zuletzt R. H. W. Stichel, AA 1992, 433 ff., sowie J. Engels, Funerum sepulcrorumque magnificentia. Hermes, Einzelschriften 78 (1998), 121 ff.; siehe auch Stupperich, 261 f. Schmaltz, 142 erwägt volkswirtschaftliche Gründe als Anlaß für das Gräberluxusverbot. Siehe auch A. Scholl, JdI 109, 1994, 239.

[53] Zur Einschränkung des mit der Übernahme einer Choregie verbundenen und bei Prämierung der Aufführung durchgeführten Aufwands durch Demetrios von Phaleron siehe unten 149.

[54] M. Crosby, Hesperia 10, 1941, 14 ff.

[55] Ein Extremfall dürfte das Grab für die Hetäre Pythionike gewesen sein. RE 14 (1963), 564 f., s.v. Pythionike (K. Ziegler). Angeblich soll für dieses Grab eine Summe von 30 Talenten, was dem Gegenwert von mehr als 100000 Tagelöhnen eines Handwerkers entsprochen hätte, aufgewendet worden sein.

[56] Demosthenes 40.52.

[57] Xenophon, Oikonomikos 2.3.

[58] Schmaltz, 145 versucht die ungefähren Kosten für die Hegesostele zu ermitteln, indem er Preise, die nachweislich für andere, mit ähnlichem Aufwand verbundene Steinmetzarbeiten gezahlt wurden, auf die Hegesostele überträgt. Hiernach könnte diese Stele fast 400 Drachmen gekostet haben.

[59] RE XV (1932), 1413 ff., s.v. Metoikoi (H. Hommel). Zu Funktion und Rechtsstellung der Metöken A.R.W.Harrison, The Law of Athens. The Family an Property (1968), 187 ff.

[60] E. Tsirvakos, AAA 4.1, 1971, 108 ff.

[61] R. Garland, The Piräus from the Fifth to the First Century B.C. (1987), 62 mit Abb. 11.

[62] A. Scholl, JdI 109, 1994, 239 ff.

[63] Hierzu siehe die bei A. Scholl, a.O., Anm. 62 genannten Schriftquellen.

[64] Nach in Schriftquellen erhaltenen Hinweisen müßte er entweder 349 oder 334 v.Chr. verstorben sein.

[65] Scholl, a.O., 252 ff.

[66] Plutarch, Moralia 837 D.

[67] Daß dies und die damit verbundene Anmaßung im damaligen Athen grundsätzlich gut verstanden werden konnte, ergibt sich daraus, daß die Zusammenstellung der großen und sowohl in Athen als auch darüber hinaus allgemein in ihrem unübertroffenen Rang anerkannten Dichter durch die gerade erfolgte Aufstellung entsprechender Standbilder beim Dionysostheater – siehe unten 139 ff. – den Zeitgenossen nicht unbekannt gewesen sein dürfte.

# Das Pompeion

Kam ein Besucher Athens von Westen in die Stadt, so traf er gleich, nachdem das doppelte Stadttor, das Dipylon durchschritten war, auf ein großes Bauwerk, das sich mit seiner rückwärtigen Schmalseite gegen die Innenwand der Stadtmauer lehnt. Es ist dies ein nach Größe und Typus, Form und Funktion sowie Baugeschichte und Datierung ebenso ungewöhnliches wie bemerkenswertes Gebäude, das sogenannte Pompeion[1]. An die Westwand und die Nordwand sind mehrere, unterschiedlich große Räume von außen angefügt, die durch Türen vom Pompeionhof aus zu erreichen waren. Die peristyle Hofanlage selbst umfaßt ein 30,20 m breites und 56,40 m langes Grundrißgeviert und somit ein Gelände von beträchtlicher Größe (Abb. 21).

Daß das Pompeion an einer besonders prominenten Stelle errichtet wurde, zeigt seine unmittelbare Nachbarschaft und ergibt sich aus dem Bedeutungskontext der direkten Umgebung (Abb. 22): Seine Südflanke begleitet der Eridanos, der hier gemeinsam mit der Prozessionsstraße, die zum Mysterienheiligtum in Eleusis führt, die Stadt durch das Heilige Tor verläßt. Die Nordflanke des Pompeion berührt den mächtigen Fortifikationszwinger mit seinem großen Doppeltor, das Dipylon. Gemeinsam mit der Stadtmauer markiert es im Westen der Stadt die Verteidigungslinie und Stadtgrenze. Mit seiner Westfront schiebt sich das Pompeion bis vor die Innenwand der Stadtmauer. Somit ist dieses Hofgebäude an drei Seiten von Elementen der Stadtmauerbefestigung eingefaßt. Lediglich die Ostfront mit dem fast am nördlichen Ende dieser Wand plazierten Propylon weist auf einen freien Straßenraum.

Die etwas unregelmäßig verlaufende Stadtgrenze ergibt hier eine Art Geländenische, in die das Pompeion eingefügt ist. Allerdings erlaubten es die topographischen Vorgaben nicht, das Pompeiongeviert bündig einzupassen[2], so daß schiefwinklige Restflächen zwischen den Außenwänden des Pompeion und den Innenseiten der Stadtmauer übrigblieben. Die Geländezwickel wurden geschickt für die bereits genannten Annexräume genutzt, für die sich entsprechend topographischer Vorgaben drei unterschiedliche Formate ergaben. Deren Bodenbeläge und Türanordnungen zeigen, daß sie als Banketträume dienten[3]. Mit Klinen ausgestattet, reichte der hier zur Verfügung stehende Platz, um insgesamt 66 Gäste zu bewirten.

Aus welchen Gründen oder zu welchen Anlässen hier Banketträume gebraucht wurden, ist prinzipiell bekannt. Sowohl die Grabungsergebnisse als auch Schriftquellen und Inschriften geben Hinweise, die sich gegenseitig zu einem schlüssigen Ergebnis ergänzen. Hierzu gehören z. B. Knochenfunde, die nur als Relikte größerer Gelage zu interpretieren sind[4]. Dies bestätigt eine Inschrift des 4. Jahrhunderts v. Chr., nach der im Kerameikos ein großes Festessen stattfand, nachdem der Panathenäenfestzug sein Ziel auf der Akropolis erreicht hatte, dort das Opfer der Hekatombe vollzogen und anschließend das Fleisch der Opfertiere an wichtige Beamte und die Bevölkerung verteilt war[5].

Daß der Beginn des anläßlich der Panathenäen veranstalteten Festzugs bereits seit peisistratidischer Zeit, also seit der 2. Hälfte des 6. Jahrhunderts mit dem Kerameikos in Verbindung stand, ist gleichfalls gut überliefert[6]. Außerdem weisen Reste von Pfostenlöchern in Schichten direkt unter dem Pompeion auf Zelte hin, die hier in älterer Zeit bei Bedarf und aus besonderem Anlaß aufgeschlagen wurden[7]. Sie betrafen wohl eine Art Proto-Pompeion einer Zeit, die für solche Zwecke noch kein eigenes dauerhaftes Gebäude an dieser Stelle kannte.

Daß es sich bei dem schließlich errichteten Bau um das Pompeion handelt, gilt als sicher. Mehrere Schriftquellen[8] bezeugen direkt oder indirekt die Existenz des Pompeions, dessen Name schon mit dem für Festzüge gebräuchlichen Begriff – Pompai – in unmittelbarem Zusammenhang steht[9]. Für die Identifizierung des Gebäudes als Pompeion ist vor allem eine Notiz bei Pausanias wichtig: Aus ihr geht hervor, daß sich gleich am Eingang zur Stadt ein Gebäude für die Vorbereitung der Festzüge, womit in Athen eigentlich nur die Panathenäenfestzüge gemeint sein können, befindet[10]. Daß hierfür ein größeres Gebäude mit hinreichend Platz gebraucht wurde, ist naheliegend.

Abb. 21. Grundriß des Pompeion.

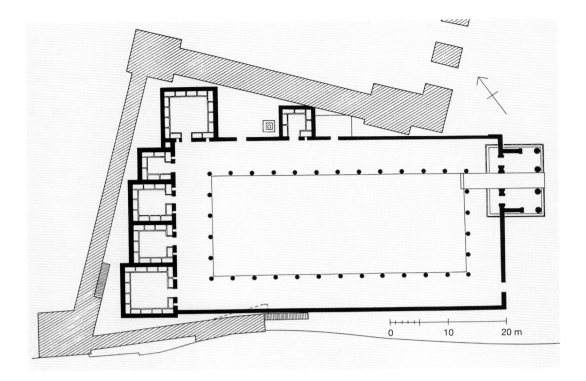

Abb. 22. Isometrische Rekonstruktionsskizze des Pompeion an seinem Standort zwischen Heiligem Tor und Dipylon.

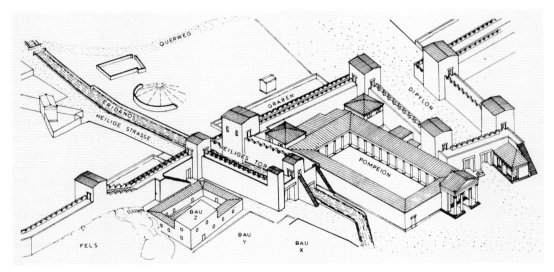

Der große Peristylhof war sicher bestens für die Vorbereitungen des Festzugs der Panathenäen geeignet. Daß das Gebäude in der Tat für solche Zwecke benutzt wurde, legen bestimmte, am Propylon festgestellte Spuren nahe. Dort enthalten die Rampen, die zu dem auf 3,87 m gedehnten Mitteljoch führen, deutliche Fahrspuren[11]. Sie zeigen, daß das Propylon von Wagen passiert wurde. Dies geht mit der Überlieferung überein, nach der im Panthenäenzug ein Schiffskarren mitgeführt wurde, an dessen Mast der Peplos, den Athena bei ihrem Fest erhielt, aufgespannt gewesen ist[12]. Die Vorbereitungen für den Aufbau und die Montage könnten sehr gut im großen Peristylhof vorgenommen worden sein, um anschließend das Pompeion durch das Propylon zu verlassen und von dort mit dem großen Festzug durch die Stadt bis hinauf zur Akropolis gebracht zu werden. Zwar sind wir über Einzelheiten des Festzugs und seiner

Vorbereitungen kaum informiert, doch spricht viel dafür, daß das als Pompeion bezeichnete Gebäude Sammel- und Ausgangspunkt der Panathenäenfestzüge gewesen ist.

In älteren Zeiten begnügte man sich anscheinend für die Festzugsvorbereitungen und Abschlußfeiern mit Zeltbauten, die nach dem Fest wieder abgebaut werden konnten; auf sie weisen die oben genannten Pfostenlöcher hin. Aus welchem Anlaß und zu welcher Zeit man sich in Athen dafür entschieden hat, für diese Zwecke ein dauerhaftes Gebäude, also das Pompeion zu errichten, ist weder inschriftlich noch durch Schriftquellen überliefert. Deshalb kann hierfür nur der archäologische Befund herangezogen werden. Dies betrifft z.B. eine unter dem Boden des Pompeion angetroffene Brandschicht, in der datierbare Keramik gefunden wurde, die auf einen terminus post quem für den Bau des Pompeion hinweisen kann[13]. Hiernach wird der Baubeginn kaum vor das Jahr 405 v.Chr. zu datieren sein. Andererseits legt es der Baubefund, der mit der Stadtmauer in Verbindung steht, nahe, die Bauarbeiten am Pompeion nicht später als 395 v.Chr. anzusetzen. Die Baugeschichte der Stadtmauer zeigt, daß zu Beginn der Bauarbeiten am Pompeion die themistokleische Stadtmauer an dieser Stelle noch nicht – wie aus Xenophons Bericht hervorgeht – völlig geschleift gewesen sein kann[14], während die von Konon in den Jahren zwischen 395 und 392 v.Chr. betriebene Erneuerung der Stadtmauer noch nicht abgeschlossen war[15]. Deshalb müßte das Pompeion zwischen diesen beiden Daten, d.h. in den Jahren zwischen 405 und 395 v.Chr. erbaut worden sein[16].

Kann man sich insoweit der Bauzeit des Pompeions mit ziemlicher Gewißheit nähern, bleibt die Frage nach einem Anlaß immer noch unbeantwortet. Wahrscheinlich hängt die Entscheidung für diesen Bau mit einem der Feste für die Großen Panathenäen zusammen, die bekanntlich in vierjährigem Zyklus gefeiert wurden[17]. Innerhalb des in Frage kommenden Zeitraums stand für das Jahr 402 v.Chr. eines dieser Feste auf dem Programm und könnte der Anlaß für den Bau des Pompeion gewesen sein. Allerdings kann dies noch nicht die letztlich fertiggestellte Anlage betreffen, weil ihr

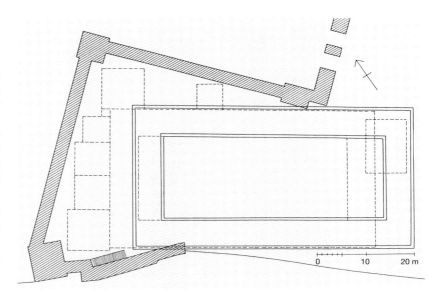

▲ Abb. 23. Planschema der unfertig gebliebenen ersten Bauphase des Pompeion. Der gestrichelt unterlegte Plan bezieht sich auf das realisierte Pompeion.

ein unvollendet gebliebener Bau vorausgegangen ist (Abb. 23). Offensichtlich war zuerst geplant, das Pompeion noch weiter nach Osten auszudehnen[18]. Weshalb man den Plan während der Bauzeit änderte, ist unbekannt und könnte höchstens hypothetisch diskutiert werden.

Die nach der Planänderung realisierte Form des Pompeion führte zu Ergebnissen, die zumindest partiell widersprüchlich anmuten könnten: Einerseits ist die Ausführungsqualität des Gebäudes sehr schlicht – um nicht zu sagen höchst bescheiden –, und andererseits wird mit ihm ein entwicklungsgeschichtlich bemerkenswertes Neuland betreten, das dieser Anlage innerhalb der Architekturgeschichte einen besonderen Rang zuweist. Zu den eher einfachen Teilen gehören sowohl die über einem Steinsockel aufgemauerten Lehmziegelwände, die hölzerne Dachkonstruktion, die Deckung mit gebrannten Dachziegeln sowie der lediglich festgestampfte Fußboden[19]. Dagegen wird sowohl durch das kostbar ausgestattete Propylon als auch durch das eher ungewöhnliche Peristyl, das das Bild des Hofinneren bestimmt, ein Eindruck hervorgerufen, der die Besonderheit der Anlage deutlich betont.

Für das Propylon gilt, daß es – im Gegensatz zum übrigen Gebäude – aus weiß glänzendem Marmor bestand und damit die Anlage durch einen besonderen Akzent bereicherte[20]. Gleichsam vom Scheitel bis zur Sohle präsentierte es sich in leuchtender Gestalt. Selbst für die Dach-

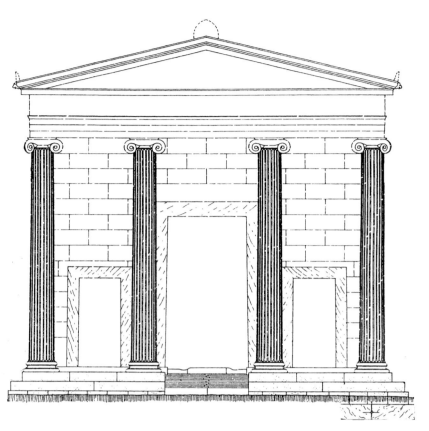

Abb. 24. Rekonstruktion der Propylonfassade des Pompeion.

ziegel wurde kostbarer Marmor verwendet. Dies kann nur meinen, daß dieses Propylon nicht nur den Eingang markieren sollte. Vielmehr konnte die auffallende Materialausstattung darauf aufmerksam machen, daß es sich hierbei um einen besonderen Eingang und damit auch um ein wichtiges Gebäude handelte. Gleich einem von ferne sichtbaren Signal unterstreicht der Torbau die besondere Bedeutung dieser Anlage (Abb. 24). Worauf mit diesem Akzent zusätzlich hingewiesen werden sollte, könnte eine Beobachtung W. Hoepfners verständlich werden lassen. Hiernach entspricht die Architektur der Propylonfront derart deutlich der Front der Erechtheionnordhalle, daß kaum an zufällige Ähnlichkeit zu denken ist[21]. Dies müßte bedeuten, daß mit solchen Signalen auf Ausgangspunkt und Ziel des Panathenäenfestzugs hingewiesen wurde und sich zugleich ein Bedeutungsbogen ergab, der vom Stadteingang bis zum kultischen Zentrum der Stadt reichte. Falls diese Beobachtung Hoepfners zutreffend ist, wäre mit dem Architekturzitat am Propylon des Pompeion die m.W. früheste bisher bekannt gewordene Architekturkopie der griechischen Baugeschichte überliefert. Auch deshalb bleibt dieses Propylon ein höchst bemerkenswertes Exempel antiker Architektur.

Nicht weniger bemerkenswert ist die im Pompeion überlieferte Bauform der Hofanlage[22]. Man erkennt dort an allen vier Seiten umlaufende Säulenhallen. Ihre 5,22 m hohen Säulen stehen auf einem Stylobat, der sich als Steinstufe von der inneren Hoffläche abhebt. Zu den unkanneliert gebliebenen Säulenschäften gehörte jeweils eine schlichte, runde Basisscheibe und als oberer Abschluß ein ionisches Volutenkapitell[23]. Somit überliefert der archäologische Befund, daß der Pompeionhof als Peristyl ionischer Ordnung angelegt war (Abb. 25). Das Peristyl selbst bestand aus je 6 Säulen an den Schmalseiten und je 13 Säulen an den Flanken. Daß dies einem Verhältnis entspricht, das bei Ringhallentempeln klassischer Zeit als kanonisch bezeichnet werden kann[24], könnte zufällig sein und müßte nicht weiter beachtet werden. Trotzdem sei wenigstens der Hinweis erlaubt, daß unweit vom Pompeion auf dem Agoraios Kolonos ein solcher Tempel steht, der nach der Mitte des 5. Jahrhunderts entstandene Hephaistostempel[25]. Bauleute und Initiatoren des Pompeion werden bei ihrem Entwurf für das Peristyl nicht unmittelbar an den Hephaistostempel oder verwandte Bauten gedacht haben. Trotzdem sei der Hinweis erlaubt, daß die Struktur des Pompeionperistyls fast wie eine nach innen umgestülpte Ringhalle eines gängigen Peripteros klassischer Zeit anmutet. Die damit zumindest indirekt anklingende Frage nach eventuellen Patenschaften für den Hofentwurf im Pompeion ist zwar vorerst nicht schlüssig zu beantworten, doch bleibt sie deshalb keineswegs überflüssig. Dies nicht zuletzt deshalb, weil das Pompeion in einer Zeit entstanden ist, in der Architekten ihr Interesse u.a. der Gestaltung von Innenräumen zuwandten. Beispielhaft zeigt dies der gegen Ende des 5. Jahrhunderts vollendete Tempel des Apollon Epikureios bei Phigalia und Bassae[26]. Allerdings gehörten Peristylhöfe vorerst noch keineswegs zum gängigen Repertoire griechischer Architektur. Um so bemerkenswerter ist das Pompeion, mit dem der älteste

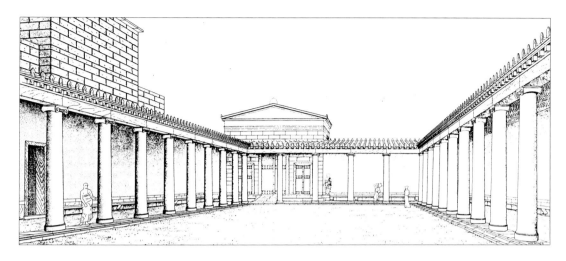

◀ Abb. 25. Rekonstruierte Innenansicht des Pompeionperistyls.

Peristylhof Athens überliefert zu sein scheint[27]. Zumindest für Athen dürfte das an der Wende vom 5. zum 4. Jahrhundert v. Chr. im Pompeion entstandene Peristyl etwas Neues gewesen sein und bei Bürgern und Besuchern dieser Stadt besondere Aufmerksamkeit gefunden haben.

Daß ein Bauwerk wie das Pompeion mit einem Peristyl ausgestattet wurde, braucht keineswegs zufällig gewesen zu sein, sondern könnte durchaus einer gezielteren Absicht entsprochen haben. Wie Untersuchungen zur Geschichte der Hofperistyle zeigen[28], eigneten sie sich nicht zuletzt für Gebäude, deren Bedeutung und festlicher Charakter hervorgehoben, sowie durch sichtbare Maßnahmen wirkungsvoll gesteigert werden sollten. Gerade beim Pompeion ist eine solche Absicht leicht verständlich. Schließlich handelte es sich um jenen Ort, von dem innerhalb des reichen attischen Festkalenders[29] die wichtigsten Festzüge – allen voran die der Panathenäen – ausgingen. Fraglos trugen sie entscheidend dazu bei, eine besondere Festtagsstimmung zu verbreiten. Bei dem hohen Identifikationsgrad, den die Bürger hierbei mit ihrer Stadt entwickelten, könnte es als angemessen erschienen sein, den Ausgangspunkt durch ein großes Hofperistyl als Örtlichkeit von herausragender Bedeutung auszuzeichnen. Auf jeden Fall wurde das Pompeion auf diese Art eine unverwechselbare Stätte, die dazu beitragen konnte, Besucher und Betrachter dieser Anlage auf besondere Festlichkeit gezielt einzustimmen.

Daß das Pompeion auch für andere Anlässe genutzt wurde, steht hierzu nicht im Widerspruch. Gerade die spezifische Eigenart der Anlage könnte dazu beigetragen haben, sie als attraktiven Ort zu verstehen, der auch andere Interessen an sich zog. Anscheinend war dies von Anfang an in Rechnung gestellt worden. Dafür könnte sprechen, daß entlang der Rückwände, die zu den Hallen des Peristylhofs gehören, Bänke aufgestellt waren[30], wie sie z. B. aus Unterrichtsräumen in Gymnasien bekannt sind. Daß eine entsprechende Nutzung für das Pompeion in Frage kommt, zeigen Inschriften, die hier unterrichtete Epheben an den Wänden hinterlassen haben[31]. Darüber hinaus konnte das Pompeion grundsätzlich als sinnstiftende Stätte kulturell motivierter Identifikation verstanden waren. So galt z. B. der posthumen Ehrung des Sokrates eine im Pompeion aufgestellte Portraitstatue aus Bronze, die Lysipp geschaffen hatte[32]. Wahrscheinlich entspricht eine römische Kopie in Statuettenformat (Abb. 26) dem im Pompeion aufgestellten Standbild[33]. Mit ihm wollten die Athener die Ehre des von ihnen zum Tode verurteilten Sokrates wiederherstellen[34] und plazierten dieses Zeichen einer versuchten Wiedergutmachung an prominenter Stelle im Pompeion. Zwar gibt die kleine Statuette das verlorene Original nur unzulänglich wieder, doch weist sie wenigstens auf eine bestimmte Charakterisierung hin, die mit der Portraitstatue verbunden war. Dies bezieht sich vor allem auf eine Zurücknahme der sonst bei Sokratesportraits häufiger gezeigten, fast burlesk und silenartig gezeichneten Physiognomie zugunsten eines ehrwürdigeren Gesichts. Auch der ordentlich um den Körper drapierte Mantel, die sparsame Gestik und das

Abb. 26. Statuette des Sokrates. Römische Kopie nach einer vermutlich von Lysipp geschaffenen und im Pompeion aufgestellten Portraitstatue des Sokrates. – London, British Museum Inv. Nr. 1925. 11–18.

ruhige Standmotiv, das ein gemessenes Auftreten erwarten läßt, folgen ganz der Norm eines in jener Zeit propagierten, zum gesellschaftlichen Gemeingut gewordenen Bürgerideals[35]. Deshalb zeigt das Standbild Lysipps Sokrates als einen in die Gesellschaft seiner Zeit integrierten und von ihr akzeptierten, ehrwürdigen Polisbürger. Außerdem wird in Schriftquellen von Aufenthalten des Diogenes[36] und Bildern mit Dichterdarstellungen[37] im Pompeion berichtet. Hierzu paßt sehr gut, daß an einer der Hallenwände eine Inschrift erhalten blieb[38], die in großen Buchstaben den Namen Menanders nennt (Abb. 27). Daß das Pompeion sogar scheinbar sehr banalen und praktischen Zwecken dienen konnte, überliefert ein Hinweis des Demosthenes, demzufolge hier anläßlich einer Preisexplosion Getreide zu vertretbaren Preisen ausgegeben wurde[39].

Selbst wenn Bauformen, Datierung und Nutzungsmöglichkeiten geklärt oder wenigstens ungefähr verständlich gemacht werden können, bleibt die Frage nach Anlässen und Motivationen, die überhaupt erst dazu führten, dieses Pompeion zu bauen, noch unbeantwortet. Vor allem die historischen Umstände der Bauzeit sind von besonderem Interesse, wenngleich sie zuerst eher verwirrend zu sein scheinen. Dabei sei vorab nochmals darauf hingewiesen, daß – obwohl weder Inschriften noch Schriftquellen über die Bauzeit des Pompeion berichten – hinsichtlich einer Datierung in die Zeit um 400 v.Chr. weitgehendes Einvernehmen besteht[40]. Hiernach – und dies bleibt bemerkenswert – wurde das Pompeion in einer Zeit erbaut, die bekanntlich keineswegs zu den besten Jahren in der Geschichte Athens gehörte. Stichwortig seien nur der im Jahr 404 v.Chr. mit einer für Athen dramatischen Niederlage zu Ende gegangene Peloponnesische Krieg genannt und die innere Labilität, wie sie sehr deutlich durch das Terrorregime des Jahres 403 v.Chr. zum Ausdruck kam[41]. Vor allem der Terror der Dreißig könnte für die Stimmungslage und das allgemeine Klima in Athen noch belastender gewesen sein als der schwer zu verkraftende Machtverlust am Ende des schmählich verlorenen Kriegs. Die Suspendierung der attischen Demokratie durch die Tyrannen hatte zu einer politischen Entmündigung der Bürgerschaft geführt, von der sich jeder Athener betroffen fühlen mußte. Die Stadt hatte in dieser Situation einen bisher nicht gekannten inneren sowie äußeren Niedergang und politischen Tiefstand erreicht.

Daß man sich in dieser äußerst prekären und eher deprimierenden Situation dazu entschlossen hat, das aufwendigste Gebäude, das jemals für die Feste der Stadt erbaut worden war, zu errichten, ist aus sich selbst heraus nicht zu verstehen. Bemerkenswert erscheint dies vor allem auch deshalb, weil man sich im Stadium tiefster Demütigungen und politischer, moralischer sowie wirtschaftlicher und finanzieller

Schwächung veranlaßt sah, seinen Festen eine deutlich sichtbare Referenz zu erweisen. Die historischen Ereignisse könnten einen Hinweis enthalten, der zum Verständnis dieser sonst eher unerklärbaren Situation beiträgt. Bekanntlich dauerte es nicht allzu lange, bis der Gewaltherrschaft der Tyrannen ein Ende gesetzt werden konnte. Noch gegen Ende des Jahres 403 v.Chr. schafften es die außer Land geflohenen Bürger unter der Anführung des Thrasybul über Piräus wieder nach Athen zu kommen und die dortigen Verhältnisse neu zu ordnen[42]. Für Athen war dies ein Aufatmen und der Beginn einer neuen Zeit. Seinen sehr unmittelbar spürbaren Ausdruck fand dies in einer Verfassungsreform und einer Rückkehr zu demokratischen Verhältnissen[43]. Jetzt konnte es angemessen und auch naheliegend erscheinen sein, sich an eigene Qualitäten zu erinnern und sich auf unbestreitbare Gütezeichen eigener Traditionen zu beziehen. Da hierzu die Pflege der großen Stadtfeste und allen voran der Panathenäen gehörte, erhält der Bau des Pompeion sowie die Entscheidung für seine Errichtung in einem Zusammenhang von neu mobilisierter Zuversicht und Lebensstimmung einen unmittelbar verständlichen Sinn. Dies nicht zuletzt deshalb, weil die Panathenäen als das größte und wichtigste Fest der Stadt stets auch als Spiegel ihrer inneren Zustände gesehen und begriffen wurden. Deshalb muß es keineswegs zufällig sein, daß der Neubau des Pompeion und die Restituierung der demokratischen Verfassung Athens auf die gleiche Zeit verweisen. Dabei könnte das Pompeion als durchaus absichtsvolle Demonstration des wiedererwachten und traditionsverpflichteten Selbstbewußtseins der Stadt verstanden werden.

Einer solchen Absicht ist nicht zuletzt der Standort am Dipylon nützlich. Dort markierte das Pompeion einen bedeutenden Fixpunkt am Stadteingang und machte jedermann klar,

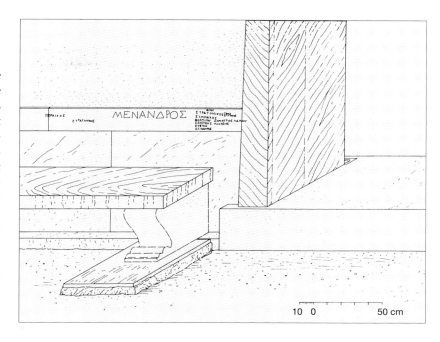

▲ Abb. 27. Im Pompeion gefundene Inschrift mit dem Namen des Dichters Menander.

daß sich Athen seiner in festlichen Kulten gefeierten Traditionen in Gegenwart und künftigen Zeiten gleich einer Bestandsgarantie bewußt bleibt. Deshalb ist das Pompeion auch ein Zeichen für den nach tiefer Depression wieder auflebenden Stolz Athens und seiner Bürger, die sich zu keinem anderen Anlaß mehr als gerade bei solchen Festen mit ihrer Stadt identifizieren konnten. Die Panathenäen als Inbegriff für den Bestand Athens werden zwar als zyklisch wiederkehrende, ephemere Ereignisse gefeiert, doch behaupten sie in einer auf Dauer angelegten Stätte ihren unverrückbaren Platz im kultischen, kulturellen und konkret wahrnehmbaren Gefüge der Stadt. Dabei dürfte sich die Situation des Pompeion nachgerade dazu angeboten haben, durch ein repräsentatives Gebäude für einen engagiert betriebenen Neubeginn ein programmatisches Zeichen zu setzen. Ob damit ein Tenor angeschlagen wurde, der als Ausgangspunkt einer folgenreicheren Tendenz verstanden werden kann, wird die Betrachtung anderer Beispiele zeigen müssen.

---

[1] Travlos, Athen, 477. Zum Baubefund und dessen Interpretation ausführlich Hoepfner, dessen Ergebnisse Knigge, 79ff. knapp zusammengefaßt referiert.

[2] Hoepfner, 112.

[3] Daß eine konsequent durchgeführte Möblierung mit Klinen zwangsläufig dazu führen mußte, die Eingangstür aus der Mitte der Türwand um das Maß einer Klinenbreite zur Seite zu rücken, hat auch Ch. Börker, Festbankett und griechische Architektur, Xenia 4, 1983, 12f. gezeigt.

[4] G. Gruben, AA 1969, 36.

⁵ IG II2 334; siehe auch Hoepfner, 127.
⁶ Thukydides 6.57.
⁷ Hoepfner, 16 ff.
⁸ Zu Inschriften und Schriftquellen G. Hönle, in: Hoepfner, 113 f.
⁹ Zu etymologischen Fragen Hoepfner, 124 ff.
¹⁰ Pausanias 1.2,4. Zwar kann Pausanias nur den in antoninischer Zeit entstandenen Bau des Pompeion gesehen haben, doch blieben Örtlichkeit und Funktion der Anlage unverändert.
¹¹ Hoepfner, 45 ff. und 78 ff.
¹² Zum Schiffskarren und Peplos siehe Deubner 32 ff.; Parke, 51 ff.
¹³ Hoepfner, 22.
¹⁴ Xenophon, Hellenika 2.3,11 berichtet zwar von der Zerstörung der Stadtmauer nach der Niederlage Athens im Peloponnesischen Krieg, doch betraf dies wahrscheinlich vor allem die berühmten Langen Mauern, die den existenziell notwendigen Zugang zum Piräus geschützt hatten.
¹⁵ Zu Konon und den von ihm initiierten Reparaturen der Stadtbefestigung siehe 20 Anm. 20 und 109 Anm. 57.
¹⁶ So auch gut begründet Hoepfner, 122.
¹⁷ Zu den Panathenäen in knapp zusammengefaßter Form Deubner, 22 ff.; Parke, 40 ff.
¹⁸ Hoepfner, 24 ff., 32.
¹⁹ Hoepfner, 137 ff. Auch die Schiefwinkeligkeit des Hofgevierts weist auf Eile oder eine gewisse Sorglosigkeit bei der Ausführung der Anlage hin.
²⁰ Hoepfner, 108.
²¹ Hoepfner, 126, 135.
²² Hoepfner, 53 f., 56 ff.
²³ Hoepfner, 58 ff.
²⁴ Gruben, 43.
²⁵ Travlos, Athen, 261 ff.
²⁶ H. Knell, Die Anfänge des Archaismus in der griechischen Architektur, Xenia 33, 1993, 7 ff.
²⁷ Hoepfner, 129 ff.; Coulton, 169; Ch. Börker, a.O. (= 53 Anm. 3),16 f.
²⁸ E. Walter-Karydi, in: W. Hoepfner – G. Brands (Hrsg.), Basileia. Die Paläste der hellenistischen Könige (1996), 56; Ch. Börker, a.O. weist auf archäolgische Befunde hin, nach denen erste Peristyle vielleicht sogar bereits am Ende des 6. Jahrhunderts v.Chr. oder zu Beginn des 5. Jahrhunderts v.Chr. entstanden sein könnten.
²⁹ Gut zugänglich zusammengestellt bei Parke, innere Umschlagseite und 33 ff.
³⁰ Hoepfner, 99.
³¹ Hoepfner, 120 ff.
³² Diogenes Laertios 2.43
³³ Richter 1,116, Abb. 560 f.; R.von den Hoff, Philosophenportraits des Früh- und Hochhellenismus (1994), 32.
³⁴ I. Scheibler, Sokrates. Glyptothek München (1989), 44 ff., 50 f.
³⁵ Zur Interpretation siehe auch Zanker, 62 ff.
³⁶ Diogenes Laertios 6.22.
³⁷ Plutarch, Moralia 839 C.
³⁸ Hoepfner, 124.
³⁹ Demosthenes 34.39.
⁴⁰ Siehe oben 49.
⁴¹ Siehe oben 13.
⁴² Zu Thrasybuls Rückkehr nach Athen Bengtson, 260; B. J. Buck, Thrasybulus and the Athenian democracy: the life of an Athenian. Historia. Einzelschriften 120 (1998).
⁴³ Hierzu A. Hönle, in: Hoepfner, 240 ff.

# Die Pnyx

In etwa die gleiche Zeit, in der Athen durch das neue Pompeion ein deutliches Zeichen für seinen ungebrochenen Lebenswillen gesetzt hatte, gehört ein außerordentlich spektakulärer Neubau für die Tagungsstätte der Volksversammlung. Sie tagte wohl seit der durch die kleistheneischen Reformen entstandenen Verfassung und den hierbei erforderlich gewordenen Entscheidungsverfahren am Hang eines im Südwesten der Stadt gelegenen Hügels, dessen Name Pnyx sich bald auf der Versammlungsstätte selbst übertragen hatte.

Ausgrabungen konnten zwar den noch erhalten gebliebenen Bestand dieser Anlage dokumentieren und erläutern[1], doch ließ sich deren konkrete Baugeschichte nur zögernd benennen[2]. Trotzdem scheint zumindest klar zu sein, daß es drei große Bauphasen gegeben hat (Abb. 28–29), die zugleich einen zu verschiedenen Zeiten für die Ekklesia unterschiedlichen Platz- und Organisationsbedarf kommentieren[3]. Allerdings sind bereits für die erste Anlage Datierung und Anlässe strittig, weil nicht zweifelsfrei geklärt werden konnte, ob sie in unmittelbarem Zusammenhang mit den kleistheneischen Verfassungsreformen und damit am Ende des 6. Jahrhunderts[4] oder erst später, gegen die Mitte des 5. Jahrhunderts[5] eingerichtet wurde. Unbeschadet dessen bleibt jedoch verständlich, daß sie in der ersten Bauphase mit knapp 2500 qm eine Größe besaß, die für mehr als 5000 Sitzungsteilnehmer Platz bot[6] und einer Struktur ähnlich war, wie sie sonst vor allem von Theateranlagen bekannt geworden ist. Dementsprechend besitzt sie einen dem Hang angepaßten, koilonartigen Sitzplatzbereich, zu dessen Füßen ein Podium für Redner angeordnet war. Die grundsätzliche Ähnlichkeit mit einem Theater bedeutet allerdings nicht, daß sich die Form der Anlage auf der Pnyx an Theatern orientiert hätte, weil es zur Zeit der ersten Pnyxbauphase noch keine Theater gab, die als Vorbild hätten dienen können[7].

Bei der ersten Anlage auf der Pnyx begnügte man sich mit einer Anpassung des Geländes an den für die Zusammenkünfte der Volksversammlung erforderlichen Bedarf. Lediglich Unebenheiten des Geländes wurden so weit abgearbeitet, daß an dem flach nach Norden abfallenden Hang eine koilonartige Stätte entstand. Da keine Vorrichtungen für Sitze zu erkennen sind, hatte es solche Einrichtungen wohl auch nicht gegeben. Die Mitglieder der Volksversammlung müssen im Stehen, auf dem Boden hockend oder auf selbst mitgebrachten Sitzgelegenheiten an den Zusammenkünften teilgenommen haben. Anscheinend gab man sich in Athen fast ein ganzes Jahrhundert mit dieser eher primitiv angelegten und so gut wie gar nicht eingerichteten Anlage für die Ekklesia zufrieden. Zumindest machte man vorerst keine Anstalten, an diesem eher unbequemen und repräsentationslosen Zustand etwas zu ändern. Erst ganz am Ende des 5. Jahrhunderts v. Chr. und in einer für Athen bekanntlich sehr schwierigen Lage wurden Maßnahmen ergriffen, um für die Pnyx einen besser ausgestatteten Zustand zu erreichen. Allerdings wurde mit dieser zweiten Bauphase weit mehr verändert, als es für eine allgemeine Verbesserung der bisher gegebenen Verhältnisse zu erwarten wäre[8]. Man beließ es nicht dabei, den Teilnehmersektor mit steinernen Sitzbänken auszustatten und das Auditorium baulich zu festigen, sondern kehrte gleich die ganze Anlage in ihre Gegenrichtung. Aus unbekannt gebliebenen und kaum mehr nachvollziehbaren Gründen wurde die Richtung um 180° gedreht, so daß die Neigung der Versammlungsstätte jetzt nach Südwesten weist. Damit wurde ein gegen die natürliche Hangneigung und gegen alle Erfahrung angelegtes Auditorium notwendig, dessen Schräge künstlich hergerichtet werden mußte. Daß man sich damit einen beträchtlichen und eigentlich unnötigen Arbeitsaufwand eingehandelt hat, scheint die Initiatoren und verantwortlichen Bauleute nicht sonderlich beeindruckt zu haben. Auf jeden Fall brachte dies umfangreiche Erdanschüttungen mit sich und waren mächtige Stützkonstruktionen nötig, um den gegen die Umfassung gerichteten Schub der Anschüttungsmasse abzufangen. Im Ergebnis zeichnete sich die aufgemauerte Rückseite der Anlage wie eine massive Wand aus gewaltigen Blöcken gegen den Hang ab.

Bisher vorgebrachte Gründe für die Dre-

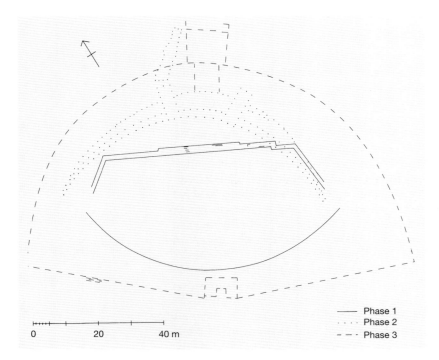

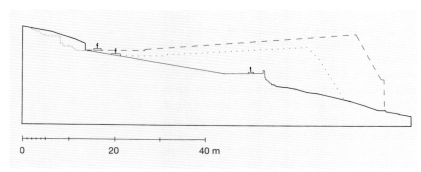

▲ Abb. 28. Pnyx. Plan mit den drei Bauphasen der Versammlungsstätte für die Ekklesia.

▲ Abb. 29. Pnyx. Schnittzeichnung mit den drei Bauphasen der Versammlungsstätte für die Ekklesia.

hung der ganzen Anlage und die damit dem Staat aufgebürdeten Kosten sind wenig überzeugend. Einerseits wurde argumentiert, mit der Drehung der ganzen Anlage sei der Zweck verfolgt worden, den kalten Nordwinden auszuweichen, denen bei der ersten Pnyxanlage die Sitzungsteilnehmer ausgesetzt gewesen seien[9]. Ein anderer, jedoch kaum mehr überzeugender Grund soll die störende, weil ablenkende Blickverbindung zwischen der auf der Pnyx versammelten Bürgerschaft und dem Treiben auf der Agora gewesen sein, auf die Aristophanes etwas hämisch zu zielen scheint[10]. Freilich wird bei solcher Argumentation nicht bedacht, daß es Aristophanes kaum darum gegangen ist, auf einen baulichen Mißstand hinzuweisen, der bereinigt werden könnte, sondern um beißenden Hohn und Spott, die gegen die demokratische Staatsform Athens mit ihren aufwendigen Prozeduren und umständlichen Entscheidungsverfahren der Volksversammlung gerichtet waren. Somit sind anscheinend bisher keine wirklich plausiblen Gründe für die höchst aufwendige Drehung der Versammlungsstätte genannt worden.

Nicht nur die Gründe, die für einen Neubau der Anlage auf der Pnyx Anlaß gewesen sein könnten, sondern auch die Datierung sind unterschiedlich beurteilt worden. Vermehrter Platzbedarf kann zumindest den demonstrativen Aufwand, der für die zweite Pnyxanlage betrieben wurde, nicht entscheidend gewesen sein, da sie mit einer Gesamtfläche von rund 2600 qm die Vorgängerin nur geringfügig übertroffen hat. Zwar war infolge von Schäden, die im späten 5. Jahrhundert entstanden zu sein scheinen[11], eine Reparatur erforderlich geworden, doch begründet dies noch längst nicht die ungewöhnliche Gesamtmaßnahme. Allerdings weist die offensichtlich notwendig gewordene Schadensbehebung auf die Zeit hin, in der ein Neubau aktuell geworden sein könnte. Einen scheinbar konkreten Datierungsvorschlag, dem zugleich eine Begründung beigefügt ist, gibt Plutarch. Er nennt die Dreißig Tyrannen, die 403 v. Chr. für ein knappes Jahr ihre Terrorherrschaft in Athen eingerichtet hatten, als Initiatoren der neuen Pnyxanlage. Plutarch begründet dies mit einem für ihn wohl naheliegenden Argument, indem er vermerkt, durch die Demokratie sei die Macht in Athen in die Hände von Matrosen und sonstigem Pöbel gefallen: *Deswegen haben die Dreißig Tyrannen den Rednerstuhl auf der Pnyx, der so angebracht war, daß man die Aussicht nach dem Meer hatte, mit Blick zum Landesinneren umgekehrt, in der Meinung, daß die Herrschaft über das Meer eine Stütze der Demokratie sei, während im Landesinneren ansässige Leute eher für eine oligarchische Verfassung zu gewinnen wären.*[12] Aus der Sicht Plutarchs mag sich der Vorgang in dieser Weise abgespielt haben, doch hatte dies mit in Athen zu Buche schlagenden Verhältnissen wenig zu tun. Bereits die Dauer des Terrors der „Dreißig" war viel zu kurz, um solche Pläne in die Tat umzusetzen.

Erst in jüngerer Zeit wurde deutlicher darauf hingewiesen, daß der Inhalt dieser Schriftquelle in keiner Weise mit dem, was sich in jener Zeit in Athen ereignet hatte, in Übereinstimmung zu bringen ist[13]. Auch wenn an einer Datierung in die letzten Jahre des 5. Jahrhunderts kaum Zweifel angebracht sind[14], bedarf der Begründungszusammenhang einer anderen Argumentation. Zumindest ist durch nichts ersichtlich, daß gerade die „Dreißig" sich für einen Neubau, der der Ekklesia zugute kam, eingesetzt haben sollten. Wahrscheinlich ist es ergiebiger, sich zuvor anderer Aktivitäten zu vergewissern, die in den Jahren des Jahrhundertwechsels für den Zustand Athens von Belang gewesen sind. Dabei ist es besonders wichtig, daran zu erinnern, daß Athen nach dem Sturz der kurzlebigen Tyrannenherrschaft sofort daran gegangen war, seine Verfassung zu restituieren[15]. In einem solchen Zusammenhang sind Neubauten für die Bule[16] und den Sitz der Prytanen[17] entstanden. Die Neubauten gehören zu Erneuerungsmaßnahmen, in deren zeitlichen und inhaltlichen Kontext sich die zweite Pnyxanlage problemlos und sinnreich zugleich einfügt[18]. Sie betreffen Einrichtungen, durch die nicht zuletzt nachdrücklich darauf hingewiesen wurde, daß Athen am Bestand seiner rechtmäßigen, demokratischen Verfassung trotz schwerster Niederlagen und politischer Wirren keine Zweifel aufkommen läßt.

Damit und nicht zuletzt durch Bauform und Struktur der zweiten Pnyxanlage waren Vorgaben definiert, die für Folgezeiten gültig blieben. Dies belegt die dritte und letzte Bauphase auf der Pnyx[19].

Archäologisches Fundmaterial weist deutlich darauf hin, daß sie kaum später als in den frühen 20er Jahren des 4. Jahrhunderts[20] und damit in lykurgischer Zeit[21] erbaut worden ist[22]. Von ihrer Vorgängeranlage unterscheidet sie sich weder durch typologische Merkmale noch durch das gegen die Vorgaben des Hanggefälles ansteigende Auditorium, sondern hauptsächlich durch ihre Dimension, mit der sie das bisherige Fassungsvermögen um nahezu das Doppelte übertroffen hat. Zwar ist auch das Ergebnis der dritten Bauphase nicht mehr in jedem Detail nachvollziehbar, doch blieb von ihrer Substanz zumindest soviel erhalten, daß eine Rekonstruktion der Anlage dargestellt werden konnte. Im Grundriß und Schnitt werden ihre Gestalt und Ausdehnung auch im Verhältnis zur zweiten Pnyxanlage deutlich[23]. Offensichtlich reichte die damit zur Verfügung stehende Kapazität aus, um mindestens 10000 Personen Platz zu bieten[24]. Die erneut sehr aufwendige und kostspielige Pnyxerneuerung zeigt, daß es zumindest den maßgeblichen und meinungsbildenden Kräften Athens nachdrücklich darauf ankam, den Ort der Volksversammlung so zu vergrößern, daß an ihren Sitzungen mehr Bürger als je zuvor teilnehmen konnten.

Anscheinend hatte das Interesse an der Ekklesia nochmals beträchtlich zugenommen, und so wurde zugleich ein repräsentativerer Zuschnitt der Gesamtanlage besonders aktuell. Letzteres bezog sich nicht zuletzt auf große Hallenbauten, die zu Füßen des Auditoriums und direkt vor der dort verlaufenden Stadtmauer errichtet wurden oder errichtet werden sollten (Abb. 30). Zugleich hat es den Anschein, als seien diese großen Hallenbauten niemals fertiggestellt worden[25]. Dabei unterstreicht der Befund auf jeden Fall, daß in jenen Zeiten, in denen dieses dritte Pnyxprojekt begonnen wurde und zu beträchtlichen Teilen auch funktionsfähig gemacht worden ist, Athens Demokratie – zumindest nach außen sichtbar – lebendiger und engagierter betrieben worden ist als in sonstigen Zeiten[26]. Zugleich entsteht der Eindruck, das politische Engagement der Bürger habe selbst jene Epoche in den Schatten gestellt, die gerne als unübertroffene Blütezeit Athens propagiert worden ist. Deshalb kann man die dritte Anlage auf dem Pnyxhügel als einen eindringlichen Appell an die Bürgerschaft Athens bezeichnen, in ihrer aktiven Anteilnahme an den demokratischen Entscheidungsprozessen und in ihrem Engagement für die Polis nicht nachzulassen[27]. Hierbei konnte die neugestaltete Pnyx ähnlich wie das nur wenige Jahre zuvor fertiggestellte neue Dionysostheater[28] gleich einem Inbegriff für eine herausragende Eigenart Athens den Bürgern der Stadt, aber auch allen Besuchern

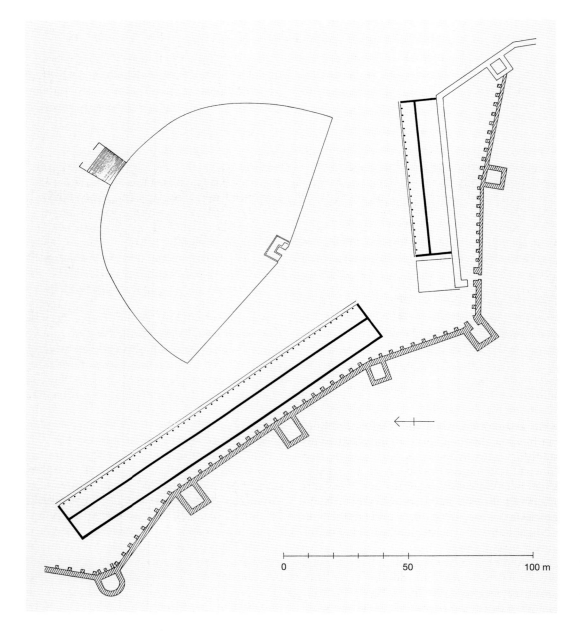

Abb. 30. Pnyx. Plan der dritten Anlage der Versammlungsstätte für die Ekklesia mit Lageplan der großen Hallen.

wie ein besonderes Gütezeichen vor Augen geführt werden.

Nimmt man die insgesamt weniger gut erhaltenen und deshalb auch weniger attraktiv erscheinenden Ruinenreste trotz ihres eher kläglichen Zustands etwas aufmerksamer zur Kenntnis, dann können zumindest einzelne Bauglieder durchaus Erstaunen hervorrufen und aufschlußreich sein. Dies betrifft z. B. Steinquader, die aus dem dort anstehenden Felsgestein herausgebrochen wurden, um in die Stützmauer im Rücken des Koilon verbaut zu werden. Von der in bogenförmigem Verlauf angelegten Stützmauer, die den Schub aufhalten sollte, der durch die für die Koilonschräge notwendig gewordenen Erd- und Steinanschüttungen entstehen mußte, blieben bemerkenswerte Reste erhalten (Abb. 31). Zu ihnen gehören überaus mächtige Quader, deren Format pro Exemplar ein Volumen bis zu 11 Kubikmeter und somit ein Gewicht von mehr als 30 Tonnen erreichte[29]. Man muß die einzelnen, erhalten gebliebenen Steinquader nicht durchmustern, um den Verlauf der Mauer so

◀ Abb. 31. Pnyx. Ansicht eines Abschnitts der großen Stützmauer des Auditoriums.

▼ Abb. 32. Skizze des Blicks von der Agora auf die Pnyx.

weit abzuklären, daß die Größenordnung der hier angelehnten Versammlungsstätte verständlich wird. Angesichts der Formate und Gewichte der hierbei versetzten Steinquader ist leicht nachvollziehbar, daß für den Transport solcher Steinriesen und deren Versatz im Mauerverband mehr an Kenntnis und Fähigkeiten erforderlich war, als gemeinhin bei Bauaufgaben vorausgesetzt werden mußte und es gängiger Baupraxis entsprochen hat. Ob es im gegebenen Fall ausreicht, den beim Bau der Stützmauer betriebenen, ungeheuerlichen Aufwand allein mit konstruktiven Erfordernissen, die durch diese Pnyxanlage entstanden sind, oder mit einem gesteigerten Sicherheitsbedürfnis der hier tagenden Volksversammlung zu begründen, könnte zweifelhaft sein. Auf jeden Fall zwingen solche Vorbehalte nicht zu derart aufdringlich betriebener Demonstration einzigartiger Kraftanstrengungen.

Deshalb liegt die Annahme nahe, daß mit dieser Baumaßnahme mehr beabsichtigt war, als lediglich ein konstruktiv schwieriges Problem sachgerecht zu lösen. Vielleicht ist es den Erbauern nicht zuletzt auch darum gegangen, die sich mit dieser Bauaufgabe gebotene Chan-

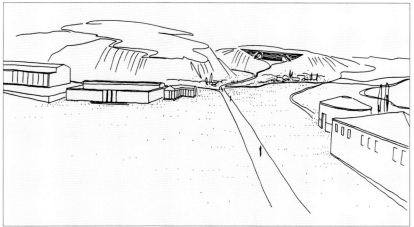

ce zu nutzen, eine Kompetenz zu demonstrieren, die ihresgleichen kaum kennt. Auf jeden Fall wurde hiermit ganz unabhängig von jeder Interpretation oder auch spekulativen Annahme ein deutliches Zeichen gesetzt, dessen einstige Fernwirkung nicht zu bestreiten ist (Abb. 32). Hinzu kam als weiterer Blickfang die große, etwa 12 m breite Freitreppe, die an der Nordseite zur Mauerkrone der Stützkonstruktion führte (Abb. 33) und von hier aus die

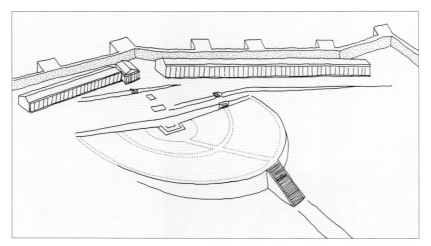

▲ Abb. 33. Rekonstruktionsskizze der dritten Anlage für die Ekklesia auf der Pnyx.

▲ Abb. 34. Urkundenrelief von 336/35 v. Chr. mit der Darstellung des von der Demokratia bekränzten Demos. – Athen, Agoramuseum I 6524.

Pnyxanlage erschloß. Nicht zuletzt veranschaulichte die ins Blickfeld gebrachte Baumasse jedem, der sich auf der Agora aufhielt – und welcher Athener tat dies nicht? –, mit demonstrativem Nachdruck, an welchem Ort die Bürgerschaft Athens bei der Erfüllung ihrer staatsbürgerlichen Pflichten von den vornehmsten Rechten eines Polisbürgers Gebrauch machte[30].

Daß deren Erhalt nicht zuletzt in der Zeit, in der wahrscheinlich die dritte Pnyxanlage projektiert wurde[31], ein als besonders aktuell empfundenes Thema gewesen sein dürfte, unterstreicht ein Beschluß, den die Volksversammlung im Jahr 336/35 v. Chr. auf Antrag des Eukrates[32] gefaßt hatte. Offensichtlich war das damit zum Ausdruck gebrachte Anliegen so wichtig, daß in den Beschluß die Verpflichtung mit aufgenommen worden war, den Text auf je einer Steinstele am Buleuterion auf der Agora und in der Ekklesia auf der Pnyx bekannt zu machen und gleich die hierfür aufzuwendenden Kosten von 20 Drachmen festzulegen. Eines dieser beiden Exemplare ist in verworfener Situation bei den Ausgrabungen auf der Agora gefunden worden (Abb. 34)[33]. Der Text stellt fest, daß jede Person, die eine Tyrannis plane oder einführe, alle Rechte verliere, mit ihrem gesamten Vermögen hafte und von Staats wegen für vogelfrei erklärt werde, so daß jeder, der sie töte, unschuldig sei[34]. Über dem Text zeigt die Stele eine kleine Reliefszene, die als Darstellung der göttlichen Personifikation der Demokratie, die den gleichfalls personifizierten und vor ihr auf einem Sessel sitzenden Demos mit einem Kranz bekrönt, gedeutet werden kann[35]. Damit betont der Text dieser Stele, daß die Demokratie als ein kostbares, schmückendes Gut des Volkes zu verstehen ist und unterstreicht gleich einer durch das Volk verabschiedeten Garantieerklärung deren dauerhaften Bestand. Ob es aktuelle Anlässe zu einem solchen Beschluß gegeben hat, ist nicht konkret zu benennen. Allerdings ist kaum vorstellbar, daß ein solcher Antrag ohne besonderen Grund in der Ekklesia zur Abstimmung gestellt worden wäre. Vielleicht entsprach er einer bestimmten Stimmung und dadurch ausgelöster Befürchtungen, die durch die für Athen negativ ausgegangene Schlacht bei Chaironeia um sich gegriffen haben könnten[36]. Zumindest hat der Ausgang dieser Schlacht das innenpolitische Klima Athens stark beeinflußt.

Auch unabhängig von den Hinweisen, die die Reliefstele mit ihrer großen Inschrift gibt, ist die dritte Pnyxanlage ein für Athen sehr aufschlußreiches Exempel. In ihm konnten der politische Zustand und gesellschaftliche Ideale sowie bestimmte Zielsetzungen gleich einer machtvoll und unverrückbar präsentierten

Absichtserklärung sichtbar werden. Auch angesichts zunehmend spürbarer gewordener äußerer Bedrohung müßte sie nicht unbegründet gewesen sein. Zumindest konnte die ständig zunehmende und stets deutlicher wahrnehmbare Machtausdehnung Makedoniens als aktuelle Gefahr für den Bestand der Autonomie Athens und seiner demokratisch organisierten Polisstrukturen verstanden werden. Offensichtlich waren sie ein in der Ekklesia intensiv diskutiertes Thema. Vor allem in Reden des Demosthenes, der seine Mitbürger immer wieder zum Widerstand gegen die Vorherrschaft Makedoniens aufgefordert hatte[37], war dies eines der Leitthemen. Insofern könnten die kyklopisch trutzigen Steinquader der großen und weit sichtbaren Stützmauer als bildhaft manifest gewordenes Analogon zum Kernproblem mancher Athener Bürger, allen voran des Demosthenes zu verstehen gewesen sein.

[1] K. Kourouniotes – H. A. Thompson, Hesperia 1, 1932, 90 ff.

[2] H. A. Thompson, Hesperia 9, 1936, 151 ff.; W. A. McDonald, The Political Meeting Places of the Greeks (1943), 67 ff.; Thompson-Wycherley, 48 ff.; Travlos, Athen, 466 ff.; B. Forsén – G. R. Stanton (Hrsg.), The Pnyx in the History of Athens (1996); Hintzen-Bohlen, 31 ff.

[3] Eine andere Deutung versucht D. G. Romano, AJA 89, 1985, 141 ff. für die 3. Anlage auf der Pnyx plausibel zu machen und schlägt vor, die Reste der großen Hallen – hierzu unten Anm. 25 – zu Teilen des von ihm hier lokalisierten Panathenäenstadions umzudeuten. D. G. Romano hat neuerdings nochmals in: B. Forsén – G. R. Stanton, a.O., 71 ff. hierzu Stellung genommen. Allerdings hat bereits Hintzen-Bohlen, 37 auf die Schwächen dieses Interpretationsvorschlags hingewiesen.

[4] K. Kourouniotes – H. A. Thompson, a.O., 109; Thompson-Wycherley, 49 f.

[5] H. A. Thompson, in: Festschrift für E. Vanderpool, Hesperia, Suppl. 19 (1982), 136 f.

[6] H. A. Thompson, a.O., 135.

[7] Zur Entwicklungsgeschichte entsprechender Anlagen siehe A. J. Dominguez, in: B. Forsén – G. R. Stanton (Hrsg.), a.O. (= Anm. 2), 57 ff.; zur ersten Bauphase des Athener Dionysostheaters, mit dem die Geschichte des griechischen Theaterbaus beginnt, siehe unten 126 f.

[8] Zu Gestalt und Größe der zweiten Anlage auf der Pnyx äußert sich G. R. Stanton, in: B. Forsén – G. R. Stanton (Hrsg.), a.O. (= Anm. 2), 7 ff.

[9] K. Kourouniotes – H. A. Thompson, a.O. (= Anm. 1), 56; Hintzen-Bohlen, 34.

[10] Aristophanes, Acharner 19–33, 44.

[11] K. Kourouniotes – H. A. Thompson, a.O. (= Anm. 1), 113 ff.

[12] Plutarch, Themistokles 11.4.

[13] Hierzu vor allem R. A. Moysey, AJA 85, 1981, 31 ff., nachdem bereits W. B. Dinsmoor, AJA 37, 1933, 180 f. zum Befund und seiner Deutung kritisch Stellung bezogen hat.

[14] Nach K. Kourouniotes – H. A. Thompson, a.O. (= Anm. 1), 128 ff. legen Keramikfunde eine Datierung in die Zeit um 400 v. Chr. nahe.

[15] Zur Verfassungsreform siehe die 109 Anm. 21 genannte Literatur.

[16] Zum jüngeren Buleuterion siehe unten 65 f.

[17] Zur Erneuerung der Tholos siehe unten 68 f.

[18] Der erwähnte Zusammenhang wird in der Schlußbetrachtung – siehe unten 313 – besprochen.

[19] Zur dritten Pnyxanlage zuletzt J. McK Camp II, in: B. Forsén – G. R. Stanton, a.O. (= Anm. 2), 41 ff.

[20] Vor allem die zuletzt nochmals durchgeführte Untersuchung des Fundmaterials durch S. I. Rotroff und J. McK. Camp, Hesperia 65, 1996, 261 ff. hat dies deutlich bestätigt.

[21] Hintzen-Bohlen 57 f. weist betont darauf hin, daß diese Baumaßnahme im Gegensatz zu zeitlich entsprechenden, anderen Aktivitäten vergleichbarer Größenordnung und Bedeutung in keiner Schriftquelle oder sonstigen antiken Nachricht mit Lykurg in Verbindung gebracht wurde. Ob dies allerdings dazu berechtigt, den Bauplan oder Beginn der Bauarbeiten in die Zeit, in der Eubulos führend in Athen tätig war, zurückzuverlegen, kann bezweifelt werden.

[22] Den zeitlichen Rahmen bestätigt zusätzlich die im Jahr 324/23 v. Chr. von Hypereides gegen Demosthenes gehaltene Rede. Siehe hierzu H. A. Thompson, in: Festschrift E. Vanderpool. Hesperia, Suppl. 19 (1982), 144.

[23] K. Kourouniotes – H. A. Thompson, a.O. (= Anm. 1), 139 ff.; Travlos Athen, 466.

[24] H. A. Thompson, a.O., 142.

[25] Zu den Hallen ausführlich H. A. Thompson – R. L. Scranton, Hesperia 12, 1943, 169 ff.; Coulton, 225 f.

[26] Auch die Diätenzahlungen zeigen, daß die aktive Teilnahme der Bürger am politischen Leben intensiv betrieben und gefördert wurde. Siehe Bleicken, 329 ff., 623 ff.

[27] Zur Sitzungsfrequenz der Volksversammlung siehe M. H. Hansen, GRBS 18, 1977, 43 ff.

[28] Zum Dionysostheater siehe unten 129 ff.
[29] K. Kourouniotes – H. A. Thompson, a.O. (= 61 Anm. 1), 148.
[30] Bereits in den 40er Jahren war ein größerer Platzbedarf für die Ekklesia angemeldet worden. Dies belegt ein 345 v. Chr. von Timarchos gestellter Bauantrag, der allerdings vorerst – Aischines 1.81–84 – abschlägig beschieden wurde.
[31] Hierzu J. Engels, ZPE 74, 1988, 188.
[32] B. D. Meritt, Hesperia 21, 1952, 357.
[33] M. Meyer, Die griechischen Urkundenreliefs. AM 13. Beih. (1989), 293; Carol L. Lawton, Attic Document Reliefs (1995), Cat. Nr. 38.
[34] Der vollständige Text ist in deutscher Übersetzung bei Camp, 174 f. zugänglich gemacht worden. Als ein „Stück athenischer Ideologie" bezeichnet Habicht, 26 diesen Vorgang.
[35] Hierzu O. Palagia, Hesperia 51, 1982, 99 ff., die darüber hinaus einen etwa gleichzeitigen, auf der Agora gefundenen Torso mit einer Statue der Demokratia in Verbindung gebracht hat, deren Aufstellung die Bule im Jahr 333/32 v. Chr. beschlossen hatte. Zum damals geschaffenen Kult für Demokratia siehe A. E. Raubitschek, Hesperia 31, 1962, 238 ff. und Parker, 228 f.
[36] Siehe oben 21 Anm. 28.
[37] Hierzu siehe die 21 Anm. 28 genannte Literatur.

# Die Agora

Daß in antiken Zeiten die Agora die Lebensmitte einer jeden Stadt und damit auch Athens gewesen ist, braucht keiner besonderen Erläuterung[1]. Weniger allgemein bewußt ist freilich, daß sich die Athener Agora in frühen Zeiten in einer Gestalt zeigte, die kaum mit dem zu vergleichen ist, was gemeinhin ein Platz genannt wird. Über lange Zeiten handelte es sich um einen platzräumlich mehr oder weniger undefinierten Ort (Abb. 35), an dem sich Einrichtungen, die für das öffentliche Leben der Stadt wichtig gewesen sind, angesiedelt hatten[2]. Deshalb war die Agora vor allem eine Ansammlung bedeutungsvoller Stätten[3] und weniger ein von klar erkennbarer Randbebauung eingefaßter Platz. Lediglich Grenzsteine markierten vorerst die Fläche dieser Agora. Noch bis weit in die Zeit der Klassik blieb die Agora ein weitgehend gestaltloser Raum; daß die Fläche unstrukturiert war, wurde anscheinend nicht als störender Mangel empfunden. Lediglich der diagonal von Nordwest nach Südost verlaufende Panathenäenweg, auf dem die Festzüge bei ihrem Weg vom Pompeion zur Akropolis entlang kamen, belebte die sonst eher öde Fläche der Agora. Da allerdings auch dieser prominente Weg sich kaum auf die Ränder der Agora auswirkte, hatte er keine besondere Bedeutung für eine platzräumliche Gestalt der eigentlichen Stadtmitte Athens.

Städtebaulich ähnlich indifferent verhalten sich die wichtigsten öffentlichen Einrichtungen, die hier angesiedelt waren. Als seien sie entlang einer Schnur aufgefädelt, standen sie nebeneinander am Fuß des Agoraios Kolonos und bestimmten dort die Westseite der Agora. Hier befanden sich bereits in spätarchaischer Zeit die alte Tholos, in der die Prytanen zusammenkamen, das Buleuterion für den Rat der Stadt und Heiligtümer für Apollon Patroos, die Muttergottheit Meter und Zeus, sowie die Stoa Basileos und weitere Gebäude. Vor dieser Reihe von bedeutungsvollen Bauten verläuft – zusätzlich von einer Wasserleitung begleitet – der sogenannte Westweg. Man kann ihn als das funktionales Rückgrat und den wichtigste Erschließungsweg der Agora bezeichnen.

Weshalb im 5. Jahrhundert v. Chr. und hierbei nicht zuletzt in perikleischer Zeit, die doch sonst dafür bekannt ist, daß sie dafür sorgte, die in den Perserkriegen ramponierten Gebäude und Heiligtümer aufwendig zu erneuern, dieser wichtigste Ort der Polis weitgehend unbeachtet blieb, ist kaum verständlich. Offensichtlich unternahm man in dieser vielgerühmten Zeit nur wenig, um auch der Agora einen erneuerten und repräsentativeren Zuschnitt zu geben. Es mag sein, daß die ehrgeizig betriebene, prunkvolle Ausstattung der Akropolis sämtliche Ressourcen so sehr an sich gebunden hatte, daß für andere Projekte kaum noch Kräfte zur Verfügung standen. Nicht einmal der während der Perserkriege zerstörte Tempel des attischen Gründungsgottes Apollon, der hier seine Verehrungsstätte als Patroos Athens besaß[4], konnte repariert werden. Lediglich zwei große Hallen, die sogenannte Südstoa I[5] und die Stoa des Zeus Eleutherios, beide wohl nach 430 v. Chr., also nach Abschluß der Arbeiten auf der Akropolis entstanden, trugen zur Neuausstattung der Agora im späteren 5. Jahrhundert bei[6].

Erst im 4. Jahrhundert v. Chr. sollte das Interesse an der Agora wieder deutlicher hervortreten. Zumindest wurde die Ausstattung dieses Stadtzentrums jetzt engagierter betrieben. Baumaßnahmen auf der Agora rückten, nachdem die Ausstattung der Akropolis kein Thema mehr war, zunehmend in den Vordergrund. Dabei kann freilich von einem dezidierten Bauprogramm nicht die Rede sein. Trotzdem ist nicht zu bezweifeln, daß der Agora jetzt vermehrte Aufmerksamkeit galt und dies durch einsetzende Bautätigkeit auch erkennbar wurde.

Dies gilt vornehmlich für die Zeit nach der Jahrhundertmitte und damit für eine Phase, in der sich unter maßgeblichem Einfluß Lykurgs die finanziellen Verhältnisse Athens soweit stabilisiert hatten, daß wieder an deutlichere Aktivitäten für öffentliches Bauen zu denken war. Dabei wurde die Zeit von einem sukzessive zur Wirkung gekommenen Veränderungsprozeß begleitet. Daß diese Erneuerungsphase nicht erst um die Jahrhundertmitte einsetzte, sondern zumindest ansatzweise bereits ein halbes Jahrhundert früher, also zur Zeit der Entstehung des Pompeion begonnen hatte, belegen entsprechende archäologische Funde. Sie

▶ Abb. 35. Plan der Athener Agora am Ende des 4. Jhs. v. Chr. – 1 Tholos. 2 Altes Buleuterion. 3 Jüngeres Buleuterion. 4 Tempel des Apollon Patroos. 5 Stoa des Zeus Eleutherios. 6 Stoa Basileus. 7 Stoa Poikile. 8 Das große Peristyl. 9 Die Münze. 10 Enneakrunos-Brunnen. 11 Südstoa I. 12 Hofgebäude. 13 Südwestbrunnenhaus.

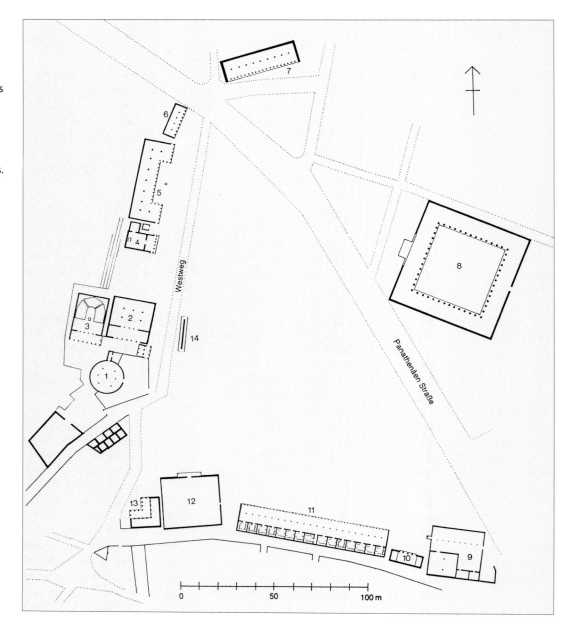

betreffen Baumaßnahmen, die bei funktional bedeutenden Gebäuden an der nach örtlicher Tradition besonders wichtigen Zeile am Westweg der Agora durchgeführt wurden. Dies gilt zum einen für die bereits in der Zeit des Übergangs vom 5. zum 4. Jahrhundert erneuerte Tholos und zum anderen für das wenige Meter westlich vom alten Standort völlig neu erbaute Buleuterion. In beiden Fällen handelte es sich um Gebäude, die für bestimmte Aufgaben, die im Rahmen der attischen Demokratie zu erfüllen waren, besonders wichtig gewesen sind. Nicht zuletzt deshalb galt ihrem Erhalt und einer Verbesserung ihrer Funktionsfähigkeit nach dem Sturz der „Dreißig"[7] besondere Priorität. Wie kaum andere Bauwerke trugen sie auf der Agora gleich unverwechselbaren Merkzeichen dazu bei, die Polis Athen in ihrer besonderen Staatsform zu repräsentieren. Da diese Staatsform nach der schweren Krise am Ende des 5. Jahrhunderts erneuert und durch eine Verfassungsreform bestärkt werden konn-

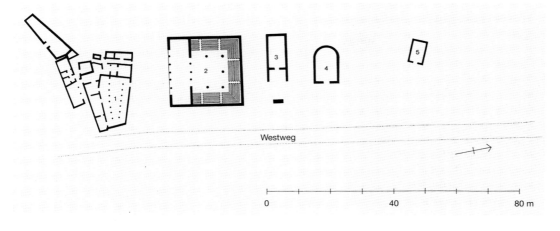

◄ Abb. 36. Planausschnitt der spätarchaischen Agora mit dem Gebiet des Alten Buleuterion. – 1 Prytanikon. 2 Altes Buleuterion. 3 Tempel der Meter. 4 Alter Tempel des Apollon Patroos. 5 Tempel des Zeus.

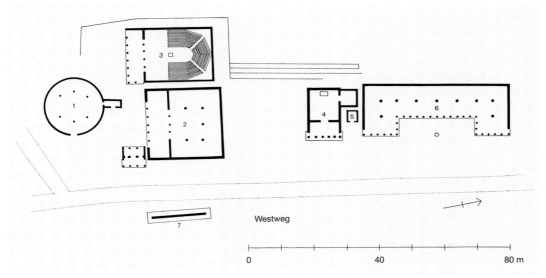

◄ Abb. 37. Planausschnitt der spätklassischen Agora mit dem Gebiet des Buleuterion. – 1 Tholos (Prytanikon). 2 Altes Buleuterion. 3 Jüngeres Buleuterion. 4 Tempel des Apollon Patroos. 5 Schrein der Phratriengottheiten. 6 Stoa des Zeus Eleutherios.

te, scheint es naheliegend gewesen zu sein, daß sich diese Polis auf ihrer Agora zuerst jenen beiden Gebäuden zuwandte, deren Sinnbezug zu solchen Inhalten offensichtlich war und deshalb allgemein verständlich gewesen ist.

Bereits an der Wende vom 6. zum 5. Jahrhundert war für Athen durch die kleisthenischen Reformen ein Bau für den Rat der Stadt aktuell geworden. Seinen Platz fand dieses im Grundriß 23,20 m × 23,80 m große **Buleuterion**[8] an prominenter Stelle zwischen dem kleinen Tempel der Meter und dem als Prytaneion gedeuteten Bezirk (Abb. 36). Nach den nur noch spärlichen Resten zu urteilen, bestand es aus dem eigentlichen Sitzungssaal und einem im Süden anschließenden, schmalen Vorraum, bei dem es sich vielleicht auch um eine nach Süden offene Halle gehandelt hat. In dem Saal, dessen Möblierung mit Sitzen für die 500 Ratsmitglieder rekonstruiert werden kann, kam – mit Ausnahme der Feiertage – täglich der Rat der Stadt zusammen[9]. Seine Aufgabe war es, über Angelegenheiten der Polis, insbesondere Gesetzesvorschläge zu beraten, bevor sie an die Volksversammlung zur Verabschiedung weitergeleitet wurden. Die Texte der Gesetze sind anschließend wieder zum Buleuterion gebracht und dort aufbewahrt worden. Deshalb diente das Buleuterion auch als Staatsarchiv[10].

Gegen Ende des 5. Jahrhunderts entschied man sich in Athen aus nicht näher bekannten Gründen zusätzlich zum bestehenden Buleuterion für einen Neubau[11]. Er schließt sich direkt westlich an das bisherige Buleuterion an (Abb. 37). Als maßgeblicher Grund für den

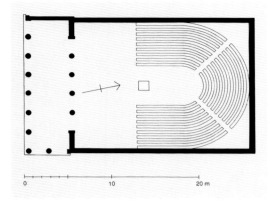

Abb. 38. Hypothetisch möblierter Grundriß des Jüngeren Buleuterion mit südlich vorgelagerter Halle.

Neubau wird gerne ein inzwischen erforderlich gewordener Platzbedarf genannt: Der im alten Buleuterion vorhandene Raum habe nicht mehr ausgereicht, um die Niederschriften der in der Volksversammlung verabschiedeten Beschlüsse zu deponieren. Deshalb sei das gesamte bisherige Buleuterion als Staatsarchiv genutzt worden und habe man einen neuen Ratssaal gebraucht[12]. Sein Bauplatz direkt hinter dem alten Buleuterion überschneidet die Hangsohle des Agoraios Kolonos. Das Gelände mußte so weit abgearbeitet werden, daß für das jüngere Buleuterion eine ausreichende Fläche zur Verfügung stand. Durch diese vorbereitenden Maßnahmen entstand eine in den auslaufenden Hügel eingeschnittene Geländenische, die noch heute gut erkennbar ist. Doch wurde damit anscheinend nicht allzu viel Platz gewonnen, so daß das Grundstück für den Neubau ziemlich knapp bemessen blieb. Auf jeden Fall war das jüngere Buleuterion mit einem Fundamentgeviert von 17,50 m × 22,50 m deutlich kleiner als das ältere Ratsgebäude. Trotzdem konnte der Saalbau so ausgestattet werden, daß die Sitzplätze für die Zusammenkunft der Ratsversammlung ausreichten. Allerdings haben die Rekonstruktionsversuche zu unterschiedlichen Ergebnissen geführt: Einerseits wurde vorgeschlagen, die Sitzplätze entsprechend einem nach Osten sich öffnenden Theaterkoilon anzuordnen[13]. Andererseits sind Gründe dafür genannt worden, den Raum so zu möblieren, daß die Blickrichtung der Versammlung nach Süden weist (Abb. 38)[14]. Für den ersten Lösungsvorschlag könnte die zwanglosere Sitzanordnung sprechen, für den Alternativvorschlag die bessere Eingangssituation. Stellt man sich bei der ersten Lösung den Eingang konsequenter Weise an der Ostseite vor, wäre er nur schwer erreichbar gewesen, weil der Zugangsweg durch die lediglich knapp 2 m breite Schneise zwischen der Ostwand des jüngeren und der Westwand des älteren Buleuterion geführt hätte. Auch wäre der Blick aus dem Haupteingang – wie in einem Hinterhof eingezwängt – direkt auf die kahle Rückwand des alten Buleuterion getroffen. Geht man, wie es die zweite Lösung vorsieht, von einem Eingang an der südlichen Schmalseite aus, erübrigen sich solche Zwänge. Da nachträglich ohnehin die Südfront durch eine vorgeblendete Vorhalle ergänzt wurde[15], spricht alles für die Annahme, der Haupteingang sei von Anfang an auf dieser Seite gewesen[16]. Für welche Lösung man sich entscheiden mag, kann im Prinzip offen bleiben, zumal keine der beiden Alternativen zu eindeutigen Ergebnissen führt.

Auch eine genauere Datierung des jüngeren Buleuterion ist schwierig. Meistens wird das letzte Jahrzehnt des 5. Jahrhunderts oder das Jahr 405 v. Chr. als teminus ante quem genannt. Allerdings können archäologische Funde eine solche Datierung kaum eindeutig belegen. Deshalb wird auf bestimmte Schriftquellen verwiesen, deren Inhalt mit dem Buleuterion in Verbindung gebracht werden kann[17]. Dies betrifft insbesondere eine Textstelle bei Xenophon, die einen Vorgang des Jahres 403 v. Chr. beschreibt[18]. Dort wird berichtet, Kritias – einer der berüchtigten Dreißig Tyrannen – habe den Bürger Theramenes widerrechtlich im Buleuterion unter Gewaltandrohung verhaften lassen, während die im Buleuterion versammelten Ratsmitglieder die drohend vor dem Gebäude aufmarschierten Soldaten des Kritias sehen konnten. Daraus folgt, daß vom Inneren des Buleuterion der Blick nach draußen möglich gewesen sein mußte. Dies kann sowohl für die Rekonstruktion als auch für die Datierung des jüngeren Buleuterion von Belang sein: Lag der Eingang an der Südseite, könnte der bei Xenophon geschilderte Vorgang im jüngeren Buleuterion stattgefunden haben, falls dessen Fertigstellung in die Zeit vor der Herrschaft der Dreißig Tyrannen zu datieren ist. Da allerdings eine Studie zum archäologischen Befund und den mit ihm in Verbindung gebrachten Quellen gezeigt hat, daß für die bei Xenophon genannte Situation beide Buleuterionbauten in Frage kommen können, trägt diese Quelle nichts zur Datierung bei[19]. Deshalb müßte die Frage nach Anlaß oder Zeitpunkt der Errichtung des jüngeren Buleuterion neu und unabhängig von vermeintlichen Hinweisen, die aus Schriftquellen zu gewinnen sind, gestellt werden. Außerdem konnte bisher nicht plausibel erklärt werden, weshalb ausgerechnet in den Jahren des Zusammenbruchs der Macht Athens und bedrängendster Probleme die Bereitstellung weiteren Platzes für die Archivbestände so unaufschiebbar dringlich gewesen sein soll, daß für sie das alte Buleuterion freigeräumt und zugleich ein neues Buleuterion gebaut werden mußte. Ob dies zur alleinigen Erklärung dieser ungewöhnlichen Baumaßnahme ausreichend ist, kann durchaus kritisch nachgefragt werden[20].

Deshalb ist es legitim, wenn nicht gar naheliegend, nach Motiven zu fragen, die den Neubau des Buleuterion in seinem historischen Umfeld besser verständlich werden ließen. Daß die letzten Jahre des 5. Jahrhunderts vor allem von der Niederlage im Peloponnesischen Krieg, dem Terror der berüchtigten Dreißig Tyrannen und dem anschließenden Bemühen um eine Reform der demokratischen Verfassung bestimmt waren, ist allgemein bekannt. Der Neubau des Buleuterion muß innerhalb dieser Ereignisse nicht zufällig gewesen sein. Vielmehr bietet es sich an, ihn mit der engagiert betriebenen Verfassungsreform[21], die Athens Demokratie wieder stabiler und funktionsfähiger werden lassen sollte, in Verbindung zu bringen. Dabei könnte es durchaus beabsichtigt gewesen sein, mit einem Neubau für das Verfassungsorgan der Bule ein deutliches Zeichen zu setzen, das bestimmten Ansprüchen Athens und einem hierauf gegründeten Selbstbewußtsein Ausdruck gab. Dabei muß die scheinbar bescheiden gebliebene Form und Ausstattung des jüngeren Buleuterion nicht befremden, zumal wohl auch das ältere Buleuterion kaum anspruchsvoller ausgeführt war. Außerdem berichtet Pausanias von einer Statue des Zeus Bulaios sowie weiteren Standbildern und Gemäl-

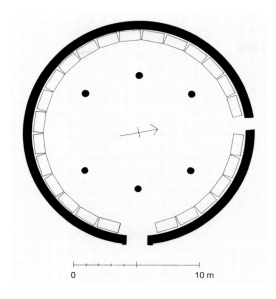

Abb. 39. Grundriß der im frühen 4. Jh. v.Chr. wiederaufgebauten Tholos.

den, die er im Buleuterion gesehen hat[22], so daß die Überlieferung zumindest vorsichtige Hinweise auf eine etwas reichhaltigere Ausstattung andeutet. Trotzdem demonstrierte das Buleuterion keinen aufwendig zur Schau getragenen Reichtum. Statt dessen betont seine zurückhaltende Gestalt den allen äußeren Umständen zum Trotz engagiert vorgetragenen Willen dieser Polis, selbst in bedrängender Notlage bei der Rückkehr zu demokratischer Praxis ihrem kostbarsten Verfassungsgut sichtbar die Referenz zu erweisen.

Daß Athen in einer derart schwierigen Zeit nicht nur durch das neue Buleuterion auf sich aufmerksam machte, hatte in anderer Weise bereits das etwa gleichzeitig entstanden Pompeion gezeigt[23]. Beide Bauten konnten unbeschadet unterschiedlicher Funktionen in einer Zeit stürmischer Umbrüche auf Erhalt und Ausbau bestimmter Werte hinweisen, der nicht zuletzt die Identifikation der Bürger mit ihrer Stadt nützlich waren. Offensichtlich ist dies so wichtig gewesen, daß entsprechenden Maßnahmen erste Priorität eingeräumt wurde. Zugleich hatte Athen damit ein neues und folgenreiches Kapitel aufgeschlagen.

Nur wenige Meter südlich vom Buleuterion stand die **Tholos** (Abb. 39)[24]. Die direkte Sichtbeziehung zwischen dem Saalbau der Bule und der Tholos betont eine Nähe, die nach Funktion und Bedeutung der beiden Bauten wohl nicht zufällig war. Die Tholos ist ein

▶ Abb. 40. Rekonstruierte Ansicht der wiederaufgebauten Tholos.

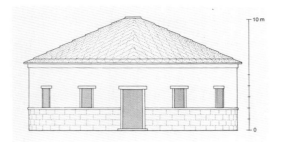

Rundbau von beträchtlicher Größe. Ihr Eingang liegt an der Ostseite, eine kleinere Nordtür diente wohl der Verbindung mit einem bescheidenen Nebengebäude. Wahrscheinlich war dort ein Versorgungsraum untergebracht. Bei einem Außendurchmesser der Tholos von etwas mehr als 18 m besitzt der Innenraum einen Radius von 8,45 m. Anscheinend erforderte die konstruktive Bewältigung der Spannweite besondere bauliche Maßnahmen. Zu ihnen gehörten mehrere Stützen, die im Inneren aufgestellt waren. Die Dachform selbst entsprach wohl einem Rundzelt, dessen Rekonstruktion allerdings nach wie vor nicht ganz eindeutig geklärt ist[25]. An der zeltartigen Rundform des Daches bestehen jedoch keine prinzipiellen Zweifel, da Ziegelreste den formalen Typus des Dachs grundsätzlich bestätigen (Abb. 40)[26]. Antike Quellen nennen den Bau auch Skias[27], also Sonnenhut oder Schirm. Daß ein solcher ursprünglich eher volksmundartiger Name nur durch die äußere Erscheinung entstehen konnte, versteht sich von selbst[28]. Die Tholos wurde nach Aussage archäologischer Funde im Jahrzehnt zwischen 470 und 460 v. Chr. errichtet[29]. Sie überbaute die Reste eines größeren, mehrräumigen Gebäudes, dessen Grundriß eine trapezoide Form aufweist[30]. Als Vorgänger der Tholos wird ihm eine analoge Funktion zugeordnet, so daß man ihn als Prytanikon bezeichnet hat[31].

Gegen Ende des 5. Jahrhunderts oder am Übergang zum 4. Jahrhundert v. Chr., also etwa gleichzeitig mit dem Bau des jüngeren Buleuterion wurde die frühklassische Tholos von Grund auf erneuert, ohne daß deren Bauform wesentlich verändert worden wäre[32]. Die Überlieferung zur Tholos weist darauf hin, daß sie zu jenen Bauten gehörte, die für das öffentliche und politische Leben Athens besonders wichtig waren. Antike Quellen[33] berichten von der Bedeutung dieses in seiner Art einzigartigen Gebäudes und mit ihm verbundener Funktionen. Hiernach ist klar, daß in der Tholos stets 50 Mitglieder der gleich nebenan tagenden Bule für jeweils ein Zehntel des Jahres anwesend zu sein hatten[34]. Sie nahmen Staatsaufgaben wahr, für die ihre permanente Präsenz als Prytanen gesetzlich vorgeschrieben war[35]. Mindestens 17 Mitglieder mußten Tag und Nacht anwesend sein und wurden deshalb auch auf Staatskosten in der Tholos verpflegt. Dies bestätigt nicht nur eine antike Schriftquelle[36], sondern auch Geschirr, das inschriftlich als öffentliches Eigentum gekennzeichnet war und von dem Reste bei den Ausgrabungen der Tholos gefunden worden sind (Abb. 41)[37]. Die Prytanen bildeten ein Exekutivkomitee der Bule und hatten dafür zu sorgen, daß Beschlüsse ordnungsgemäß vorbereitet und ausgeführt wurden. Außerdem waren sie für Geschäftsordnungsfragen und die allgemeine Verwaltung zuständig[38]. Insgesamt zeigen die Kompetenzen, daß dieser Ausschuß zu den wichtigsten und vor allem einflußreichsten Staatsorganen Athens gehörte[39]. Auch deshalb ist es angemessen und sinnvoll, daß dieser Amtssitz seinen Platz direkt beim Buleuterion hatte.

Mit deutlichem Gespür für die Bedeutung bestimmter Örtlichkeiten und einem mit ihnen verbundenen Machteinfluß hatten sich die berüchtigten „Dreißig" der Tholos bemächtigt und dort die Zentrale ihres Terrorregimes eingerichtet[40]. Daß sie selbst unbescholtene Bürger dorthin bringen ließen, um sie durch Einschüchterung oder Korruption auf ihre Seite zu ziehen, belegt als Zeuge kein geringerer als Sokrates. Noch bei seiner Verteidigung anläßlich des gegen ihn gerichteten Prozesses wies er ausdrücklich darauf hin, daß er sich – im Gegensatz zu vielen anderen Bürgern Athens – von den „Dreißig" in der Tholos nicht habe einvernehmen oder in deren Sinn mißbrauchen lassen, sondern stets ein aufrechter Bürger geblieben sei[41].

Soweit archäologische Funde dies bestimmen lassen, spricht manches dafür, daß die Tholos nach der Vertreibung der „Dreißig" im Jahr 403 v. Chr. so stark beschädigt war, daß anschließend eine umfangreiche Erneuerung des Gebäudes erforderlich wurde[42]. Da die

Tholos als Amtsitz des Exekutivausschusses der Bule wie auch das Buleuterion als der Sitzungssaal der Ratsversammlung zu den essentiellen Einrichtungen der in Athen praktizierten Demokratie gehörte, besaß ihr ordnungsgemäßer Zustand hohe Priorität. Vor allem in einer Zeit, in der man sich in Athen nach zwischenzeitlichen Wirren wieder auf die Demokratie und ihre Verfassungsorgane berufen konnte, war ein funktionsfähiger Zustand der hierfür erforderlichen Gebäude unverzichtbar. Deshalb spricht alles dafür, daß die Wiederherstellung der Tholos nach der Vertreibung der „Dreißig" zu den ersten Aufgaben Athens gehörte. Gemeinsam mit dem jüngeren Buleuterion wurde damit ein Signal gesetzt, das in für jedermann verständlicher Form auf eine erneuerte Kontinuität der Polis verwies. Deshalb bildet die Baugeschichte dieser Tholos nicht nur eine Abfolge von Bauphasen oder historischen Zufällen ab, sondern betrifft die Geschichte Athens an einem zentralen Punkt. Sie verbindet sich mit Ereignissen, die die Geschichte Athens und die Stadt selbst an ihrem Nerv treffen konnten und deshalb geeignet sind, einen bestimmten historischen Zustand wie in einem Spiegel zu reflektieren.

Die Tholos war nicht nur Amtssitz des genannten Regierungsorgans. Darüber hinaus diente sie als Aufbewahrungsstätte staatlich kontrollierter Maße, Gewichte und Hohlmaße (Abb. 42–43)[43]. Sie nahm insoweit die Funktion eines Eichamtes wahr. Für ein reibungslos funktionierendes Wirtschaftsleben, vor allem für den Handel waren eindeutig garantierte Maße und Gewichte unverzichtbar. In der Tholos und unter der Aufsicht der Prytanen, deren Stellung grundsätzlich unantastbar blieb, waren sie an prominentem Ort und jederzeit öffentlich kontrollierbar aufbewahrt. Daß dies vor allem auf der Agora wichtig sein konnte, versteht sich von selbst. Schließlich beherbergte diese Stätte nicht nur Staatsgebäude und Heiligtümer, sondern war nicht weniger für ihre durch regen Handel aufkommende Betriebsamkeit bekannt[44]. Den Alltag auf der Agora bestimmte insbesondere der Handel mit seinen Warenangeboten, Verkaufsgesprächen und feilschendem Lärm[45].

▲ Abb. 41. Scherben vom volkseigenen Geschirr aus der Athener Tholos. – Athen, Agoramuseum.

Die Tholos stand durch die mit ihr verbundenen Funktionen nicht nur topographisch, sondern auch sehr real in der Lebensmitte Athens. Daß dieser hochrangige Amtssitz der Staatsführung mit scheinbar banalen Funktionen, die das Alltagsleben der Händler und Käufer betrafen, verbunden war, hat offensichtlich nicht gestört. Dies weist auf einen unverkrampften Umgang der Stadt und ihrer Bürger mit Staatsorganen und deren Repräsentanten hin, der es erlaubte, scheinbar miteinander unverträgliche Inhalte widerspruchsfrei zusammenzufügen. Es mag sein, daß mit den für einen ordnungsgemäßen Handel wichtigen Funktionen, die zusätzlich in der Tholos untergebracht waren, ein Hinweis auf ein in Athen praktiziertes Selbstverständnis zum Ausdruck kam. Anscheinend verstand sich Athen als eine Stadt, deren besondere Verfassung als das kostbarste Gut dieser Polis nur auf der Grundlage einer möglichst reibungslos funktionierenden Wirtschaft von Bestand sein konnte. Deshalb kann die Tholos mit ihrem deutlichen Akzent auf innere Ordnung und reibungsloses Wirtschaftsleben auch und nicht zuletzt als sinnbildlicher Garant dieser beiden Grundkomponenten für eine positive Zukunft Athens verstanden werden.

Dies bedeutete allerdings nicht, daß Athen

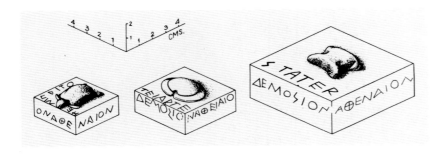

▲ Abb. 42. Amtliche Gewichte aus der Athener Tholos. – Athen, Agoramuseum.

▲ Abb. 43. Amtliche Hohlmaße aus der Athener Tholos. – Athen, Agoramuseum.

anderen Themen und Ereignissen, die außerhalb seines Territoriums vonstatten gingen, keine Aufmerksamkeit gewidmet hätte. Zwar hatte das Ende des Peloponnesischen Kriegs innerhalb der Ägäis zu einer grundlegenden Verschiebung der Machtverhältnisse zu Lasten Athens und zu Gunsten Spartas geführt, doch konnte Athen schon bald feststellen, daß Spartas Zugewinn an Einfluß und Macht nicht allzu lange unstrittig blieb. Dabei kam es Athen zum einen zugute, daß so mancher ehemalige Partner im aufgelösten attischen Seebund angesichts der hart und unnachgiebig praktizierten Vorherrschaft Spartas nicht ohne Wehmut an das Bündnis mit Athen dachte und zum anderen Persien die angewachsene Macht Spartas keineswegs mit Wohlwollen betrachtete[46]. In einer solchen Stimmungslage sollte es sich für Athen als günstig erweisen, daß sich ein Teil seiner Flotte unter der Leitung von Konon gegen Ende des Peloponnesischen Kriegs nach Zypern zurückziehen und dort bei Euagoras Zuflucht finden konnte[47]. In der Mitte der 90er Jahre kam es schließlich zu einer von Persien unterstützten Auseinandersetzung, die in einer von Konon und dem persischen Satrapen Pharnabazos angeführten Seeschlacht an der Küste bei Knidos der Flotte Spartas eine schwere Niederlage bescherte[48]. Da mit diesem Sieg das Ende der maritimen Macht Spartas besiegelt war, konnte sich Konon als Freiheitsheld feiern lassen[49]. Als er ein Jahr später als siegreicher Stratege und reichlich mit persischem Gold ausgestattet in seine Heimat zurückkehrte, wurde er dort emphatisch begrüßt und mit Ehren überhäuft, wie sie vor ihm noch keinem Athener entgegengebracht worden sind. Dies gipfelte in dem Beschluß, ihn und Euagoras von Zypern durch Portraitstatuen, die auf der Agora aufgestellt wurden, auszuzeichnen[50]. Offensichtlich wurde der Beschluß umgehend ausgeführt. Dabei erhielten die beiden Standbilder einen außerordentlich prominenten Platz vor der Stoa des Zeus Eleutherios und dort direkt neben der Statue dieses Gottes[51]. Reste von Basisfundamenten, die vor der Zeusstoa gefunden worden sind, scheinen dies zu bestätigen[52].

Von den beiden Bronzestatuen blieb nichts mehr erhalten. Lediglich ein in mehreren römischen Repliken bekannt gewordenes Strategenportrait wurde der **Ehrenstatue des Konon** zugeschrieben (Abb. 44)[53]. Zwar wird dies durch keine authentischen Zeugnisse bestätigt, doch sprechen manche Hinweise durchaus für eine solche Identifkation. Hierzu gehört, daß dem Kopf mit seinen die Breite des Gesichts betonenden Wangenknochen und den auffallend wulstig fleischigen Lippen sehr deutlich Züge beigegeben sind, die an einem persönlichen Zuschnitt des Portraits kaum Zweifel aufkommen lassen. Das Gesicht mit seinem vollen Bart beschreibt einen Mann in reiferem Alter. Der über die Stirn hochgeschobene korinthische Helm betont dessen Funktion, die ganz unmittelbar auf einen Strategen schließen läßt. Der Stil, der vor allem im Zuschnitt des Kopfes sowie in den Locken des Haupthaares und Barts deutlich wird, weist auf eine attische Werkstatt hin und legt zugleich eine Datierung in das erste Jahrzehnt des 4. Jahrhunderts nahe[54]. Innerhalb des damit ikonographisch und zeitlich abgesteckten Rahmens kommt für dieses Strategenportrait Konon durchaus in Frage[55]. Zumindest kann davon ausgegangen werden, daß die Portraitstatue Konons mit einem typologisch gleichartigen Kopf ausgestattet war[56].

Zwar erscheinen damit Zeitpunkt, Aufstellungsort und Identifikation des Kononportraits relativ eindeutig benennbar, doch sind die mit einer solchen Portraitstatue aufkommenden Fragen damit noch längst nicht geklärt. Sie betreffen grundsätzlichere Probleme und Sachverhalte, die für das Selbstverständnis Athens in jener Zeit und den inneren Zustand dieser Stadt von beträchtlicher Bedeutung sind. Aufmerksamen Zeitgenossen dürfte aufgefallen sein, daß auf der Agora, auf der entsprechend herkömmlichem Verständnis nur die Polis und mit ihr verbundene Götter oder Heroen bzw. heroisierte Helden der attischen Geschichte Thema öffentlicher Repräsentation durch Statuenaufstellung sein konnten, durch die beiden Portraitstatuen Konons und seines Verbündeten erstmals Standbilder gegenwärtig in Athen lebender Bürger zu sehen waren. Noch nie zuvor war ein Athener zu Lebzeiten staatlich sanktioniert derart betont ins Blickfeld der Öffentlichkeit gestellt worden. Auf der Agora standen Bildwerke, die Götter und Heroen sowie die Tyrannentöter zeigten, jedoch keine Abbilder real vorhandener Personen. Außerdem könnte es im gegebenen Fall – abgesehen von der grundsätzlichen Problematik einer solchen Portraitaufstellung – fast befremdlich angemutet haben, daß man diese einzigartige Ehre Konon und damit einer Person erwiesen hat, deren Vergangenheit wohl keineswegs für makelos gehalten worden ist[57]. Immerhin gehörte er zu den Verlierern, die es mit zu verantworten hatten, daß im Jahr 405 v. Chr. nach der kriegsentscheidenden Niederlage der attischen Flotte in der Schlacht bei Aigospotamoi Tausende von Gefangenen umgebracht wurden, während er selbst sich mit einem restlichen Schiffskontingent nach Zypern abgesetzt hatte[58]. Von dort aus pflegte er die Kontakte zum persischen König, der ihn schließlich als Flottenkommandant in seine Dienste nahm und hierfür auch fürstlich entlohnte.

Anscheinend waren gewisse Situationen, die gegenüber einer derart einseitig betonten Ehrung Anlaß für Vorbehalte hätten sein können, in Vergessenheit geraten oder angesichts der Verdienste, die Konon für Athen erworben hatte, unwichtig geworden. Aktueller Anlaß könnte gewesen sein, daß sich Konon mit sei-

◂ Abb. 44. Strategenportrait, vermutlich Konon. – Abguß von einer römischen Kopie nach einer um 390 v. Chr. entstandenen Portraitstatue. – Rom, Konservatorenpalast Inv. Nr. 1862.

nem Vermögen nachhaltig dafür engagierte, die im Peloponnesischen Krieg ramponierte Stadtbefestigung wieder instand zu setzen und die Langen Mauern, die die Stadt mit ihrem Hafen im Piräus verbanden, zu erneuern[59]. Solche Meriten überstrahlten anscheinend die Schatten der Vergangenheit und ließen Konon nicht nur als Freiheitshelden, sondern zugleich als Wohltäter Athens feiern. Trotzdem kann man den Eindruck gewinnen, die Aufstellung der Portraitstatuen sei nicht nur mit Wohlwollen wahrgenommen worden und habe besondere argumentative Unterstützung nützlich erscheinen lassen. Da mochte es günstig gewesen sein, wenn diese einzigartige Ehrung mit einem Anlaß verglichen werden konnte, dessen herausragender Rang und besondere Bedeutung unstrittig waren. In diesem Sinne hat Demosthenes Partei für die Auszeichnung

Konons und des Euagoras ergriffen und deren Rechtfertigung ausdrücklich betont. Dabei nennt er die Portraitstatuen in einem Atemzug mit den Tyrannentötern, deren Standbilder als Denkmal für die Beseitigung der Tyrannis und zugleich die Gründung der Demokratie zutreffenderweise auf der Agora einen Ehrenplatz einnahmen. Durch seinen Sieg über die Flotte Spartas – so Demosthenes – habe Konon Athen von einer neuen und keineswegs zu unterschätzenden Tyrannis befreit[60]. Eine solche Bemerkung propagiert eine Gleichrangigkeit zwischen Harmodios und Aristogeiton zum einen und Konon sowie Euagoras zum anderen. Daß damit die Folgerung nahegelegt wird, gegen die Portraitstatuen des Konon und Euagoras sei nichts einzuwenden, weil ihre Aufstellung durch exemplarische Vorbilder legitimiert sei und somit eine Ehrung stattgefunden habe, die bester in Athen heimischer Tradition entspreche, ist offenkundig.

Ehrenstatuen dieser Art[61] verkörperten als gleichsam heroisierte Repräsentanten der Polis – wie beispielhaft und nachdrücklich die Gruppe der Tyrannentöter unterstreicht[62] – ein in die Polis integriertes Bürgerideal[63]. Für die Gruppe mit Konon kann dies freilich nicht vollständig zutreffen, weil der gemeinsam mit Konon geehrte Euagoras als Stadtkönig von Salamis auf Zypern alles andere als ein Anhänger in Athen gepflegter Bürgertugenden gewesen sein konnte[64]. Auch das gleichzeitig mit dem Beschluß, die Portraitstatuen auf der Agora aufzustellen, an Euagoras verliehene attische Bürgerrecht[65] dürfte daran wenig geändert haben. Um so aufdringlicher könnte die demonstrative Aufstellung in direkter Nachbarschaft des Zeus Eleutherios die propagierten Verdienste um die Freiheit Athens suggeriert haben. Deshalb bleibt der von Demosthenes bemühte Vergleich mit den Tyrannentötern etwas zwiespältig. Außerdem zeigten die Ehrenstatuen der Tyrannentöter keine wirklichen Portraits und wurden deren Standbilder erst posthum aufgestellt. Beides dürfte Demosthenes nicht unbekannt gewesen sein. Deshalb könnte sich die Vermutung aufdrängen, der von Demosthenes herangezogene Vergleich diene vor allem einer etwas gekünstelten Begründung für einen Vorgang, der sich durch attisches Brauchtum und ein in Athen gängiges Verständnis kaum begründen ließ.

Um so mehr stellt sich die Frage nach einer plausiblen Erklärung für diesen vorerst ungewöhnlich bleibenden Vorgang. Dabei verweist sowohl der Vorgang selbst als auch seine von Demosthenes hinzugefügte Begründung auf ein in Athen aktuell gewordenes Interesse an einer betonten Hervorhebung einer für herausragend erachteten Person. Fraglos setzt dies einen tiefer greifenden Wandel bestimmter Werte voraus, weil andernfalls derartige Portraitstatuen kaum hinnehmbar gewesen sein könnten[66]. Zu einem solchen Wertewandel gehört auch, daß die Rolle der Allgemeinheit mit ihrer dogmatisch verhärteten Isonomie-Ideologie nicht mehr als eine allein vorherrschende Bezugsgröße der Polis verstanden wurde. Anscheinend konnten in einem damit ausgelösten Prozeß persönliche Interessen einzelner Bürger oder die Individualität bestimmter Personen wichtiger geworden sein. Innerhalb eines durch zeitgeschichtliche Ereignisse geförderten Rahmens mag sich ein Zustand herausgebildet haben, in dessen Kontext individueller geprägte Repräsentationen möglich geworden sind[67]. Bereits die Funde vom Kerameikos mit ihren Reliefstelen und Grabausstattungen, die sich bis zu persönlichem Gräberluxus steigern konnten, zeigten[68], daß seit dem Ende des 5. Jahrhunderts und vermehrt im 4. Jahrhundert Darstellungsbedürfnissen einzelner Personen oder auch ganzer Familien ein Raum gegeben wurde[69], den sie zuvor in der Öffentlichkeit nicht in Anspruch genommen hatten und wohl auch nicht nehmen könnten. Falls dies einem breiter zur Wirkung gebrachten Trend entsprochen haben sollte, wäre damit zugleich der Boden dafür bereitet worden, Portraitstatuen wie jene für Konon und Euagoras aufstellen zu lassen[70]. Eine derart betonte Personenehrung im öffentlichen Raum der Stadt wäre insofern auch eine Antwort auf und Konsequenz aus Situationen, die sich bereits zuvor z. B. im Vorfeld der Stadt in Reliefstelen auf den Friedhöfen abgezeichnet hatten.

Daß die zu ihrer Zeit noch einzigartige Auszeichnung des Konon und seines Verbündeten nicht ohne Folgen blieb, ist gut überliefert. Athen hatte damit einen Weg eingeschlagen, der zu weiteren Ehrungen solcher Art führte. Beispielhaft bestätigt dies ein gleichfalls bronzenes Standbild, das den Sohn Konons, Timotheos, zeigte und das im Jahr 375 v.Chr. neben der Portraitstatue seines Vaters auf der Agora aufgestellt wurde[71]. Der Aufstellungsort steigerte die Ehrungen zu einem in dieser Art vorbildlosen und einzigartigen Familienanathem, in dem Ansprüche zum Ausdruck kamen oder zumindest vermutet werden konnten, die ihresgleichen auf der Agora bisher nicht kannten[72]. Zugleich bestätigen die auf der Agora aufgestellten Portraitbilder, daß Ideale, die ein in Athen vorherrschendes Selbstverständnis bestimmt hatten, einem deutlich wahrnehmbaren Wandel ausgesetzt waren. Folgt man diesen Überlegungen, dann war die öffentliche Aufstellung der Portraitstatuen kein zufälliges Ereignis, sondern sichtbares Zeichen neuer Wertvorstellungen, die den Aufbruch Athens in einen für diese Stadt neuen Zeitabschnitt ihrer Geschichte begleitet hatten. Hierzu gehört auch, daß sich Zielvorstellungen hinsichtlich der Rolle und Möglichkeiten Athens innerhalb einer veränderten Welt neu orientierten und dabei zugleich neue Inhalte in den Mittelpunkt des Interesses gerieten.

Daß dies einer Gedankenwelt und Stimmung entsprach, die zu jener Zeit anscheinend weiter verbreitet war, bestätigt eine um sich greifende Sehnsucht nach einer dauerhaften Friedenszeit und hieran geknüpfte Erwartungen. Sie sollten einen prosperierenden Wohlstand, eine garantierte Sicherheit und eine glückliche Zukunft versprechen. In einem solchen Klima war offensichtlich das Thema aktuell geworden, sich den Frieden selbst im Zentrum der Stadt auf die Agora zu holen. Dies unterstreicht vor allem ein auf der Agora neu eingerichteter Kult und das hierfür geschaffene **Standbild der Eirene**, der göttlichen Personifikation des Friedens. Von diesem Kult, dessen konkreter Ort freilich bisher nicht identifiziert werden konnte, berichten Schriftquellen[73]. Aus ihnen gehen sowohl der Gründungsanlaß als auch Hinweise auf den topographischen Zusammenhang und auf den Kultvollzug hervor. Von dem Standbild der Eirene, dessen Original wahrscheinlich eine Bronzestatue gewesen ist, blieben mehrere römische Kopien erhalten[74], die einen weitgehend zuverlässigen Eindruck vom verlorenen Original gewinnen lassen (Abb. 45–46).

Die Gründung des Eirenekults fand wahrscheinlich im Zusammenhang mit oder anläßlich eines im Jahr 374 v.Chr. in Athen abgehaltenen Friedenskongresses statt[75]. Anscheinend war er für Athen positiv verlaufen und hatte dieser Stadt sehr gute Ergebnisse gebracht: Hierzu betonte Isokrates, es sei dies der günstigste Friede, den Athen vereinbart habe[76]. Da hierbei unbestritten blieb, daß für Athen – auch durch die erneute Gründung des attischen Seebundes[77] – die Handelswege durch das Mittelmeer wieder offen waren, ist der überaus positive Kommentar aus der Sicht eines einflußreichen Atheners durchaus verständlich. Zudem entsprach ein dauerhaft vereinbarter Friede ohnehin den Wünschen der Bevölkerung[78], so daß die Gründung dieses Kultes in Athen mit positiver Resonanz rechnen durfte.

Daß der neu inaugurierte Kult für Eirene als wichtige Staatsangelegenheit begriffen wurde und nicht nur eine Anreicherung des ohnehin reichhaltigen attischen Festkalenders sein sollte, bestätigt schon der Festtag, den man für diesen Kult festgelegt hatte: Es war dies der 15./16. Hekatombeion. An diesem Tag wurde in Athen seit alters her das Fest der Synoikia gefeiert[79], bei dem man dem in mythischer Vorzeit durch den attischen Nationalheros Theseus vollzogenen Zusammenschluß mehrerer Gemeinden gedachte. Aus dieser Aktion soll die Polis Athen hervorgegangen sein[80], so daß man diesen Tag als Gründungsfeiertag Athens verstehen kann. Für die Feier des neuen Eirenekults war somit ein Tag bestimmt worden, der im Festkalender und Bewußtsein der Stadt tief verwurzelt war und eine besonders wichtige Rolle spielte. Ganz unmittelbar brachte er den neuen Kult mit einem Gründungsereignis Athens zusammen und trug dazu bei, den Kult für Eirene in beste, alteinheimische Tradition zu integrieren. Zugleich unterstellt die Gleich-

Abb. 45. Statue der Eirene mit dem Plutosknaben. Ergänzte römische Kopie nach einem Bronzestandbild des Kephisodot d. Ä. – München, Glyptothek Nr. 219.

◄ Abb. 46. Rückansicht der Eirenestatue. – München, Glyptothek Nr. 219.

zeitigkeit der beiden Kultfeste deren Gleichrangigkeit, so daß die neu eingerichtete Feier des Friedens die gleiche Bedeutung für sich beanspruchen konnte wie das traditionsreiche Geburtstagsfest der Staatsgründung Athens. Man könnte den Kult für Eirene als eine göttlich bestätigte Erneuerung und Festigung der Staatsgründung verstehen, mit der Athen den Aufbruch in eine neue Zeit als kultisch manifestierte Fortsetzung seiner traditionsreichen Geschichte besiegelt. Deshalb war das Kultfest für Eirene nicht nur ein feierlich begangener Tag, sondern zugleich ein Fanal, mit dem Athen signalhaft auf eine gesicherte Gegenwart und glückliche Zukunft wies.

Der Vollzug des Opfers für Eirene konnte auf seine Weise einen besonderen Sinngehalt unterstreichen. Da das Opfer auf Kosten des Staates dargebracht wurde, war dieser Opferritus eine Angelegenheit von staatlicher Bedeutung. Zudem wurde er von Personen durchgeführt, die mehr als alle anderen Bürger Athens als Garanten einer gesicherten Situation der Stadt zu verstehen waren: Es oblag den Strategen, also den militärischen Befehlshabern der attischen Streitkräfte, das Opfer für Eirene zu vollziehen[81]. Dies zeigt, daß es zur vornehmsten Aufgabe der militärischen Elite Athens gehörte, der Göttin des Friedens und damit der Friedenszeit selbst in einem kultisch festgelegten Rahmen die Reverenz zu erweisen. Zumindest intendiert ein solcher Ritus, daß die Heerführer nicht mehr nur als Kriegsherren in Erscheinung traten, sondern als Priester des Friedens aktiv wurden. Deutlicher konnte einem Wertewandel in jener Zeit eines Aufbruchs kaum Rechnung getragen werden.

Ob einer solchen Stimmung auch das Standbild entsprach, das den göttlichen Frieden in personifizierter Form darstellte, wird die Betrachtung der Eirenestatue und der durch ihre Gestalt transportierten Inhalte zeigen. Ihr Platz gehörte zu dem topographischen Zusammenhang, in dem die wichtigsten Staatsbauten der Agora standen[82] und deshalb zur Nachbarschaft von Buleuterion und Tholos. Als Bildhauer der Eirenestatue mit dem Plutosknaben nennt Pausanias den älteren Kephisodot. Ob die Statue gleichzeitig mit der Gründung des Eirenekults aufgestellt wurde oder ob dies erst nachträglich geschah, ist mehrfach diskutiert worden[83]. Sowohl ein nach wenigen Jahren nochmals erneuerter Friedensbeschluß[84] als auch die in Athen freudig begrüßte Niederlage Spartas in der Schlacht bei Mantineia des Jahres 362 v. Chr.[85] wurden als denkbare Anlässe für die Statuenstiftung vorgeschlagen. In den mit diesen Ereignissen abgesteckten Zeitraum gehört auch die Blütezeit des Bildhauers Kephisodot. Nach Plinius[86] fällt der Höhepunkt seines Schaffens in die Zeit der 102. Olympiade, d.h. in die Jahre zwischen 372 und 368 v. Chr. Zusätzliche Datierungshinweise können Panathenäische Amphoren geben. Da sie anläßlich der Panathenäen als Siegespreise vergeben wurden und auf ihnen der Name des jeweils amtierenden Archonten notiert ist, gehören sie zu den seltenen, fest datierten archäologischen Funden[87]. Auf einer dieser Amphoren, auf der der Name des Kallimedes, dessen Amtszeit in das Jahr 360/59 v. Chr. gehört, niedergeschrieben wurde, befindet sich eine flüchtige Miniaturskizze der Eirene des Kephisodot (Abb. 47)[88]. Trotz aller Unschärfe der stark verkleinerten Darstellung ist das Vorbild einwandfrei zu identifizieren. Daraus folgt, daß die Eirenestatue zur Zeit der Entstehung dieser Amphora bereits so bekannt und im allgemeinen Bewußtsein gegenwärtig gewesen sein muß, daß sie selbst noch in dieser reduzierten Darstellung erkennbar und als signifikantes Zeichen Athens zitierbar gewesen ist. Dies legt es nahe, für eine Datierung des Standbilds eher eines der früheren Daten, also die Jahre 374 oder 371 v. Chr. in Erwägung zu ziehen.

Das Standbild selbst zeigt eine 2 m hohe und damit überlebensgroße weibliche Gestalt[89]. Sie präsentiert sich in aufrechtem Stand und trägt einen kleinen Knaben auf ihrem angewinkelten linken Arm. In ihrer Rechten hielt sie wahrscheinlich einen langen Stab, der am ehesten als Szepter zu deuten wäre und damit die Gestalt als Göttin charakterisierte. Bekleidet ist sie mit einem schweren, gegürteten Peplos, dessen Überfall den Aufbau der Figur in deren Mitte unterteilt. Zusätzlich trägt sie ein großes Manteltuch, das an der Front geöffnet ist und dort von den Schultern bis zur Gürtellinie herabfällt, während es an der Rückseite in breiten Faltenbahnen und großem Bogengehänge bis zu den Kniekehlen reicht. Den Kopf schmückt eine sorgfältig angelegte Frisur. Das in der Mitte gescheitelte und in ruhigen Locken herabgeführte Haar wird von eine Binde gehalten. Unter dem Haarband quillt das Haar in fülligeren Korkenzieherlocken, die bis auf die Schultern reichen, hervor. Über der Stirn und beidseits der Schläfen ist es in pastosen Partien hochgenommen und über das Haarband eingeschlagen.

Bemerkenswert sind der Gesamtaufbau der Gestalt und die Formulierung der Binnenformen. Dabei fällt auf, daß sich die Art und Draperie des Gewandes mit seinem beruhigten Fluß und der abgeklärten Organisation des Faltenwerks von Werken des sogenannten schönen oder reichen Stils, der für Skulpturen des späten und ausklingenden 5. Jahrhunderts v. Chr. charakteristisch ist, deutlich unterscheidet[90]. Gleiches gilt für das zurückhaltende Standmotiv. Anscheinend orientierte sich Kephisodot bei der Statue der Eirene eher an einem Stil, wie er für Skulpturen streng klassischer Zeit vor der Mitte des 5. Jahrhunderts überliefert ist[91]. Vielleicht kann die Statue der Eirene sogar als Vorbote einer Tendenz verstanden werden, die einen Klassizismus hervorbringt. Sollte sich ein solcher Vorgang nicht nur auf ein rein formales Problem, sondern zugleich auf damit transportierte Ideale beziehen, müßte die Frage erlaubt sein, ob und in welcher Weise eine Zeit wie die Klassik des 5. Jahrhunderts im 4. Jahrhundert zum Vorbild geworden ist. Allerdings bleibt es nicht bei Rückblicken auf bewunderte Vorbilder. Nähere Betrachtung zeigt, daß in diesem Bildwerk zugleich inhaltliche Aussagen und ein entsprechender Ausdruck der Formen zur Darstellung kommen, die ganz der Entstehungszeit der Eirenstatue entsprechen.

Dies betrifft vor allem die formale Umsetzung des dargestellten Themas und kommt z. B. durch die Haltung des Kopfes besonders gut zur Wirkung. Offensichtlich wendet sich die Gestalt zu ihrer linken Seite und neigt den Kopf abwärts. Dabei richtet sich der Blick auf das Kind, das die Göttin auf ihrem linken Arm

Abb. 47. Skizzenhafte Darstellung der Eirene des Kephisodot d. Ä. auf einer Panathenäischen Amphora. – Athen, Nationalmuseum Inv. Nr. 20046.

trägt. Wie in spielerisch selbstvergessener Situation ist das Tuch, mit dem das Kind bekleidet war, soweit vom Körper herabgerutscht, daß der kleine Knabe fast völlig entblößt erscheint. Sein Oberkörper dreht sich nach rechts und beginnt damit eine Bewegungsrichtung, die von Kopf und rechtem Arm fortgesetzt wird. Durch diese Drehung wendet sich das Kind der Frauengestalt zu und signalisiert eine engere Beziehung zwischen beiden. Zusätzlich betonte die Geste der rechten Hand des Kinds einen solchen Bezug. Zwar ist der rechte Arm mit der zugehörigen Hand abgebrochen und weitgehend verloren, doch läßt sich die einst geschilderte Geste noch relativ gut nachvollziehen. Die erhalten gebliebene rechte Schulter zeigt, daß der Arm deutlich angehoben war. Dies legt eine Rekonstruktion nahe, nach der der Knabe mit ausgestreckter Hand nach dem ihm zugeneigten Kopf der Frau zu greifen scheint[92]. Mit seiner Linken versucht er einen Gegenstand zu erreichen, den die Frauengestalt in ihrer linken Hand hielt. Es war dies ein üppig mit Früchten gefülltes, hornförmiges Gefäß, ein sogenanntes

Füllhorn[93]. Als Zeichen für Wohlergehen und Reichtum ist es zum Attribut des Plutos geworden. Deshalb kann mit dem spielerisch hantierenden Knaben nur das göttliche Kind des Reichtums der Erde gemeint sein[94].

Daß die beiden Figuren keine lediglich additiv zusammengefügte, beziehungslose Gruppe bilden, unterstreichen Komposition und Durchbildung der Figuren. Die gegenseitige Zuwendung durch Körperdrehung und Gestik sowie die Blickverbindung schildern eine Vertrautheit und ein selbstverständliches Beieinander, wie es vor allem einem Verhältnis zwischen Mutter und Kind entspricht. Freilich ist Eirene nach gängiger Mythologie nicht die Mutter des Plutos, weil sie eigentlich als stets jungfräulich bleibende Tocher des Zeus gilt[95]. Allerdings wurde sie bereits im 5. Jahrhundert als Kurotrophos[96] und somit als mütterliche Erzieherin verstanden. Zugleich konnte sie zumindest in allegorischem Sinn auch als Mutter des Plutos gelten[97]. Deshalb mußte es in jenen Zeiten nicht als irritierender Widerspruch aufgefaßt worden sein, wenn in dieser Gruppe Eirene mit dem Plutosknaben wie eine Mutter mit ihrem Kind dargestellt worden ist. Offensichtlich sollte Eirene in dieser Weise gesehen und verstanden werden. Dabei fällt auf, daß der Darstellungstenor ganz darauf bezogen ist, die selbstverständliche Intimität zwischen Mutter und Kind zum eigentlichen Thema der Figurengruppe werden zu lassen. Dem entsprechend erscheinen keinerlei andere Akzente oder Anspielungen, die von der friedlich gelösten Stimmung des stillen Beieinander ablenken könnten. Offensichtlich wird der Betrachter Zeuge einer sehr persönlichen und fast privatistisch anmutenden Situation, in der weder die mütterliche Gestalt noch der in kindliches Spiel verstrickte Knabe die geringste Notiz von ihrer Umgebung nehmen. Statt dessen konzentriert sich die Komposition auf die Frontansicht und betont den Raum zwischen den beiden Figuren als spannungsreiches Zentrum, um das sich die Darstellung bewegt.

Eine solche, durch die Komposition vorgegebene Akzentuierung wird nicht zuletzt bei der Betrachtung der Rückseite gut verständlich. Man erkennt dort großzügig angelegte Formen, die den Betrachter fast zwangsläufig dazu anregen, die Figur bis zur Frontansicht zu umschreiten, zumal nur dort der narrative Aspekt und das dargestellte Thema erkennbar und verständlich werden. Erst jetzt ist zu begreifen, daß es vor allem das scheinbar zur Darstellung gebrachte Desinteresse der beiden Götter an ihrer Umgebung ist, das ihre unbeeinträchtigte Existenz zur Wirkung kommen läßt. Etwas später entstandene Beispiele werden zeigen, daß die Darstellung der wie entrückt erscheinenden Götter zu einem charakteristischen Wesenszug attischer Götterbilder werden sollte[98].

Bei der Eirene des Kephisodot sind das Glück einer jungen Frau und die spielerisch unbekümmerte Freude eines kindlichen Knaben zum dominanten Bildgegenstand und Thema der Komposition geworden. Deshalb läßt sich die Darstellung wie eine stimmungsvolle Allegorie des ungetrübten Glücks und eines prosperierenden Friedens verstehen. Eine solche Szene, deren Inhalt ganz von gegenwärtig aktuellen Erwartungen bestimmt ist, rückt die Frage nach einer im Mythos vorgegebenen, genealogischen Begründung in den Hintergrund und läßt sie gegenstandslos werden. Offensichtlich betrifft der Bildgedanke keine mythologisch legitimierte Darstellung, sondern eine allegorisch verklärte Zukunftsvision. Deren Botschaft verweist auf einen gleichsam ursächlichen Zusammenhang von Friede und Reichtum. Dabei geht es nicht nur um ein leicht verständliches Begriffspaar, sondern – wie die Figurengruppe eindrucksvoll demonstriert – um eine untrennbar bleibende Verknüpfung, wie sie beispielhaft durch das Bild von Mutter und Kind vorgestellt wird. Dabei wird der Friede als die Nährmutter des Reichtums verstanden und wird der Reichtum in seiner Abhängigkeit von der mütterlichen Fürsorge des Friedens gezeigt[99]. In diesem Sinne entspricht die Gründung des Eirenekults einem staatspolitischen Interesse, für dessen programmatische Demonstration Kephisodot d. Ä. das zutreffend gestaltete Götterbild schuf.

Daß es Vorstellungen folgt, die in jener Zeit besonders aktuell gewesen sind, ist gut überliefert[100]. Die *leicht lebenden Götter* als Gegenwelten zum Dasein der Sterblichen hatten hohe

Konjunktur[101]. In solchen Szenarien spielte nicht zuletzt Plutos eine besonders wichtige Rolle[102]. Mit seiner Ankunft werden sorgenfreie Zeiten angekündigt, zu denen Plutos bei Aristophanes den Menschen das verlockende Versprechen abgibt, nach dem *ihr schwimmen werdet in Reichtum*[103]. Dies entspricht einem Tenor, der in jener Zeit anscheinend auf fruchtbaren Boden gefallen war. Dementsprechend konnte Euripides Plutos als einen Gott für Leute mit Verstand bezeichnen, die sich um keine anderen und nichts anderes als ihr eigenes Wohlergehen kümmern[104]. Zumindest tendenziell verweist dies auf eine nahezu sophistisch anmutende Programmatik, nach deren Maximen man im Bewußtsein eigenen Gewinnstrebens getrost auf die Gesetze der Götter verzichten kann[105]. Einerseits verkörpert Plutos eine fast zynische Lebenseinstellung, wie sie bei dem einen oder anderen reich gewordenen und ausschließlich nach persönlichem Gewinn strebenden Athener zur Regel geworden sein mag. Andererseits wird er aber auch als eine Gottheit gepriesen, die wie einer der offiziellen Staatsgötter in einem großen Festzug zum Heiligtum der Athena Polias auf der Akropolis zieht[106]. Freilich tut sich die Forschung schwer, die Überlieferungen auf einen Nenner zu bringen. Doch bleibt unbeschadet unterschiedlicher Interpretationsansätze klar, daß Plutos und mit ihm zugleich Eirene zu den sogenannten „Neuen Göttern" gehören, deren Ausbreitung einem aktuell gewordenen religiösen Bedarf folgte. Es sind dies Götter, die entsprechend ihrer Art und in ihrem Wesen den Menschen näher sind und sich bald zunehmender Beliebtheit erfreuten[107]. Dabei konnte es nicht ausbleiben, daß derartig menschenfreundliche Gottheiten bald in Konkurrenz zu den Repräsentanten der alten Polisreligion getreten sind.

Natürlich bedeutet dies auch, daß Kephisodot zu jener Gruppe von Athener Bürgern gehörte oder doch wenigstens direkteren Zugang zu ihr hatte, die die Ziele Athens diskutierte und letztlich auch maßgeblich beeinflußte. Daß dies nach Status und sozialem Rang sowie gesellschaftlichem Ansehen für einen Bildhauer keineswegs als selbstverständlich vorausgesetzt werden kann, ist hinreichend bekannt[108]. Nach Aussage antiker Quellen rangierten Bildhauer eher am unteren Ende der sozialen Skala und waren als fahrendes Volk zu Außenseitern einer selbstbewußten Polisgemeinschaft geworden. In der Regel waren sie als Personen ebensosehr verachtet, wie ihre Werke höchstes Ansehen genießen konnten. Deshalb ist es alles andere als naheliegend, daß ein Bildhauer zwanglosen Gesprächskontakt mit Personen der oberen Gesellschaftsschichten Athens pflegte und Zugang zur Gedankenwelt der politischen Elite hatte. Für Kephisodot freilich muß diese Außenseiterposition nicht gegolten haben. Eher könnte er in Umkehrung üblicher Verhältnisse ein Außenseiter gewesen sein. Mit ihm scheint ein neuer Bildhauertypus überliefert zu sein, den es wahrscheinlich zuvor nicht gab. Zumindest spricht nach den Schriftquellen alles dafür, daß er im Gegensatz zu den meisten seiner Berufskollegen zu einer wohlhabenden, wenn nicht gar reichen Familie gehörte[109]. Deshalb hätte er es wohl kaum nötig gehabt, sich wie ein Steinmetz und Bildhauer seinen Lebensunterhalt durch körperliche Schwerstarbeit zu verdienen. Daß seine Familie zur Oberschicht Athens gehört haben müßte, ist zwar nicht unmittelbar überliefert, sondern lediglich auf Grund historischer Nachrichten naheliegend, doch sind deshalb entsprechende Überlegungen nicht weniger überzeugend. Wichtigster Anhaltspunkt ist die Überlieferung, nach der Kephisodots Schwester mit Phokion[110] und damit mit einem der reichsten Männer Athens verheiratet war[111]. Deshalb ist Kephisodot d. Ä. mit einer der einflußreichsten Personen Athens verschwägert gewesen. Derartige Familienbande sind in aller Regel nicht ohne Rücksicht auf sozialen Status und gesellschaftliche Schichtenzugehörigkeit geknüpft worden. Deshalb liegt die Folgerung nahe, Kephisodots Schwester und somit auch ihn selbst als Angehörige einer Familie zu verstehen, deren finanzielle Verhältnisse sich nicht allzu sehr von jenen des reichen Phokion unterschieden. Dies begründet die Vermutung, daß mit Kephisodot erstmals ein Künstler überliefert wäre, der seine Werke nicht erarbeitete, um seinen Lebensunterhalt zu verdienen,

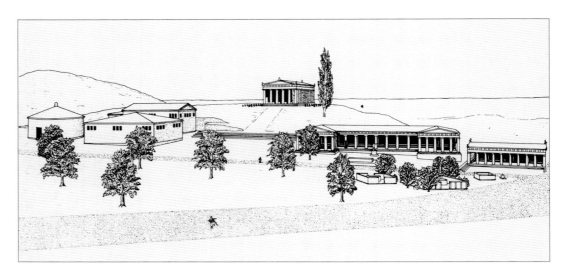

Abb. 48. Rekonstruierte Ansicht der Westseite der Athener Agora in der Zeit um 400 v. Chr.

Abb. 49. Hypothetischer Rekonstruktionsversuch der Ansicht des archaischen Tempels für Apollon Patroos auf der Athener Agora.

sondern in unabhängiger Freiheit um der Kunst selbst willen schuf. Zugleich dürfte er zu jener Gesellschaftsschicht gehört haben, in der eine Gedankenwelt gegenwärtig war, deren Stimmung und programmatischer Inhalt in der Gestalt Eirenes, dem Götterbild dieses Künstlers, adäquaten Ausdruck fand.

Deshalb ist das Standbild der Eirene nicht nur als eines der prominentesten Meisterwerke des frühen 4. Jahrhunderts eine kunstgeschichtlich bedeutende Skulptur, sondern nicht weniger ein wichtiges geschichtliches Zeugnis. Als solches trägt es dazu bei, den Blick auf den inneren Zustand Athens in einer Zeit des Umbruchs und Neubeginns zu richten. Löst man dieses Standbild aus der Isolation einer musealen Betrachtung, kann es als aufschlußreiches Exempel in einen zeitgeschichtlichen und topographischen Kontext eingefügt werden. Damit trägt die Betrachtung und Interpretation dazu bei, den Sinnzusammenhang, der von den in zeitlicher und örtlicher Nachbarschaft erneuerten Staatsbauten – dem Buleuterion und der Tholos – ausging, deutlicher werden zu lassen. Dies betrifft vor allem die Botschaft, die von der Eirene als krönendem Fanal eines bedeutungsvollen Ambientes für eine positive Neuorientierung Athens ausgeht. Zugleich lenkt sie den Blick auf einen Zustand, vor dem sich die Vision einer überaus erfolgversprechenden und glücklichen Zukunft auftut.

Nachdem Tholos und Buleuterion erneuert waren, dauerte es mehr als eine Generation, bis auf der Agora erneut deutlichere Bauaktivitäten spürbar wurden. Nicht zuletzt galten sie einem Neubau des **Tempels des Apollon Patroos**[112]. Sein Heiligtum lag in dem Gebiet zwischen Buleuterion und Halle des Zeus Eleutherios auf einer Fläche, die über einen langen Zeitraum wie ein Stück Brachland liegengeblieben zu sein scheint (Abb. 48). In archaischer Zeit besaß hier Apollon einen kleinen Tempel, von dessen schlichter Gestalt man, ohne daß die schematische Darstellung als Rekonstruktion zu verstehen wäre[113], eine ungefähre Vor-

Abb. 50. Ansicht des Fundaments des jüngeren Tempels für Apollon Patroos.

stellung gewinnen kann (Abb. 49). Anscheinend war der alte Tempel dem sogenannten Persersturm des Jahres 480 v. Chr. zum Opfer gefallen. Merkwürdigerweise wurde bei ihm im Gegensatz zu zahlreichen anderen Heiligtümern und zur bei Plutarch überlieferten, programmatischen Aussage des Perikles[114] vorerst darauf verzichtet, ihn nach dem glorreichen Sieg über die Perser aufzubauen und das Heiligtum wieder herzurichten. Über mehr als ein ganzes Jahrhundert klaffte hier deshalb in der Abfolge von offiziellen Gebäuden am Fuß des Agoraios Kolonos eine öde Lücke.

Dieser eigentümliche Zustand sollte sich erst nach der Mitte des 4. Jahrhunderts ändern. Wahrscheinlich in der Zeit, in der Lykurg maßgeblich aktiv war, entschied man sich dafür, dieses Heiligtum durch einen Neubau des Tempels wieder betonter zu aktivieren. Die erhalten gebliebenen und durch die Ausgrabung freigelegten Reste dieses Tempels zeigen vor allem sein Fundamentgeviert (Abb. 50). Es überliefert nicht nur die Größe des Gebäudes, sondern läßt zugleich dessen Typus erschließen. Darüber hinaus zeigt der Befund, daß der Tempel nicht an zufälliger Stelle oder beliebigem Ort errichtet wurde, sondern wohl absichtlich über den Resten seines Vorgängers, dessen Fundamente von dem neuen Tempel überbaut worden sind (Abb. 51). Mit der Bindung des Neubaus an die Stelle des alten Tempels war es nicht mehr möglich, den jüngeren Tempel in einer freieren Position und mitten auf dem bis dahin unbebaut gebliebenen Areal zu plazieren. Statt dessen steht er aus der Mitte des Grundstücks nach Norden gerückt direkt neben der Halle des Zeus Eleutherios.

Das erhalten gebliebene Tempelfundament umfaßt ein Geviert von 10,60 m Breite und 17,10 m Länge. An der zur Agora gewandten Ostfront wurde es auf 11.86 m verbreitert. Innerhalb dieses Gevierts liegt ein weiterer Fundamentstreifen, der zeigt, daß eine Quermauer den eigentlichen Cellaraum von einem kürzeren Pronaos trennte. An die Nordmauer der Cella schloß sich ein kleinerer, nach Norden ausgreifender Gebäudeflügel an. Seine Fundamente beschreiben ein Rechteck von ca. 5,80 m Breite und 5 m Länge. Es könnte sich bei diesem Annexraum um ein Adyton gehandelt haben. Allerdings ist unbekannt, welchen konkreteren Zwecken es gedient haben sollte.

Die Agora

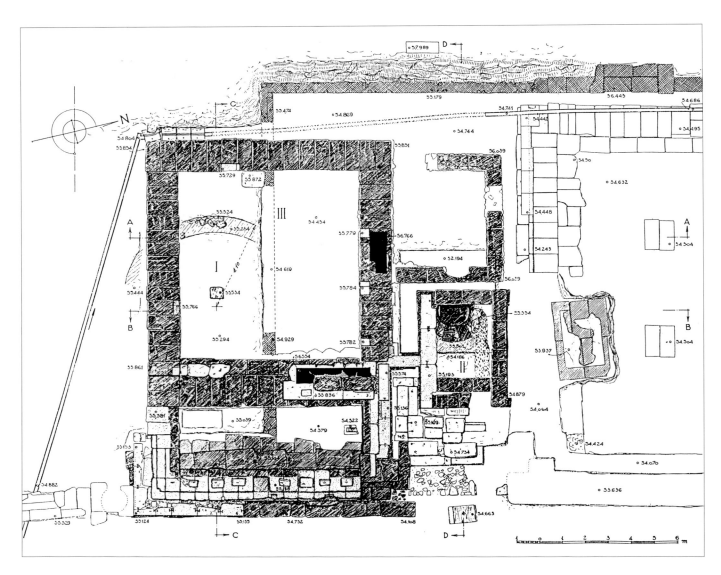

▲ Abb. 51. Fundamentplan des jüngeren Tempels für Apollon Patroos mit Fundamentgeviert des Oikos für die Phratriengottheiten und unterlegten Fundamentresten des im Grundriß apsisförmigen, archaischen Apollontempels.

Mangels anderer, signifikanter Bauglieder kann nur das Fundament Hinweise für eine Rekonstruktion des Gebäudes geben. Von besonderem Interesse ist dabei seine Ostfront, weil sie als Gesicht des Tempels einen Eindruck vom Charakter dieses Bauwerks geben könnte. Da von ihr nur Reste der oberen Schichten des Stylobatfundaments erhalten sind, stimmen die von ihm zu erwartenden Auskünfte nicht allzu optimistisch. Trotzdem kann aus dem Befund gefolgert werden, daß der Aufbau der Ostfront wahrscheinlich der ionischen Ordnung folgte[115]. Einerseits ist aus den Maßen der Fundamentblöcke keine Verengung der Joche an den Ecken zu erkennen, so daß sie keinen Hinweis auf eine der dorischen Ordnung folgende Jochausbildung enthalten. Andererseits ergibt sich aus ihnen ein derart schmaler Stylobatstreifen, daß auf ihm Säulen, deren Durchmesser kaum wesentlich mehr als 60 cm beträgt, nicht unterzubringen wären. Nähme man dorische Säulen an und orientierte sich für sie an den zu jener Zeit üblichen Säulenportionen, dann dürfte ihre Höhe ein Maß von 3.50 m kaum wesentlich übertroffen haben[116], zu wenig, um sie sich als das maßgebliche Grundelemente einer repräsentative Tempelfassade glaubwürdig vorstellen zu können.

Befriedigender ist wahrscheinlich eine Rekonstruktion mit Säulen ionischer Ordnung. Entsprechend üblicher Proportionen könnten sie bei gleichem Durchmesser eine Höhe von ca. 6 m erreicht haben[117]. Dies legt es nahe, sich die Ostfront des Tempels entsprechend den Formen und Regeln der ionischen Ordnung vorzustellen. Darüber hinaus gibt die Abfolge der Blöcke des Ostfrontfundaments Hinweise, aus denen sich das Jochmaß erschließen läßt. Bei knapp 96 cm Blockbreite ist für das Jochmaß ein hieraus abgeleiteter Durchschnittswert von 191,4 m problemlos zu gewinnen[118]. Angesichts der Gesamtbreite des Ostfundaments kommt deshalb für die Fassade nur eine 6-säulige Front in Frage[119].

Typologisch gehört der Bau zu den sogenannten hexastylen Prostyloi, zu denen vor allem seit dem fortgeschrittenen 5. Jahrhundert und vermehrt im 4. Jahrhundert Beispiele an verschiedenen Orten bekannt geworden sind[120]. Nicht zuletzt zeichnen sie sich dadurch aus, daß ihr Frontprospekt der Ansicht eines Ringhallentempels zum Verwechseln ähnlich sein kann und man sie deshalb diesem vornehmsten Repräsentanten griechischer Sakralbaukunst fast als ebenbürdig angesehen haben mag. Daß man auf die tradierte Repräsentationsform der Ringhalle verzichten konnte, dürfte in Einzelfällen unterschiedlich zu begründen sein. Zu solchen Gründen gehörte u. a. eine Grundstücksbegrenzung, die es nicht nahelegte, einen Ringhallentempel, dessen Sinn erst in einer ringsum geführten Allansichtigkeit verständlich wird[121], in ein dafür ungeeignetes Grundstück einzuzwängen. Anscheinend hat man in mehreren Fällen, in denen eine Ringhalle den ihr eigenen Sinn nicht hätte zur Wirkung bringen können, auf sie verzichtet und lediglich eine hiervon abgelöste Fassade wie ein Exzerpt vor die Tempelfront gesetzt.

Dies gilt auch für den Tempel des Apollon Patroos auf der Athener Agora. Offensichtlich ist dort die topographische Situation so deutlich limitiert, daß das zur Verfügung stehende Gelände für jedes hier geplante Gebäude klare Grenzen setzte. Beim hiesigen Apollonheiligtum betrifft dies vor allem die Tempellänge. Der Platz reicht im Westen von der Hangsohle des Agoraios Kolonos bis zum Westweg der Agora und den ihn begleitenden Wasserkanal im Osten. Hier einen Ringhallentempel zu bauen, hätte zwangsläufig dazu führen müssen, die ohnehin gestauchte Raumlänge der Cella nochmals beträchtlich zu kürzen. Da theoretisch denkbare Flankenptera nur zu Lasten der Cellabreite möglich gewesen wären, hätte man sich im Ergebnis mit einem indiskutabel schmalen und kurzen Korridor für den Cellaraum des Tempels zufrieden geben müssen. In seinem Inneren wäre der Tempel zu einem befremdlichen Relikt verkümmert.

In dieser Situation ist es gut verständlich, daß man sich für einen Prostylos entschied (Abb. 52), zumal dies den Vorteil mit sich brachte, daß für das Kultbild ein durchaus stattlicher Cellaraum zur Verfügung stand, und der Tempel zugleich eine angemessene Front erhalten konnte. Dabei handelte es sich bei der für den Tempel des Apollon Patroos verwirklichten Form keineswegs um eine billige Notlösung, sondern um einen entwicklungsgeschichtlich sehr aufschlußreichen Bei-

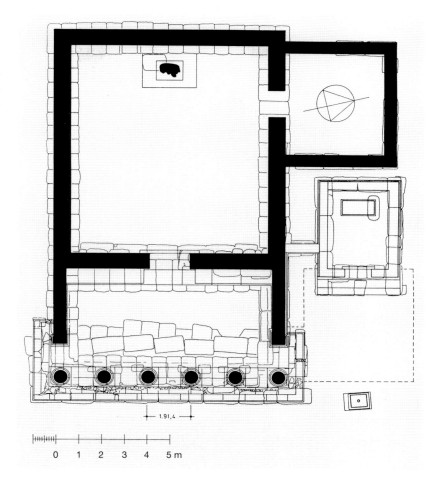

▲ Abb. 52. Grundriß des jüngeren Tempels für Apollon Patroos als hexastyer Prostylos ionischer Ordnung.

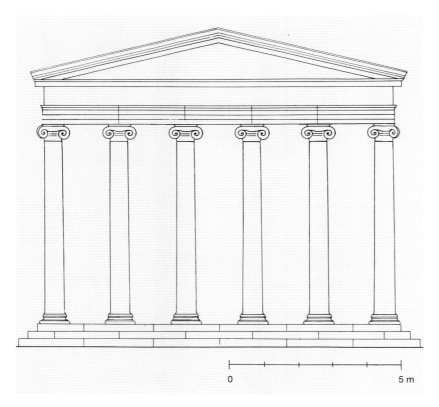

▲ Abb. 53. Rekonstruktionsversuch des Frontaufrisses des jüngeren Tempels für Apollon Patroos.

▲ Abb. 54. Ansicht der Erechtheionostfront.

trag. Er zeigt, daß sich bestimmte Prioritäten verändert hatten und z.T. auch in ihr Gegenteil gewendet waren. War bei entsprechenden Tempeln zurückliegender Zeit der Cellaraum ein eher nachrangiges Thema gewesen und hatten sich alle Interessen und Bemühungen auf die äußere und plastisch verdichtete Erscheinung des Bauwerks konzentriert, so wurde bei einem Bauwerk wie dem Tempel des Apollon Patroos das Cellainnere zu einem weit gedehnten Raum, dem besondere Bedeutung zukommt. Einem solchen Wandel entspricht, daß die durch die Bauform angeregte Wegeführung deutlicher auf den Zugang zur Cella des Tempels aufmerksam macht und weniger dazu anregte, seine äußere Gestalt zu umwandeln. Folgerichtig führte dies zu einer Reduktion der alten Ringhallenidee auf die Front und damit zu einer Konzentration auf die Eingangsfassade, die ein unmißverständliches Signal setzte (Abb. 53). Mit solchen Entwurfsvorgaben sind Innenraum und Fassade zu bestimmenden Themen von Architektur geworden.

Um den architekturgeschichtlichen Wandel, der mit dem Tempel des Apollon Patroos und dem bei seinem Neubau verwandten Tempeltypus zur Diskussion steht, in seinen entwicklungsgeschichtlichen Kontext einzubinden und dadurch deutlicher werden zu lassen, ist ein Rückblick auf Herkunft und Entstehung dieser Bauform nützlich. Daß der Apollontempel auf der Athener Agora innerhalb der griechischen Architekturgeschichte nicht der erste 6-säulige Prostylos war, ist ebenso eindeutig überliefert[122] wie der Tatbestand, daß in Athen bereits in zurückliegender Zeit mit diesem Bautypus experimentiert worden ist. Vor allem letzteres ist für das Verständnis des Apollontempels von Belang, weil das damit angesprochene Beispiel für bestimmte Absichten, die mit dem Apollontempel und seinem Gebäude verfolgt wurden, sehr aufschlußreich sein kann.

Dieser Hinweis betrifft das allgemein bekannte Erechtheion auf der Athener Akropolis (Abb. 54)[123]. Seine kostbar ausgestattete, jedoch ungewöhnliche Gestalt und die mit diesem eigenwilligen Gebäude verwobenen Mythenüberlieferungen sind häufig genug dargestellt und diskutiert worden, so daß sie nicht erneut referiert werden müssen[124]. Hier soll lediglich in Erinnerung gerufen werden, daß das Erechtheion nicht nur mehrere Kulte beherbergte, sondern vor allem der neue Tempel für Athena Polias gewesen ist. Gegen Ende des 5. Jahrhunderts hatte ihr ehrwürdiges und sagenumwobenes Kultbild im Erechtheion eine neue Bleibe gefunden. Dabei blieb die Entscheidung für den Bauplatz des Erechtheion nicht den Auftraggebern oder Architekten überlassen, weil die Örtlichkeit durch unverrückbare Kultmale vorgegeben war. Für den Architekten – vielleicht Kallikrates[125] – blieb die Aufgabe, ein Tempelgebäude zu entwickeln, das die dort ansässigen Kultmale angemessen aufnehmen konnte, ohne daß es innerhalb griechischer Architektur für die Lösung einer derartigen Aufgabe unmittelbare Vorbilder gegeben hätte.

Im Verhältnis zum Tempel des Apollon Patroos ist vor allem der östliche Teil des Erechtheion aufschlußreich (Abb. 55). Man erkennt dort den größten Raum des ganzen Gebäudes und davor eine 6-säulige Halle ionischer Ordnung. Deshalb handelt es sich bei diesem Teil des Erechtheion um einen 6-säuligen Prostylos, also den gleichen Typus, der auch den Bau des Apollontempels kennzeichnet. Beim Erechtheion spricht alles dafür, daß in dem relativ großzügig dimensionierten Raum hinter der prostylen Halle das alte Kultbild der Athena Polias seinen Platz hatte[126]. Dies nicht nur deshalb, weil hier der größte Raum des ganzen Tempels liegt, sondern auch, weil sich der Raum nach Osten und in der Richtung öffnet, die auf den Altar weist, an dem die Opfer im Kult für Athena Polias vollzogen wurden. Außerdem besitzt das komplizierte Gebäude nur an dieser Seite eine Front, die durch ihre 6-säulige Vorhalle und den bekrönenden Giebel unmißverständlich darauf hinweist, daß es sich bei diesem Bau um einen Tempel handelt. Vor allem diese ikonographisch klare Architektursprache begründet die Lokalisierung des Kultbilds in dem großen Raum, der sich hinter dieser Tempelfront öffnet. Daß dieser Raum besonders wichtig war, bestätigt seine Ausstattung mit zwei großen Fenstern zu beiden Seiten der Eingangstür (Abb. 56)[127].

Griechische Tempel wurden in der Regel eher ohne solche Fenster errichtet. Vielleicht könnte der Parthenon der erste Bau dieser Art gewesen sein, der mit Fenstern ausgestattet war[128]. Gewiß waren noch zu Zeiten der Entstehung des Erechtheion Fenster bei Tempelbauten eher ungewöhnlich[129]. Um so auffallender müßte die Aufwertung, die ein Raum durch offen einfließendes Tageslicht erfahren konnte, gewesen sein. Auch dies dürfte dafür sprechen, im Ostraum der Erechtheioncella den Ort für das Kultbild zu sehen. Darüber hinaus weist die Eigenart dieser Gebäudeform darauf hin, daß den Erbauern anscheinend daran gelegen war, diesen Raum und seinen Inhalt deutlicher bewußt werden zu lassen. Zumindest konnte das hier von Tageslicht umflutete Kultbild sprechender zur Wirkung kommen, als dies in abgedunkelt korridorähnlicher Enge älterer Tempel der Fall gewesen sein mag. Ein solches Ergebnis mutet wie ein kühner Vorgriff auf spätere Entwicklungen an, die Tempelbauten möglich werden ließen, in denen Götterbilder wie Kunstwerke mit musealem Charakter auf- und damit zugleich ausgestellt werden konnten[130].

Daß das Erechtheion als inhaltlich bedeuten-

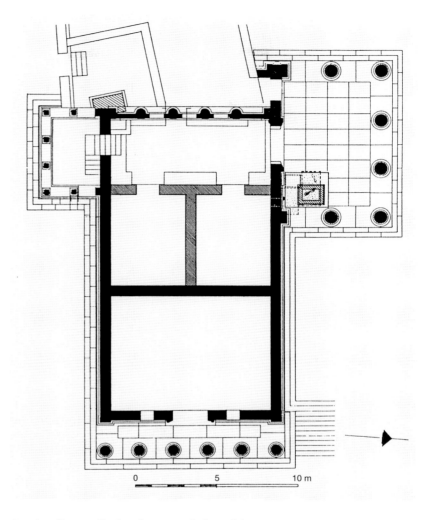

▲ Abb. 55. Grundriß des Erechtheion.

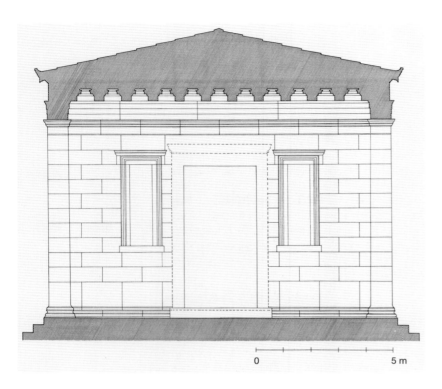

Abb. 56. Ostwand der Erechtheioncella mit Eingangstür und Fenstern.

der und formal sehr auffallend präsentierter Tempel mit seiner deutlich sprechenden Ostfront nicht ohne Auswirkung auf späteres Bauen in Athen geblieben ist, kann der Tempel für Apollon Patroos lehren. Bereits auf einen ersten Blick fällt auf, daß bei ihm jene Fassadengestalt wieder auftritt, die zuvor anscheinend nur einmal, nämlich bei der Hauptfassade des Erechtheion ausgeführt worden war. Beide Tempel besitzen eine Hauptfront, die als 6-säuliger Prostylos ionischer Ordnung errichtet wurde. Sie gerieten dabei einander so ähnlich, daß man von fast geschwisterlicher Verwandtschaft sprechen könnte. Wie weit die gegenseitige Ähnlichkeit geht und ob mit ihr mehr zum Ausdruck gebracht wurde, als es einer formal begründbaren Analogie entspricht, wird zu erörtern sein. Dabei fällt auf, daß es beim Apollontempel nicht dabei geblieben ist, sich lediglich der Typenvariante, die das Erechtheion mit seiner Ostfront vorgibt, anzuschließen. Darüber hinaus scheint der Baumeister des Apollontempels den Entwurf der Erechtheionfassade nahezu „wörtlich" wie ein Zitat auf den Frontprospekt seines Tempels übertragen zu haben. Dies zeigt vor allem ein Vergleich planbestimmender Strecken und deren Übertragung in die zur jeweiligen Bauzeit der beiden Tempel üblichen und gültigen Maße. Dabei wird deutlich, daß die beiden Bauten entsprechend heutigem Meßsystem zwar unterschiedlich groß sind, doch gilt dies nicht in gleicher Weise entsprechend antiker Metrologie. Bekanntlich wurden im griechischen Bauwesen die Maße in Fuß angegeben. Da Fußmaße unterschiedlich groß sein können, kommt es für das Verständnis eines antiken Bauentwurfs darauf an, zu erkennen, welches Fußmaß ihm in Entwurf und Ausführung zu Grunde gelegen hat. Dabei kann es sein, daß zwei entsprechend einer mit ihrem Bau indentierten Absicht gleich große Gebäude etwas unterschiedliche Größe erreichen, weil unterschiedliche Fußmaße angewendet wurden. Bezogen auf den Vergleich zwischen Erechtheion und Apollontempel ist dieser Fall gegeben. Hiernach ist deutlich, daß beim Bau des Erechtheion ein etwas größeres Fußmaß als beim Bau des Apollontempels gegolten hat. Deshalb sind die nach heutigem Maßsystem feststellbaren Strecken beim Erechtheion zwar etwas größer als beim Apollontempel, doch ergeben sich bei entprechender Umrechnung in antike Maßeinheiten für beide Tempelfassaden die gleichen Werte[131]. Dabei konnte sich der Baumeister des Apollontempels sowohl typologisch am Erechtheion orientieren als auch genauere Angaben zu dessen Entwurfsmaßen nachlesen. Sie waren in öffentlichen aufgestellten Abrechnungsurkunden festgehalten und jedermann zugänglich[132]. Anscheinend hatte der Baumeister des Apollontempels die in solchen Abrechnungsurkunden vorgefundenen Maßangaben in seinen Entwurf übernommen und in den zu seiner Zeit üblichen Fußmaßen ausgeführt. Dabei ging es bei diesem Entwurf keineswegs nur um eine platte Kopie. Zumindest hinterließ der Bau Hinweise, die zeigen, daß mit ihm eine zitierende Übertragung in den Stil der eigenen Zeit vorgenommen worden zu sein scheint[133]. Trotzdem bleibt die sehr direkt wahrnehmbare Anspielung auf ein bedeutendes Vorbild einer vergangenen Zeit ein eigentümlicher und bemerkenswerter Vorgang.

Natürlich provoziert dies die Frage nach Anlässen oder Absichten, die mit dem Bau des Apollontempels verbunden waren. Diese Frage ist nicht zuletzt deshalb dringlich, weil es zu jener Zeit alles andere als üblich gewesen ist, den Entwurf eines Tempelneubaus derart dicht an ein allseits bekanntes Vorbild anzulehnen. Daß dies ausgerechnet bei dem Neubau eines Tempels für den Gründungsgott aller Ioner und damit um einen äußerst prominenten Tempel an nicht weniger prominentem Standort auf der Agora Athens geschah, kann kaum auf Zufall beruhen. Da allgemeiner Zeitgeschmack oder andere formale und stilgeschichtliche Anhaltspunkte nichts zur Erklärung dieses eigentümlichen Vorgangs beitragen, richtet sich die offen gebliebene Frage an Inhalte, die durch beide Tempel transportiert wurden oder aktualisiert werden sollten. Am ehesten kann dies die beiden Gottheiten betreffen, die in diesen Tempeln verehrt wurden; also Athena in ihrer Eigenart als Polias zum einen und Apollon in seiner Funktion als Patroos zum anderen. Welche besondere Bedeutung diesen beiden Gottheiten in Athen zukam, dürfte in jener Zeit jedermann bekannt gewesen sein. Sowohl Apollon als auch Athena gehörten zu den Gründungs- und Stammesgottheiten Athens, deren mythologisch verbriefte Kultbedeutung bis in die Anfänge und vorzeitlichen Wurzeln Athens zurückreicht. Deshalb gebührt ihnen in Athen besondere und mehr Verehrung als anderen Olympiern. Es waren vor allem diese beiden Götter, mit denen sich diese Stadt von Anfang an identifizierte und deren Schutz sie in besonderem Maße für sich in Anspruch nahm.

Um so mehr fällt auf, daß die angestammten Heiligtümer beider Götter nicht unmittelbar nach dem für Athen triumphalen Ende der Perserkriege umfassend erneuert worden sind. Gründe für dieses eigentümlich zögernde Verhalten sind kaum bekannt und entziehen sich somit einem direkten Verständnis. Dabei ist die Situation auf der Athener Akropolis mit dem dortigen Heiligtum Athenas noch eher nachzuvollziehen als die zäh anhaltende Inaktivität im Umgang mit dem auf eine planierte Fläche reduzierten Apollonheiligtum. Für Athena Polias stand immerhin noch die Teilruine des Alten Athenatempels als Verehrungsstätte zur Verfügung[134]. Auch galten die gewaltigen Anstrengungen, die für den Parthenon und die sonstige Ausstattung der Akropolis unternommen wurden, dieser Göttin und können als Zeugnisse ihrer Verehrung verstanden werden. Trotzdem scheint über längere Zeit hinweg nicht richtig geklärt gewesen zu sein, wo und in welchem Rahmen die wichtigste Schutzgottheit Athens ihren Kultort haben sollte. Erst mit dem Erechtheion war die endgültige Entscheidung gefallen und erhielt die ehrwürdige Göttin eine ihr angemessene Verehrungsstätte. Nicht zuletzt betont die auffallende Form dieses ungewöhnlichen Tempels den besonderen Rang des Heiligtums.

Dagegen wurde die Verehrung des Apollon Patroos nicht mit gleicher Kontinuität und Intensität gepflegt. Die Gründe für eine derart deutliche Zurückhaltung sind kaum eindeutig zu erschließen. Vielleicht trug die wenig ruhmreich anmutende Mythenüberlieferung, zu der der von Apoll erzwungene Zeugungsakt des Ion gehört[135], zu einer etwas distanzierten Haltung gegenüber diesem Gott bei. Es mag sein, daß dieser eher derbe Mythenbericht weniger gut in das aufgeklärte und zugleich idealisierende Klima paßte, das vor allem in perikleischer Zeit protegiert wurde. Andererseits kann auch die Tradition, nach der Apollon Patroos als Schutzgott der alten vier Phylen Athens und damit als Repräsentant einer seit kleistheneischer Zeit überwundenen Staatsordnung galt, dazu beigetragen haben, seine alte Verehrungsstätte vorerst unverändert zu lassen. Trotzdem war zu keiner Zeit zu bestreiten, daß dieser Apollon zu den wichtigsten Gründungsgottheiten Athens und Attikas gehörte. Dabei mag es bestimmten Intentionen der lykurgischen Zeit nach der Mitte des 4. Jahrhunderts entsprochen haben, auch diesem Gott wieder vermehrte Kultpflege zu erweisen[136]. Anscheinend bedurften solche Aktivitäten zusätzlicher Legitimation. Zumindest fällt auf, daß durch zeitgenössische Überlieferung die Nachricht verbreitet wurde, der Gott von Delphi habe sich selbst für eine Erneuerung der alten und arg vernachlässigten Kultstätte engagiert. Hiernach soll er einen Bürger Athens – er hieß Neoptolemos und stammte aus der Phyle Melite – beauftragt haben, den vor dem Tempel des

Abb. 57. Originaltorso der Statue des Apollon Patroos des Euphranor. – Athen, Agoramuseum S 2154.

Apollon Patroos stehenden Altar des Gottes zu vergolden[137]. Daß dies in Athen durchaus auf positive Resonanz stieß, belegt eine Schriftquelle, in der festgehalten ist, der Stifter sei auf Antrag Lykurgs von der Volksversammlung mit einer Bekränzung geehrt worden[138]. Solche Nobilitierungsgesten gehörten im damaligen Athen zu einem gesellschaftlichen Verhaltenskodex, in dessen Rahmen die Aktivierung alter Kulte gepflegt und unterstützt wurde[139]. Anscheinend wurde in einem solchen Kontext auch der Mythos, der Apollon durchaus diskriminieren konnte, nicht mehr als anstößig empfunden und soweit von jedem Anstoß erregenden Makel gereinigt, daß nichts mehr dagegen sprach, den Kult für diesen Apollon wieder in seine angestammten Rechte einzusetzen und ihm einen neuen Tempel zu bauen.

Daß dies in einer Form geschah, die den Blick sehr nachdrücklich und ganz unmittelbar auf die Akropolis und dort zum Erechtheion mit seiner repräsentativen Tempelfront lenkte, ist nicht ohne sinnreiche Pointe. Verweist die formale Analogie doch durch die Bildsprache der Architektur sehr direkt auf eine Gleichartigkeit beider Heiligtümer, die letztlich erst durch einen damit zum Ausdruck gebrachten Gleichrangigkeitsanspruch beider Kulte ihre wirkliche Begründung erfährt. Anscheinend sollte nach dem Willen der Initiatoren, dem Kult für diesen Apollon die gleiche Bedeutung beigemessen werden, wie es der Kult für Athena Polias, mit dem sich Athen bekanntlich mehr als mit allen anderen religiösen Stätten identifizierte, für sich in Anspruch nahm.

Eine derartige Stimmungslage dürfte nicht zuletzt von Lykurg gefördert worden sein. Bekanntlich gehörte er zu einer der ältesten und vornehmsten Familien Athens, den sogenannten Eteobutaden, die sich auf den mythischen Heros Butes zurückführten[140]. Dessen Verehrungsstätte lag bei den im Erechtheion versammelten Kultmalen[141]. Deshalb konnte sich Lykurg ganz persönlich mit dem Erechtheion verbunden wissen. Daß dies bester Familientradition entsprach, folgt aus der Lykurgs Familie und Lykurg selbst übertragenen Pflicht, priesterliche Funktion im Erechtheion wahrzunehmen[142]. Solche Traditionselemente dürften mit dazu beigetragen haben, daß Lykurg für einen Ersatz jener vor dem Erechtheion stehenden goldenen Nikestatuen sorgte, die im Peloponnesischen Krieg zu Münzgeld eingeschmolzen worden waren[143]. Angesichts derart enger Beziehungsgeflechte erstaunt es nicht, daß man sich bei der in Lykurgs Amtszeit betriebenen Erneuerung des Tempels für Apollon Patroos der Vorbildfunktion des Erechtheions erinnerte und zugleich die beiden wichtigsten Staatskulte Athens sichtbar einander angeglichen hat. Daß eine derart hochrangige Wertschätzung des Apollon Patroos in Athen auch von anderen Personen geteilt wurde und wohl weitere Verbreitung gefunden hatte, legen bestimmte Schriftquellen nahe. Zu ihnen gehört der bemerkenswerte Ausspuch des Demosthenes[144], der in Athen als Patroos verehrte Gott sei identisch mit dem phythischen Apoll und damit mit der in Delphi am Nabel der Welt lokalisierten, wichtigsten und einflußreichsten göttlichen Instanz überhaupt. Dies kann den Eindruck entstehen lassen, in Athen werde für den Patroos der Stadt ein Anspruch geltend gemacht, der selbst Athena Polias den allgemein ihr zuerkannten Rang als erste und höchste Führungsgottheit Athens streitig machen könnte.

Die Bedeutung des Apollon wurde nicht nur durch den neuen Tempel und dessen Formensprache unterstrichen. Ähnliches konnte durch mehrere Standbilder, von denen Pausanias berichtet[145], deutlich geworden sein. Genannt werden eine Apollonstatue des Kalamis und eine weitere des Leochares sowie das Stand- oder **Kultbild des Apollon Patroos**, das Euphranor für diesen Tempel geschaffen hatte. Während von den zitierten Werken des Kalamis und des Leochares keine archäologisch brauchbaren Hinweise bekannt geworden sind, blieb von der monumentalen Statue des Euphranor ein großer Torso erhalten, der 1907 bei den Ausgrabungen auf der Agora gefunden wurde (Abb. 57)[146]. Zu den bei diesem Torso fehlenden Teilen gibt eine weitgehend zuverlässige römische Kopie der Statue Auskunft (Abb. 58)[147]. Zusätzlich bereichert die Darstellung auf einem Relief, das wahrscheinlich nur wenige Jahre nach dem Standbild entstanden ist[148], die Überlieferung zu dieser Statue. Insgesamt ermöglichen es die verschiedenen, sich gegenseitig ergänzenden Funde, eine annähernd vollständige Vorstellung von der Statue zu gewinnen, die um 330 v. Chr. von Euphranor für einen Standort in der Cella des jüngeren Apollontempels geschaffen wurde (Abb. 59)[149].

Der aus mehreren Fragmenten wieder zusammengefügte 2.54 m hohe Torso aus pentelischem Marmor gehörte zu einer Skulptur, deren Gesamthöhe gut 3,10 m betrug. Der Torso zeigt eine ausschreitend stehende Gestalt, deren Kopf und Arme sowie eine größere von der rechten Schulter abwärts reichende Partie weggebrochen und verloren sind. Stand-

Abb. 58. Apollon Patroos. Römische Kopie nach dem Werk des Euphranor. – Rom, Vatikanische Museen, Sala a Croce Greca 582.

motiv und Gewand blieben so weit erhalten, daß sowohl das Darstellungsmotiv als auch der Stil gut zu erkennen sind. Der in aufrechtem Stand dargestellte Gott steht mit ganzer Sohle auf seinem linken Fuß und hat das rechte Bein so weit schräg nach außen gedreht und zurückgeführt, daß der Spielbeinfuß nur noch mit seiner Spitze den Boden berührt. Dabei ruht die Last der Gestalt hauptsächlich auf dem von vertikal herabfallenden Gewandfalten wie von Säulenkanneluren umfaßten Standbein. Dagegen läßt das Spielbein in einem lockeren, fast tänzerischen Schritt ein eher frei ausgreifendes Bewegungsmotiv anklingen. Trotzdem bleibt eine gewisse Strenge für den Gesamtaufbau der Komposition be-

Abb. 59. Skizze des Cellaraums im jüngeren Tempel für Apollon Patroos mit angedeutetem Götterbild des Euphranor.

stimmend. Mit ihrer in die Breite gezogenen Frontalität erinnert sie vielleicht nicht ganz unbeabsichtigt an das berühmte Standbild der Athena Parthenos in deren Tempel auf der Akropolis[150]. Eine damit gleichsam unterschwellig und vorsichtig anklingende klassizistische Tendenz muß nicht zufällig oder nebensächlich gewesen sein[151]. Sie könnte beim Standbild des Euphranor darauf hinweisen, daß der mit dieser Statue dargestellte Gott ähnliche Ansprüche geltend macht, wie dies für Athena mit der von Phidias geschaffenen und ohne jeden Zweifel vorbildhaften Parthenos gegolten hat. Zugleich könnte aufgefallen sein, daß mit der Götterstatue des Euphranor ein scheinbar ganz anderer Tenor angeschlagen wird, als er mit sonstigen Götterbildern jener Zeit zur Wirkung kommen konnte. Zumindest entspricht diese Darstellung des Apollon Patroos weder der stillen Zurückgezogenheit, wie sie die Eirene des Kephisodot mustergültig formulierte[152], noch der spielerisch selbstgefälligen Eleganz praxitelischer Götter[153] und auch nicht der fast familiär zugewandten Nähe, die Asklepiosbildern eigen sein kann[154]. Statt dessen verkörpert das Standbild des Apollon Patroos einen Gott, der in seiner selbstbewußt ausschreitenden Erscheinung durchaus auch respektvolle Distanz anzumahnen scheint. Eine solche Darstellungsabsicht könnte als Anspielung auf eine als vorbildhaft verstandene Klassizität verstanden werden.

Allerdings beließ es Euphranor nicht bei einem solchen Rückbezug. Gleichzeitig stattete er die Apollonstatue mit Gewändern und Beiwerk aus, die ihr eine deutlich gegenwartsbezogene Bedeutung gaben. Dies betrifft zuerst die eigentümliche Tracht, in der Apollon hier gezeigt wird. Sie besteht aus einem Ärmelchiton, dessen Knüpfung an den Ärmeln gut erkennbar blieb, und einem über den Chiton gezogenen Peplos, dessen schweres Faltenwerk und hohe Gürtung aufschlußreich sind, sowie einem zusätzlichen Himation, das von den Schultern weit über den Rücken herabfällt. Insgesamt wird der Gott in einer Tracht präsentiert, die in dieser Weise in Attika nicht heimisch gewesen ist[155]. Damit könnte auf verschiedene Kultstätten und insbesondere auf die mythische Geburtsstätte des Gottes auf Delos hingewiesen sein. Zugleich ist nicht zu bestreiten, daß Apoll im Standbild Euphranors als eine Gestalt gezeigt ist, deren weibliche Züge kaum zu übersehen sind[156]. Dem entspricht nicht nur der kostümierte Auftritt in einem fußlangen Gewand, sondern ebenso die Frisur mit ihrer vollen Lockenpracht. Dies unterlegt diesem Gott Eigenschaften, die eher einem feminin geprägten, weicheren Lebensstil eigen sind, während väterlicher Strenge entsprechende Ideale in den Hintergrund treten. Statt dessen repräsentiert dieses Götterbild einen Apoll, unter dessen Patronat eine fröhlich gestimmte Festlichkeit ein Klima entstehen läßt, das sorgenfreie Zustände begleitet. Hierzu gehört, daß der Gott in diesem Standbild in seiner Linken eine Kithara gehalten hat. Dies belegen die römische Kopie und Spuren am Original des Standbilds. Auch dies zeigt, daß der ehrwürdige Apollon Patroos nicht mehr als älterer Vatergott, sondern als heiterer Kitharöde verstanden sein soll[157]. Hierzu bestätigt eine Schriftquelle, daß beim Opfer für Apollon Patroos fröhliche Musik zum kultischen Ritual gehörte[158]. Eindrucksvoll weist Apollon durch seine im Götterbild verwirklichte Gestalt darauf hin, daß dies nicht nur einem in Athen heimischen Brauch entsprach, sondern einer attributiv verdeutlichten Besonderheit des Gottes selbst eigen ist. Musik und durch Musik bereicherte Feste sind zu einem habituell verdichteten Wesenszug des neugestalteten Gottes geworden, der wohl auch deshalb wie ein Musagetes auftritt.

Daß ein so verstandener Apollon sein Heiligtum in direkter Nachbarschaft zu einer Verehrungsstätte besaß, deren eigens hierfür geschaffenes Standbild auf die Segnungen einer reich bescherenden Friedenszeit aufmerksam macht[159], dürfte interessierten Betrachtern kaum entgangen sein. Offensichtlich standen in dieser höchst offiziösen Zone der Athener Agora der heiter gestimmte, göttliche Kitharöde und die zur Gottheit erhobene Personifikation von Friedensglück und Reichtum nahe beieinander. Ein solches Ambiente könnte – absichtlich inszeniert oder zufällig entstanden – eine Stimmung suggeriert haben, zu deren innerem Klima ein neu orientiertes Athen in einer neu anbrechenden Zeit den Ton angab. Darüber hinaus ist dieses Götterbild bestens geeignet, das Spannungsfeld zwischen sorgsam aufrecht erhaltener Kontinuität eines traditionsreichen Kultes und einem im Wandel begriffenen Verständnis vom Wesen und Wirken eines solchen Gottes zu erkennen. Es zeigt sich in scheinbaren Widersprüchen, die in neuer Form zum Ausgleich gebracht sind. Hierzu gehört, daß dieser Apollon nicht mehr in väterlicher Würde präsentiert und damit auch nicht mehr in einer Ehrfurcht gebietenden Distanz begriffen wird. Statt dessen erscheint er in der jugendlichen Gestalt eines zum Gesang und Tanz auffordernden Kitharöden, der ein festliches Gewand angelegt hat und damit wie ein unmittelbar anwesender Teilnehmer gesehen wird. In dieser Weise wird eine ehrwürdige Tradition neuen Ansprüchen angepaßt und damit zugleich in eine neue Zeit geholt. Dies unterstreicht, daß Kultkontinuität und Götterwandel Phänomene sind, die keineswegs unvereinbar wären oder sich gegenseitig ausschließen, sondern ebenso einander bedingen können. Zumindest spricht nichts gegen die Annahme, daß ein so neuartiges Götterbild, wie es Euphranor für die Statue des Apollon Patroos in dessen Tempel auf der Athener Agora geschaffen hatte, dazu beitrug, das Verständnis gegenüber einem Gott, dessen Heiligtum für lange Zeiten nahezu in Vergessenheit und damit weitgehend aus dem Blickfeld geraten war, so zu erneuern, daß es auch unter gewandelten Voraussetzungen Akzeptanz finden konnte.

Zum Bezirk des Apollon Patroos gehörte zusätzlich zum Tempel ein kleines Gebäude, das sich dicht an den Apollontempel schmiegt. Obwohl lediglich eher unscheinbar anmutende Fundamentreste erhalten blieben[160], ist gut zu erkennen, daß das Fundament zu einem kleinen, einräumigen Oikos gehörte, der mit lediglich 5,07 m Länge und 3,50 m Breite selbst die Größe eines höchst bescheidenen Wohnhauses kaum erreichte. Er liegt in der Grundstücksecke, die durch die Nordmauer des Tempels und die Ostmauer des Adyton entstanden ist. Ein Blick auf den Plan zeigt (Abb. 52), daß der **Oikos der Phratriengötter** gemeinsam mit dem Apollontempel ein Ensemble bildet, dessen beide Teile ebenso deutlich auf einander Bezug nehmen, wie sie ihre unterschiedliche Bedeutung sichtbar werden lassen. Ersteres zeigen die klaren Fluchtlinien, die die beiden Bauwerke verbinden; letzteres betonen das unterschiedliche Format der Bauten und deren verschiedenartige Typen sowie eine ungleiche Ausstattung. Daß sie trotzdem zeitlich eng zusammen gehören, ergibt sich aus den Fundamenten, die bei beiden Bauten aus Breccia bestehen und aus der gleichen Steinbearbeitung. Soweit Fundkeramik Auskunft gibt, scheinen Tempel und Oikos nicht vor der Mitte des 4. Jahrhunderts entstanden zu sein. Ob es die bei den Ausgrabungen gefundene Keramik allerdings erlaubt, eine zeitliche Abfolge zu bestimmen, nach der zuerst der Oikos und anschließend der Apollontempel gebaut worden sein sollen[161], mag dahingestellt bleiben. Für das Verständnis ist wichtiger, daß beide Bauten ein topographisch, architektonisch und zeitlich eng zueinander gehörendes Ensemble bilden. Ob dies auch für einen Bedeutungszusammenhang gilt, könnte die äußerlich evidente Beziehung zwar vermuten lassen, doch bedürfte es hierfür weiterer Informationen. In diesem Zusammenhang ist es verlockend, wenn nicht gar naheliegend, eine in der Nähe der Attalosstoa gefundene Inschrift (Abb. 60) mit dem Oikos in

Abb. 60. Auf der Athener Agora in verworfener Situation gefundene Inschrift mit den Namen der Phratriengötter Zeus und Athena. – Athen, Agoramuseum 13706.

Verbindung zu bringen[162]. Sie könnte von einem kleinen Altar stammen dessen Reste ca. 4,50 m vor dem Oikos liegen. Dabei zeigt bereits der Altar, daß es sich bei dem Oikos trotz seiner fast belanglos erscheinenden Gestalt um einen Kultbau, also einen kleinen Tempel gehandelt haben müßte. Die Inschrift, deren Zuordnung zu diesem Altar allgemeine Zustimmung gefunden hat[163], nennt knapp und ohne weiteren Zusatz Zeus Phratrios und Athena Phratria. Es sind dies die beiden Schutzgötter der Phratrien Athens, die in mehreren Stadtgebieten Athens seit alters her besondere kultische Verehrung genossen[164]. Durch das kleine Tempelchen auf der Agora hatte der Phratrienkult eine sehr prominent plazierte Stätte erhalten. Dies zeigt, daß den hierfür Verantwortlichen daran gelegen war, die Phratrien mit ihren Schutzgöttern im Zentrum der Stadt präsent zu sehen.

Als Familienverbände, aus denen sich Athen zusammenfügte, waren die Phratrien einflußreiche Kernzellen Athens und gehörten vor allem in frühen Zeiten zu den wichtigen Einflußgrößen dieser Polis[165]. Daß vor allem die alten Familien des sogenannten attischen Adels die Phratrien dominierten, ergab sich aus ihrer Organisationsform. Um so bemerkenswerter ist es, daß im Zuge der kleistheneischen Reformen darauf verzichtet wurde, die Phratrien durch Verwaltungsstrukturen, die dem neuen demokratischen Verfassungssystem eher entsprochen hätten, zu ersetzen. Zumindest hatte, wie Aristoteles betont[166], Kleisthenes die gewachsenen gentilizischen Grundlagen nicht beseitigt, sondern beließ die Phratrien so, wie es väterlicher Tradition entsprach. Trotzdem hatten die kleistheneischen Reformen zu einer beträchtlichen und beabsichtigten Schwächung des politischen Einflusses der alten Familienverbände geführt. Innerhalb der neuen Phylenordnung konzentrierte sich ihre Funktion und Legitimation auf standesamtliche Aufgaben. Dies betraf vor allem die Führung der Bürgerlisten. Da in Athen das Bürgerrecht an die Mitgliedschaft in einer Phratrie gebunden war und diese Mitgliedschaft eigentlich nur durch Geburt begründet werden konnte, genossen die Phratrien nach wie vor hohes Ansehen. Keiner Phratrie anzugehören, bedeutete nach in Athen geltendem Recht soviel wie staatenlos zu sein und deshalb nicht einmal Rechtsschutz in Anspruch nehmen zu können[167]. Sogar beim Besuch eines Gymnasions spielt es eine Rolle, ob zum Schulbesuch angemeldete Knaben der Geburt nach Athener waren[168]. Deshalb waren die Phratrien nach wie vor wichtig und trotz ihrer durch die kleistheneische Phylenreform zurückgesetzten Funktion im Kräftespiel Athens eine keineswegs belanglose Größe. Es mag sein, daß dies gegenüber einer aufmerksamen und politisierten Bevölkerung dazu beitrug, die Errichtung eines neuen Kultschreins für die Phratriengötter im Zentrum Athens zu legitimieren. Zugleich könnte der Neubau auf der Agora einer Tendenz Rechnung getragen haben, nach der auch eingefleischte Traditionalisten zu ihrem Recht kommen sollten, um alte Gegensätze oder Feindseligkeiten zu befrieden. Insofern konnte der Kultschrein für die Phratriengötter an einem Ort, an dem jedermann vorbeikam, als eine honorige Geste verstanden werden, die darauf aufmerksam machte, daß ein bestimmter Zustand besiegelt sei[169].

Dabei ließ das Realität gewordene Phratrienheiligtum kaum Mißverständnisse am unterschiedlichem Bedeutungsrang der Kultstätten aufkommen. Durch den baulichen und topographischen Kontext wurde es Teil einer leicht nachvollziehbaren Zustandsbeschreibung, die Prioritäten und Bedeutungszusammenhänge nicht gegenstandslos werden ließ. Das Ensemble, in das der kleine Phratrienschrein eingebunden ist, läßt sich wie ein Kommentar einer manifest gewordenen Botschaft lesen, der die mit diesen Tempeln beschriebenen Verhältnisse klar benennt: Durch Größe und Anordnung der Bauten wird an der Führungsrolle Apolls in seiner Funktion als Patroos kein Zweifel gelassen. Daneben kommt den Phratrien und deren Schutzgöttern zwar eine gewisse und unbestrittene Bedeutung zu, doch fügen sie sich sichtbar in den gegebenen Kontext ein und ordnen sich hierbei der Dominanz Apollons unter[170]. Dessen Vorherrschaft gründet sich im gegebenen Zusammenhang nicht zuletzt auf die aktive Zustimmung, die dieser Gott der neuen Phylenordnung als Grundlage einer demokratischen Staatsverfassung Athens gegeben hatte[171]. Standort, Typus und Format der Bauten weisen den durch ihre Schutzgötter vertretenen Phratrien einen der vorherrschenden Staatsordnung entsprechenden Platz und angemessenen Rang zu. Deshalb sind diese Heiligtümer nicht nur Stätten frommer Verehrung, sondern ebenso eine willentliche Demonstration staatspolitischer Ordnungsprinzipien. Daß solche Strukturen nicht nur dem Engagement politisch aktiv gewordener Persönlichkeiten zuzuschreiben sind, sondern dem dezidierten Willen göttlicher Instanz entsprachen, gehört zu den ständig deklamierten Überzeugungen, die diesen Staat nach innen und nach außen legitimieren. Wie wichtig es gewesen sein muß, die Erinnerung an solche Begründung aufrechtzuerhalten, konnte nur wenige Schritte vom Apollontempel entfernt eindeutig verständlich geworden sein.

Direkt vor dem Buleuterion stand an der dem offenen Agoraplatz zugewandten Flanke des Westwegs das berühmte **Eponymenmonument**[172]. Als unmißverständlicher Hinweis auf bestimmte Traditionen sowie bürgerliche Rechte und Pflichten gehörte es zu den Identifikation stiftenden Zeichen, die zugleich eine Aura evozierten, deren Glanz sich Athen zu eigen machte. Hierzu gehört an vorderster Stelle die Entstehung der neuen Phylenordnung, die stets als Kernelement der demokratischen Verfassung Athens gesehen wurde[173]. Deshalb war es naheliegend, solchem Selbstverständnis durch ein aufwendig ausgestattetes und an be-

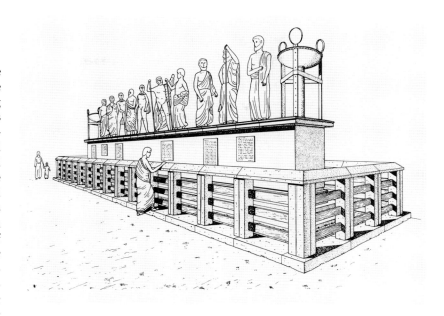

▲ Abb. 61.
Rekonstruktionsversuch des Eponymenmonuments auf der Athener Agora.

vorzugter Stelle eingerichtetes Monument auf der Agora zu gedenken. Von diesem Monument berichten Schriftquellen[174] und die Ergebnisse der Ausgrabungen[175]. Letztere führten schließlich zu dem Versuch, sich einer bildhaften Vorstellung anzunähern, ohne daß dies als abgesicherte Rekonstruktion zu verstehen wäre (Abb. 61)[176]. Das Denkmal war jenen Heroen gewidmet, nach denen die attischen Phylen ihre Namen erhalten hatten. Als eponyme, d.h. namengebende Heroen genossen sie in Athen höchstes Ansehen, weil sich in ihrer Zusammensicht die kleisthenische Neuordnung des Staats mit seinen konstitutiven Grundeinheiten, den Phylen, spiegelte. Damit wurde das Eponymenmonument zu einer sichtbar gewordenen Manifestation der Demokratie Athens[177].

Bei der Namensgebung der Phylen bezog sich Athen auf die höchste Instanz griechischer Religiosität, den in Delphi, und damit nach zeitgenössischer Vorstellung am Nabel der Welt verehrten phytischen Apoll. Diesem Gott hatte man eine größere Liste mit den Namen von Heroen des attischen Mythos mit der Bitte übergeben, eine Auswahl für die Namen der zehn neuen Phylen zu treffen. Da der pythische Apoll der an ihn herangetragenen Bitte folgte, war für Athen klar, daß die Namensgebung der nach den legendären, attischen Heroen benannten Phylen einer göttlichen Weisung entsprochen hat. Dies schließt mit ein,

Abb. 62. Ansicht der teilweise auf der Athener Agora wieder aufgebauten Eponymenmonuments.

daß für die gesamte Neuordnung des attischen Staats die ausdrückliche Zustimmung des Gottes von Delphi eingeholt sei und deshalb die kleistheneischen Reformen einem dezidert ausgesprochenen göttlichen Willen entsprachen. An deren rechtmäßiger Gültigkeit bestand somit nicht der geringste Zweifel. In Erinnerung an diesen durch Kult und religiöse Norm sowie politische Aktivität begründeten Vorgang war bereits im 5. Jahrhundert ein Monument mit Statuen der eponymen Heroen entstanden. Da es in dem im Jahr 421 v.Chr. aufgeführten „Frieden" des Aristophanes genannt ist[178], müßte es noch während der ersten Phase des Peloponnesischen Kriegs intakt gewesen sein. Allerdings wurden bei den Ausgrabungen bisher keinerlei Reste von diesem Monument gefunden, so daß Standort, Form und Art oder Anlaß seiner Zerstörung unbekannt bleiben.

Offensichtlich blieb der Wunsch nach einem neuen Eponymenmonument bis in die Zeit nach der Mitte des 4. Jahrhunderts ein aktuelles Thema. Jedenfalls hatte man sich jetzt dazu entschlossen, an bevorzugter Stelle der Agora ein neues Eponymenmonument zu errichten. Über die Zeit, in der dies geschah, informieren archäologische Funde und vor allem Schriftquellen. Zu ihnen gehört eine bei Aristoteles überlieferte Notiz, nach der das Monument in den frühen 20er Jahren des 4. Jahrhunderts fertig gewesen sein müßte[179]. Außerdem nennt eine auf das Jahr 328/27 v.Chr. datierte Inschrift kostbare Gefäße aus Edelmetall, die wahrscheinlich nach Abschluß der Arbeiten anläßlich der Einweihung gestiftet worden sind[180]. Darüber hinaus lokalisieren die Ausgrabungsergebnisse den Standort dieses Denkmals am Westweg der Agora, ca. 14 m östlich vom Buleuterion[181]. Damit bestätigten die Ausgrabungsbefunde entsprechende Hinweise antiker Schriftquellen[182]. Darüber hinaus wurden bei den Ausgrabungen zahlreiche Bauglieder und Architekturfragmente gefunden[183], die es erlaubten, einen teilweisen Wiederaufbau am originalen Standort durchzuführen (Abb. 62).

Charakterisierendes Grundelement des Monuments ist ein 16,64 m langer und 1,87 m breiter Sockel. Er steht auf einem Fundament aus Breccia, ein Steinmaterial, das anscheinend vor der Mitte des 4. Jahrhunderts für Bauten in Athen nicht verwendet wurde und deshalb zur Datierung des Monuments beiträgt. Der Sockel selbst besteht aus mehreren Quaderschichten, für die einheimischer Poros verwendet wurde. Zu obersten Schicht gehörte ein sorgfältig bearbeitetes Marmorgesims, das dem Sockel einen aufwendiger gestalteten Abschluß gab. Von der Sockeloberfläche blieben Bettungsspuren erhalten, die auf einst hier aufgestellte Standbilder der eponymen Heroen verweisen. An den beiden Enden des Sockels stand je ein großer Dreifuß, so daß die Statuengalerie von zwei

Dreifüßen eingerahmt war. Zusätzlich wurde der Sockel mit den Standbildern durch einen 18,40 m langen und 3,56 m breiten, in seiner Form sehr ungewöhnlichen, 1,25 m hohen Peribolos von der direkten Umgebung abgetrennt. Auffallend ist seine unmittelbare Ähnlichkeit mit einem schlichten, hölzernen Gatter. Damit könnte in einer nahezu programmatischen Geste an eine ältere Zeit, in der solche Holzzäune als Temenosbegrenzung noch üblich waren und zugleich an ein ehrwürdiges Alter dieser Polis mit den sie repräsentierenden Heroen erinnert worden sind.

Zugleich diente das Steingatter ganz pragmatischen Zwecken: Es hielt Betrachter des Monuments zumindest soweit auf Distanz, daß der Statuensockel stets uneingeschränkt sichtbar war. Dies war deshalb sinnvoll, weil der Sockel als öffentliches Anschlagbrett diente, an dem aktuelle Ankündigungen zu lesen waren, die die Bürger Athens zur Kenntnis nehmen sollten. Allerdings betraf dies keine Bekanntmachung privater Anzeigen, sondern die Veröffentlichung wichtiger, offizieller Angelegenheiten der Polis. Hierzu gehörten Einberufungslisten der zur militärischen Ausbildung verpflichteten Epheben ebenso wie Gerichtstermine und Prozeßankündigungen und nicht zuletzt die Veröffentlichung von Entscheidungen und Gesetzesvorhaben, die im Buleuterion vorbereitet worden waren und in der Volksversammlung zur Abstimmung standen[184]. Vor allem letzteres war für eine funktionierende Demokratie in Athen von ausschlaggebender Bedeutung, weil die Bürger, die an der Abstimmung in der Ekklesia teilnahmen, nur auf diese Weise über dort anstehende Entscheidungen vorab informiert und vorbereitet werden konnten. Damit erfüllte das Eponymenmonument für die Polis Athen unverzichtbare Aufgaben und wurde zugleich einem alltäglichen Nutzen zugeführt. Offensichtlich sollte es nicht nur ein in stiller Andacht betrachtetes Denkmal sein, angesichts dessen sich jeder Bürger Athens an prägende, in zurückliegenden Zeiten hervorgebrachte Grundlagen seiner Polis erinnern konnte. Als wandzeitungsartiges Informationszentrum, an dem Athens Bürger über alle öffentlichen Angelegenheiten unterrichtet wurden, war dieser Ort ein politischer Fixpunkt erster Kategorie. Mit ihm verband sich ein Appell, der die Bürger Athens ständig und nachhaltig dazu aufforderte, sich am politischen Leben ihrer Stadt aktiv und engagiert zu beteiligen. Dabei konnten die Standbilder der auf dem Sockel aufgestellten Phylenheroen zur Identifikation der Bürger mit ihrer Polis beitragen. Schließlich waren es die Phylen, die den Staat in seinen einzelnen Gliedern repräsentierten. Deshalb war deren auf dem Monument demonstriertes Beieinander bestens geeignet, den Zusammenschluß im Spiegel eines mythisch überhöhten Sinnbilds, in dem sich jeder Bürger als Mitglied seiner Phyle finden konnte, gleich einem besonderen Gütezeichen verständlich werden zu lassen.

Anscheinend hatte man es zudem beim Neubau des Monuments nicht versäumt, sich der erneuten Zustimmung Delphis für das durch die Phylenreform in Kraft getretene Staatssystem zu vergewissern. Zumindest läßt dies die Reise einer höchst offiziellen Delegation Athens zum Apoll von Delphi vermuten. Die Delegation bestand aus zehn Teilnehmern, unter denen sich Lykurg befand. Wahrscheinlich kam sie im Jahr 330 v. Chr. und somit kurz vor Abschluß der Arbeiten am neuen Eponymenmonument nach Delphi[185]. Dies bestätigt ein in Delphi gefundener Dreifuß[186]. Auf dessen Basis sind die Namen von zehn Hieropoioi genannt, deren Anzahl auf die Anzahl der attischen Phylen anzuspielen scheint. Daß auch über diese Reise einer hochrangig besetzten Delegation hinaus Athen in lykurgischer Zeit aktiv darum bemüht war, gute Kontakte nach Delphi zu pflegen, ließ z. B. die berühmte Akanthussäule, die Athen in Delphi als Weihgeschenk errichten ließ, sichtbar werden[187]. Daß es den Initiatoren des Eponymenmonuments wichtig war, den Bezug zu Delphi erkennbar werden zu lassen, zeigen auch die beiden Dreifüße, die als Rahmenelemente an den Stirnseiten der großen Sockelbasis aufgestellt waren[188]. Daß es jedoch bei diesem Monument nicht nur darum gehen sollte, die staatstragende Phylenordnung in einem aufwendigen Denkmal zu feiern, lassen die Funktionen erkennen, die mit diesem Monument verbunden waren. Sie fordern dazu auf, die durch die Phylen getragene Staatsordnung engagiert mit Leben zu füllen, zumal nur dadurch der demokratisch verfaßte Staat Realität werden konnte. Deshalb ist es naheliegend, nicht nur die Namensgebung für die zehn Phylen mit einer Teilnahme des pythischen Apoll in Verbindung zu bringen, sondern auch die Folgen eines damit entstandenen Staatssystems. Vor allem betrifft dies die aktive Beteiligung an den öffentlichen Angelegenheiten der demokratisch verfaßten Polis, über die am Eponymenmonument ständig informiert wurde. Bekanntlich gehörte dies zu den Lebensgrundlagen Athens, die auf das Engste mit der Anteilnahme und dem göttlichen Willen Delphis verbunden sind.

Zwar mag die topographische Nähe des Eponymenmonuments zum Tempel des Apoll, der hier als Patroos verehrt wurde, zufällig sein, doch ist sie im gegebenen Zusammenhang durchaus sinnreich. Zumindest betonte Demosthenes gerade in jener Zeit, in der das neue Phylenmonument für Athen aktuell geworden war und durch das die Erinnerung an die prägenden Grundlagen des Athenischen Staats mit beträchtlichem Aufwand ins Bewußtsein der Gegenwart gerufen wurden, der in Athen als Patroos verehrte Apollon sei kein anderer als Apollon Pythios, der Gott von Delphi[189]. Damit schließt sich der Kreis, weil Eponymenmonument und Tempel des Apollon Patroos samt Kultschrein der Phratriengötter, sowie Buleuterion und Tholos als Bestandteile eines bestimmten Bezugssystems verständlich werden können. Zu ihm gehören Rückverweise auf ehrwürdige Traditionen mit legitimierendem Mythos und vergewisserndem Kult ebenso wie gegenwärtig aktuelles Handeln und die Zukunft gestaltende Aktivität oder auch auf Sicherheit bauende Erfordernis und staatlich garantierte Gesetzlichkeit. Mehrfach wurde dabei das Eponymenmonument als unverzichtbares Informationszentrum aller öffentlichen Angelegenheiten in Anspruch genommen.

Daß es nicht damit getan sein konnte, am Eponymenmonument durch plakatartige Aushänge auf Veranstaltungen, die im politischen Leben Athens aktuell waren, appellatorisch hinzuweisen, ist naheliegend. Wahrscheinlich konnten in Athen jene Kräfte, die sich für ein solches Monument stark gemacht hatten, an dem Bekanntmachungen angebracht wurden, um öffentliche Angelegenheiten gegenwärtig zu halten, mit einer engagierten und politisierten Bürgerschaft rechnen. Eine auf breiter Basis angesprochene Bevölkerung sollte in der Lage sein, durch alltägliche Praxis die Polis mit jenem substanziellen Leben zu erfüllen, das den Staat in seiner besonderen Eigenart erst erlebbar und konkret werden ließ. Daß dies in der Tat und grundsätzlich auf fruchtbaren Boden gefallen war, zeigen bestimmte Reaktionen. Sie betreffen vor allem kritische Stellungnahmen, mit denen die im Alltag der Stadt um sich greifenden Lebensformen scharf angeprangert wurden. In diesem Sinne äußerte sich Aristoteles, der ohnehin etwas andere Staatsideale propagierte, ziemlich abfällig über die auf der Agora um sich greifende Zeitverschwendung[190]. Es liegt durchaus nahe, dabei vor allem an Diskussionen zu denken, die durch die am Eponymenmonument publizierten Bekanntmachungen und Ankündigungen ausgelöst worden sein konnten. Doch trug gerade ein solcher Disput, dessen Notwendigkeit keineswegs unumstritten war, dazu bei, Athens demokratische Staatsform erlebbar zu halten. Deshalb war das Eponymenmonument nicht nur ein besonders ehrwürdiges Denkmal, sondern vor allem ein Staatsmonument erster Kategorie.

Die am Eponymenmonument öffentlich ausgehängten Bekanntmachungen betrafen nicht nur die in der Ekklesia behandelten und dort zur Verabschiedung anstehenden Beschlußvorlagen und Gesetzesvorhaben, sondern das gesamte Spektrum des politischen und gesellschaftlichen Lebens der Athener Polis. Hierzu gehörten nicht zuletzt vor Gericht eingebrachte Anklagen und Ankündigungen von Prozessen. Athen räumte der Rechtspflege breiten Raum ein und beanspruchte für seine **Gerichte** und vorherrschende Prinzipien der Rechtssprechung hohe Priorität [191]. Dem entspricht der bereits 410 v.Chr. durch Beschluß erstmals in der Geschichte überhaupt in die Wege geleitete Versuch, das gesamte geltende Recht aufzuschreiben und damit verbindlich werden zu lassen[192]. Den vor Gericht verhandelten Angelegenheiten sollte das besondere Augenmerk der Bürger gelten. Dies war unabdingbar, weil ohne Teilnahme von Geschworenen, die in aufwendigen Prozeduren bestimmt werden mußten, keine verbindlichen Entscheidungen und rechtskräftigen Urteile gefällt werden konnten. Der damit vorgegebene und beträchtlich zu Buche schlagende Aufwand kommentiert eine in das Verständnis von diesem Staat integrierte Funktion der Gerichte. Als institutioneller Bestandteil der demokratisch verfaßten Polis Athen kam ihnen höchste Bedeutung zu[193]. Dies betraf nicht nur die Zuständigkeit für alltägliche Angelegenheiten und damit die üblichen Zivil- und Strafrechtsverfahren, sondern zugleich eine unantastbare Kontrollkompetenz, der selbst Beschlüsse der in diesem Staat alles dominierenden Volksversammlung unterstellt gewesen sind. Zumindest konnten Gerichte angerufen werden, um Beschlüsse der gesetzgebenden Ekklesia auf ihre Rechtmäßigkeit überprüfen und gegebenenfalls kassieren zu lassen. Insofern konnten Gerichte die Aufgabe einer letzten Instanz wahrnehmen und galten als Hüter und Garanten der demokratischen Verfassung Athens.

Daß solche Verfahren keineswegs die Ausnahme blieben, sondern anscheinend sogar sehr häufig in Anspruch genommen wurden, geht aus einer Schriftquelle hervor, in der betont wird, daß *jeder Rechtsstreit ihnen (den Geschworenen) vorgelegt wurde, so daß sie die eigentlichen Herren der Gesetze gewesen sind*[194]. Da somit Gerichte in Entscheidungen, für die eigentlich andere Beschlußorgane zuständig waren, eingreifen konnten, kam ihnen zugleich eine politisch eminent wichtige Funktion zu. Deshalb ist es nur konsequent, daß die Besetzung der Gerichte und die Auswahl ihrer Geworenen höchst aufmerksam, wenn nicht sogar mißtrauisch beobachtet wurde und jede nur denkbare Vorkehrung getroffen worden ist, um Mißbrauch bei der Auswahl der Geschworenen zu verhindern.

Im Alltag waren die Gerichte, falls keine durch besonders bestellte Schiedsrichter herbeigeführte Schlichtung möglich war[195], mit unendlich vielen Prozessen der als besonders streitsüchtig und prozeßfreudig bekannten Athener gut beschäftigt. Da für jede Verhandlung eine größere Anzahl von Geschworenen gebraucht wurde, mußten täglich zahlreiche Athener mobilisiert werden, um für die Gerichte zur Verfügung zu stehen. Je nach Gerichtshof fanden die Verfahren vor einer unterschiedlichen Anzahl von Geschworenen statt. Beim kleinsten Gericht genügten 201 Geschworene, bei etwas größeren waren 501 bis 1000 Geschworene notwendig und bei den größten Gerichtshöfen mußten 1500 und im Extremfall sogar 2500 Geschworene zur Verfügung stehen. Nach Hinweisen, die antiken Schriftquellen zu entnehmen sind[196], könnte es in Athen bis zu zwei Dutzend verschiedene Gerichtshöfe gegeben haben, die über die ganze Stadt verteilt gewesen zu sein scheinen. An welchen Örtlichkeiten die verschiedenen Gerichte ansässig waren, bleibt ein weitschweifiges und kaum schlüssig zu Ende gebrachtes Thema[197].

Bei dem Versuch, bestimmte bauliche Reste mit einzelnen Gerichtshöfen in Verbindung zu bringen, erweist es sich als erschwerend, daß es die Gerichtshöfe mit einer sehr unterschiedlichen Anzahl von Geschworenen zu tun hatten. Deshalb waren für eine angemessene Unterbringung unterschiedlich große Räumlichkeiten erforderlich, ohne daß sich ein bestimmter, speziell für Gerichte vorgesehener Bautypus herausgebildet hätte. Bei den Verhandlungen saßen die Geschworenen üblicherweise auf Holzsitzen oder Bänken, die so plaziert sein mußten, daß die Geschworenen den von Anklage und Verteidigung vorgebrachten Argumenten ungestört folgen konnten. Zugleich wurde darauf geachtet, daß Personen, die lediglich als passive Zuhörer anwesend waren, deutlich von den prozeßführenden Parteien und den Geschworenen getrennt blieben. Offensichtlich wurde kein Aufwand gescheut, um die vor Gericht anhängigen Verfahren ordnungsgemäß durchzuführen.

Zu deren Vorbereitung gehörte vor allem die Auslosung der Geschworenen. Man benutzte hierfür eine Auslosungsmaschine, ein

▲ Abb. 63. Auf der Athener Agora gefundenes Fragment eines Kleroterions (Losgerät). – Athen, Agoramuseum.

▶ Abb. 64. Rekonstruktion eines Kleroterions, mit dem die für das Gericht erforderlichen Geschworenen ausgelost wurden.

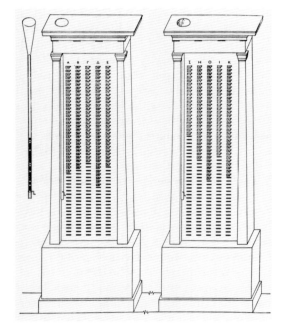

sogenanntes Kleroterion. Da von einer derartigen Losmaschine Reste gefunden wurden (Abb. 63)[198], die zumindest eine zeichnerische Rekonstruktion erlaubten (Abb. 64)[199], ist der Vorgang der Geschworenenauslosung relativ gut bekannt[200]. Bei der Auslosung stand für jede der zehn Phylen ein Korb bereit, in dem die Namensschildchen (Pinakia) der Männer lagen, die für das jeweilige Jahr zum Geschworenendienst verpflichtet waren. Für den Verlosungsvorgang wurden die Namensschildchen jeder Phyle in eine vertikale Schlitzabfolge der Losmaschine gesteckt, die entsprechend den zehn Phylen auch zehn vertikal angeordnete Schlitzreihen besaß. War die Losmaschine auf diese Weise bestückt, wurde bei einem Bronzerohr, das am oberen Ende mit einer Tülle und am unteren Ende mit einer Kurbel ausgestattet war, die Tülle mit kleinen weißen und schwarzen Kugeln gefüllt. Anschließend rutschten die Kügelchen in zufälliger Folge in das Rohr und wurden an dessen unterem Ende durch das Drehen der Kurbel nochmals gründlich gemischt, so daß es völlig zufällig war, ob zuerst ein weißes oder schwarzes Kügelchen unten aus dem Rohr herausfiel. War es eine weiße Kugel, traten die zehn Personen, deren Namensschildchen in der obersten horizontalen Reihe der Losmaschine steckten, an diesem Tag ihren Dienst als Geschworene an; war die Kugel schwarz, kamen die damit Ausgelosten für diesen Tag als Geschworene nicht in Betracht. Der Losvorgang wurde entsprechend der Abfolge der Horizontalreihen so lange wiederholt, bis die erforderliche Anzahl von Geschworenen durch dieses nicht zu manipulierende Besetzungsverfahren erreicht war. Aufwand und Sorgfalt, die bei der Bestimmung der Geschworenen an jedem Gerichtstag erneut erforderlich waren, zeigen, wie wichtig den Athenern die Garantie für eine Unvoreingenommenheit der Geschworenen in jedem Einzelfall und bei jedem Prozeß gewesen sein muß. Offensichtlich war ihnen keine Mühe zu groß, um ein Optimum an Neutralität als Voraussetzung für ein „sauberes" Gerichtsverfahren zu gewährleisten.

War nach Abschluß dieser langwierigen Prozedur ein Gericht ordentlich besetzt, konnte das eigentliche Verfahren beginnen. Aber auch für seine Durchführung galten sorgfältig vereinbarte Regeln, die peinlich genau zu beachten waren. Dies betraf vor allem die Einhaltung der Redezeit für die vor Gericht auftretenden Anwälte der Prozeßparteien, den Ankläger und den Verteidiger. Im Interesse einer verbrieften Chancengleichheit stand für Anklage und Verteidigung die gleiche Redezeit zur Verfügung. Durch Einsatz technischer Hilfsmittel wurde dies exakt kontrolliert. Man bediente sich zu diesem Zweck eines sehr einfachen und als Klepshydra bekannt gewordenen Geräts.

Dessen Funktionsfähigkeit war leicht verständlich und konnte ohne besonderen Aufwand überall zum Einsatz kommen[201]. Es bestand aus einem etwas erhöht aufgestellten Wassertopf, der unten einen Ausguß besaß und einer davor auf dem Boden stehenden Schlüssel. Funde überliefern Form und Funktion einer Klepshydra (Abb. 65)[202]. Ein entsprechender Fund von der Athener Agora überliefert, daß hier Tagungsstätten von Gerichten gelegen haben müssen. Darüber hinaus läßt dieser Fund sehr unmittelbar anschaulich werden, wie eine solche Klepshydra funktioniert hat. Hiernach wurde das erhöht aufgestellte Gefäß mit Wasser gefüllt, während der Ausfluß durch einen Pfropfen verschlossen blieb. Wurde der Pfropfen herausgezogen, konnte das Wasser ausfließen und zur nachträglichen Kontrolle der Wassermenge in dem auf dem Boden stehenden Gefäß aufgefangen werden. Dem vor Gericht auftretenden Ankläger und Verteidiger blieb jeweils so viel Zeit für seine Ausführungen, wie sie das Wasser brauchte, um aus dem oberen in das untere Gefäß zu fließen.

Bei dem auf der Agora gefundenen Exemplar konnten Zeitmessungen vorgenommen werden. Deshalb weiß man, wie viel Zeit dem Ankläger und dem Verteidiger für ihre vor den Geschworenen gehaltenen Reden blieb. Im gegebenen Fall besitzt das obere Gefäß ein Fassungsvermögen von 6,4 Liter und war innerhalb von knapp 6 Minuten geleert[203]. Da man sich bei Reden vor Gericht, bei dem es keine Zeugenvernehmung gab, genau an die durch eine Klepshydra limitierte Redezeit zu halten hatte, waren die Anwälte im eigenen Interesse darum bemüht, äußerst sorgfältig und präzise zu argumentieren. Für einen vor Gericht aktiven Anwalt hatte dies fast zwangsläufig zur Folge, daß sich jeder Auftritt zu einem Exempel ausgefeilter Redetechnik und Redekunst steigerte. Deshalb mußten Anwälte im Vortrag gut geübt sein und sich durch konsequent betriebenes Training eine überzeugende Vortragstechnik aneignen. Welche Bedeutung der Ansprache vor Gericht beigemessen wurde, zeigt sich sehr deutlich an der Tatsache, daß solche Reden schriftlich ausgearbeitet wurden. Bekanntlich gehören besonders gelungene und

Abb. 65. Rekonstruktion einer Klephshydra von der Athener Agora.

erhalten gebliebene Reden dieser Art zu den bemerkenswertesten Überlieferungen griechischer Prosaliteratur. Angesichts der allgemein anerkannten Bedeutung der Redekunst, aus der die Rhetorik als eigene Disziplin hervorgegangen ist und deren Beherrschung nicht nur vor Gericht, sondern nicht weniger für Auftritte in der Volksversammlung äußerst nützlich war, erstaunt es nicht, daß Dutzende Niederschriften von solchen Reden erhalten blieben und man bedeutendste Anwälte und Politiker jener Zeit unter ihren Autoren findet. Zu ihnen gehören z. B. so einflußreiche Personen wie Demosthenes und Isokrates oder auch Aischines und Lykurg. Von einigen dieser Persönlichkeiten weiß man, daß sie ihrer Veranlagung nach als Redner eher unbegabt waren, deshalb intensiven Unterricht nahmen und als Anwälte vor Gericht tätig gewesen sind, bevor sie sich in der Lage sahen, in der Volksversammlung das Wort zu ergreifen[204]. Auch dies zeigt, daß Tätigkeiten bei Gericht nicht nur eine Pflicht-

übung gewesen sind, sondern im Leben einer an öffentlichen Angelegenheiten höchst interessierten Bürgerschaft eine außerordentlich wichtige Rolle spielten. Nicht zuletzt entsprechen Aufwand und Sorgfalt, die der Durchführung ordentlicher Verfahren galten, einer in der Öffentlichkeit Athens sehr aufmerksam beobachteten Gerichtsbarkeit. Dabei ist die Urteilsentscheidung natürlich von herausragendem Interesse.

Glückliche Fundumstände trugen dazu bei, den Vorgang, der zu einem Urteil vor Gericht führte, anschaulich werden zu lassen. Einen entscheidenden Hinweis gibt eine in Fundlage erhalten gebliebene Urne[205], die bei Entscheidungen über Schuldspruch oder Freispruch eines Angeklagten verwendet worden ist (Abb. 66). Den Geschworenen waren Marken, die ihre Teilnahmeberechtigung bestätigten (Symbola) und Marken für die Abstimmung (Psephoi) ausgehändigt worden. Die Stimmarken, von denen einige bei der Urne gefunden wurden (Abb. 67), waren als „Ja-Stimmen" und „Nein-Stimmen" gekennzeichnet. Nach Auszählung der Stimmarken stand das Urteil fest. Da zu den Gerichten in aller Regel eine ungerade Anzahl von Geschworenen gehörte, konnte es kaum zu einer unentschiedenen Abstimmung kommen. Da außerdem die Auswahl der Geschworenen, wie oben beschrieben, erst am Tage der Gerichtsverhandlung durch die Zufälligkeit eines aufwendigen Lossystems festgelegt wurde, war es auch so gut wie ausgeschlossen, daß Angeklagte oder Ankläger direkten Einfluß auf Geschworene nehmen konnten. Auf jeden Fall ergibt sich aus den Überlieferungen zum Gerichtswesen und Prozeßverfahren, daß hierfür in Athen ein beträchtlicher, um nicht zu sagen riesiger Aufwand betrieben wurde.

Angesichts der evidenten Bedeutung, die Gerichte besaßen, liegt die Vermutung nahe,

▲ Abb. 66. Am originalen Standort in einem Gerichtsgebäude der Athener Agora gefundene Abstimmurne. – Athen, Agoramuseum.

◀ Abb. 67. Psephoi. Bei Gerichtsurteilen verwendete Abstimmarken. – Athen, Agoramuseum.

daß sie nicht nur in der Stadt verteilt waren, sondern auch dort, wo diese Polis sich am ehesten selbst darstellte, auf der Agora ihren Platz gefunden hatten. Zumindest gab es in Athen keine zweite Örtlichkeit, an der den Bürgern dieser Stadt die besonderen Qualitäten und Eigenarten ihrer Polis eindringlicher bewußt werden konnten. Da die Rechtsprechung ohne jeden Zweifel zu den herausragenden Errungenschaften dieser in ihrer Staatsform unvergleichlichen Polis zählte, gehörten Gerichte zu den selbstverständlichen Einrichtungen dieser Stadt und damit auch zum unverzichtbaren Bestand ihrer Agora. Andernfalls hätte Athen ganz sinnwidrig gerade dort, wo sich diese Stadt in dem nur ihr eigenen Gesicht zeigte, auf eine ihrer am stärksten profilbildenden Errungenschaften verzichtet. Da sich für Gerichtsgebäude kein eigener Bautypus herausgebildet hatte, sind eindeutige Identifikationen allerdings nur schwer möglich. Trotzdem kann versucht werden, einige Bauten hierfür in Anspruch zu nehmen, ohne deren Nennung jeder Versuch einer Zustandsbeschreibung dieser Stadt sehr brüchig bleiben müßte.

Bei den Ausgrabungen auf der Agora wurden Reste von mindestens zwei Anlagen, die mit Gerichten in Verbindung gebracht werden können, freigelegt. Dies gilt zuerst für einen in der Südwestecke der Agora gelegenen Bau. Wahrscheinlich geht er auf ein in archaischer Zeit entstandenes Hofgeviert zurück, in dem Zusammenkünfte, also auch Gerichte, unter offenem Himmel stattfinden konnten. Die Anlage (Abb. 68) umfaßt ein Rechteck von 26,50 m × 31,00 m und damit eine Fläche von gut 820 qm[206]. An der Nordseite der ca. 0,50 m starken Umfassungsmauer, deren Höhe nicht mehr genau zu bestimmen ist, lag der Haupteingang. Eine kleinere Nebenpforte führte von Osten in das Hofgeviert. Im fortgeschrittenen 4. Jahrhundert, wahrscheinlich um 340–30 wurde die Anlage restauriert und z.T. umgebaut. Die drei an der Westseite des Hofes angelegten Räume gehen auf diese Baumaßnahme zurück. Später wurde in den Hof ein Peristyl eingefügt und erhielt die Anlage einen etwas repräsentativeren Zuschnitt.

Die Frage, ob hier einer der Athener Ge-

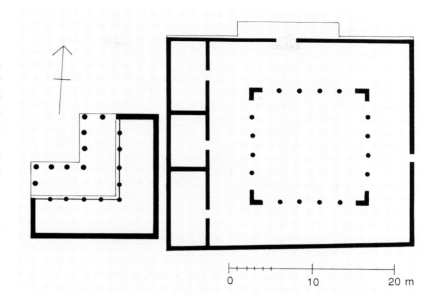

Abb. 68. Grundriß des durch ein Peristyl ergänzten Hofgebäudes im Südwesten der Agora, sogenannten Heliaia.

richtshöfe tagte und welcher hierfür in Betracht käme, ist mehrfach diskutiert worden. Die prominente Lage auf der Agora und die Bauform sowie die beachtliche Größe des Hofgevierts haben dazu geführt[207], hier die Stätte des berühmtesten aller Gerichtshöfe Athens, der Heliaia zu vermuten[208]. Allerdings führt dies zu kaum auflösbaren Problemen. Sie ergeben sich aus der durch den Befund ableitbaren Größe des Gebäudes in Verbindung mit der Größe des als Heliaia benannten Gerichtshofs. Sollte die Anlage für die Heliaia in Anspruch genommen werden, müßten auf der Fläche von etwas mehr als 800 qm mindestens 1500 Geschworene in bedrängender Enge untergebracht worden sein. Vor allem nachdem im 4. Jahrhundert v.Chr. die Hoffläche durch den Einbau von drei Räumen um fast ein Viertel kleiner geworden war, scheidet die Anlage als Sitzungsstätte der Heliaia aus. Für eines der zahlreichen anderen Gerichte kam das Gebäude jedoch nach wie vor in Frage und wurde vielleicht auch so genutzt.

Unmittelbar an die Westmauer dieses Hofbezirks lehnt sich ein wahrscheinlich gleichzeitig mit dem im 4. Jahrhundert durchgeführten Umbau errichteter Brunnen[209]. Sein L-förmiges Becken umfaßte eine Fläche von gut 100 qm und beschreibt damit die Anlage als den größten, bisher in Athen bekannt gewordenen antiken Brunnen. Trotz des schlechten Erhaltungszustands ist zumindest ersichtlich, daß der

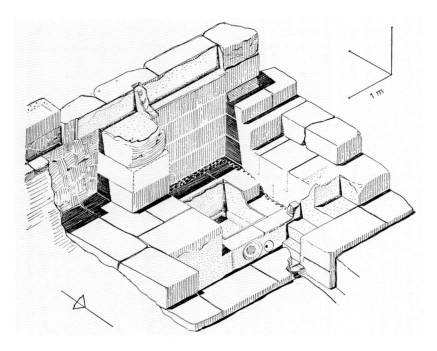

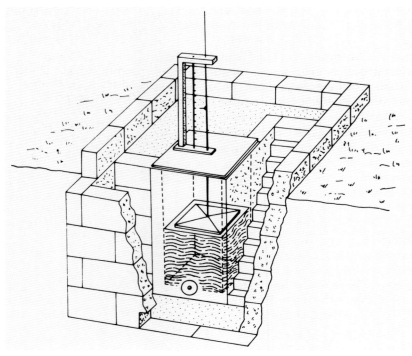

▲ Abb. 69. Darstellung der Funde von der Wasseruhr der Athener Agora.

▲ Abb. 70. Rekonstruktion der Wasseruhr der Athener Agora.

Brunnen zu einem größeren Brunnenhaus gehörte, dessen Vorbereich von einer der Grundrißform folgenden Säulenstellung eingefaßt war. Dies zeigt, daß die Anlage nicht ohne einen gewissen repräsentativen Anspruch geblieben ist. Der Zufluß mit Wasser erfolgte über einen großen Kanal, der unter der Straße, die hinter der Rückwand der Südstoa I nach Osten verläuft, angelegt wurde. Alleine diese Wasserleitung ist eine bemerkenswerte bautechnische Leistung. Der Kanal besteht aus mannshohen Steinblöcken und war für Wartungszwecke begehbar.

Offensichtlich war ein solches Brunnenhaus an dieser Agoraecke notwendig geworden und gehörte sicher zu den Attraktionen dieser an einer wichtigen Wegekreuzung gelegenen Situation. Darüber hinaus war der große Brunnen wohl auch für den in direkter Nachbarschaft gelegenen Betrieb der Südstoa I mit ihren zahlreichen Banketträumen eine höchst willkommene Bereicherung[210]. Abgesehen von der vielfältig nutzbaren Brunnenanlage selbst ist mit ihr eine höchst bemerkenswerte Einrichtung verbunden gewesen, die zugleich ein bezeichnendes Licht auf die Ingenieurfähigkeiten jener Zeit wirft. Es handelt sich um eine wohl gleichzeitig mit dem Brunnenhaus konstruierte und ausgeführte Wasseruhr (Abb. 69–70)[211]. Zu ihr gehörte ein großer Wasserkanister, der so dimensioniert war, daß sein Fassungsvermögen etwa 1000 Liter entsprochen hat. Ein kleiner Ausfluß sorgte dafür, daß sich der Kanister nicht allzu schnell lehren konnte. Wahrscheinlich reichte eine Füllung für etwa 17 Stunden. Ein Schwimmer an einer vertikal angeordneten Skala gab Auskunft über den Verlauf der Stunden. Als öffentliche Uhr war dies gerade auf der Agora sicher von großem Nutzen und den sonst eher üblichen Sonnenuhren schon deshalb überlegen, weil sie nicht nur am Tage funktionierte und nicht von einem wolkenlosen Himmel abhängig war. Ob diese auf hohem technischen Stand eingerichtete und in ihrer monumentalen Gestalt sehr aufwendige Wasseruhr auch für Gerichtsverfahren, die im Nachbargebäude stattfinden konnten, genutzt wurde, ist unbekannt, zumal vor Gericht wohl meist eine einfache Klepshydra ausreichend gewesen ist.

Mit größerer Wahrscheinlichkeit konnte eine Anlage als Gerichtsgebäude identifiziert werden, deren Reste im Nordosten der Agora gefunden wurden und die sich als das bis dahin größte Gebäude der gesamten Agora herausstellte. Es überbaute ältere Bauten, die ihrerseits für die Frage nach Gerichtsgebäuden höchst aufschlußreich sind. Dies betrifft vor allem jenen im Grundriß etwa 22 m × 41 m großen Trakt, in dem die bei Abstimmungen verwendete Urne gefunden wurde[212]. Gemeinsam mit anderen Bauten könnten hier die Stätten von Gerichtshöfen gewesen sein. In diesen Funktionsbereich gehört als jüngster Bau ein großes Peristylgebäude, das als Quadrat mit einer Seitenlänge von 58,60 m eine Fläche von fast 3500 qm in Anspruch nimmt (Abb. 71). Obwohl hiervon nur relativ wenig in situ erhalten blieb, konnten der Standort bestimmt und eine weitgehend zutreffende Vorstellung von Form und Größe des Gebäudes gewonnen werden[213]. Innerhalb des antiken Straßen- und Wegesystems liegt es in einem Zwickel, der durch die Panathenäenstraße und eine Nebenstraße gebildet wird, die an der Stelle, an der die Panathenäenstraße in einem Bogen zur Agora kommt, nach Osten abzweigt. Später wurde diese Zone weitgehend von der großen Attalosstoa überbaut[214].

Da das große Gerichtsperistyl durch eine ca. 6 m hohe und in ihrer äußeren Erscheinung weitgehend ungegliedert gebliebene Mauer eingefaßt war, mußte der Bau als das bis dahin mit Abstand größte Gebäude der Agora überaus massiv und dominant zur Wirkung gekommen sein (Abb. 72). Lediglich zwei Zugänge unterbrachen die großen Wandflächen. Dies gilt vor allem für den von der Panathenäenstraße direkt erreichbaren Haupteingang, für den eine repräsentative Propylonfassade angenommen wird. Dagegen blieb eine kleinere Nebenpforte an der gegenüber liegenden Seite eher unauffällig und bescheiden. Im Inneren zeigte sich der Bau als äußerst großzügig disponiertes Peristyl (Abb. 73). Je 14 dorische Säulen und hierzu passendes Gebälk mit einem dem Stil jener Zeit entsprechenden Drei-Metopen-System[215] fassen den großen Innenhof an allen vier Seiten in gleicher Weise ein. Bei einem Säulendurchmesser von ca. 90 cm und einem auf rund 3 m gedehnten Joch, sowie einer Säulenhöhe, die in Analogie zu den von anderen Bauten bekannt gewordenen Proportionen mit etwa 5,50 m angenommen werden

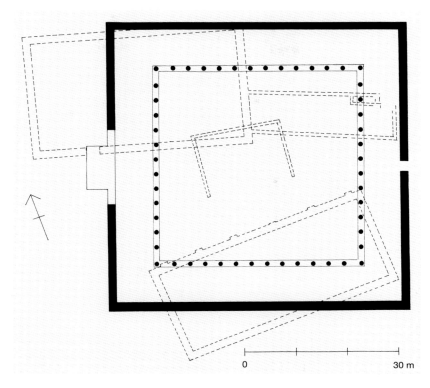

▲ Abb. 71. Das Große Peristyl im Nordosten der Athener Agora. Die dem Grundriß gestrichelt unterlegten Gebäude bezeichnen die überbauten Vorgängergebäude.

kann[216], entsprechen Art und Abwicklung der Ordnungsarchitektur einem für jene Zeit üblichen Architekturrepertoire. Dabei erweist sich die Modernität des Gebäudes weniger in bestimmten Details seiner Architekturformen, sondern eher in der Gesamtanlage des Bautyps. Als mächtiges Architekturperistyl wird mit ihm ein Thema aufgegriffen, das zuerst beim Pompeion[217] begegnete und – wie das Gerichtsperistyl zeigt – seinen Siegeszug inzwischen erfolgreich fortgesetzt hatte.

Für das Gerichtsperistyl selbst sind vor allem die großen Hallen wichtig. Der Abstand von den Peristylsäulen bis zur Hallenwand betrug gut 8 m, so daß sich in den Hallen überdachte Räume von beträchtlicher Größe ergaben. Dabei war es nicht allzu schwierig, solche Räume so zu möblieren, daß ihre Platzkapazität in etwa vorstellbar wird. Mit einfachen Sitzmöglichkeiten bestückt, hätten die Hallen ausgereicht, um gleichzeitig vier Gerichte mit jeweils mindestens 500 Geschworenen tagen zu lassen. Natürlich war es dann auch möglich, hier den bedeutendsten Gerichtshof, die berühmte Heliaia mit ihren 1500 Geschworenen, unterzubringen.

Zwar kann nicht mehr jedes Detail dieser

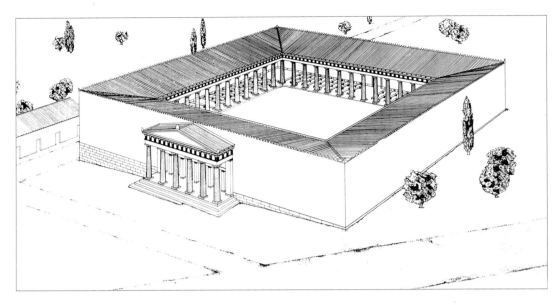

Abb. 72. Rekonstruierte Ansicht des Großen Peristyl.

auffallenden Peristylanlage genau bestimmt werden, doch ist unbeschadet offen bleibender Fragen eindeutig, daß Athen im 4. Jahrhundert bestrebt war, seinen Gerichten an der wichtigsten Stätte der Stadt einen entsprechend ihrer Bedeutung angemessenen Platz einzuräumen. Auf jeden Fall plante man hier ein Gebäude, das unübersehbar die Dominanz rechtsstaatlicher Verfaßtheit jedermann, der die Agora, also das Herzstück dieser Stadt betrat, demonstrativ vor Augen führen konnte und vielleicht auch sollte. Verfolgt man die tatsächliche Baugeschichte dieser Anlage, wird freilich zugleich erkennbar, daß Planungsabsicht und Ergebnis des Bauvorgangs keineswegs den gleichen Zielvorstellungen zu entsprechen scheinen. Nicht zuletzt Datierungshinweise und während der Bauzeit in Athen relevant gewordene Veränderungen, die zugleich die Verfassungsrealität betreffen, verweisen auf eine historische Schnittstelle, die zu einem Verständnis der Baugeschichte dieses Gerichtsperistyls beitragen kann. Aus dem Fundmaterial der Ausgrabung ergibt sich, daß der Baubeginn dieser Anlage in das letzte Viertel des 4. Jahrhunderts zu datieren ist[218]. Wie lange sich der Bauvorgang hingezogen hatte, ist zwar nicht eindeutig überliefert, doch zeigt ein Münzfund, daß an diesem Bau noch bis zur Jahrhundertwende gearbeitet wurde[219]. Daraus folgt, daß die Arbeiten in der Zeit, in der Demetrius Polyorketes seine Herrschaft über Athen angetreten hatte, noch nicht zum Abschluß gekommen waren[220]. Für die Geschichte Athens und bestimmte Veränderungen, die schließlich in einen tiefgreifenden Wandel einmündeten, ist die Baugeschichte des großen Gerichtsperistyls somit ein aufschlußreiches Exempel. Wahrscheinlich geht die Projektplanung der gewaltigen Anlage auf die 326 v.Chr. zu Ende gegangene Amtszeit Lykurgs oder doch zumindest auf eine Zeit zurück, in der die staatspolitischen Vorstellungen Lykurgs noch wirksam waren. Zu solchen Auffassungen konnte eine Anlage wie das große Gerichtsperistyl bestens passen. Schließlich wäre durch diesen Bau an herausragender Stelle Athens ein Exempel statuiert worden, das nicht nur beiläufig, sondern unübersehbar betonte, daß ein in diese Stadt integriertes, gut funktionierendes Rechtswesen ein nach vorherrschendem Selbstverständnis angemessener und deshalb unverzichtbarer Bestandteil des öffentlichen Lebens sei.

Offensichtlich ließen sich solche Zielvorstellungen nur zum Teil verwirklichen. Zumindest zeigt das große Gerichtsperistyl, daß sein Bau zu keiner Zeit zum Abschluß gebracht wurde. Wahrscheinlich kam er über den Zustand einer Bauruine niemals hinaus. Dabei scheint die Südseite stets offen geblieben zu sein. Auch die zweifelsfrei feststellbare Wiederverwendung von Baugliedern des Gerichtsperistyls beim Bau der im 2. Jahrhundert errichteten Südstoa II zeigt[221], daß es um den größten Peristylbau, der wohl auch das wichtigste Gerichtsgebäude Athens werden sollte, auf Dauer nicht

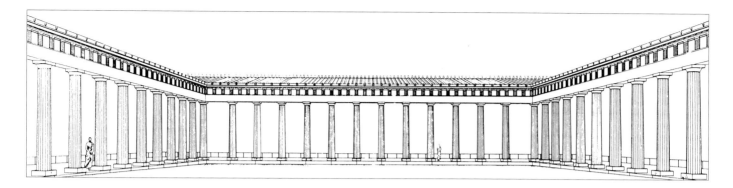

Abb. 73. Rekonstruierte Hofansicht des Großen Peristyls.

zum Besten bestellt war. Zwar liegen keine unmittelbar benennbaren Schriftquellen über das weitere Schicksal des großen Gerichtsperistyls vor, doch braucht es nicht zufällig gewesen zu sein, daß sein Bau in einer Zeit unterbrochen und dann vorzeitig beendet wurde, in der sich die politische Realität für Athen tiefgreifend verändert hatte. Spätestens mit der 307 v. Chr. vollzogenen Machtübernahme durch Demetrios Poliorketes hatte Athen seine Autonomie und damit viel von seinen demokratischen Prinzipien verloren[222]. In einer solchen Situation mag kaum noch offiziell bekundetes Interesse daran bestanden haben, auf die Gerichtsbarkeit dieser Stadt, einem einst besonders gepflegten Kennzeichen Athens, derart signalhaft durch ein besonders auffallendes Gebäude hinzuweisen. Was hiervon schließlich übrig blieb, war eine große Bauruine. Zwar konnten ihre nutzbar gewordenen Teile gewiß auch für Prozesse verwendet werden, doch dürfte so manchem Athener der fragmentarische Zustand zugleich als mißlicher Notstand erschienen sein. Zumindest konnte ihm angesichts des übrig gebliebenen Gebäudes ein Makel bewußt werden, der ihm gleich einer Rißwunde im Herzen der Stadt permanent vor Augen stand. Insofern ist diese bauliche Anlage mit ihrer eigentümlichen Geschichte zugleich ein deutlich sprechender Beitrag zur Geschichte Athens und eines dort am zeitlichen Übergang von der ausklingenden späten Klassik zum Hellenismus vollzogenen Wertewandels.

Wirtschaftliches Wachstum, florierender **Handel** und finanzpolitische Stabilität gehörten als unverzichtbare und für das Leben dieser Stadt zentrale Faktoren nicht nur in jener Zeit des Umbruchs und Neubeginns zu den elementaren Grundlagen Athens. Welch herausragende Rolle die hiervon für die Öffentlichkeit abgeschöpfte Finanzkraft für das allgemeine und politische Leben Athens spielte, ist gut nachvollziehbar. Schließlich hatte sich Athen noch nie zuvor derart umfangreich und intensiv für Bauten und Einrichtungen engagiert, die nicht zuletzt der Allgemeinheit zur Verfügung standen oder einer zielstrebig verfolgten Imagepflege dienten. Daß ein gesundes und prosperierendes Wirtschaftsleben hierfür den Ausschlag gab, versteht sich von selbst und wird zusätzlich durch entsprechende Überlieferungen authentisch bezeugt[223]. Deshalb könnte erwartet werden, daß sich entsprechende Aktivitäten auch im Mittelpunkt der Stadt, also auf ihrer Agora sichtbar und in nennenswerten Bauten niedergeschlagen haben. Allerdings drängt sich dies auf der Agora durch keine besonderen Bauten des 4. Jahrhunderts in den Vordergrund und blieben von entsprechenden oder hiermit verbundenen Einrichtungen – abgesehen vom Prytaneion mit den dort wie in einem Eichamt aufbewahrten offiziellen Maßen und Gewichten[224] – nur relativ geringfügige Spuren erhalten, zu denen an erster Stelle die Münze gehört[225]. Wahrscheinlich waren zumindest für den Handel mit Gütern für den normalen Alltag kaum besondere Bauten erforderlich, zumal ephemer aufgestellte Buden oder Verkaufsstände hierfür ausreichend gewesen sein dürften[226]. Dies wird im 4. Jahrhundert nicht anders gewesen sein als in vorausgegangenen Zeiten[227]. Der Umstand, daß antike Schriftquellen mehr über das Treiben der Händler im Athen des 4. Jahrhunderts geschrieben haben als zur entsprechenden Situation älterer Zeiten, wird weniger mit den beschriebenen Verhältnissen selbst als mit den Autoren und ihrer Interessenslage zu tun haben[228].

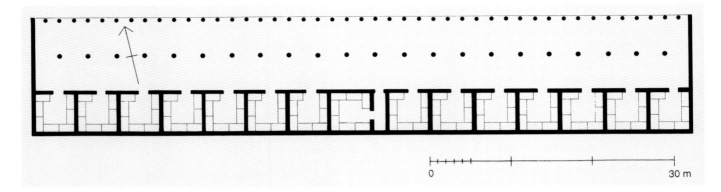

Abb. 74. Grundriß der Südstoa I der Athener Agora.

Dagegen könnte für Zusammenkünfte, bei denen es darum ging, Vereinbarungen über größere Geschäftsabschlüsse, einschließlich des Überseehandels, zu treffen, ein Bedarf für einen besonderen Treffpunkt aufgekommen sein. Für entsprechende Gespräche konnte man sich entweder bei einem der Handelspartner in dessen Haus oder z. B. in einer der multifunktional nutzbaren Hallen treffen[229]. Grundsätzlich standen sie Gerichten und Schulunterricht oder Vortragsveranstaltungen ebenso zur Verfügung wie Zusammenkünften und Versammlungen aller Art oder auch dem in jenen Zeiten kräftig prosperierenden Wirtschaftsleben. Mit ihrer Nutzungsvielfalt trugen solche Hallen entscheidend zur Vitalisierung der Agora bei. Bereits im 5. Jahrhundert angelegte Gebäude dieser Art wurden im 4. Jahrhundert weiterhin genutzt. Man braucht nicht jede dieser Hallen einzeln zu beschreiben, um einen Eindruck von ihrer Art und Bedeutung zu gewinnen. Bereits ein Blick auf ihre Plazierung im Agorazusammenhang genügt (Abb. 35), um ihre eminent wichtige Rolle für die Entwicklungsgeschichte der Athener Agora zu erkennen. Die ersten dieser Hallen wurden an der Westseite und am Nordrand der Agora errichtet[230]. Im späteren 5. Jahrhundert entstand die um 430 v. Chr. erbaute Stoa des Zeus Eleutherios, die den bisher ungenutzt gebliebenen Raum zwischen dem noch leeren Bezirk des Apollon Patroos und der älteren Stoa Basileus ausfüllte[231].

Schließlich wurde im letzten Viertel des 5. Jahrhunderts die sogenannten *Südstoa I* angelegt[232], durch die die südliche Flanke der Agora deutlich markiert wurde. In ihrer Summe hatten diese Mehrzweckbauten entscheidend dazu beigetragen, daß die Athener Agora allmählich eine Platzgestalt erhalten hatte, die den Rahmen für ihr im 4. Jahrhundert nochmals bereichertes Erscheinungsbild beschreibt.

In diesem Zusammenhang sei wenigstens die jüngste dieser Hallen, deren Entstehungszeit bereits auf das zu Ende gehende 5. Jahrhundert hinweist, kurz beschrieben. In ihrer Eigenart verweist sie auf besonders betonte Funktionen, die im 4. Jahrhundert wichtig waren. Mit einer Länge von gut 80 m und einer Breite von knapp 15 m ist diese langgestreckte Stoa das bis dahin größte Gebäude der Agora (Abb. 74). Sie formuliert eine definitive Grenze an der Südflanke der Agora und begleitet mit ihrer langen Rückwand die dort entlangführende Straße. Zur Platzseite öffnet sie sich gleich einer einladenden Geste auf ganze Länge. 45 dorische Säulen gliedern die Fassade, hinter der der etwa 10 m tiefe Hallenraum durch 22 ionische Säulen, die in doppeltem Achsabstand entlang der Längsachse aufgestellt sind, in zwei Schiffe unterteilt ist. Darüber hinaus gliedern sie den übermäßig langen Saalraum, so daß er auch in kleineren Abschnitten genutzt werden konnte. Außerdem dienten sie als Stützen des Dachaufbaus.

An die Rückwand des Hallenraums schließt sich eine Raumkette mit 15 quadratischen, etwa 24 qm großen Zimmern an. Wie am Fußboden erhaltene Reste von entsprechenden Vorrichtungen zeigen, konnten die einzelnen Zimmer mit je 7 Klinen möbliert werden, so daß die Zimmer ausreichten, um gleichzeitig 105 Gäste unterzubringen. Damit erweist sich die Südhalle I über sonstigen Nutzen hinaus als ein großes Bankettthaus, mit dem innerhalb griechischer Architekturgeschichte die älteste Anlage dieser Art überliefert ist[233]. Offensichtlich ist das Gebäude ohne allzu großen Auf-

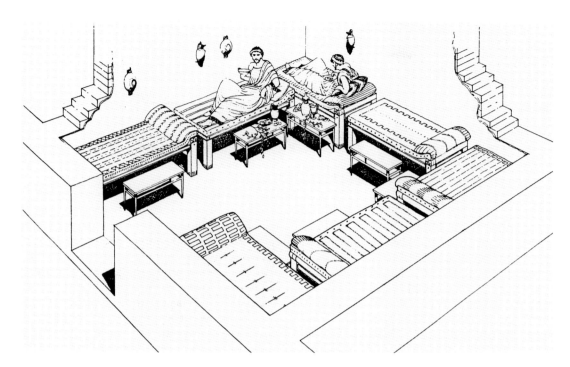

Abb. 75. Schaubild eines genutzten Bankettraums in der Südstoa I.

wand ausgeführt worden. Zumindest weisen Material und Bauweise darauf hin, daß ziemlich sparsam gewirtschaftet werden mußte. Wahrscheinlich waren die Gelder, die der Staat für derartige Zwecke aufbringen konnte, durch die Kriegsführung Athens knapp bemessen. Um so bemerkenswerter ist es, daß ausgerechnet für ein der Öffentlichkeit zugängliches Banketthaus noch genügend finanzielle Reserven vorhanden gewesen sind. Freilich muß es nicht ganz zufällig gewesen sein, daß sich die Polis gerade in dieser Zeit des Peloponnesischen Kriegs veranlaßt sah, an der Agora ein großes Banketthaus anzulegen, das genügend Platz bot, um erholungsuchenden Besuchern der Agora ein Angebot für ein paar sorgenfreie Stunden zu unterbreiten. Bekanntlich erfreuten sich solche Einrichtungen großer Beliebtheit und wurden für ein heiteres Zusammensein mit Freunden gerne genutzt (Abb. 75). Daß solche Stimmungen und ein gelöstes Klima nicht zuletzt gute Geschäfte fördern konnten, ist naheliegend. Deshalb muß es bei der Entscheidung für dieses Banketthaus nicht nur darum gegangen sein, einen angenehmen Rahmen für Stunden der Muße und des Lebensgenusses bereit zu stellen, sondern dürfte nicht weniger mit Blick auf die Pflege guter Geschäftsbeziehungen an einen förderlichen Rahmen gedacht worden sein. Schließlich bot der große Hallenraum für zahlreiche Kaufleute und Händler genügend und angemessenen Platz, um vielfältige Geschäfte abzuwickeln. Insofern konnte diese in Kriegszeiten erbaute Stoa so etwas wie eine unbewußt bereitgestellte Morgengabe für eine erst im 4. Jahrhundert anbrechende Friedenszeit gewesen sein.

Für Handel und Gewerbe nicht weniger wichtig war ein nahe bei der Halle gelegenes Gebäude, dessen äußeres Erscheinungsbild jedoch eher bescheiden geblieben zu sein scheint. Die ausgegrabenen Reste zeigen, daß es sich bei einem Grundrißgeviert von etwa 27 m × 29 m und damit einer fast 800 qm großen Grundfläche um ein sehr stattliches Gebäude gehandelt hat (Abb. 76). Auch sein Standort ist durchaus bemerkenswert. An der Südostecke der Agora und dort direkt beim Panathenäenweg besitzt der Bau eine außerordentlich prominente Lage, die zugleich seiner herausragenden Bedeutung entspricht. Es ist dies – wie entsprechendes Fundinventar bestätigt hat – die **Münze** Athens und damit die zentrale Stätte für das Wirtschaftsleben Athens schlechthin[234]. Zwar ist der Befund nicht ausreichend, um eine differenziertere Vorstellung von diesem Bau zu gewinnen, doch scheint zumin-

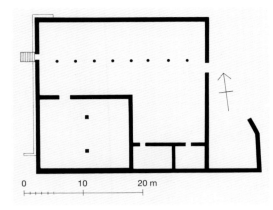

Abb. 76. Grundrißschema der Athener Münze.

dest klar zu sein, daß das Haus einen größeren Hof besaß und einen in seiner Südwestecke angelegten Werkstattbereich für die Esse.

Nicht zuletzt die Datierung dieser Einrichtung ist von besonderem Interesse. Keramikfunde aus dem baulichen Kontext geben deutliche Hinweise für eine Datierung in die Zeit um 400 v.Chr., d.h. in die Wende vom 5. zum 4. Jahrhundert und damit in die Zeit einer ersten Aufbruchstimmung nach dem verlorenen Krieg und dem Ende der Terrorherrschaft der „Dreißig". Daß ein damit einhergehender Neubeginn durch den Bau einer Stätte für die Münze Athens an bevorzugtem Standort begleitet wurde, braucht nicht zufällig gewesen zu sein. Vielmehr entspräche es einer gleich zu Anfang konstituierten Konzentration auf unverzichtbare Grundlagen eines wirtschaftlich gesundeten und finanziell geordneten Lebens dieser Polis. Insofern stand die Münze Athens nicht nur an bevorzugter Stelle, sondern setzte dort zugleich ein programmatisch in die Zukunft weisendes Zeichen. Dabei ist der Standort nicht nur wegen seiner bevorzugten Lage prominent, sondern zugleich wegen seiner direkten Nachbarschaft zur Südstoa I außerordentlich günstig. Schließlich war dies eine Stätte, an der viel Handel getrieben wurde und an der deshalb auch Münzgeld umlief.

Dabei wurde – wohl durch entsprechende Erfahrungen veranlaßt – großer Wert darauf gelegt, die Echtheit des Münzgelds sicher zu stellen. Wie aus einem in einer Inschrift erhaltenen Gesetz des Jahres 375/74 v.Chr. hervorgeht[235], war die Echtheitskontrolle peinlich genau und mit großem Aufwand und ebenso großer Strafenandrohung konsequent vorgeschrieben. Dies dürfte vor allem bei dem Mangel an Edelmetallreserven wichtig gewesen sein. Erst mit der Wiedereröffnung der Minen von Laurion, in denen in der Zeit zwischen 367 und 307 v.Chr. erneut Silber geschürft werden konnte[236], kam wieder mehr Geld in die Stadt. Zugleich blühte ihr Wirtschaftsleben deutlich auf. Daß in diesem Zusammenhang der Münze als Prägestätte eine zentrale Aufgabe zukam, steht außer Frage. Damit geht überein, daß sich die Münze und die neben ihr stehende Südstoa I gegenseitig bestens ergänzten. Zwar kann man annehmen, daß auch an jeder anderen, sich hierfür anbietenden Stelle der Agora Handel getrieben wurde, doch spricht viel dafür, daß die Zone an der südlichen Peripherie der Athener Agora sich zu dem eigentlichen Handelszentrum des 4. Jahrhunderts herausgebildet hat[237]. Da machte es sich gewiß gut, daß nur wenige Meter entfernt die Tholos stand, in der die offiziellen Maße und Gewichte für Kontrollen ständig zur Verfügung waren.

---

[1] Allgemein zu Agoraplätzen und deren Funktion in griechischen Städten M. Mac Donald, Meeting Places. The Political Meeting Places of the Greeks (1943); F.Kolb, Agora und Theater, Volks- und Festversammlung (1981).

[2] Einen guten Überblick zur Athener Agora und ihren Funden geben Thompson-Wycherley und Camp.

[3] Zu den Ausgrabungsergebnissen dieser Zone siehe Thompsen, 1–226.

[4] Siehe unten 80f.

[5] Siehe unten 106f.

[6] Travlos, Athen, 527ff.

[7] Siehe oben 13.

[8] Zum Befund des Buleuterion Thompson, 115ff., 140ff.; Travlos, Athen, 191ff., Thompson-Wycherley, 29ff.; Camp, 58ff., 100ff.

[9] Aristoteles, Athenaion Politeia 43.3; M. H. Hansen, Die Athenische Demokratie im Zeitalter des Demosthenes (1995), 260ff.

[10] Zur Funktion des Buleuterion als Staatsarchiv siehe Thompson-Wycherley, 31.

[11] Nach Thompson, 153ff. datiert die bei den Ausgrabungen gefundene Keramik den Neubau in das letzte Jahrzehnt des 5. Jahrhunderts v.Chr.

[12] Die ständig anwachsende Zahl der Niederschriften der Volksversammlungsbeschlüsse, die im Buleuterion aufbewahrt wurden, muß beträchtlich gewesen sein, zumal die Volksversammlung in der Regel in einem Zeitabstand von nur 10 Tagen – siehe

61 Anm. 27 – zusammenkam, um über Angelegenheiten der Polis zu beraten und über die von der Bule vorgelegten Anträge zu entscheiden. Vor allem, nachdem geltendes Recht gesammelt – Bengtson, 249 – und damit zu einer verbindlichen Grundlage der Rechtsprechung wurde, mußten die von der Volksversammlung verabschiedeten und damit in Kraft gesetzten Gesetzestexte nachprüfbar bleiben und aufbewahrt werden.

[13] Travlos, Athen, 193.
[14] G. Kuhn, AA 1984, 17 ff.
[15] Thompson-Wycherley, 33.
[16] Camp, 102, Abb. 67.
[17] Gesammelt bei Thompson-Wycherley, 33 f.; siehe auch G. Roux, BCH 100, 1976, 475 ff.
[18] Xenophon, Hellenika 1.3, 51–55.
[19] G. Kuhn, a. O.
[20] Auch die später vollzogene Verbindung des Metroons mit dem Bau des älteren Buleuterion – Thompson-Wycherley, 35 f. – erklärt dies nicht.
[21] Ch. Hignett, A History of the Athenian Constitution to the Ende of Fifth Century B.C. (1952).
[22] Pausanias 1.3, 5.
[23] Zum Pompeion siehe oben 47 ff.
[24] Zur Tholos H. A. Thompson, The Tholos of Athens and its Predecessors. Hesperia, Suppl. 4 (1940); Travlos, Athen, 553 ff.; Thompson-Wycherley 41 ff.; Camp, 105 f.; F. Seiler, Die griechische Tholos (1986), 29 ff.
[25] Alternative Vorschläge haben G. Roux, BCH 76, 1972, 472 und Travlos Athen, 533 Abb. 698 f. zur Diskussion gestellt.
[26] G. Roux, a. O.
[27] F. Robert, Thymélè. BEFAR 147 (1939), 98 ff.
[28] Vor allem Inschriften aus der Zeit seit dem 2. Jahrhundert v. Chr. zeigen, daß dieser Rufname zur quasi-offiziellen Bezeichnung des Gebäudes geworden ist. Siehe F. Seiler, a. O., Anm. 98.
[29] Thompson-Wycherley, 42.
[30] Gute Abbildung bei F. Seiler, a. O., Abb. 14.
[31] Thompson-Wycherley, 41.
[32] Der Vorgang ist eher ungewöhnlich. Zumindest war es bis dahin keineswegs üblich, einen Vorgängerbau gleichsam wörtlich nachzubauen. Anscheinend hat man sich für eine nahezu denkmalspflegerische Planung entschieden, die als solche einer Begründung bedürfte. Vielleicht wurde der Amtssitz der Prytanen in seiner alten, unverwechselbaren Form auch deshalb für besonders wichtig gehalten, weil damit z. B. bekundet werden konnte, daß die Polis nicht nur an ihren verfassungsgemäßen Traditionen unverändert festhielt, sondern sie zugleich – wie die von Grund auf erneuerte Tholos zeigt – durch beispielhafte Initiativen unverwechselbar und signalhaft mit neuem Leben erfüllte.

[33] Gesammelt bei R. E. Wycherley, Literary and Epigraphical Testimonia. Agora 3 (1957), 179 ff.
[34] E. J. Bickerman, Chronology of Ancient World (1968), 34 ff. Nach Aristoteles, Athenaion Politeia 43.2 wurde die Übernahme dieses Amtes durch Los bestimmt.
[35] Gleichfalls durch Los wurde – Aristoteles, Athenaion Politeia, 44.1 – der täglich wechselnde Vorsteher, der über Schlüssel- und Siegelgewalt verfügte, ausgewählt.
[36] Harpokration (tholos); Camp, 105.
[37] Camp, 106.
[38] Bleicken, 231 ff.; Welwei, 14 f.
[39] RE Suppl. 13 (1973), 750 ff., s.v. Prytanis (F. Gschnitzer); S. Traill, The Political Organization of Attica. Hesperia, Suppl. 14 (1975).
[40] Camp, 106.
[41] Platon, Apologie 32 c–d.
[42] Thompson-Wycherly, 43.
[43] M. Lang – M. Crosby, Weights, Measures and Tokens. Agora 10 (1964).
[44] D. B. Thompson, The Athenian Agora. An Ancient Shopping Center (1971); F. Börner, Die bauliche Entwicklung Athens als Handelsplatz in archaischer und klassischer Zeit (1996), 150 ff.
[45] Entsprechende Hinweise z. B. bei Aristoteles, Physik 196 A 3–6; Politik 1319 A 26–30; Demosthenes 10.49–50, 25.51.
[46] Bengston, 265 ff.
[47] Xenophon, Hellenika 2.1, 28 f.
[48] Xenophon, Hellenika 4.3, 10 ff.
[49] Daß dies nicht nur in Athen, sondern auch in Ephesos und Samos zu besonderen Ehren für Kanon führte, ist durch Pausanias 6.3, 16 überliefert.
[50] Demosthenes 20.70; Pausanias 1.3, 2.
[51] Isokrates, Orationes 9.57.
[52] Thompson, 56 ff. mit dort dokumentierten Resten der Statuenfundamente.
[53] Zum Überlieferungsbestand siehe Richter 1,107; W. Gauer, JdI 83, 1968, 118 ff.; D. Pandermalis, Untersuchungen zu den klassischen Strategenköpfen (1969), 46 ff.
[54] So auch W. Gauer, a. O., 121 f.
[55] Allerdings betont R. Krumeich, Bildnisse griechischer Herrscher und Staatsmänner im 5. Jahrhundert v. Chr. (1997), 200 mit Anm. 9, die Verbindung dieses Kopftypus mit Konon sei eher hypothetisch.
[56] Daß für derartige Stragegenköpfe ein idealisiertes oder auch mythifizierendes und somit weniger individuelles Aussehen bezeichnend sein kann, hat vor allem D. Pandermalis, a. O., 90 ff. gezeigt.
[57] Zur Person Konons und zu seinem Lebenslauf G. Barbieri, Conone (1956); P. Funke, Homonoia und Arche. Athen und die griechische Staatenwelt vom Ende des Peloponnesischen Krieges bis zum Königs-

frieden (404/3–387/6 v. Chr.). Historia, Einzelschriften 37 (1980), 118 ff.

[58] Bengtson, 251.

[59] Xenophon, Hellenika 4.8, 9 ff.

[60] Demosthenes 20.69 f. Der Text ist bei W. Gauer, a. O., 118 abgedruckt und dient dort als Ausgangspunkt einer umfassenderen Studie zu dieser und weiteren Ehrenstatuen.

[61] Siehe R. E. Wycherley, Literary and Epigraphical Testimonia. Agora 3 (1957), Nr. 278 f.

[62] B. Fehr, Die Tyrannentöter (1984).

[63] W. Gauer, a. O., 119.

[64] G. Hill, A History of Cyprus (1949), 125 ff. Daß sich Athen Euagoras wegen dessenantipersischer Interessen politisch verpflichtet fühlte, betont Welwei, 275.

[65] Zur Verleihung des attischen Bürgerrechts siehe die kommentierte Materialsammlung von M. J. Osborne, Naturalization in Athens I (1981), II (1982), III u. IV (1983).

[66] Zum Argwohn, mit dem in Athen die Aufstellung solcher Bildnisse beachtet wurde, D. Metzler, Portrait und Gesellschaft (1971), 351 ff.

[67] Hierzu siehe auch Borbein, 84 ff.

[68] Siehe oben 29 ff.

[69] Beispielhaft repräsentiert die Dexileosstele – hierzu siehe oben 34 ff. – eine solche Tendenz.

[70] Zur Entstehungsgeschichte des griechischen Portraits siehe E. Voutrias, Studien zu Interpretation und Stil griechischer Portraits des 5. und 4. Jahrhunderts (1980), 11 ff. und den zusammenfassenden Überblick zur Forschungsgeschichte bei R. von den Hoff, Philosophenportraits des Früh- und Hochhellenismus (1994), 11 ff.

[71] Pausanias 1.3, 2; Richter 2,159 f.; siehe auch T. Hölscher, in: K. Fittschen (Hrsg.), Griechische Portraits (1988), 378.

[72] Nach Pausanias 1.24, 3 standen zwar auch auf der Akropolis Standbilder des Konon und seines Sohnes Timotheos, doch kam solchen Privatstiftungen keineswegs eine Bedeutung bei, wie es für die auf der Agora vom Staat aufgestellten Portraitstatuen gilt.

[73] Isokrates, Orationes 15.109 f.; Pausanias 1.8,2; siehe auch LIMC 3 (1986), 700 ff., s.v. Eirene (E. Simon) und Parker, 229 f.

[74] Replikenliste bei E. LaRocca, JdI 89, 1974, 113.

[75] Bengtson, 276 f.

[76] Isokrates, a. O.; siehe auch B. Vierneisel-Schlörb, Glyptothek München. Katalog der Skulpturen 2 (1979), 258.

[77] Bengtson, 273 f.; W. Schmitz, a. O. (= 21 Anm. 16), 256 ff.

[78] Wie z. B. der im Jahr 421 v. Chr. aufgeführte „Friede" des Aristophanes zeigt, war die allgemeine Friedenssehnsucht bereits im fortgeschrittenen 5. Jahrhundert v. Chr. und nach der ersten Etappe des Peloponnesischen Kriegs ein wichtiges Thema. Darüber hinaus blieb es auch für die kommenden Jahre und anschließenden Zeiten höchst aktuell. Siehe M. Jehne, Koine Eirene. Untersuchungen zu den Befriedungs- und Stabilisierungsbemühungen in der griechischen Poliswelt des 4. Jahrhunderts v. Chr. (1994).

[79] Deubner, 36 ff.; Parke, 36 ff.; Parker, 230.

[80] Thukydides 2.15,2 ; Plutarch, Theseus 24 f.

[81] Zu diesem Opferritus siehe Deubner, 37; Parker, 229.

[82] Außer dem Hinweis des Pausanias, der 1.8,2 vermerkt, das Standbild der Eirene stehe in der Nähe des Eponymenmonuments, sind keine Nachrichten zu ihrem Standort überliefert.

[83] Vor allem E. LaRocca, JdI 89, 1974, 112 ff. und H. Jung, JdI 91, 1976, 97 ff. haben zuletzt diese Diskussion geführt. Siehe auch Borbein, 115 ff.

[84] Bengtson, 276; Welwei, 264 ff.

[85] Bengtson, 284; Welwei, 290 ff.

[86] Plinius, nat. hist. 35.50.

[87] Monographisch zusammengefaßt von M. Bentz, Panathenäische Preisamphoren. 18. Beih. Antike Kunst (1998).

[88] E. LaRocca, a. O.,124 f. mit Abb. 20–23. N. Eschbach, Statuen auf Panathenäischen Amphoren des 4. Jhs.v.Chr. (1986), 58 ff.; siehe auch Panos D. Vallavanis, Panath.Amph.apo Eretria (1991), Taf. 51.

[89] München, Glyptothek Nr. 219. B. Vierneisel-Schlörb, a.O. (= Anm. 76), 255 ff.

[90] Zur Stilentwicklung siehe H. Jung, a.O., 113 ff.

[91] Auf das Phänomen bewußter Rückbezüge auf Kunstwerke und den Stil der hohen Klassik hat wiederholt A. H. Borbein, 113 ff. und ders., in: Eder, 470 aufmerksam gemacht.

[92] Zur Knabengestalt des Plutos B. Vierneisel-Schlörb, a.O. (= Anm. 76), Nr. 10 in Anm. 4.

[93] Zum Füllhorn Eirenes H. Jung, a.O.,101.

[94] Die Benennung bestätigt bereits der bei Pausanias 1.8,2 notierte Text.

[95] Nach Hesiod, Theogonie 901 f. galt Eirene als Tochter von Zeus und Themis.

[96] Zu Eirene als Kurotrophos B. Vierneisel-Schlörb, a.O. (= Anm. 76), 258.

[97] E. LaRocca, a.O., 97 Anm. 62 ff.

[98] Zum Wandel des Götterbilds siehe unten 198 f.

[99] Daß der Wohlstand nicht zuletzt dem segensreichen Wirken Eirenes verdankt wird, hatte Aristophanes in seinem letzten Werk, dem 388 v. Chr. aufgeführten Plutos besonders deutlich thematisiert. Siehe Auffarth, 356 f.

[100] R. Garland, Introducing New Gods. The Politics of Athenian Religion (1992).

¹⁰¹ W. Burkert, Griechische Religion der archaischen und klassischer Epoche (1977), 195.

¹⁰² Auffarth, 356.

¹⁰³ Aristophanes, Vögel 736.

¹⁰⁴ Euripides, Kyklop 335.

¹⁰⁵ Auffarth, 357.

¹⁰⁶ Aristophanes, Vögel 1191 ff.

¹⁰⁷ Auffarth, 363 ff.; siehe auch Parker, 152 ff., der Entstehungsgeschichte und Bedeutung der Neuen Götter etwas differenzierter beurteilt.

¹⁰⁸ H. Lauter, Zur sozialen Stellung der bildenden Künstler in der griechischen Klassik (1974).

¹⁰⁹ H. Lauter, AA 1980, 529 ff.; A.Corso, Prassitele: Fonti Epigrafiche e Letterariae. Vita e Opere I. Xenia Quaderni 10, 1988, 21 f.

¹¹⁰ Plutarch, Phokion 19.

¹¹¹ H.-J. Gehrke, Phokion. Zetemata 64 (1976)

¹¹² Zu diesem Tempel einführend Camp,179 ff.; zusammenfassend mit Auflistung älterer Literatur Travlos, Athen, 96 ff.; grundlegend zum Ausgrabungsbefund Thompson,77 ff.; zur architekturgeschichtlichen Interpretation H. Knell, JdI 109, 1994, 217 ff.

¹¹³ Camp, Abb. 13.

¹¹⁴ Plutarch, Perikles 12.

¹¹⁵ Zur Rekonstruktion des jüngeren Apollontempels, seiner typologischen Grundrißform und deren Herleitung H. Knell, a.O., 224 ff.; H.Svenshon macht mich darauf aufmerksam, daß T.Leslie Shear Jr., Hesperia 66, 1997, 495 ff. kürzlich Grabungsbefunde von der Agora bekannt gemacht hat, die für die Rekonstruktion des Apollontempels interessant sein könnten. Dies betrifft vor allem Säulenfragmente ionischer Ordnung, die zu dem in römischer Kaiserzeit auf der Agora erbauten Aphroditetempel gehörten. Dabei zeigen Bauformen und Ornamentik, daß klassische Vorbilder Pate standen oder sogar kopiert worden sein könnten, zumal bestimmte Formen Bauornamenten vom Erechtheion auffallend nahe stehen. Sollten solche Formen auf dem Weg über den jüngeren Tempel des Apollon Patroos zu den Steinmetzen, die für den Aphroditetempel gearbeitet haben, gelangt sein, könnte dieser Befund für die Rekonstruktion der prostylen Front des Apollontempels durchaus interessant sein.

¹¹⁶ Zu Proportionen dorischer Säulen Gruben,134.

¹¹⁷ Seit den ionischen Säulen im Inneren der Propyläen auf der Athener Akropolis – Gruben,183 – oder auch den Erechtheionsäulen – Gruben, 200 – waren ionische Säulen mit einer Höhe, die nahezu dem 10fachen unteren Durchmesser entspricht, bekannt.

¹¹⁸ So auch Thompson, 97 Anm. 1.

¹¹⁹ H. Knell, a.O., 220 ff.

¹²⁰ Eine monographische Studie zu dieser Typenvariante des griechischen Tempels bereitet derzeit H. Svenshon vor.

¹²¹ Gruben, 36.

¹²² Gruben, AA 1982, 222 f.

¹²³ Einführend zum Erechtheion mit Literaturverzeichnis Travlos, Athen, 213 ff.

¹²⁴ Zu der im hiesigen Zusammenhang nicht diskutierten Bedeutung siehe den neuen Interpretationsvorschlag von A.Scholl, Die Korenhalle des Erechtheion auf der Akropolis (1998).

¹²⁵ Zur Baumeisterfrage des Erechtheion I. Mylonas Shear, Hesperia 32, 1963, 408 ff.

¹²⁶ Eine andere Auffassung vertritt K. Jeppesen, AJA 87, 1983, 325 ff., ohne daß dessen Argumente überzeugen.

¹²⁷ Zu der mit Fenstern ausgestatteten östlichen Stirnwand des Erechtheion G.P.Stevens, AJA 10, 1906, 47 ff.

¹²⁸ Zu den Fenstern der Parthenoncella M. Korres, in: E. Berger (Hrsg.) Parthenon-Kongreß Basel (1984), 47 ff.

¹²⁹ Das nach dem Parthenon früheste, bekannt gewordene Beispiel einer mit Fenstern ausgestatteten Tempelcella ist der kurz vor dem Erechtheion errichtete Tempel, den Athen nach 425 v.Chr. für Apollon in dessen Heiligtum auf der Insel Delos gestiftet hatte. Gruben, 149 ff.; I. Mylonas Shear, a.O., 400.

¹³⁰ Grundlegend zu der mit einer solchen Aufwertung des Innenraums verbundenen Fragestellung H.-U. Cain, in: M. Wörrle – P. Zanker (Hrsg.), Stadtbild und Bürgerbild im Hellenismus. Vestigia 47 (1995), 115 ff.

¹³¹ H. Knell, a.O., 226 ff. Eine dort vor allem in Abb.6 fehlerhaft übertragene Maßangabe zum unteren Durchmesser der Säulen von der Ostfront des Erechtheion müßte korrigiert werden. Er beträgt 0.69,2 m und damit $2^{1}/_{8}$ pheidonische Fuß. Deshalb entspricht das Interkolumnium mit $4^{3}/_{8}$ pheidonischen Fuß etwas mehr als zwei Säulendurchmessern.

¹³² Zu den Abrechnungsurkunden vom Erechtheion W. Dörpfeld, AM 15, 1890, 167 ff.; G. P. Stevens, The Erechtheum (1927), 277 ff.

¹³³ H. Knell, a.O., 228.

¹³⁴ Zum Alten Athenatempel, dessen Ruine noch nach den Perserkriegen als Kultbau verwendet wurde, Travlos, Athen,143.

¹³⁵ Euripides, Ion 10 ff., 281 ff.

¹³⁶ Nach Aristoteles, Athenaion Politeia 21.5, wurden die gewachsenen, gentilizischen Bindungen trotz der Phylenreform des Kleisthenes weiterhin respektiert.

¹³⁷ Plutarch, Moralia 843 F.

¹³⁸ Nach einer Inschrift – Athen, Agoramuseum I

1969 – hatte ein gewisser Hegisippos den Antrag gestellt, Neoptolemos wegen dessen Verdiensten um die Erneuerung des Tempels der Artemis Aristobule – ein eher bescheidenes Bauwerk – durch Bekränzung zu ehren. Siehe Hintzen-Bohlen, 50 f.

[139] Zusammenfassend zuletzt Hintzen-Bohlen, 119 ff.

[140] S. Salomone, L'impegno etico e la morale di Licurgo, AeR 21, 1976, 41 ff.

[141] Pausanias 1.26,5.

[142] M. Vielberg, RhM 134, 1991, 49 ff.

[143] Siehe oben 22 Anm. 49.

[144] Demosthenes 18.141.

[145] Pausanias 1.3,4.

[146] H. A. Thompson, AEphem 1953/54, Bd. 3, 30 ff.; O. Palagia, Euphranor (1980), 13 ff.

[147] O. Palagia, a. O., 15 f.

[148] O. Palagia, a. O., 14.

[149] Zusammenfassend O. Palagia, a. O. Hierzu A. H. Borbein, Gnomon 59, 1987, 45 ff.

[150] O. Palagia, a. O., 18.

[151] A. H. Borbein, in: Eder, 451.

[152] Siehe oben 73 ff.

[153] Siehe unten 189 ff.

[154] Siehe unten 123 ff.

[155] Ch. W. Hedrick Jr., AJA 92, 1988, 198 ff.

[156] H.-U. Cain, a. O. (= 111 Anm. 130), 118.

[157] Zur Bildtradition Apolls als Kitharoden M. Flashar, Apollon Kitharodos. Statuarische Typen des musischen Apollon (1992). Siehe auch LIMC 2.1 (1984), 200 ff., s.v. Apollon (O. Palagia).

[158] Schol. Aristophanes, Wolken 984.

[159] Siehe oben 73 ff.

[160] Thompson, 84 ff.

[161] Thompson, 88.

[162] Agora I 3706. R. E. Wycherley, Literary and Epigraphical Testimonia. Agora 3 (1957), 52 zu Nr. 112.

[163] Lediglich Ch. W. Hedrick Jr., a. O., 192 f. äußerte Bedenken gegen diese Zuordnung, weil s.E. der Fundort bei der Attalosstoa eine Verbindung der Inschrift mit dem Altar der Phratriengötter nicht beweist.

[164] Travlos, Athen, 573 ff.

[165] Zu Funktion und Bedeutung der Phratrien siehe M. P. Nilsson, Cults, Myths, Oracles and Politics in Ancient Greece (1951),150 ff.; S. D. Lambert, The Phratries of Attica (1993).

[166] Aristoteles, Athenaion Politeia 21.5.

[167] RE 20.1 (1951), 749 f., s.v. Phratrie (Latte).

[168] Siehe unten 180.

[169] Aristoteles, Athenaion Politeia, fragm. 5.

[170] Eine entsprechende Differenzierung betont Platon, Euthydemos 302 c–d.

[171] Siehe unten 93 f.

[172] Einführend zum Eponymenmonument Travlos, Athen, 210 ff.; Thompson-Wycherley, 38 ff.; Camp, 108 ff.; Hintzen-Bohlen, 40 ff.

[173] Zur Kleistheneischen Phylenreform Bengtson, 143 ff.; U. Kron, Die zehn attischen Phylenheroen. 5. Beih. AM (1976), 19 ff., 29 ff.; Weilwei, 11 ff.

[174] R. E. Wycherley, a. O.(= Anm. 162), 85 ff.; Schriftquellen zum Eponymenmonument sind gesammelt bei Chr. Ioakimidou, Die Statuenreihen der griechischen Poleis und Bünde aus spätarchaischer und klassischer Zeit. Quellen und Forschungen zur antiken Welt, Bd. 22 (1997), 100 ff., 276 ff.

[175] T. L. Shear, Hesperia 39, 1970, 145 ff.

[176] T. L. Shear, a. O., 148 ff.

[177] U. Kron, a. O., passim; C. C. Mattusch, in: E. Coulson, O. Palagia u.a. (Hrsg.), The Archaeology at Athens and Attica under the Democracy (1994), 73 ff.

[178] Schol. Aristophanes, Friede 1183.

[179] Aristoteles, Athenaion Politeia 53.4.

[180] Agora I 7475. S. I. Rotroff, Hesperia 47, 1978, 196 ff.

[181] Zur Lokalisierung siehe auch E. Vanderpool, Hesperia 18, 1949, 128 ff.

[182] Nach Aristoteles, Athenaion Politeia 53.4 stand das Eponymenmonument vor dem Buleuterion. Pausanias 1.5 nennt keinen konkreten Standort, sondern befaßt sich mehr mit mythologischen Themen.

[183] Siehe die oben Anm. 175 genannte Literatur.

[184] Aristoteles, a. O.; Demosthenes 20.94 und 24.23. Dies setzt zugleich einen allgemeineren Schulbesuch voraus, weil Analphabeten am politischen Leben kaum hätten teilnehmen können.

[185] G. Colin, Le Culte d'Apollon Pythien á Athens (1905), 19 ff.

[186] H. Pomptow, Studien zu den Weihgeschenken und der Topographie 5, Klio 9, 1909,157 ff.; E. Bourguet, Inscriptione de l'entrée du Sanctuaire au Trésore des Atheniens, FdD III 1 (1929), 337 ff.

[187] Knell, 486 f.

[188] Erhalten gebliebene Spuren von den Standpunkten der Dreifüße an den Enden des Sockels – T. L. Shear, a. O., Taf. 42–45 – belegen deren Aufstellung.

[189] Demosthenes 18.141; Plutarch, Demetrios 40.8.

[190] Aristoteles, Politik 1319 A 26–30. Darüber hinaus betont Demosthenes 25.51, es käme jeder Athener auf die Agora, um dort irgend etwas zu erledigen.

[191] Zum Gerichtswesen Athens in spätklassischer Zeit P. J. Rhodes, JHS 111, 1991, 87 ff.; ders., in: Eder, 303 ff.

[192] Die Heliaia wurde 410 v. Chr. wieder als Gericht aktiv. Zugleich sollte jetzt erstmals in der

Geschichte Athens das geltende Recht in schriftlicher Form vollständig erfaßt werden. Bengtson, 249 Anm. 3.

[193] Die Betonung demokratischer Legitimation war offensichtlich besonders wichtig. Wie zuletzt G. Thür, in: Eder, 321 ff. dargelegt hat, ging dies so weit, daß die Athener bei ihrem Prozeßrecht wahrscheinlich ohne zu zögern für die Demokratie votiert hätten, wenn es bei einer Abstimmung zum Prozeßrecht darum gegangen wäre, sich zwischen einem Primat für die Wahrheitsfindung oder dem Vorrang demokratischer Prinzipien zu entscheiden.

[194] Plutarch, Solon 18.2. Allerdings warnte G. Thür, a.O. gegen W. H. Hansen, Die Athenische Demokratie im Zeitalter des Demosthenes (1995), 164 davor, die Macht der Gerichte gegenüber der Ekklesia zu hoch zu bewerten.

[195] Welwei, 111.

[196] Pausanias 1.28,2.

[197] Zu den verschiedenen Gerichtshöfen Athens, deren Aufgaben und Stätten siehe Thompson-Wycherley, 52 ff.; A. L. Boegehold, The Lawcords at Athens. Buildings, Equipment, Procedure and Testimonia. Agora 28 (1995), 117 ff.

[198] J. D. Bishop, JHS 90, 1970, 1 ff.

[199] S. Dow, Prytaneis: A Study of the Inscriptions Honoring the Athenian Councillors. Hesperia Suppl. 1 (1937), 117 ff.

[200] Gut verständlich erläutert von Camp, 125 zu Abb. 82–83. Neuerdings macht K. Müller, AA 1998, 167 ff. auf zwei Klerotorionfragmente, die auf Paros als Spolien wiederverwendet worden sind, aufmerksam und referiert aus diesem Anlaß die Forschungsgeschichte zu diesem Gerät.

[201] Die Verwendung der Klepshydra vor Gericht belegt Aristophanes, Wespen 92 f.

[202] S. H. Young, Hesperia 8, 1939, 274 ff.

[203] Thompson-Wycherley, 55.

[204] Vor allem Isokrates spielte als Rhetoriklehrer eine wichtige Rolle. Bereits um 390 v. Chr. hatte er eine Schule gegründet, in der seine Schüler, zu denen u.a. auch Lykurg und Demosthenes gehörten, in systematisch durchgeführtem Rhetorikunterricht darauf vorbereitet wurden, als Redner öffentlich aufzutreten. Der Neue Pauly 5 (1998), 1138 ff., s.v. Isokrates (M. Weißenberger).

[205] A. L. Boegehold, Hesperia 32, 1963, 366 ff.

[206] Thompson-Wycherley, 62 ff.

[207] Hierzu siehe H. Hommel, Heliaia. Untersuchungen zur Verfassung und Prozeßordnung des attischen Volksgerichts, insbesondere zum Schlußkapitel der Athenaion Politeia des Aristoteles, Philologus, Suppl. 19, Heft 2 (1927); M. H. Hansen, The Athenian Heliaia from Solon to Aristoteles, C&M 33, 1981/82, 9 ff.

[208] Thompson-Wycherley, 62 ff.; Camp, 54.

[209] J. M. Camp, Water Supply of Ancient Athens from 3000 to 86 B.C. (1979). 116 ff.

[210] Zur Südstoa I siehe unten 106 f.

[211] J. E. Armstrong – J. McK. Camp II, Hesperia 46, 1977, 147 ff.

[212] A. L. Boegehold, a.O. (= Anm. 197), 104 ff.

[213] R. F. Townsend, The East Side of the Agora. The Remains Beneath the Stoa of Attalos. Agora 27 (1995), 50 ff.; A. L. Boegehold, a.O., 15 ff., 99, 104 ff.

[214] Travlos, Athen, 505 ff., insbesondere Abb. 636 A.

[215] Das Drei-Metopen-System ist wohl zum ersten mal im Fries über dem gedehnten Mitteljoch der Athener Propyläen verwendet worden; Gruben, 181. Während sich diese Jochdehnung noch aus einem bestimmten, funktionalen Zusammenhang ergab, gehörte sie später als Spielart des Triglyphons zu einem bestimmten Gestaltungswillen oder auch zu einem im Zeitalter des Hellenismus und darüber hinaus weiter verbreiteten Architekturstil. Beliebt war diese Friesvariante vor allem dann, wenn schlanke Säulen, weit gedehnte Joche und ein leichtes Gebälk mit einander verbunden werden sollten, um eine locker gefügte, elegant anmutende Architektur entstehen zu lassen. Siehe auch H. Lauter, Die Architektur des Hellenismus (1986), 262 ff.

[216] Zu Proportionen dorischer Säulen siehe Gruben, 134.

[217] Zur entwicklungsgeschichtlichen Bedeutung des Pompeionperistyls H. Lauter, a.O., 40 f.

[218] So auch Coulton, 221.

[219] R. F. Townsend, a.O., 144 ff. unter Verweis auf J. Kroll, The Greek Coins. Agora 26 (1993), 188 zu Nr. 504 h, 315.

[220] Zuletzt erwog Hintzen-Bohlen, 71 ff., die gesamte Baumaßnahme um etwa ein Jahrzehnt herabzudatieren.

[221] Travlos, Athen, 520.

[222] Daß die Schwächung der Demokratie Athens spätestens seit dem sogenannten Lamischen Krieg zu einem aktuellen Thema werden mußte, hat zuletzt U. Hackl, Klio 69, 1987, 83 ff. ausführlicher dargestellt.

[223] Nach Pausanias 1.29,16 übertrafen die Steuereinnahmen Athens während der Amtszeit Lykurgs die der perikleischen Zeit beträchtlich. Siehe auch oben 22 Anm. 44.

[224] Hierzu siehe oben 69.

[225] Hierzu siehe unten 107 f.

[226] F. Börner, Die bauliche Entwicklung Athens als Handelsplatz in archaischer und klassischer Zeit (1996), 71 ff., 170 f.

[227] Zwar deutet F. Börner, a.O., 162 ff. den eher als Gerichtsgebäude zu interpretierenden großen Per-

stylbau – siehe oben 103 ff. – als Markthalle, doch verweist er hierzu lediglich auf ältere Vermutungen, die nach Veröffentlichung des gesamten Befundes als überholt gelten könnten.

[228] So forderte z. B. Aristoteles, die Agora solle gänzlich von Händlern und ihrem lärmenden Treiben freigehalten werden. Siehe F. Börner, a.O., 170 f.

[229] Zusammenfassend zu den verschiedenen Hallen der Athener Agora Thompson-Wycherley, 82 ff.; zu ihren vielfältigen Nutzungsmöglichkeiten und Funktionen siehe auch Coulton, 1 ff.

[230] Thompson-Wycherley, 83 ff.; Camp, 59 ff., 112 ff.

[231] Thompson-Wycherley, 96 ff.; Travlos, Athen, 527 ff.; Camp, 119 ff.

[232] Thompson-Wycherley, 74 ff.; Travlos, Athen, 534 ff.; Camp, 138 ff.

[233] Chr. Börker, Festbankett und griechische Architektur. Xenia 4 (1983), 13 f.

[234] Thompson-Wycherley, 78 f.; Camp, 147 ff.

[235] Sehr detailliert beschreibt ein 375/74 v. Chr. von der Ekklesia verabschiedetes Gesetz die entsprechenden Vorschriften. Zu der Inschrift Agora I 7180 F. Sokolowski, BCH 100, 1976, 511 ff.; Camp, 151 f. veröffentlicht diesen urkundlich überlieferten Text in deutscher Übersetzung.

[236] R. J. Hopper, BSA 48, 1953, 200 ff.; Travlos, Attika, 204 f.

[237] So auch Camp, 149 und F. Börner, a.O. (= 113 Anm. 226), 175 ff.

# Das Heiligtum des Asklepios

Zu dem veränderten Zustand und Leben Athens gehört nicht zuletzt das neu für Asklepios eingerichtete Heiligtum. Mit ihm hat der Kult eines jungen Gottes in Athen einen prominenten Platz im Süden der Akropolis am Peripatos nahe beim Dionysostheater erhalten (Abb. 77)[1]. Damit war dieser Kult zu einer allgemein akzeptierten und wohl auch auf breiterer Ebene anerkannten Größe geworden, die offensichtlich einem in Athen virulent gewordenen Bedarf sichtbar Rechnung trug. Die Gründungsgeschichte des Athener Asklepioskults geht auf das Jahr 420 v. Chr. zurück. Ein gewisser Telemachos aus der Phyle Acharnai soll im Archontat des Astyphilos, d. h. im Jahr 420/19 v. Chr. den Kult des Asklepios aus dessen zentralem Heiligtum in Epidauros nach Athen und dort zuerst in das städtische Eleusinion gebracht haben[2]. Ein attisch rotfiguriges Vasenbild des Meidias-Malers könnte auf diesen Vorgang zu beziehen sein (Abb. 78)[3]. Gleich nach seiner Ankunft in Athen wurde der neue Gott zuerst von keinem Geringeren als Sophokles, der zu jener Zeit das Amt des Priesters für den einheimischen Heilheros Amynos inne hatte, aufgenommen[4]. Bereits ein Jahr später erhielt Asklepios an jener Stelle eine eigene Kultstelle, an der in der Folgezeit sein Heiligtum entstanden ist.

Der heutige Zustand des Bezirks geht vor allem auf Ausgrabungen zurück, die bereits 1876 durchgeführt worden sind[5]. Aus ihnen geht hervor, daß der größte Teil des Heiligtums in einer gegen Ende des 5. oder zu Beginn des 6. Jahrhunderts errichteten christlichen Basilika überbaut wurde[6]. Trotzdem blieben zahlreiche Bauglieder und wichtige Reste von Fundamentzügen des Asklepieions erhalten. Zumindest erlauben sie eine annähernde Klärung des antiken Bestands und seiner Bauphasen, wenngleich die wissenschaftlichen Untersuchungen zu den Funden noch nicht zum Abschluß gekommen sind. Wahrscheinlich wurden nach der Gründung des Kultes zuerst provisorische Holzbauten errichtet, die später durch repräsentativere Steingebäude ersetzt worden sind[7]. Wohl gegen die Mitte des 4. Jahrhunderts hatte der neue Asklepioskult eine solche Akzeptanz gefunden, daß er in den Rang eines allgemein anerkannten Kults aufstieg und seine offizielle Verstaatlichung stattfinden konnte[8].

Nicht zuletzt wurde in jener Zeit mit einer großzügigen Ausstattung des Heiligtums begonnen und damit ein Neubauprojekt in Gang gesetzt, dessen Durchführung vor allem in lykurgische Zeit datiert werden kann[9]. Zugleich waren spätestens jetzt Platz und Grenzen des Asklepiosheiligtums endgültig definiert. Hiernach umfaßt der Bezirk einen Geländestreifen, der zwischen der Südflanke des Akropolisfelsens und dem Periptatos liegt. Im Osten reicht er bis an das Auditorium des Dionysostheaters und endet im Westen an einer Stelle des alten Pelargikon, für die die Kerykes von Eleusis zuständig waren[10]. Soweit es die Topographie zuließ, wurde die Anlage von einer Peribolosmauer eingefaßt[11], deren Verlauf annähernd einem Rechteck entspricht. Besonders aufschlußreich ist die Begrenzung der östlichen Stirnseite, weil hier der Verlauf der Peribolosmauer auf den Umfassungsbogen des Auditoriums des Dionysostheaters sehr deutlich Rücksicht nimmt. Daraus folgt, daß dieses Auditorium bereits vorhanden oder zumindest im Bau war, als die Peribolosmauer des Asklepieions angelegt wurde. Dies bestätigt die auch durch andere Funde nahegelegte Datierung der Bauten des Asklepiosheiligtums in das dritte Viertel des 4. Jahrhunderts[12].

Ein Blick auf den Gesamtplan des Heiligtums (Abb. 79) zeigt, daß der Bezirk in zwei Teile gegliedert ist. Zwischen den beiden Teilen befindet sich eine vom Peripatos zum Fuß des Akropolisfelsens verlaufende Schneise, die sich aufwärts nach Norden deutlich verjüngt. Westlich dieser Schneise liegen die Reste einer Halle, deren Fassade von 11 ionischen Säulen gebildet wird. Vor der Rückwand dieser Halle liegen 4 quadratische Räume, deren Seitenlänge rund 6 m beträgt. Wie der Befund zeigt, befanden sich die Türen zu diesen Räumen nicht in der Mitte der jeweiligen Eingangswand, sondern waren deutlich nach rechts verlagert. Bekanntlich folgt dies einem Planprinzip, das eine bestimmte Möblierung solcher Räume berücksichtigt. Dem entspricht, daß hier Klinen aufgestellt werden konnten, die ohne Restflächen oder Engpässe ringsum eine lückenlose

Abb. 77. Ansicht des Athener Asklepieion von Osten.

Abfolge ergeben. Bei der ionischen Halle finden in jedem der quadratischen Räume 11 Klinen Platz[13]. Deshalb zeigt der Befund, daß es sich bei diesem Gebäude um ein Gästehaus, ein sogenanntes Katagogion mit 4 Banketträumen gehandelt hat[14]. Vermutlich wurde es bereits im letzten Viertel des 5. Jahrhunderts v. Chr. mit seiner in Stein erbauten ionischen Halle errichtet[15]. Dabei scheint es wegen des Baugrunds, der in das Pelargikon einschneidet, das unter der Obhut der Keryges von Eleusis stand, zu Streit gekommen zu sein[16].

Dagegen berührte das Terrain des eigentlichen Heiligtums keine anderen Rechte, so daß seine bauliche Ausstattung unstrittig blieb. Erschlossen wurde es durch ein Propylon, das am Fuß der großen Wegeschneise direkt am Peripatos stand und das zugleich den Zugang zur Südhalle mit den Banketträumen ermöglichte. Zwar zeigen die Funde vom Propylon, daß seine letzte Ausstattung aus römischer Kaiserzeit stammt, doch läßt der Text einer Inschrift vermuten[17], daß hier bereits in der Frühzeit des Heiligtums ein Propylon stand. Der engere Bezirk des Heiligtums war allerdings erst nach Durchschreiten eines weiteren, in die westliche Peribolosmauer eingefügten Tores erreichbar. Hatte ein Besucher dieses Tor passiert, stieß er zuerst auf die Rückseite und Südflanke des Asklepiostempels. Der archäologische Befund zeigt, daß es sich bei diesem Bau um einen kleinen Prostylos gehandelt hatte, dessen tetrastyle Front nach Osten gerichtet war. Deshalb erreichte der von Westen ankommende Besucher erst nach Umschreiten des Tempels dessen Eingangsseite. Offensichtlich hatte man beim Bau des Tempels auf einen geräumigeren Pronaos verzichtet, so daß direkt hinter der Säulenfront die geräumige Cella liegt. Dicht vor ihrer Rückwand befand sich eine Basis, auf der wohl Standbilder des Gottes und seiner Söhne standen. Allerdings blieb von diesen Skulpturen, wie auch von sehenswerten Gemälden, die Pausanias ausdrücklich nennt[18], nichts erhalten. Ein großer Altar stand östlich vor dem Tempel, war jedoch durch keine Achsflucht mit ihm verbunden. Deutlich war er aus dessen Längsflucht so weit nach Süden verlagert, daß ihm eine selbständige Bedeutung zugekommen sein dürfte. Dabei orientierte sich seine Plazierung weniger am Tempel als an dem offenen Platzraum des Heiligtums. Durch die Dominanz, mit der er dessen Mitte betont, können bestimmte Prioritäten verständlich geworden sein: Unübersehbar weisen sie darauf hin, daß dem Altar als kultischem Zentrum des Heiligtums mehr Bedeutung zukommt als anderen Einrichtungen dieses Bezirks, einschließlich des Tempels.

Für die besondere Eigenart des Heiligtums ist vor allem die große Halle im Nordosten aufschlußreich[19]. Als zweischiffiger und doppelgeschossiger Bau bot die Halle für bestimmte Erfordernisse des Asklepioskults und hiermit verbundener Heilpraktiken großzügig Raum. Ihre zur Platzseite gewandte Front bestand aus einer etagierten, dorischen Säulenabfolge (Abb. 80), die mit 18 Jochen zu je 2.75,3 m eine eindrucksvolle, fast 50 m lange Fassade ergab. Das erste Interkolumnium im Osten und die fünf letzten Interkolumnien im Westen waren durch aufgemauerte Schranken geschlossen, so daß dort der Säulenraport nur noch durch vorgeblendete Halb-, bzw. Dreiviertelsäulen zur Wirkung kam. Die in die Interkolumnien eingeschobenen Wände entzogen die dahinter angelegten Treppen, die zum Obergeschoß führten, den Blicken der Besucher. Sie kaschierten sowohl die weniger repräsentativen Treppenhäuser der Halle als auch den an die eigentlich Halle angehängten Westteil des Gebäudes. Deshalb präsentiert sich die Anlage in ihrer äußeren Erscheinung wie eine doppelgeschossige Stoa, deren Gestalt sich auf die gesamte Länge als scheinbar einheitlicher Baukörper zeigt. Tatsächlich entspricht die eigentliche Halle jedoch nur der Abfolge von 12 Jochen

◀ Abb. 78. Um 400 v. Chr. entstandener, attisch rotfiguriger Teller. – Antwerpen, Privatbesitz.

▼ Abb. 79. Gesamtplan des Athener Asklepieion nach dem in lykurgischer Zeit erfolgten Ausbau.

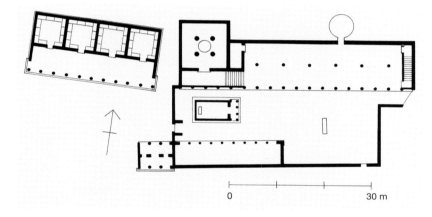

und bei einer Breite von ca. 9,90 m einer Länge von gut 33 m. Da die Halle zu den frühesten Beispielen einer zweigeschossigen Hallenarchitektur gehört, zählt sie zu den wichtigen Überlieferungen der Geschichte griechischer Architektur[20]. Entsprechend dem Stil dieses Gebäudes, der auf den Hellenismus hinweist, sind bereits im Erdgeschoß die Säulenjoche so weit gedehnt, daß im Fries ein Drei-Metopen-System erforderlich war[21]. Im Obergeschoß setzt sich dieser Zergliederungsprozeß des Triglyphons in einem Fünf-Metopen-System fort. Derartige Verhältnisse sind in griechischer Architektur sonst erst durch die hellenistischen Bauten des 2. Jahrhunderts v. Chr. in Pergamon bekannt. Es mag sein, daß das Obergeschoß der Halle im Athener Asklepiosheiligtum, deren Befunde zeigen, daß in römischer Kaiserzeit eine umfassende Erneuerung stattge-

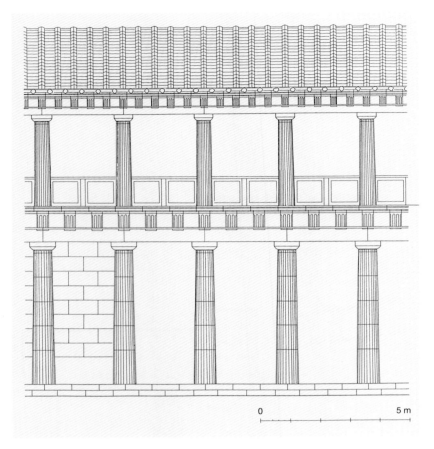

Abb. 80. Ausschnitt vom Fassadenaufriß der Nordhalle im Athener Asklepieion.

funden hat, erst in jener späteren Bauphase mit einem derart kleinteiligen, dorischen Fries ausgestattet worden ist. Trotzdem dürfte die Zweigeschossigkeit der Halle bereits zu deren erster Bauphase gehört haben. In beiden Geschossen standen entlang der Mittelachse und gegenüber der dorischen Säulenabfolge in doppeltem Jochabstand ionische Säulen, die die jeweils fast eintausend Quadratmeter großen Säle in zwei Längsschiffe teilten. Hier fanden Kranke Platz, um durch den erwarteten Heilschlaf die erhoffte Genesung zu finden[22]. Die Rückwand der Halle bestand aus einer kräftigen Quadermauer, die dem an dieser Stelle abgearbeiteten und grob hergerichteten Akropolisfels vorgeblendet war. Im Erdgeschoß befand sich rechts der Wandmitte eine von Quadermauerwerk eingefaßte Öffnung durch die der Eingang in eine in den Akropolisfels reichende, alte Höhle führte. In ihr befand sich die ehrwürdige heilige Quelle, die zu den Fixpunkten dieses Heiligtums gehörte[23].

An die Inkubationshalle, die man auch als Abaton, das dem Heilschlaf vorbehalten blieb, verstehen kann, schließt sich direkt im Westen ein Gebäudeteil an, dessen Form und Bedeutung manche Rätsel aufgibt. Einerseits mutet er wie ein selbständiges Gebäude an und besitzt wohl auch eine eigene Funktion und Bedeutung; andererseits wurde seine äußere Erscheinung so konsequent mit der Inkubationshalle verknüpft, daß angesichts der formal ineinander verschliffenen Fassadengestalt der Eindruck entstehen könnte, es handele sich lediglich um eine Fortsetzung der Inkubationshalle. Trotzdem ergibt sich aus dem archäologischen Befund und hieraus ableitbarer Deutung, daß die inhaltliche Andersartigkeit des Westtraktes offenkundig ist. Sie wurde durch das nach außen zur Wirkung gebrachte Erscheinungsbild der Fassade kaschiert. Bei genauerem Hinsehen wird jedoch rasch deutlich, daß das Gebäude mit seiner Nordseite deutlich über die Rückseite der Halle hinausreicht. Für diese Raumerweiterung wurden am Akropolisfels zusätzliche Abarbeitungen notwendig. Allerdings sind sie nicht bis auf das Bodenniveau der Inkubationshalle herabgeführt worden, sondern enden ca. 3,50 m weiter oben, so daß ein deutlicher Niveausprung zwischen der Halle und dem anschließenden Westtrakt entstanden ist (Abb. 81). Er unterstreicht die Selbständigkeit des Westtrakts mit seinem großen Raumquadrat im Obergeschoß. Zu ihm führte die breite Treppe, die hinter der Abfolge der fünf durch Mauern geschlossenen Interkolumnien der großen Gebäudefassade verdeckt blieb (Abb. 82). Über diesen rund 3 m breiten Treppenaufgang erreichte man einen vestibülartigen Vorraum, von dem aus eine große Tür den Zugang in den quadratischen Saal öffnete.

Im Fußboden der Saalmitte befindet sich die runde Öffnung eines mehr als zweieinhalb Meter tiefen Bothros. Reste von Basen, auf denen Stützen standen, umgeben den Bothros (Abb. 83). Sie weisen nachdrücklich darauf hin, daß diese Opfergrube von einem monopterosartigen Baldachin überdeckt war[24]. Offensichtlich sollte diese Stelle in besonderer Weise ausgezeichnet werden. Sinnvoll kann dies nur sein, wenn diese Betonung durch eine besondere Bedeutung der Grube nahegelegt und legitimiert war. Vielleicht diente sie als Depot für Opferreste, die aus kultischen Gründen nicht aus dem Heiligtum entfernt werden durften. Ähnlich ungewiß bleiben Funktion und Bedeutung des langgeschreckten Raums, der sich gegen die östliche Mauer des großen Saals lehnt und der über das Obergeschoß der Inkubationshalle erreicht werden konnte. Vielleicht wurde in diesen ihrer baulichen Gestaltung nach schwer verständlichen Räumen die Kultfeier für das inschriftlich genannte Fest der Horen[25] vollzogen[26]. Allerdings bleibt eine solche Überlegung mangels eindeutiger Überlieferungen weitgehend hypothetisch, so daß mit ihr höchstens eine Interpretationsmöglichkeit angedeutet werden kann.

Vor allem aber galt der Kult Asklepios und dessen Tochter Hygieia, die hier zusätzlich als Gottheit der Gesundheit verehrt wurde[27]. Asklepios selbst gehörte bekanntlich zu den sogenannten „Neuen Göttern", die in Athen in der durch den Peloponnesischen Krieg geförderten Krisenzeit Einzug hielten. Zum Teil stieß deren Ausbreitung und Verehrung auf herbe Kritik und strikte Ablehnung, die sogar in Prozessen aktenkundig geworden ist[28]. Prominentestes Beispiel für solche Vorgänge ist der berühmte Sokrates-Prozeß, der bekanntlich im Jahr 399 v.Chr. zur Verurteilung und zum Tod des Philosophen führte[29]. Die Einführung des Asklepioskults scheint in Athen weniger problematisiert worden zu sein. Dabei wird Asklepios meist als Abkömmling des Apollon bezeichnet[30], mit dem ihn auch dessen Funktion als Heilgott verbindet, der Krankheit ebenso schicken wie verhindern oder heilen konnte[31]. Trotzdem und darüber hinaus war der Bedarf nach einer eigens auf diesen Aufgabenbereich konzentrierte Gottheit entstanden und zunehmend aktueller geworden. Anscheinend konnte diesem Anliegen ein Gott wie Asklepios gut entgegenkommen und treffend entsprechen. Wie auch immer man Mythen zu Herkunft des Asklepios und zur Entstehungsgeschichte seines Kults erklären mag, fest steht auf jeden Fall, daß er im letzten Viertel des 5. Jahrhunderts v.Chr. deutlichere Gestalt angenommen[32] und zuerst in Epidauros kultische Verehrung gefunden hatte. Es mag sein, daß seine ur-

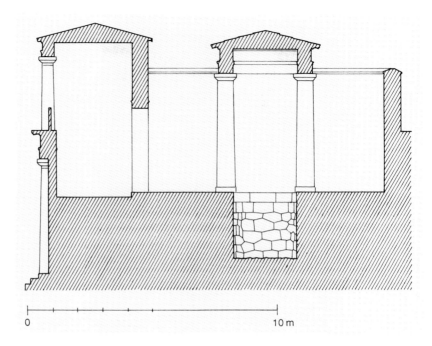

▲ Abb. 81. Querschnitt durch den Raum mit dem Bothros im westlichen Teil der Nordhalle des Athener Asklepieion.

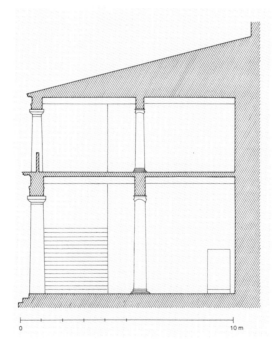

◂ Abb. 82. Querschnitt in Höhe der zum Bothrosraum im westlichen Teil der Nordhalle des Athener Asklepieion führenden großen Treppe.

sprüngliche Herkunft und Verehrungsform einer allgemeineren Akzeptenaz entgegenkam. Als ein Heros, der noch nicht als Gott verstanden werden mußte, brauchte seine Verehrung nicht in Konkurrenz zu den Olympiern verstanden zu werden. Deshalb blieb Asklepios auch als Gott eine Gestalt, die zwar einen Wan-

◀ Abb. 83. Ansicht restlicher Glieder des Bothrosbaldachins im Athener Asklepieion.

del signalisiert, jedoch deshalb keineswegs als eine Alternative verstanden werden muß, die an die Stelle der olympischen Götter getreten wäre.

Daß sich der Kulttransfer nach Athen bestens bewährt hatte, belegen sowohl das innerhalb der Stadt an renommierter Stelle plazierte und großzügig ausgestattete Heiligtum als auch zahlreiche, dort eingebrachte Weihungen.

Offensichtlich erfreute sich der neue Kult wohl vor allem in breiten Kreisen der Bevölkerung rasch besonderer Beliebtheit[33]: Grund genug, um nach seiner besonderen Eigenart zu fragen. Anscheinend kamen Götter wie Asklepios in einer bestimmten Situation einem allgemeiner verbreiteten Bedürfnis entgegen, dem die herkömmlichen und allgemein verehrten Olympier nicht mehr in zufriedenstellender Weise entsprachen. Deren auf größere Gemeinschaftszusammenhänge, also vorrangig auf Angelegenheiten der Polis und weniger auf persönliches Wohlergehen einzelner Personen bezogenes Wirken dürfte einer zu jener Zeit weiter ausgebreiteten Stimmung kaum hinreichend entsprochen haben. Bekanntlich folgte sie einer Strömung, die gerade in spätklassischer Zeit zunehmend stärker ins Blickfeld von Interessen geriet, die ohne unmittelbare Resonanz im tradierten Götterspektrum mit seinen vorrangig dem Staat verpflichteten Kulten blieb. Insoweit traf der im späten 5. Jahrhundert nach Athen transferierte und dort im 4. Jahrhundert offiziell sanktionierte Asklepioskult auf eine Bedarfslücke, die seiner Verbreitung fraglos zugute kam. An Asklepios konnte sich vom Vollbürger bis zum Metöken[34] jeder einzelne Mensch mit seinen persönlichen Sorgen, Nöten und Problemen wenden. Seine von anderen Göttern kaum geteilte Anteilnahme an menschlichem Leid weckte Hoffnung auf heilende Zuwendung. Deshalb gehörte er zu jenen Göttern, die den Sterblichen besonders nahe standen. Dies charakterisiert zugleich eine besondere Eigenart dieses Gottes. Nicht zuletzt einer solchen Eigenart dürfte der rasche und große Erfolg des neuen Kults zuzuschreiben sein. Hierzu gehört auch, daß er von Enttäuschungen, wie sie von der ausgebliebenen

◀◀ Abb. 84. Münzbild mit einer Darstellung des Kultbilds vom Asklepiostempel in Epidauros. – München, Staatliche Münzsammlung.

◀ Abb. 85. Torso im Statuentypus des Asklepios „Giustini". – Rom, Museo Nuovo 1846.

Hilfe Apolls bei der im Jahre 430 v.Chr. über Athen hereingebrochenen Pestseuche ausgelöst werden konnten, profitierte[35]. Sein Auftauchen in einer von Krisen geschüttelten Zeit, die das ihre dazu beitrug, daß betonte Innerlichkeit und Rückzug auf persönliche Belange wichtiger wurden, ist deshalb weder zufällig noch erstaunlich.

**Asklepiosdarstellungen**, wie sie in Standbildern und Reliefs zahlreich überliefert sind, schildern und kommentieren Funktion und Eigenart des neuen Gottes. Daß ihm besondere Bedeutung und herausragender Rang beigemessen wurden, zeigen nicht zuletzt überlieferte Bildtypen. Sie weisen zugleich darauf hin, daß seine Gestalt unterschiedlichem Bedarf oder Anspruch angeglichen werden konnte. Deshalb folgt seine Darstellung keineswegs stets gleich bleibenden Vorstellungen. An seinem Stammsitz in Epidauros wurde er im Kultbild seines Tempels als würdig thronender Gott in einer dem phidiasischen Zeus von Olympia entlehnten Herrscherattitüde gezeigt. Freilich ist von dem aus Gold und Elfenbein geschaffenen Kultbild nur noch der schwache Abglanz einer Münzbilddarstellung überliefert (Abb. 84)[36]. Trotzdem läßt sie zumindest noch erkennen, daß mit dem Kultbild des parischen Künstler Thrasymedes eine Götterdarstellung verständlich wird, deren Eigenart jener distanzierten Form entsprach, die dem Bild hochrangiger Olympier eigen war.

Einem anderen Tenor entsprechen Standbilder, die Asklepios als stehenden Gott zeigen. Hierzu sind mehrere Darstellungsmöglichkeiten bekannt geworden, deren typologische Ordnung und Bewertung mehrfach diskutiert worden ist[37]. Dabei gruppieren sich die wichtigsten Beispiele vor allem um jenen Typus, der allgemein als Asklepios Giustini bezeichnet wird. Neuere Forschungen haben bestätigt, daß dieser Typus auf ein Bronzeoriginal zurückgeht, das um 380 v.Chr. in Athen entstanden sein dürfte[38]. Unter den zahlreichen Repliken und Umbildungen oder Varianten zeichnen sich zwei Statuen vor allem dadurch aus, daß sie dem verlorenen Original besonders nahe zu sein scheinen. Zwar ist das eine Beispiel nur als Torso augusteischer Zeit erhalten geblieben (Abb. 85), doch folgen seine Formen mehr als andere Repliken dem Charakter einer Bronzeplastik[39], während das zweite, in flavischer Zeit entstandene Beispiel im Detail weniger zuverlässig zu sein scheint, dafür aber die Ikonographie der Gesamtgestalt gut nach-

Abb. 86. Standbild im Typus des Asklepios „Giustini". – Florenz, Uffizien 347.

zeichnen läßt (Abb. 86)[40]. Hiernach steht der bärtig gezeigte Gott mit entblößtem Oberkörper in aufrechtem Stand vor seinem imaginären Betrachter. Er trägt ein über die linke Schulter geworfenes und um den Körper gewundenes Manteltuch aus schwerem Wollstoff. Dabei ist das beinlange Gewand so drapiert, daß die Brust frei bleibt und der angewinkelt in die Seite gestützte linke Arm völlig verhüllt ist, während Arm und Schulter der rechten Seite unbekleidet sind. Entsprechend dem Charakter des schweren Wollstoffs zeichnen wenige, scharfgratik und lang gezogene Hauptfalten das Standmotiv auf der weitgehend glatt gespannten Manteloberfläche nach. Sie verdeutlichen, daß die Last des Körpers hauptsächlich auf dem linken Bein ruht, das somit eindeutig als Standbein charakterisiert ist. Dagegen schiebt sich das rechte Bein leicht angewinkelt nach vorne, so daß sich das Knie im Mantelstoff abzeichnet. Zugleich ist der rechte Fuß knapp nach außen gedreht und beschreibt ein zurückhaltend formuliertes Spielbeinmotiv. Haltung und Standmotiv beschreiben die Gestalt als eine in ruhiger Erwartung ankommende Gottheit, deren Gegenwart nicht zuletzt durch den kräftigen Stab, auf den sich die Gestalt in einem allgemein bekannten Motiv stützt, verdeutlicht und zugleich erläutert wird. Bei dem Stab handelt es sich um einen großen Stock, wie er häufig bei Darstellungen älterer Männer begegnet (Abb. 18). Der Gott hat das obere Ende des bis zum Boden reichenden und mit der herabhängenden rechten Hand gehaltenen Stabs in die Achselhöhle unter der rechten Schulter geschoben[41]. Dort hat sich der obere Mantelrand zwischen Achsel und Stabspitze eingeklemmt, so daß sich das Manteltuch hier staucht und ein Faltenbündel bildet, das in einem hängenden Bogen bis zur gegenüber liegenden Seite und dort zum Ellenbogen des linken Arms schwingt. Gleich einem attributiv verdeutlichenden Kommentar windet sich in spiraliger Aufwärtsbewegung eine große Schlange um den Stab, die diese männliche Gestalt ohne Umwege als Asklepios zu erkennen gibt.

Aufschlußreich ist vor allem die spezifische Art der Darstellung, die ein bestimmtes Verständnis und eine aktuell gewordene Vorstellung von diesem Gott bildhaft beschreibt. Erscheinungsform, Standmotiv und Gestik weisen auf Eigenschaften hin, die bei sonstigen Götterbildern keineswegs derart selbstverständlich sind. Dabei fällt vor allem auf, daß Asklepios in diesem Bildtypus so erscheint, als handele es sich bei ihm eher um einen noblen Bürger als um einen einer anderen Sphäre angehörenden Gott. Seine Funktion wird lediglich durch die attributiv beigegebene Schlange verständlich gemacht. Dagegen entspricht

◀ Abb. 87. Weihreliefs mit Darstellung des Asklepios, seiner Familie und Adoranten. – Athen, Nationalmuseum 1402.

◀ Abb. 88. Standbild der sogenannten Hygieia Hope. – Los Angeles, County Museum of Art Inv. Nr. 50.33.23 William Randolph Hearst Collection.

seine sonstige Erscheinung ganz dem Bild eines am Gespräch mit anderen Personen teilnehmenden Bürgers, der in ruhiger Geste die eingeschlagene Hand selbstbewußt gegen die Hüfte lehnt, sich locker auf seinen Stab stützt und in freundlicher Aufmerksamkeit anwesend zu sein scheint[42]. Es ist dies keine Gottheit, die in unerreichbarer Ferne verweilt, sondern ein Gott, der schon durch sein Erscheinungsbild zu erkennen gibt, daß er einer Alltagsgegenwart[43] nahe ist. Der gleichsam verbürgerlichte Darstellungstypus zeigt Asklepios in einer Art, als könne man ihn ganz direkt anfassen, als einen fast unmittelbar anwesenden Gott[44]. Anscheinend entsprach eine solche Götterdarstellung einer Tendenz, in deren Zusammenhang eine erhoffte Nähe und göttliche Zuwendung im verbürgerlichten Götterbild Ausdruck fanden.

Neben dieser offiziöseren Darstellungsform in repräsentativen Standbildern, die Asklepios im Bildschema eines idealen Polisbürgers vorstellen[45], zeigen ihn vor allem Reliefszenen als einen den Menschen unmittelbar verbundenen Gott. Wie ein gütiger Vater erscheint er samt seiner ganzen Familie auf einem in der 1. Hälf-

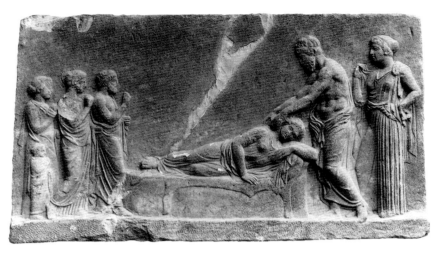

Abb. 89. Weihreliefs mit Darstellung des Asklepios am Krankenbett eines Patienten. – Piräus, Museum Inv. 405.

te des 4. Jahrhunderts v. Chr. entstandenen Weihrelief (Abb. 87)[46], um sich einer Gruppe von Adoranten zuzuwenden. Direkt hinter ihm und halb von seiner Gestalt verdeckt, steht seine Tochter Hygieia, die häufig mit ihm gemeinsam – so auch in Athen – kultisch verehrt wurde. Das hohe Ansehen, das Hygieia als Gottheit der Gesundheit entgegengebracht wurde, spiegelt sich auch in eigens für ihre Darstellung geschaffenen Standbildern (Abb. 88)[47].

Auf Weihreliefs wird Asklepios bisweilen wie ein helfender Angehöriger oder Arzt gezeigt, der mit ausgestreckt heilenden Händen einen auf dem Krankenbett liegenden Patienten aufsucht (Abb. 89)[48]. Solche Bildszenen weisen auf einen sehr engen Kontakt zwischen Gott und Mensch hin, durch den der Eindruck vermittelt wird, Sterbliche könnten diesem Gott nahezu ähnlich sein. Auf jeden Fall belegen solche Reliefs, daß man sich Asklepios als einen Gott vorstellte, der menschliches Leid nicht sich selbst überließ, sondern aktiv für Linderung und Abhilfe sorgte.

Obgleich sich wohl jede einzelne Person mit diesem neuen Gott „anfreunden" oder identifizieren konnte, und es deshalb kaum erforderlich war, sich von offizieller Seite in besonderer Weise um diesen Kult zu kümmern, beließ es Athen nicht dabei, den Asklepioskult nur eine Privatangelegenheit einzelner Bürger sein zu lassen, sondern erklärte ihn zu einem der offiziellen Staatskulte Athens[49]. Dadurch konnte vermieden werden, daß der neue Kult, der rasch zu hohem Ansehen kam, nur noch individualisiert in Anspruch genommen wurde und daher nicht mehr zur Identifikation der Bürger mit ihrem Staat beitrug. Deshalb betont auch dieser religionspolitische Akt die große Aktualität des jungen Asklepioskults und kommentiert zugleich die besondere Bedeutung des neu ausgestatteten Asklepiosheiligtums im Stadtbild Athens.

---

[1] Allgemein und zusammenfassend zum Asklepiosheiligtum in Athen Travlos, Athen, 127 ff.; A. Krug, Heilkunst und Heilkult. Medizin in der Antike (1985), 147 ff.; S.B.Aleshire, The Athenian Asklepieion. The People. their Dedications and the Inventories (1989); Hintzen-Bohlen, 68 ff.; Parker, 176 ff.

[2] IG II² 4960; Auffarth, 345 ff. Auch das östlich der Agora und unterhalb der Akropolis am Panathenäenweg gelegene Eleusinion gehörte zu jenen Heiligtümern, deren Pflege in lykurgischer Zeit gefördert wurde. Hierzu siehe Travlos, Athen, 198 ff. und zuletzt Hintzen-Bohlen, 52 f.

[3] Antwerpen, Privatbesitz G 36. D. Cramers, AA 1978, 67 ff.; L. Burn, The Meidias Painter (1988), 71.

[4] E. Kearns, The Heroes of Attica (1989), 14 ff.

[5] S. Koumenoudis, Praktika 1876, 14 ff.; ders., Praktika 1877, 6 ff.

[6] J. Travlos, AEphem 1939/41, 35 ff.

[7] Travlos, Athen, 127.

[8] Zwar ist die Datierung dieses Vorgangs nicht urkundlich überliefert, doch wird sie allgemein für diese Zeit angenommen. Daß die staatliche Anerkennung des Asklepioskults stattgefunden hat, ist unstritten. Zumindest bestätigt dies die Inschrift IG II² 4969, durch die überliefert ist, daß ein Bürger namens Demon wegen der Stiftung eines Grundstücks an Asklepios vom Demos zum Asklepiospriester ernannt wurde, ein Akt, der die staatliche Anerkennung des neuen Kults voraussetzt. Siehe auch A. Körte, AM 21, 1896, 315.

[9] Architekturfunde vom Asklepieion zeigen, daß bei seinem Bau unterschiedliche Marmorsorten verwendet worden sind. Der weiße Marmor vom Pentelikon und der blaugraue hymmetische Marmor ergeben einen Farbwechsel, der vor allem bei Bauten aus lykurgischer Zeit zu beobachten ist. H. Lauter, Die Architektur des Hellenismus (1986), 273.

[10] A. Keramopullos, AEphem 1934/35, 85 ff.

[11] Ph. Versakis, AEphem 1912, 43 ff.

[12] Grundsätzlich bestätigt dies zuletzt auch Hintzen-Bohlen 69, doch problematisiert sie 70 f. zugleich

die Datierung der großen Halle. Zu deren Datierung in die Mitte des 4. Jahrhunderts v. Chr. siehe Coulton, 223 f.

¹³ Dies bestätigen vor allem Vorrichtungen für die Aufstellung von Klinen, die im Fußboden z. T. erkennbar geblieben sind. R. A. Tomlinson, JHS 89, 1969, 112 ff.; A. Krug, a. O., 151.

¹⁴ Chr. Börker, a. O. (= 56 Anm. 3), 14. Hiernach gehören diese Räume zu den frühesten Beispielen, in denen konkrete Hinweise solcher Ausstattungen erhalten sind.

¹⁵ R. A. Tomlinson, a. O.

¹⁶ Wahrscheinlich bezieht sich der IG II² 4960 genannte Konflikt auf diesen Vorgang.

¹⁷ IG II² 2046.

¹⁸ Pausanias 1.21,4.

¹⁹ G. Allen – L. D. Caskey, AJA 15, 1911, 32 ff.

²⁰ Zur architekturgeschichtlichen Bewertung siehe R. Martin, Recherches sur l'Agora Grecque. Étude d'Histoire et d'Architecture Urbaines. BEFRA 174 (1951), 486 f.

²¹ Zum Befund der Halle siehe auch R. Martin u. H. Metzger, BCH 73, 1949, 316 ff.

²² A. Krug, a. O. (= 124 Anm. 1), 150.

²³ Travlos, Athen, 127.

²⁴ Travlos, a. O.

²⁵ IG II² 974–975.

²⁶ F. Robert, Thymélè. BEFAR 147 (1939), 233 ff., 325 f.

²⁷ Auffarth, 353 ff.

²⁸ Auffarth, 337 ff.

²⁹ Siehe oben 20 Anm. 12.

³⁰ Der Neue Pauly 2 (1997), 94 ff. s. v. Asklepios (F. Graf).

³¹ Der Neue Pauly 1 (1996), 865 s. v. Apollon (F. Graf).

³² LIMC 2 (1984), 863 ff. s. v. Asklepios (B. Holtzmann).

³³ Dies belegen nicht zuletzt die offensichtlich aus allen Schichten der Bevölkerung eingegangenen und in Inventaren genannten Geldstiftungen, deren Einzelsumme von 1 Obole bis zu 500 Drachmen reichen konnte. Hierzu siehe S. B. Alshire, Asklepios at Athens. Epigraphic and Prosopographic Essays on the Athenian Healing Cults (1991), 75.

³⁴ J. D. Mikalson, Athenian Popular Religion (1983).

³⁵ Auffarth, 343 f.

³⁶ B. Krause, AA 1972, 240 ff.

³⁷ G. Heiderich, Asklepios (1966).

³⁸ M. Meyer, AM 103, 1988, 119 ff.; dies., AntPl 23 (1994), 7 ff.

³⁹ Rom, Museo Nuovo, Inv. 1846. M. Meyer, AntPl 23 (1994), 7 ff.

⁴⁰ Florenz, Uffizien, Inv. 247. M. Meyer, a. O., 9 ff.

⁴¹ Daß dies nahezu als Attribut von Männern gelten kann, die sich in der Öffentlichkeit der Polis aufhalten, hat zuletzt J. Bergemann, a. O. (= 44 Anm. 3), 78 betont. Beispielhaft zeigen dies bereits die am Ostfries des Parthenon dargestellten Männergestalten, die häufig als Phylenheroen gedeutet werden. U. Kron, a. O. (= 112 Anm. 173), 202 f.

⁴² H.-G. Hollein, Bürgerbild und Bildwelt der attischen Demokratie auf den rotfigurigen Vasen des 6. und 5. Jahrhunderts v. Chr. (1988), 17 ff., 221 ff. Siehe auch Stupperich, 97 ff. mit Verweis zur Darstellung älterer Männer auf Grabreliefs des 4. Jahrhunderts.

⁴³ H.-U. Cain, a. O. (= 111 Anm. 130), 119.

⁴⁴ Zum Phänomen der „Götter zum Anfassen" Auffarth, 338 ff., 364.

⁴⁵ Auffarth, a. O.

⁴⁶ Athen, Nationalmuseum 1402. S. Karusu, Archäologisches Nationalmuseum. Antike Skulpturen (1969), 157; U. Hausmann, Kunst und Heiltum. Untersuchungen zu den griechischen Asklepiosreliefs (1948), 74, 85, 86 und öfters. Zwar stammt das Relief nicht aus Athen, sondern wurde 1821 beim Kloster Luku gefunden, doch verweist sein Stil auf eine Herkunft aus einer attischen Werkstatt und gehört die dargestellte Szene in den hier angesprochenen Sinnzusammenhang. Es zeigt Asklepios als einen den Menschen ganz unmittelbar zugewandten Gott. Anscheinend hatte eine solche Sicht auch über Athen hinaus eine positive Resonanz gefunden.

⁴⁷ Nach A. Delivorrias und A. Linfert, BCH 107, 1983, 277 ff. könnte das Standbild auf ein skopasisches Werk zurückgehen.

⁴⁸ Piräus, Museum 405. U. Hausmann, a. O., 46 ff.; ders., Griechische Weihreliefs (1960), 58.

⁴⁹ Siehe oben 124 Anm. 8. Zum Umgang des offiziellen Athen mit den sogenannten Neuen Göttern siehe auch R. Garland, Introducing New Gods: The Politics of Athenian Religion (1992); Parker, 152 ff.

# Das Dionysostheater

Die Neuplanung und Ausführung des Dionysostheaters gehört zu den aufwendigsten und bemerkenswertesten Projekten, durch die Athen im 4. Jahrhundert v. Chr. sein Stadtbild veränderte und bereicherte[1]. Wahrscheinlich geht diese Maßnahme auf eine Initiative des Eubulos zurück, der vor allem in den Jahren zwischen 354 und 350 v. Chr. für die Theorika zuständig war und in jener Zeit zu den einflußreichsten Personen Athens gehörte[2]. Projektierung und Vollendung des neuen Dionysostheaters nahmen gut zwei Jahrzehnte in Anspruch und wurden vor allem von Lykurg so nachhaltig gefördert, daß der Neubau insgesamt seiner Initiative zugeschrieben wurde[3].

Die heute sichtbare Anlage (Abb. 90) am Südhang der Akropolis zeigt einen Zustand, der auf das Theater des 4. Jahrhunderts zurückgeht und einige Veränderungen späterer Zeiten aufweist[4].

Daß der lykurgische Bau nicht das erste Theater an dieser Stelle war, ist allgemein bekannt. Seine Baugeschichte und die Geschichte des Dionysosheiligtums gehen bis in spätarchaische Zeit zurück. Anscheinend hatten beide am Übergang von der Spätarchaik zur beginnenden Frühklassik, also um 500 v. Chr. erstmals wenigstens andeutungsweise Gestalt angenommen[5]. Deutlichere Konturen, wenngleich immer noch etwas indifferent, gewann diese Stätte nach der Mitte des 5. Jahrhunderts. Soweit sich aus archäologischen Funden eine ungefähre Vorstellung von der Form des Theaters perikleischer Zeit ableiten läßt, bestand es im Wesentlichen aus einer kreisförmigen Orchestra und einem Koilon, dessen Sitze wohl weitgehend aus Holzbohlen bestanden, die auf Steinblöcken lagen. In einer polygonalen Formation orientierten sie sich, hangaufwärts gestaffelt an dem die Anlage beherrschenden Orchestrakreis, so daß sich ein ungefährer Eindruck von dieser prototypischen Theateranlage gewinnen läßt (Abb. 91)[6]. Wahrscheinlich entsprach ihre Größe einem Fassungsvermögen für ca. 3000 Zuschauer. Gesichert sind einige Steinsitze einer Prohedrie[7], d. h. Plätze, die für besonders wichtige Personen reserviert waren. Die Orchestra befand sich auf einer eingeebneten Anschüttung. Sie war erforderlich, um das nach Süden hangabwärts geneigte Gelände auszugleichen. Eine im Süden vorgelagerte Stützmauer, von der noch ein gebogen verlaufender Rest gefunden worden ist[8], sollte wohl den Geländeschub abfangen. Allgemein wird vermutet, daß diese Mauer bereits älter als das perikleische Theater ist und zu entwicklungsgeschichtlichen Vorstufen des Theaters gehörte[9].

Konstitutiv ist der von Anfang an gegebene Zusammenhang des Athener Theaters mit Dionysos, dessen Kult und dem Heiligtum dieses Gottes. Hier wurden die städtischen Dionysien gefeiert und hier wurde der Gott als Dionysos Eleuthereus verehrt[10]. Der Beiname bezieht sich auf den kleinen, im attisch-böotischen Grenzgebiet liegenden Ort Eleutherai, weil – so die in Athen gepflegte Legende – der Gott von dort in die Stadt geholt worden sei. Zum Gedenken an diesen Gründungsakt des städtischen Dionysoskults wurde der Gott am Tag vor Beginn der Großen Dionysien sinnbildhaft nach Athen gebracht. Deshalb hatte man das Kultbild zuvor außerhalb der Stadt, vor dem Dipylon, in einem kleinen Tempel aufgestellt und trug es in der Nacht in einem von Fackeln begleiteten Festzug an seinen eigentlichen Platz im innerstädtischen Dionysosheiligtum[11]. Dort konnte am kommenden Tag die große Opferprozession stattfinden, an der ganz Athen und alles, was Rang und Namen hatte, teilnahm. Es war dies der kultische Höhepunkt, der zugleich die gern genutzte Gelegenheit zu größter Prachtentfaltung und aufwendiger Selbstdarstellung Athens bot. Nicht zuletzt gehörten zu diesen Festlichkeiten Veranstaltungen, aus denen das Theaterspiel hervorgegangen ist. Dies gilt vor allem für die Ausführung der chorisch dargebotenen Dithyramben, der Tragödien und der Komödien. Sie wurden rasch zur eigentlichen Attraktion der kultischen Feste des hier mit einem kleinen Tempel und bescheidenen Altar verehrten Dionysos.

In archaischer Zeit fanden musische und tänzerische Darbietungen anscheinend kaum im Dionysosheiligtum selbst statt, sondern wahrscheinlich auf der Agora. Auf deren unbebauter großen Freifläche war genügend Platz,

Abb. 90. Blick von der Athener Akropolis auf das Dionysostheater.

so daß die Stätte selbst, ohne formal definiert zu sein, als Orchestra bezeichnet werden konnte. Für Zuschauer wurden von Fall zu Fall hölzerne Tribünen, die sogenannten Ikria aufgestellt[12]. Sie sollen während einer Aufführung vollbesetzt zusammengebrochen sein. Der Unfall könnte dazu beigetragen haben, daß die Aufführungen endgültig in das Heiligtum des Dionysos Eleuthereus an der Südflanke der Akropolis verlegt wurden[13].

Trotzdem dauerte es noch einige Zeit, bis die Spielstätte eine deutlicher wahrnehmbare Gestalt annahm: Der Form eines Theaters näherte sie sich erst in perikleischer Zeit. Zwar läßt sich das perikleische Theater in seinen wesentlichen Grundzügen benennen, doch bleiben wichtige Teile nach wie vor ungewiß. Dies betrifft vor allem die Skene, von der man nicht wirklich weiß, ob es sie beim Theater perikleischer Zeit baulich gegeben hat. Deshalb ist die nur spekulativ denkbare Form einer frühen Bühne unbekannt. Trotzdem ist die Frage nach einer Skene nicht zuletzt für eine Beurteilung dessen, was später durch das Dionysostheater lykurgischer Zeit substanziell verändert worden ist, außerordentlich wichtig. Vor allem die Eigenart und konkrete Bedeutung der Tragödien, die hier aufgeführt wurden, sind von Antworten auf die Frage nach einer Skene nachhaltig berührt. Sollte es bereits beim perikleischen Theater eine richtige Skene gegeben haben, müßte sie als ein zwischen Orchestra und Tempel eingeschobener Baukörper Theater und Heiligtum von Anfang an wie zwei voneinander unabhängige Teile getrennt haben. Kam das frühe Theater noch ohne stabil angelegte Skene aus, konnten Tempel und Theater als miteinander verknüpfte Einheit verstanden werden.

Im ersten Falle müßte die dorische Halle, die

Abb. 91. Modellstudie des perikleischen Dionysostheaters.

sich wie ein langgestreckter Riegel zwischen Theater und Tempel schiebt, spätestens im fortgeschrittenen 5. Jahrhundert v. Chr. errichtet worden und bereits Bestandteil der ursprünglichen Konzeption des perikleischen Theaters gewesen sein. Dabei konnte ihre der Orchestra zugewandte Rückwand als Hintergrund einer Bühne oder Fläche, an der Bühnenbilder angebracht wurden, gedient haben. Im zweiten Fall hätte es eine solche Vorrichtung nicht gegeben, so daß man ohne Bühnenarchitektur auskommen mußte. Der Befund gibt hierüber keine eindeutige Auskunft. Allerdings spricht sein Bestand nicht unmittelbar für eine frühe Datierung der Skene. Das in bestimmten Teilen erhalten gebliebene und durch Ausgrabungen freigelegte Fundament legt es nicht nahe, daß es zu einem Bau des 5. Jahrhunderts gehörte. Es besteht aus Breccia und damit aus jenem Konglomeratgestein, dessen Verwendung in Athen vor der Mitte des 4. Jahrhunderts nicht nachgewiesen ist. Deshalb bleibt es nach wie vor unwahrscheinlich, daß es beim perikleischen Dionysostheater eine richtige Skene gab[14]. Zugleich kann man bezweifeln, ob eine Skene für dieses frühe Theater notwendig oder auch nur hilfreich gewesen sein könnte. Solche Zweifel stützen sich auf einen – freilich gleichfalls nur hypothetisch benennbaren – ursprünglichen Sinnzusammenhang zwischen Theateraufführung und Kult, dem eine Skene eher hinderlich im Wege gestanden hätte. Da die hier gezeigten Aufführungen festlicher Bestandteil der an Dionysos gerichteten Kultfeier gewesen sind, läge eine deutlichere und unmittelbare Integration des Theaters in das Heiligtum durchaus nahe. Nicht zuletzt bringt eine direkte Sicht- und Blickverbindung zwischen Tempel und Theaterspiel einen solchen kultisch bedingten Zusammenhang sprechend zum Ausdruck.

Ohnehin war für die Aufführung einer Tragödie jener Zeit nicht allzuviel Inszenierungsaufwand auf einer Bühne erforderlich[15]. Schließlich ist es bei der klassischen Tragödie kaum darum gegangen, deren Inhalt durch ausführlicher dargestellte Handlungen zu vermitteln. Ihr Spiel war auf wenige Personen und ein sehr geringes Handlungsspektrum begrenzt. Hierzu gehört nicht zuletzt die Gestalt eines Boten. Er bringt die Nachrichten vom Verlauf eines außerhalb der Spielstätte lokalisierten Geschehens und informiert durch seinen Bericht die Protagonisten der Tragödie über bestimmte Ereignisse, die für die Handlung von besonderer Bedeutung sind. Deshalb übernimmt der Bote für die Tragödie und für diese Art von Theater eine unverzichtbare, tragende Rolle. Dies vor allem deshalb, weil durch seinen Bericht nicht nur die Hauptakteure unterrichtet wurden, sondern nicht weniger das Publikum. Der Bote bringt durch seinen Bericht Ereignisse in das Theater, die – ohne direkt dargestellt zu werden – vor dem inneren Auge der Betrachter Gestalt annahmen. Zugleich erlebte das Publikum die Betroffenheit des Hauptakteurs, dessen paradigmatisches Schicksal durch den Chor eindringlich kommentiert wird. Nicht zuletzt die miterlebende Anteilnahme der Zuschauer ist ein wesentliches Element der klassischen Tragödie. Indem es ihrer Vorstellungskraft überlassen blieb, lediglich durch das gesprochene Wort vermittelte Ereignisse und deren Handlungsverlauf bildhafte Realität werden zu lassen, wurde jeder Besucher Gestalter einer Aufführung für sich selbst und auf seine Art zugleich zum Regisseur seines eigenen Theatererlebnisse. Er bleibt deshalb nicht nur passiver Konsument, sondern wird ganz direkt zum Teilhaber an einem Ereignis, in dessen Mittelpunkt das Kultfest für Dionysos steht, bei dem die Tragödie als Gabe an Dionysos Eleuthereus mit ihrer Aufführung gleichsam in dessen Besitz überging. Dies erklärt, daß so lange keine Wiederholungen aufgeführt wurden, wie es uneingeschränktem Selbstverständnis entsprach, daß Aufführungen im Dionysostheater nur anläßlich kultischer Ereignisse begründet seien. Ein solcher Sinnzusammenhang kann es darüber hinaus naheliegend erscheinen lassen, die Darbringung einer Tragödie als ein Opfer oder Geschenk an den Gott zu verstehen, das in seiner unwiederholbaren Einmaligkeit im Angesicht des Gottes und in direkter Blickbeziehung zu seinem Tempel vollzogen wurde. Innerhalb eines solchen Bezugsgeflechts von Kult, Religiosität und Theater müßte der Verzicht auf eine Skene kein Mangel gewesen sein, sondern könnte durchaus als Konsequenz des spezifischen Sinns und Anlasses dieses Theaterspiels in seiner eigentlichen Bedeutung verstanden werden.

Die einschneidenden Veränderungen und Verwerfungen, die gegen Ende des 5. Jahrhunderts vor allem in Athen zu tiefen Einschnitten auf nahezu sämtlichen Gebieten des Lebens dieser Polisgemeinschaft führten[16], gingen auch am Theater und dem mit ihm verbundenen Verständnis von kultischer Begründung und rituellem Zusammenhang nicht spurlos vorüber. Zwar mag es Zufall sein, daß sich bestimmte Ereignisse zeitlich fast überschnitten haben, doch bleibt es zumindest erwähnenswert, daß die klassische Tragödie mit dem im Jahr 401 v. Chr. posthum aufgeführten „Ödipus auf Kolonos" des Sophokles ihr letztes Werk hervorgebracht hatte. Entwicklungsgeschichtlich war damit für das Theater ein Punkt erreicht, von dem an sich die einst unstrittig gegebene und ganz unmittelbare, gleichsam kausale Verknüpfung des Theaters mit dem Dionysoskult allmählich zu lockern begann. Anscheinend hatte der am Ende des 5. Jahrhunderts v. Chr. in verschiedener Weise um sich greifende Glaubwürdigkeitsverlust gegenüber Traditionen oder herkömmlichen Überzeugungen auch vor dem Theater nicht haltgemacht. Angesichts eines grundsätzlich in Bewegung geratenen Wandels von Auffassungen und Werten konnte in Athen anscheinend ein Klima entstehen, das neuen Zielen den Weg wies. Daß hierbei auch die Welt der Götter distanzierter gesehen wurde, ist durchaus verständlich[17].

Trotzdem wurden die alten Feste und Kultereignisse nach wie vor gefeiert[18]. Anscheinend betraf der Wandel weniger die äußere Form der Götterverehrung als deren innere Substanz. Deshalb behielt auch das im Frühjahr ausgiebig gefeierte Fest für Dionysos Eleuthereus seinen überkommenen Platz im Kalender Athens und wurden nach wie vor Theaterstücke für Aufführungen an diesem Fest geschrieben. Allerdings nahm man es mit dem im Ritus begründeten Brauch, daß die für Dionysos geschriebenen Werke nur einmal aufgeführt werden dürfen, im Verlauf des 4. Jahrhunderts v. Chr. nicht mehr allzu ernst und scheute sich nicht, ältere Theaterstücke erneut auf die Bühne zu bringen[19]. Auch wenn die Rolle, die dieses Theater in den ersten Jahrzehnten nach der Jahrhundertwende in Athen spielte, nicht ganz klar ist, hat es doch den Anschein, als wäre seinem baulichen Zustand vorerst nicht allzu viel Aufmerksamkeit entgegengebracht worden.

Anscheinend war die Zeit erst gegen Mitte des 4. Jahrhunderts v. Chr. dafür reif geworden, das Theater wieder aktiver zur Kenntnis zu nehmen und unter veränderten Voraussetzungen auch seine bauliche Anlage zu aktualisieren. Im Ergebnis führte dies zu einem Neubau des Dionysostheaters und zugleich des ganzen Heiligtums (Abb. 92). Angestoßen von Eubulos, wurde das grundlegend erneuerte und veränderte Dionysostheater zu einem der zentralen Projekte lykurgischer Zeit und wohl auch Lykurgs selbst. Auf einen ersten Blick und bei unvoreingenommener Betrachtung könnte es widersprüchlich oder doch zumindest merkwürdig erscheinen, daß ausgerechnet in einer Zeit, in der sich herkömmliche Auffassungen und kultische Traditionen eher gelockert hatten, ein neues Theater im Heiligtum des Dionysos Eleuthereus erbaut wurde und dadurch eine Anlage geschaffen wurde, die an Umfang und Aufwand alles bisher Bekannte

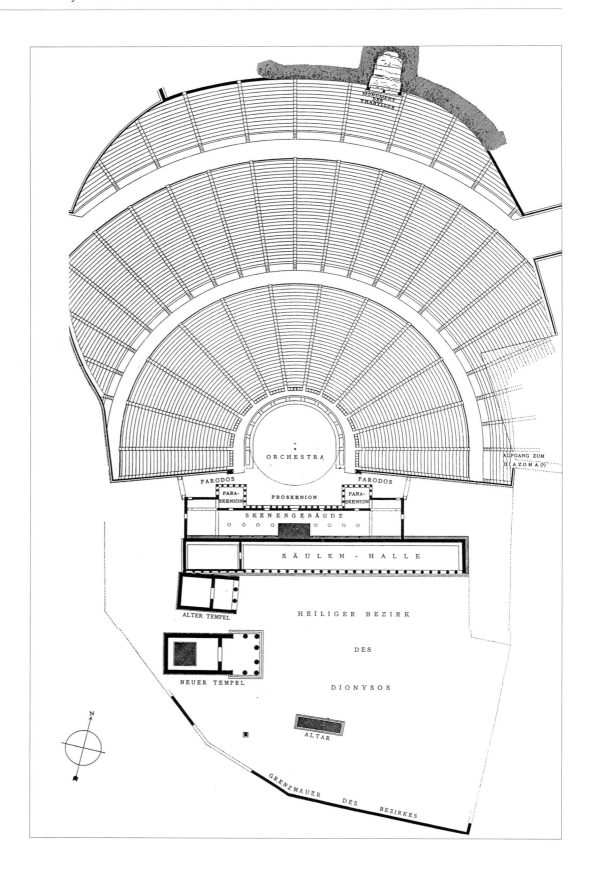

Abb. 92. Plan des Dionysostheaters in lykurgischer Zeit.

bei weitem übertraf. An alter und traditionsreicher Kultstelle und scheinbar in altem Kultzusammenhang entstand ein Theater von immenser Größe, obwohl die einstige Bindung an einen, in religiösen Vorstellungen begründeten, kultisch bedingten Vollzug inzwischen viel von ihrer Substanz verloren hatte.

Um den Vorgang und damit verfolgte Absichten zu verstehen, müßte sich für den mit dem Theaterneubau betriebenen riesigen Aufwand ein plausibler Grund finden lassen, der es für eine Polis wie Athen akzeptabel gemacht haben könnte, solchen Maßnahmen und Investitionen zuzustimmen. Andernfalls bliebe das erneuerte Dionysostheater eine inhaltlose Hülse, die mit einer leeren Geste auf sich aufmerksam zu machen sucht. Da keine Schriftquellen bekannt sind, die über solche Hintergründe informieren, muß die Theateranlage selbst eingehender betrachtet werden, will man prüfen, ob hieraus Schlußfolgerungen nahegelegt werden können, die helfen, den Anlaß, die Größe und die Bauformen zu verstehen. Natürlich fällt zuerst die gewaltige Dimension auf, durch die der Neubau seinen Vorgänger um ein Mehrfaches übertrifft. Bemerkenswert ist vor allem das Koilon, dessen Fassungsvermögen jetzt für bis zu 17000 Besucher ausreichte[20]. Zwei Umgänge teilen den Zuschauerraum in drei Ränge, die ihrerseits durch ansteigende Treppen in Keile, die sogenannten Kerkides in gut erkennbare Platzgruppen unterteilt sind. Der untere Rang bestand aus 14 Kerkides; für die oberen Ränge, deren Ausstattung weniger gut erhalten blieb, konnten weitere Unterteilungen vorgenommen worden sein.

Zusätzlich zu seinem riesigen Auditorium hat das Theater jetzt ein eindeutiges Bühnengebäude erhalten. Fraglos war diese Bühne eine Bereicherung und ein für Aufführungen nützlicher Komfort[21]. Freilich ging dies auch zu Lasten einer im Kult begründeten Aufführungsform, weil deren einst unmittelbar wahrnehmbarer Zusammenhang mit dem zu Füßen des Theaters liegenden Dionysosheiligtum durch das mit einem Querriegel zu vergleichende Skenegebäude abrupt zerschnitten wurde. Anscheinend erweckte diese Veränderung keinen Anstoß. Zumindest sind keine Nachrichten über Kritik oder besondere Vorbehalte überliefert. Lediglich die Rückseite der Skene, die als ungegliederte Wandfläche keinen sehr erfreulichen Anblick geboten haben dürfte, wurde nicht unverändert hingenommen. Das Problem ergab sich nahezu zwangsläufig aus der funktional bedingten Einansichtigkeit der Skene. Ihre zum Koilon gerichtete Fassade war für hier aufgeführte Stücke ein bereichernder Hintergrund, ein szenischer Raum, vor dem es sich gut agieren ließ. Deshalb trägt die Skene deutlich dazu bei, dem Theater einen ganz auf sich selbst konzentrierten Raum und Rahmen zu geben. Fraglos wurde damit eine der entscheidenden Voraussetzungen dafür geschaffen, das Theater zu dem werden zu lassen, was ihm seinen Erfolg über Jahrhunderte hin ermöglichte: das Theater um seiner selbst willen.

Allerdings konnte dies nicht ohne Abstriche an kultisch religiösem Zusammenhang erreicht werden. Der Preis für den durch die Skene zugunsten des Theaters selbst erreichten Gewinn war deutlich: Er zeigt sich in einer Zurücknahme des im Kult und seinem Brauchtum begründeten und sichtbar wahrnehmbaren Beziehungsgeflechts zwischen dem Theaterspiel mit der Orchestra zum einen, dem Kultzentrum mit dem Dionysostempel zum anderen und den im Koilon versammelten Teilnehmern an einer solchen kultischen Feier. Mit der Einführung des Skenegebäudes wurde innerhalb eines Prozesses, der der Verselbständigung des Theaters diente, ein Punkt erreicht, der zugleich eine zunehmend profanisierende Tendenz spürbar werden läßt. Dies mag dazu beigetragen haben, alte Kultbindungen etwas formalistischer wahrzunehmen, so daß schließlich auch erneute Aufführungen alter Tragödien ich möglich wurden. Damit wurde ein Weg beschritten, der das Theater aus seiner ursprünglich vor allem kultischen Bindung lösen und es in stärkerem Maße zu einem Kulturgut[22] und damit zu einer Bezugsgröße kultureller Identität werden ließ[23]. Gerade hierin dürfte die kulturgeschichtlich epochale Bedeutung des angesprochenen und in der veränderten Bauform des Theaters sichtbar gewordenen Wandels manifest geworden sein.

Abb. 93. Modell des Dionysostheaters in lykurgischer Zeit ohne die der Skenerückwand vorgeblendeten Säulenhalle.

Der Neubau des Theaters mit seiner einschneidend angelegten Skene blieb nicht ohne Folgen für das Heiligtum. Durch die Skene, deren Sichtseite dem Koilon zugewandt ist, mußte zwangsläufig eine Rückwand entstehen, die vorerst als große leere Fläche den Raum des Heiligtums begrenzte. Besuchern des Theaters konnte dies zwar ziemlich gleichgültig sein, doch mußte dies für Personen, die sich im Dionysosheiligtum aufhielten, keineswegs gegolten haben. Ihr Blick hätte sich neben und direkt hinter dem alten Dionysostempel mit der Aufsicht auf eine riesige Wand zufriedengeben müssen, die sich in ihrer ungegliedert-anonymen Form als öde und hart abweisende Fläche präsentierte (Abb. 93). Deshalb hatte es wohl keiner längeren Überlegungen bedurft, um Maßnahmen in die Wege zu leiten, die einen solch mißlichen Zustand beheben oder erträglich werden lassen konnten. Dabei ist es gut möglich, daß dieses Problem nicht erst nachträglich bewußt wurde, sondern seine Lösung bereits zur Plankonzeption des neuen Theaters mit dem großen Bühnengebäude gehörte. Das Ergebnis war eine der Skenerückwand vorgeblendete Halle dorischer Ordnung (Abb. 94)[24], durch die zumindest der sonst evident gewordene Mißstand eines dem eigentlichen Heiligtum zugemuteten Hinterhofcharakters gemildert war.

Allerdings zog diese Halle ihrerseits Probleme mit dem Bestand des Heiligtums nach sich. Sie führten zu Konflikten, die mit architektonischen Mitteln nicht zu lösen waren. Der Konflikt betraf den ehrwürdigen Tempel des Dionysos, den eigentlichen Kern des gesamten Bezirks. Da der Raum zwischen dem Tempel und der Skene zu eng war, um dort eine Halle problemlos einzufügen, war mit der Entscheidung, hier eine Stoa zu errichten, der Baukonflikt vorprogrammiert. Wie er sich darstellte und zu welchen Konsequenzen er geführt hat, läßt sich an den durch Ausgrabungen freigelegten Fundamenten gut ablesen (Abb. 95). Sie zeigen, daß die Fundamente beider Bauten einander so nahe kommen, daß sie sich berühren

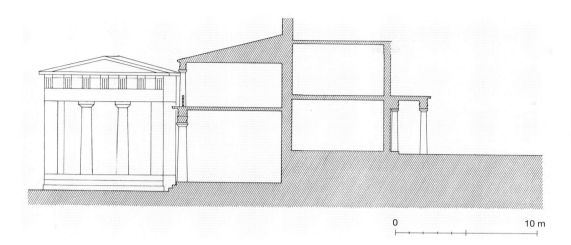

Abb. 94. Schnittschema durch die Skene des Dionysostheaters und die hinter der Skene liegende Halle mit Frontansicht des Dionysostempels.

und zum Teil sogar überschneiden. Da Pausanias bei seinem Besuch im Dionysosheiligtum den alten Tempel gesehen hat[25], blieb der Bau offensichtlich trotz der Neuausstattung des Heiligtums erhalten und barg noch zu Zeiten des Pausanias das alte Kultbild. Trotzdem genügte er anscheinend den gewandelten Ansprüchen nicht mehr, so daß man sich für einen zusätzlichen Tempel im etwas weiter südlich gelegenen Gelände des Heiligtums entschieden hat. Etwa gleichzeitig mit dem Theaterneubau entstand dort ein tetrastyler Prostylos (Abb. 96)[26]. In seiner Grundfläche ist er mit ca. 20 m × 10,50 m etwa doppelt so groß wie der alte Dionysostempel. Wahrscheinlich war in dem Neubau auch eine sehr kostbare Dionysosstatue aufbewahrt, bei der es sich nach Aussage des Pausanias um eine Goldelfenbeinstatue des Alkamenes gehandelt haben soll. Da der über einem Fundament aus Breccia errichtete Tempel kaum vor der Mitte des 4. Jahrhunderts entstanden ist, müßte die Dionysosstatue des Alkamenes zuvor und über die Dauer von etwa zwei Generationen an anderer Stelle aufbewahrt worden sein.

Trotz mancher Unsicherheit bei der Bewertung der Ausgrabungsbefunde ist unstrittig, daß der Gesamtkomplex des Dionysosheiligtums mit Tempel und Theater im 3. Viertel des 4. Jahrhunderts eine durchgreifende Neugestaltung erfahren hat. Sie betraf nicht nur den besonders dominant herausgestellten Bau des Theaters, sondern gleichfalls das gesamte Heiligtum mit seinen einzelnen Stätten. Versucht man, die Chronologie der dort entstandenen baulichen Situationen verständlich werden zu lassen, dann ist es nicht damit getan, lediglich einen in verschiedenen Schritten durchgeführten Bauvorgang als ein sukzessive vonstatten gegangenes Ereignis zu konstatieren. Dies ist vor allem deshalb nicht ausreichend, weil die Befunde und ihre Auswertung es nahelegen, die verschiedenen Bauetappen nicht als mehr oder weniger zufällige Einzelergebnisse hinzunehmen, sondern sie als Bestandteile eines grundsätzlich begründbaren und somit auch schlüssigen Gesamtkonzepts zu verstehen.

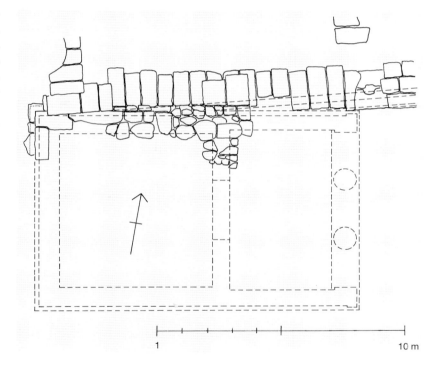

Abb. 95. Ausschnitt vom Steinplan des Dionysosheiligtums mit Fundament der Nordmauer des Dionysostempels und Krepisfundament der gegen die Rückwand der Skene gelehnten Halle.

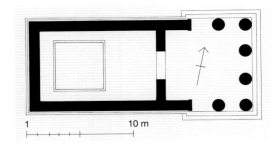

▶ Abb. 96. Grundriß des jüngeren Dionysostempels.

Ziel eines solchen neu formulierten Gesamtkonzepts dürfte es gewesen sein, gewandelten und deutlich gestiegenen Ansprüchen durch neue Bauten in angemessener Form entgegenzukommen. Innerhalb eines derartigen Gestaltungskonzepts konnte sowohl dem Heiligtum Rechnung getragen werden, als auch das Theater seiner neu verstandenen Aufgabe entsprechen.

Dabei gründet sich das Konzept auf gewandelte Ansprüche, die das ihre dazu beitrugen, das griechische Theater als lebendiges Kulturerbe zu erhalten, das schließlich auch über die Zeiten hinweg seine Vorbildfunktion wahren konnte. Der neu gestaltete Bezirk trug hierzu maßgeblich bei. Die aufwendigen Baumaßnahmen veränderten das äußere Erscheinungsbild des Theater und führten zu einer Aufwertung, wie sie aktuellen Erwartungen jener Zeit entsprochen haben dürfte. Zu ihnen gehörte die Steigerung einer feierlichen Stimmung durch ein festliches Ambiente ebenso wie eine Klärung inhaltlicher Bezüge. Die deutlich vollzogene Trennung des Theaters mit seiner Betriebsamkeit von dem Heiligtum mit seiner beruhigten Stimmung folgt einem solchen konzeptionellen Grundgedanken.

Daß dies einer Tendenz entspricht, die auch über das Dionysosheiligtum Athens hinaus wirksam geworden ist, zeigt beispielhaft die Stätte der olympischen Spiele, das Zeusheiligtum in Olympia. Deren wichtigste Wettkampfstätte, das Stadion reichte in älterer Zeit weit in die Altis hinein (Abb. 97)[27]. Offensichtlich wurde das dichte Beieinander von Kultzentrum und lärmender Wettkampfstätte vorerst und über längere Zeit nicht als störend empfunden. Nachdem vor der Mitte des 5. Jahrhunderts v. Chr. mitten auf der bis dahin weitgehend leeren Altisfläche für Zeus ein monumentaler und sehr aufwendig ausgestatteter Tempel erbaut wurde[28], beherrschte eine neuartige und würdevolle Dominante das Heiligtum (Abb. 98). Dies könnte dazu beigetragen haben, das bis in die Nähe dieses Tempels reichende Stadion mit seinen lautstark auf die Wettkämpfe fixierten Zuschauern auf Dauer nicht nur als willkommene Bereicherung empfunden zu haben: In Olympia entschied man sich schließlich und in einer Zeit, die jener der Neugestaltung des Athener Dionysosheiligtums entspricht, für eine deutlichere Trennung von Kultzentrum und Wettkampfstätte. Dabei wurde das Stadion um etwa 80 m und damit soweit nach Osten verschoben, daß es die eigentliche Altisfläche nicht mehr berührte und die nähere Umgebung des Zeustempels kaum noch betraf (Abb. 99). Vor allem die wie eine langgestreckte Schranke zwischen Stadion und Altis eingeschobene sogenannten Echohalle[29] betont die Trennung. Deshalb zeigt auch Olympia, daß im 4. Jahrhundert v. Chr. Tendenzen entsprochen werden konnte, zu deren Ergebnissen die klare Scheidung einst sehr viel dichter als Einheit begriffener Zusammenhänge von Kult und Wettkampf oder Spiel gehörte. Freilich sind die dabei zur Wirkung gebrachten Unterschiede

▶ Abb. 97. Plan der Altis von Olympia vor der Errichtung des Zeustempels.

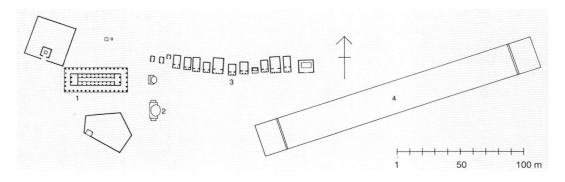

◀ Abb. 98. Modell des Zeustempels in der Altis von Olympia.

◀ Abb. 99. Modell der Echohalle in der Altis von Olympia.

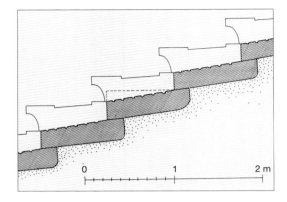

Abb. 100. Dionysostheater. Schnitt durch eine Partie der unteren Sitzstufen des Koilons.

nicht zu übersehen: Während in Olympia die Altis mit Zeustempel und zahlreichen, wenn nicht gar zahllosen Stiftungen das Augenmerk in besonderer Weise auf sich zog, beherrschte im Athener Dionysosheiligtum die Spielstätte des Theaters die Szene.

Welch herausragenden Stellenwert Athen in jener Zeit seinem Theater und dort durchgeführten Veranstaltungen beigemessen hat, demonstriert vor allem das neue Koilon. Offensichtlich legte man bei seiner Anlage auf eine extreme und bedingungslose Ausnutzung des zur Verfügung stehenden Geländes allergrößten Wert. Wie erfolgreich dies umgesetzt wurde, zeigt die durch den Neubau erreichte enorme Kapazität an Sitzplätzen. Damit verfügte Athen über ein Theater, dessen Größe in Griechenland zu keiner Zeit von einem anderen Theater übertroffen wurde[30]. Daß hierfür besondere Maßnahmen erforderlich waren, die mit aller Konsequenz umgesetzt werden mußten, ist evident. Dies zeigt sich z. B. an einer bemerkenswerten Ausnutzung des zur Verfügung stehenden Baugrunds durch Form und Zuschnitt von Stufen und Sitzen (Abb. 100)[31]. Dabei fällt auf, daß die Sitzstufen um gut 10 cm niedriger sind, als es bei derartigen Anlagen mit bequemer Sitzhöhe üblich war. Dies blieb nicht ohne Folgen für die Koilontreppen, über die die Platzreihen erreicht wurden: Zwei Treppenstufen für die Abstandshöhe zwischen zwei Platzreihen wären zuviel gewesen, nur eine normal angelegte Treppenstufe hätte nicht ausgereicht. Deshalb entschied man sich dafür, die Treppenstufen schräg ansteigen zu lassen und erreichte damit eine akzeptable Tritthöhe. Noch wichtiger dürfte es gewesen sein, durch geeignete Maßnahmen dafür zu sorgen, daß die Nutzbarkeit der Zuschauerplätze gewährleistet blieb, zumal auch die Stufenoberfläche der Platzreihen knapper bemessen wurde als es für die Sitzplätze und die direkt dahinter anschließende Fläche für die Füße der Besucher, die auf der nächsten Platzreihe saßen, erforderlich gewesen wäre. Um das Koilon trotzdem nutzbar zu halten, tiefte man die Flächen direkt hinter den Sitzplätzen um einige Zentimeter ab, eine Maßnahme, die der Sitzhöhe der jeweils nächsten Reihe zugute kam. Außerdem wurden die Sitze hohlkehlartig unterarbeitet, so daß die Theaterbesucher ihre Füße unter den Sitz zurückziehen konnten. Der Aufwand, der bei der Ausarbeitung des Koilons erforderlich war, unterstreicht, wie wichtig die damit erzielten Ergebnisse gewesen sind. Zwar fällt der auf diese Weise erreichte Platzgewinn im Einzelfall kaum ins Gewicht, doch summierte er sich insgesamt zu einer beträchtlichen Steigerung der Platzkapazität. Wahrscheinlich konnten auf diese Weise annähernd 2000 zusätzliche Sitzplätze geschaffen werden. Dies zeigt, daß man beim Bau dieses Theaters willens und fähig war, sämtliche Register zu ziehen, um jeden nur denkbaren Platz zu nutzen.

Daß dies auch zu fast befremdlich anmutenden Einzelsituationen führen konnte, zeigt z. B. eine sehr merkwürdig angeordnete Platzgruppe im Nordosten des Koilons. Dort stand einer kontinuierlichen Ausbreitung der Zuschauerränge die Nordwestecke des bereits bestehenden Odeions im Wege[32]. Dies hielt die Erbauer des Theaters freilich nicht davon ab, die nördlich noch übrig gebliebene Restfläche in das Koilon einzubeziehen. Offensichtlich nahm man die dort vorgefundene Bebauung hin, ohne sie zu modifizieren, und umbaute die störende Gebäudeecke, damit hinter ihr nochmals Sitzplätze angelegt werden konnten. Daß von hier aus ein unbehinderter Blick auf die Skene kaum möglich war, scheint die Planer weniger gestört zu haben. Offensichtlich wurden andere Prioritäten gesetzt.

Auch die topographische Situation des letzten Rangs der Zuschauerplätze kann besondere Fragen aufwerfen. Die hinterste Platzgruppe reicht bis an den Akropolisfels heran und ist von den nächsten Plätzen durch einen breiten Gürtelgang getrennt. Ein dort angelegtes Dia-

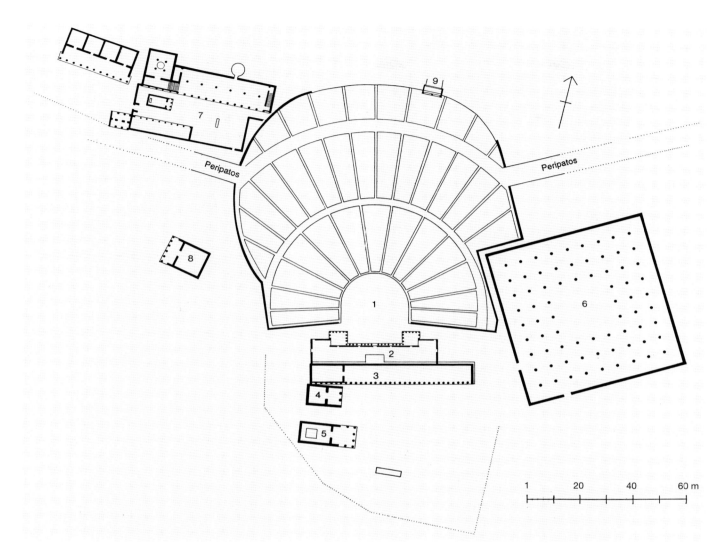

▲ Abb. 101. Plan des Stadtquartiers mit dem Dionysostheater. 1 Dionysostheater. 2 Skene des Dionysostheaters. 3 Halle hinter der Skene des Dionysostheaters. 4 Der archaische Dionysostempel. 5 Der spätklassische Dionysostempel. 6 Das Odeion des Perikles. 7 Das Asklepiosheiligtum. 8 Das Nikiasmonument. 9 Das Thrasyllosmonument.

zoma, das für ein möglichst reibungsloses Kommen und Gehen der Zuschauer nützlich ist, müßte kaum der besonderen Rede wert sein. Im vorliegenden Fall handelt es sich jedoch eigentlich nicht um ein oberes Diazoma, sondern um einen öffentlichen Weg, der hier vorbeiführte und der wie ein Diazoma in die Theateranlage integriert worden ist. Zwar hatte man den Weg an dieser Stelle der Bogenform des Koilons angepaßt und insoweit zum Bestandteil des Theaters umgeformt, doch bleibt er unbeschadet seiner formalen Angleichung ein Teil des um die Akropolis herumgeführten Peripatos (Abb. 101)[33]. Man kann diesen Spazierweg auch als Straße verstehen, der nördlich der Akropolis gelegene Stadtgebiete mit dem Zugang zur Akropolis und darüber hinaus mit der Agora verbindet. Auf jeden Fall dürfte dies ein relativ belebter Weg gewesen sein. Um so erstaunlicher ist es, daß er mit einer Breite von etwa 5 m den Zuschauerraum des Theaters ohne jede Rücksicht durchschneidet. Da man den Planern dieses Theaters pure Gedankenlosigkeit nicht unterstellen kann, müßten besondere Gründe sie dazu bewogen haben, diese innerstädtische Wegeführung auf diese Weise einzubeziehen. Offensichtlich hatte die lückenlose Nutzung einschließlich des letzten Winkels zugunsten einer bedingungslos konsequenten Steigerung der Platzkapazität allerhöchste Priorität. Daß dabei Zuschauerplätzen entstehen konnten, die kaum noch befriedigend zu nutzen waren und anscheinend trotzdem akzeptiert wurden, verdient besondere Beachtung. Auf jeden Fall kann es kaum eine positive Bereicherung gewesen sein, das Theater durch einen öffentlichen Weg mit dessen Geräuschkulisse zu ergänzen. Allerdings ist nicht auszuschließen, daß die Planer davon ausgingen, eine Störung durch lästige Betriebsamkeit auf dem Peripatos sei kein nennenswerter Faktor. Dies könnte zutreffend gewesen sein, wenn unterstellt wurde, bei vollbesetztem, d.h. bis in die hintersten Reihen gefülltem Auditorium sei ohnehin ganz Athen im Theater[34], so daß mit keinem Durchgangsverkehr auf dem Peripatos zu rechnen wäre. Da wahrscheinlich die innerhalb der Stadt wohnhafte Bevölkerung ziemlich vollständig im Theater untergebracht werden konnte, müßten in einem solchen Fall die Straßen Athens in der Tat wie leergefegt gewesen sein, so daß Störungen durch Lärm auf der das Theater durchquerenden Straße kein Thema zu sein bräuchten.

Unbeschadet solcher Erwägungen fällt die Rigorosität auf, mit der hier scheinbar gegen alle planende Vernunft ein die Platzkapazität bedingungslos maximierendes Konzept durch- und umgesetzt worden ist. Daß es nur unter Inkaufnahme gewisser funktionaler Defizite und planerischer Schwächen zu realisieren war, zeigt das Ergebnis. Angesichts des großen Engagements und riesigen Aufwands, die für diesen Theaterneubau eingesetzt worden sind, kann man solche Situationen freilich nicht kommentarlos auf sich beruhen lassen. Dabei muß nicht von vornherein in Abrede gestellt werden, daß die evidenten Ungereimtheiten nicht nur auf unbeachtet gebliebenen Notbehelf zurückgehen, sondern durchaus das Ergebnis einer willentlich herbeigeführten Planung und Prioritätensetzung gewesen sind. Anscheinend hatte man dabei nicht nur den Nutzungskomfort im Auge. Es mag sein, daß zusätzlich ganz andere Motive die Planung beeinflußten und in deren Ausführung zur Wirkung kamen. Nimmt man deshalb die vermeintlichen Schwachstellen dieser Theateranlage als Ergebnis einer absichtsvoll herbeigeführten Planungsentscheidung positiv zur Kenntnis, werden Teile, die für sich betrachtet eher negativ zu sein scheinen, zum durchaus aufschlußreichen Bestand einer deutlich formulierten Botschaft. Es ist dies eine Botschaft, durch die sich Athen in besonderer und vielleicht zugleich fast provokant anmutender Akzentuierung eine einzigartige Bedeutung zuschreibt. Nimmt man die durch die örtliche Überlieferung gegebene Situation ernst und liest deren Befund wörtlich, dann machte sich das Theater die besondere Topographie gleichsam im Umkehrschluß zu eigen. Hierbei unterstreicht der Befund ebenso auffallend wie demonstrativ, daß Athens Theater nicht in einem irgendwo gelegenen, ruhigen Gebiet errichtet wurde, sondern seinen Platz mitten in der Stadt hat und weder beiläufig noch zufällig zu dieser Stadt gehört. Nicht zuletzt die Straße, die das Koilon in seiner hinteren Zone durchschneidet, wird in solchem Zusammenhang zum Bestandteil einer programmatischen Demonstration. Durch sie dürfte für jeden Besucher sichtbar und verständlich geworden sein, daß dieses Theater keine in sich ruhende Stätte der Bildung oder eines abgehoben ruhigen Genusses kultureller Güter sein soll. Vielmehr kann es als ein in die Stadt integriertes und zugleich in ihr Straßensystem vernetztes Element zu verstehen gewesen sein, das seinen Platz zutreffender und legitimer Weise innerhalb des städtischen Gefüges eingenommen hat.

Akzeptiert man einen solchen Vorgang, dann erhält auch die Tatsache, daß mit dem Athener Dionysostheater das größte Theater der griechischen Welt entstanden ist, einen besonderen und eigenen Sinn. Es ist dann die konsequente Umsetzung eines dezidierten Planungswillens, durch den Athen zum Ausdruck bringt, daß für diese Polis das Theater höchste Priorität besitzt, die sich die Stadt in besonderer Weise zu eigen gemacht hat. Das Theater wurde mit dem Neubau zu einem Identifikationsmerkmal, durch dessen Dimension die Größe und Eigenart dieser Polis wie in einem Spiegelbild zum Ausdruck gebracht ist. Auch deshalb ist die Planung nur konsequent und daher brauchte für ihre Ausführung kein Aufwand gescheut zu werden. Damit trägt das Dionysostheater merklich dazu bei, publik zu machen, daß für Athen die Pflege von Kultur zu einer dominanten Kategorie geworden ist. Athen erklärt Kultur zu einer diese Polis charakterisierenden Eigenart und zum Kennzeichen ihrer selbst. Nicht zuletzt dadurch unterscheidet sich diese Polis unverwechselbar und ganz offenkundig von anderen Griechenstädten, die allesamt solche „Gütezeichen" nicht vorzuweisen haben.

Daß ein solcher Anspruch und eine derartige Selbsteinschätzung keine willkürliche Interpretation sind, sondern sich auf authentische Quellen stützen, kann aus bestimmten Überlieferungen erschlossen werden. Sie betreffen zuerst Lykurg, von dem Schriftquellen berichten, er habe veranlaßt, die Texte der Tragödien des Aischylos, Sophokles und Euripides zu sammeln, von allen späteren Zusätzen zu bereinigen und dafür zu sorgen, daß bei Aufführungen dieser Werke unverfälschte Textversionen verwendet werden[35]. Darüber hinaus hatte Lykurg die Volksversammlung dazu gebracht, einen Beschluß zu fassen, nach dem beim Dionysostheater Bronzestandbilder der drei großen Dichter Aischylos, Sophokles und Euripides aufgestellt wurden[36]. Während von den Portraitstatuen des Aischylos und Euripides nur noch in Büsten exzerpierte römische Kopien erhalten sind, existiert vom **Standbild des Sophokles** eine gute Marmorkopie, die die Statue insgesamt zeigt (Abb. 102)[37]. Die Überlieferungen zu diesem Thema sind in mehrerer Hinsicht aufschlußreich. Abgesehen davon, daß sie zeigen, zu welchen hervorragenden Leistungen es die noch junge Gattung des Idealportraits in relativ kurzer Zeit gebracht hatte[38], weisen sie auf einen keineswegs selbstverständlichen Vorgang hin, nach dem die Aufstellung der Dichterstatuen zu einem Thema für die Volksversammlung wurde. Durch Mehrheitsbeschluß hatte sie sich die Realisierung dieses Statuenprogramms zu eigen gemacht[39]. Darüber hinaus vermittelt die Sophoklesstatue bei genauerem Hinsehen ein ganzes Spektrum von Aussagen, die bestens geeignet sind, Aufschluß über bestimmte, in jener Zeit aktuelle Auffassungen zu geben.

Das mit einer Höhe von 2,04 m deutlich überlebensgroße Standbild des Sophokles zeigt einen Mann in den besten Jahren. Offensichtlich ist er sich seines Ranges und seiner Rolle

Abb. 102. Standbild des Sophokles. Sogenannter Sophokles Lateran. Römische Kopie nach einer in lykurgischer Zeit beim Dionysostheater aufgestellten Bronzestatue.

bewußt. Das Standmotiv unterstreicht seine aufrechte Haltung, eine Selbstverständlichkeit im Auftreten und zugleich eine fast gelöste Geschmeidigkeit seiner Erscheinung. Er trägt einen Mantel, dessen Draperie den Charakter der Darstellung kommentiert. Das große Manteltuch ist energisch um den Körper geworfen, so daß es ihn einbindet und sich dicht an ihn schmiegt. Da es den Körper nicht nur verhüllt, sondern seine Formen und Bewegungsmotive zugleich nachmodelliert, werden bestimmte

Faltenzüge zum differenzierenden Bestand der Komposition. Dies gilt z.B. für das Gewandmotiv, das locker und weitgehend unbewegt herabfallend das Knie des kräftig vortretenden linken Beins umschließt und zugleich dessen Formen deutlich nachbildet. Dagegen ist die Standbeinseite fest eingebunden und bleibt als stabilisierendes Element unbewegt. Aufbau und Komposition der Gestalt werden sowohl durch die aufwärts zur rechten Hüfte ausschwingende Kontur als auch durch die zur linken Seite ansteigenden, großen Spannfalten betont. In anderer Weise beschreiben und charakterisieren horizontal geführte Falten die Körperlichkeit der dargestellten Person. In von Hüfte zu Hüfte abwärts schwingenden Bögen begleiten sie den Leib und lassen in Höhe der Bauchpartie gewisse Körperrundungen erkennen. Dies macht darauf aufmerksam, daß die hier gezeigte Person bereits ein bestimmtes Lebensalter jenseits der Jugendlichkeit erreicht hat. Zugleich ist nicht weniger deutlich, daß sie noch mindestens genauso weit vom Greisenalter entfernt ist. Somit zeigen charakterisierende Bestandteile der Statue, daß hier ein Mann dargestellt wurde, der kraftvoll im Leben steht und zugleich ein Altersstadium erreicht hat, in dem er über Lebenserfahrung und reiche Kompetenz verfügt. Seine selbstbewußt auftretende Erscheinung könnte es nahelegen, in ihm eine Person zu sehen, die bei der Wahrnehmung wichtiger Aufgaben öffentlichen Interesses von maßgeblicher Bedeutung ist und in dieser Kennzeichnung als vorbildliches Exempel verstanden werden soll.

Arm- und Kopfhaltung, sowie bestimmte Züge der Gestik betonen einen solchen Zuschnitt und interpretieren ihn zugleich. Der linke Arm ist angewinkelt eingeschlagen und stützt sich mit dem Handrücken gegen die Hüfte. Der rechte Arm ist dicht an den Körper gelehnt und hängt in einer Schlaufe des Mantels, an deren Rand die Hand mit locker eingeschlagenen Fingern sichtbar wird. Durch Arm- und Handhaltung wird der Mantel deutlich von der Schulter herabgezogen, so daß sich der Stoff straff über den Brustkorb spannt und zugleich einen Teil der oberen Körperpartie freigibt. In dem gleichen Maße, in dem die fast herrisch selbstbewußte Hand- und Armhaltung der Linken besondere Tatkraft und Entscheidungsfähigkeit signalisiert, beschreibt die Rechte gelöste Ruhe und selbstverständliche Ausgeglichenheit. Souveränität und tatkräftige Aktivität werden zu Attributen einer in ihrer Lebensmitte dargestellten Persönlichkeit. Der eindrucksvolle Kopf bestätigt dies: Gepflegter Bart und sorgfältig frisiertes Haar gehören zu einem in gut ausgestatteter Bürgerlichkeit lebenden Mann reiferen Alters. Mit geradeaus gerichtetem Blick und leicht geöffneten Mund ist der Kopf zwar nur zurückhaltend, aber trotzdem deutlich spürbar angehoben. Fraglos entspricht dies einer unaufgeregt vorgetragenen Geste, die selbstverständlich zugebilligte Aufmerksamkeit von ihrem Gegenüber erwarten läßt. Die andeutungsweise hochgezogenen Brauen und zwei leicht angespannte, horizontale Stirnfalten unterstreichen dies und verweisen zugleich darauf, daß sich die gezeigte Person auf eine bestimmte Situation konzentriert. Vergleiche mit anderen Überlieferungen zeigen, daß dies einer Darstellungsform entspricht, die für den Auftritt eines Redners in der Volksversammlung kennzeichnend ist[40].

Darüber hinaus wird in Schriftquellen betont, daß das Verhalten in der Öffentlichkeit und hierbei vor allem der Auftritt als Redner in der Volksversammlung bestimmten Regeln entsprechen soll, auf deren Einhaltung besonders geachtet wurde[41]. Hierzu gehört eine angemessene Haltung ebenso wie eine disziplinierte Gestik und vor allem das Vermeiden wilden Gestikulierens. Nicht zuletzt für die Wirkung einer Rede vor der Volksversammlung war die Einhaltung solcher fast normativ verfestigten Formen außerordentlich wichtig. Sie betonten Glaubwürdigkeit und moralische Qualitäten[42]. Daß Sophokles als eine Persönlichkeit gezeigt wird, die über solche Qualitäten verfügte, unterstreicht zusätzlich ein seinem Portraitkopf beigegebener, ikonographisch verständlicher Hinweis. Die um den Kopf gewundene, schmale Binde kennzeichnet ihn als Heros. Für Sophokles kommt dabei nur die ihm als Heros Dexion, d.h. als „Aufnehmender" entgegengebrachte Verehrung in Frage. Dies erinnert daran, daß Sophokles in seiner Funktion als Priester des Heilheros Amynos den neuen Gott Asklepios bei sich in Athen aufgenommen hatte[43]. Er gehörte damit zu den Mitbegründern des in Athen unmittelbar westlich vom Dionysostheater heimisch gewordenen Asklepioskults[44].

Das Standbild des Sophokles zeigt den Dichter als einen Heros im Habitus eines Redners, der geforderte moralische Qualitäten verkörpert und somit höchsten ethischen Anforderungen entspricht. Durch die Statue kann das Sinnbild kardinaler Tugenden zum greifbaren und begreifbaren Vorbild werden. Sophokles wird hier nicht nur als Dichter und eine der viel bewunderten Geistesgrößen vergangener Zeiten präsentiert, sondern als eine Gestalt, der nicht weniger deutlich zugleich ein aktualisierender Handlungsrahmen unterlegt wird. Sowohl für Sophokles als auch für das Dionysostheater läßt er einen thematisch erweiterten Zusammenhang anklingen. Zumindest kann der Eindruck entstehen, Sophokles sei hier nicht nur als kulturgeschichtliches Denkmal zitierbar gewesen, sondern zugleich für bestimmte staatspolitische Interessen vereinnahmt worden. Im Typus eines vor der Volksversammlung auftretenden Redners wird er als selbstbewußter Bürger bei der Wahrnehmung seiner staatspolitischen Pflichten gezeigt. Seine im Standbild reflektierte Gestalt unterstreicht einen Vorbildcharakter, der sich nicht mehr auf bestimmte Einzelleistungen beziehen und damit einengen läßt, sondern Sophokles als staatsbürgerliches Ideal schlechthin beschreibt. Dadurch konnte er zu einem in die Gegenwart gerückten und der Gegenwart zur Nachahmung empfohlenen Exempel werden. Vornehmlich solche Aspekte sind es, die das Sophoklesstandbild aus dem Zusammenhang eines reinen Dichterdenkmals herausheben und damit erst wirklich begründen.

Angesichts eines solchen Tenors ist kaum anzunehmen, daß die durch Beschluß der Volksversammlung verfügte Aufstellung der Standbilder lediglich aus ehrfürchtigem Respekt vor den großen Dichtern zurückliegender Zeiten geschah oder nur einem voller Stolz bekundeten Rückblick auf eine glorifizierte Vergangenheit galt. Zwar waren deutliche Hinweise auf unüberbietbare Leistungen, die Athen in zurückliegenden Zeiten erbracht hatte, durchaus beliebt[45] und hielt sich Athen deshalb für legitimiert, eine besondere Führungsrolle zu übernehmen, doch dürfte mit der Aufstellung der Dichterstatuen nicht weniger absichtsvoll das Ziel verfolgt worden sein, ein allgemein an diesen Personen vorhandenes Interesse zu aktualisieren und deren unbestrittene Bedeutung aktuellen Interessen dienstbar zu machen. Zumindest das Standbild des Sophokles legt es nahe, daß mit ihm nicht zuletzt die herausragenden und betont dargestellten staatsbürgerlichen Tugenden als Maßstab vor Augen geführt werden sollten. Dabei ist es freilich wenig sinnvoll, derartige Darstellungsabsichten nur auf das Standbild des Sophokles und die Person dieses Dichters zu beziehen. Deshalb darf wohl auch für die nur noch als Büsten überlieferten Portraits des Aischylos und des Euripides angenommen werden, daß ihre Standbilder mit ähnlich aktualisierenden Bildaussagen befrachtet waren. Anscheinend wurde mit der Aufstellung der Dichterstatuen beim Dionysostheater ein Statuenprogramm realisiert, das mehr bedeuten sollte, als es einem lediglich der Erinnerungspflege dienenden Denkmal entspricht. Die Dichter – allen voran Sophokles – wurden als in jeder Hinsicht vorbildliche und nachahmenswerte Bürger gezeigt. Deren in die Öffentlichkeit hineinwirkende Persönlichkeit wurde zugleich als ein fraglos anerkanntes und deshalb auch für aktuellere Gegenwart maßgebliches Ideal propagiert.

Die Aufstellung eines solchen Statuenprogramms beim Dionysostheater muß nicht befremden. Schließlich wurde dieses Theater zumindest seit dem 4. Jahrhundert häufig genug von der Volksversammlung genutzt[46], die ohnehin aus bestimmten Anlässen hier zusammenkam. Hierzu zählte die jährliche Musterung des jüngeren Ephebenjahrgangs, zu der die Übergabe von Lanze und Schild ebenso gehörte wie Vorführungen sportlicher Übungen[47]. Auch die Ehrung und Ausstattung der Kriegswaisen, die aus dem staatlichen Unterhalt in die Selbständigkeit entlassen wurden, fand hier statt. Darüber hinaus lieferten die Partner des attischen Seebunds ihre an Athen

Abb. 103. Die Prohedrie im Dionysostheater.

zu zahlenden Bündnisbeiträge bei den großen Dionysien im Dionysostheater ab. Dort sollen die aus großen Geldbeträgen bestehenden Phorosbeiträge gleich körbeweise aufgestellt und dem Publikum vorgeführt worden sein[48]. Solche Überlieferungen demonstrieren, daß das Dionysostheater nicht nur eine im Kult begründete Bildungs- und Kulturstätte war, sondern für Athen auch ein wichtiger Ort von hoher politischer Bedeutung gewesen ist. Diese Doppelfunktion zeigt zugleich, daß kultureller Anspruch und Angelegenheiten des politischen und staatsbürgerlichen Lebens sich keineswegs gegenseitig ausschließen, sondern – ganz im Gegenteil – einander zwanglos ergänzen. Deshalb muß es nicht irritierend gewesen sein, Sophokles als einen Mann zu zeigen, der aktiv am politischen Leben teilnimmt und deshalb im Habitus staatsmännischen Auftretens erscheint.

Es ist keine Frage, daß das Dionysostheater eine Stätte war, die für kulturelles Engagement, kultische Traditionspflege und politische Gegenwart sowie staatliche Repräsentation genutzt wurde. In gewisser Weise ist dies ein multifunktional verwendbarer Ort gewesen, an dem unterschiedlichen Belangen von öffentlichem Interesse Rechnung getragen werden konnte. Gerade der Öffentlichkeitscharakter ist für eine Polis wie Athen besonders wichtig und nachgerade ein unverzichtbares Kennzeichen. Deshalb ist es nicht erstaunlich, daß im Dionysostheater ein deutlicher Repräsentationswille spürbar wurde, der nicht zuletzt in der aufwendig gestalteten Prohedrie seinen sichtbaren Niederschlag gefunden hat (Abb. 103)[49]. In Umfang und Ausstattungsqualität ist die Prohedrie des Dionysostheater einzigartig und ohne jeden Vergleich. Auch innerhalb des Dionysostheaters selbst ist sie der kostbarste und aufwendigste Teil. In der ersten Reihe standen 67 Steinsessel aus bestem Marmor, darunter der in der Mitte plazierte, mit Relief geschmückte Marmorthron des Dionysospriesters (Abb. 104)[50]. Daß derart kostbare Sitze bereits als solche einen herausgehobenen Repräsentationsanspruch verdeutlichen, bedarf keiner besonderen Erklärung. Es sind dies die für Ehrengäste und prominente Persönlichkeiten oder Amtsträger reservierten Plätze, die z.T. zusätzlich durch Namensaufschriften kenntlich gemacht worden sind. Die Inhaber dieser Privilegien, über deren Zuteilung eine besondere Beschlußfassung erforderlich war[51], unterstreichen durch solche Auszeichnung ihren in der Öffentlichkeit demonstrierten und im öffentlichen Leben Athens eingenommenen Rang. Priester, Wahlbeamte und Inhaber öffentlicher Ämter sowie ausgewählte Gäste konnten sich solcher Auszeichnungen und Privilegien erfreuen. Nicht zuletzt vermitteln sie

▲ Abb. 104. Steinsessel für den Priester des Dionysos Eleuthereus in der Prohedrie des Dionysostheaters.

einen treffenden Eindruck vom politischen Charakter der Prohedrie und damit zugleich des Dionysostheaters insgesamt. Auch deshalb konnte diese vielfach und vielfältig genutzte Stätte ein wirkungsvolles Aushängeschild Athens sein.

Dies betrifft natürlich vor allem das Theater in seinem eigentlichen Sinn als die Aufführungsstätte der Tragödien, Komödien und anderen Spektakel. Als ein Ort, mit dessen kulturellen Aktivitäten sich Athen und seine Bürger in besonderem Maße identifizieren konnten, behauptete es seine wichtige und herausragende Rolle. Dies gilt selbst noch für Zeiten, in denen die Tragödien der großen Dichter des 5. Jahrhunderts v. Chr. längst zum Allgemeingut gebildeter Athener und ihre Aufführungen zum Bestand eines bürgerlichen Repertoirtheaters geworden waren. Zugleich dürfte hierdurch die zunehmende Professionalisierung der Schauspieler gefördert worden sein, die eine beträchtliche Popularität erreichen konnten[52]. Darüber hinaus berichten antike Quellen von einer außerordentlich reichhaltigen Produktivität der Dichtung im 4. Jahrhundert v. Chr., wobei nicht zuletzt eine Fülle neuer Dramen entstanden ist[53]. Allerdings blieben hiervon nur relativ wenige Texte erhalten. Es mag sein, daß so skeptische Äußerungen, wie sie von Aristophanes vorgebracht wurden und nach denen mit dem Tod des letzten der drei großen Tragödiendichter ein Zeitalter beendet sei, zumal es keine gleichrangigen Nachfolger gäbe, einer weiter verbreiteten Auffassung Ausdruck gibt. Sie könnte mitverantwortlich dafür sein, daß die Dramen des 4. Jahrhunderts v. Chr. geringere Überlieferungschancen hatten. Daß dies freilich keineswegs einem allgemein gültigen Meinungsbild entsprochen hat, zeigen die sehr viel differenzierteren Äußerungen des Aristoteles, der mehrere Dichter des 4. Jahrhunderts v. Chr. durchaus positiv beurteilte[54]. Trotzdem blieb auch bei Aristoteles der Blick vorrangig auf die große Dichtertrias gerichtet. Deshalb können Auffassungen, wie sie von Aristophanes und Aristoteles beschrieben wurden und Absichten, die in der öffentlichen Aufstellung der drei Dichterstandbilder zum Ausdruck gekommen sind, einander soweit entsprochen haben, daß sie als repräsentativ für das kulturelle Klima und die kulturpolitische Stimmungslage zu verstehen sind. Wahrscheinlich gehören hierzu auch die Bemühungen Lykurgs, die Tragödientexte der drei Dichter bereinigt zu erhalten, zumal deren Werke für das Theater Athens im 4. Jahrhundert v. Chr. von großer Bedeutung waren. Andernfalls wären die von Lykurg für den Erhalt der Tragödientexte veranlaßten Aktivitäten innerhalb ihres zeitlichen Kontextes ziemlich belanglos gewesen.

Versucht man die verschiedenen Überlieferungen zum Theater Athens im 4. Jahrhundert als Informationen zu verstehen, die sich zu einer bestimmten Tendenz zusammenfügen, so kann dies zum Verständnis des Theaters und seiner Bedeutung maßgeblich beitragen. Der Neubau des Theaters, die in seiner direkten Umgebung aufgestellten Statuen der drei großen Tragödiendichter, das Engagement Lykurgs für deren Tragödientexte sowie die programmatische Aussage des Aristoteles, der bekanntlich nicht weit vom Dionysostheater im Lykeiongymnasion lehrte, zeigen, daß es einem im Athen des fortgeschrittenen 4. Jahrhunderts v. Chr. aktuell gewordenen Anspruch und Bedarf entsprach, die Vorbildfunktion der Tragödiendichter des 5. Jahrhunderts v. Chr. verstärkt ins Bewußtsein der eigenen Gegenwart zu rufen. Ohne eine solche Absicht wäre zumindest die Aufstellung der Dichterstatuen ins Leere gelaufen. Daß deren bildliche Vergegenwärtigung nicht zuletzt einen Appell an den politisch aktiven Bürger richtete, ist evident. Allerdings bleibt es eine Besonderheit dieses Statuenprogramms, daß für die mit ihm vorgebrachten Aufforderungen auf Persönlichkeiten verwiesen wurde, deren Rang und Bekanntheitsgrad nach wie vor und in erster Linie ihren Werken, also der attischen Tragödie galt. Deshalb wurden die Statuen wohl nicht nur im Interesse einer Wahrnehmung staatsbürgerlicher Pflichten aufgestellt, sondern nicht weniger als Zeichen, die auf die großen Dichter und den bleibenden Wert ihrer Werke hinweisen. Andernfalls wäre das nachhaltige Erinnern an diese Dichter als Kronzeugen eines an gezielt ausgewähltem Ort propagierten Staatsbürgerideals phrasenhaft und gleichsam auf halber Strecke hängen geblieben.

Deshalb dürfte es nicht zuletzt einem mit diesem Statuenensemble verbundenen Programm entsprochen haben, zu demonstrieren, daß die großen Werke berühmter Dichter zum selbstverständlichen Bestand einer Lebensqualität gehörten, der sich Athens Gesellschaft verpflichtet wußte. Unter solcher Voraussetzung vermittelt das zu riesigen Dimensionen angewachsene Dionysostheater einen besonders deutlichen Eindruck vom Selbstverständnis

Athens und dem Stolz seiner Bürger. Es unterstreicht – in Stein übertragen –, daß Bildung und Kultur keineswegs zu den Privilegien einer besonderen Elite gehören, sondern als Allgemeingut der gesamten Bevölkerung zur Verfügung stehen. Deshalb konnte sich ganz Athen als Elite empfinden und sollte dies wohl auch tun. Ein bemerkenswerter Hinweis von Isokrates kann bestätigen, daß solche Vorstellungen im damaligen Athen durchaus geläufig waren. Nicht ohne Absicht betont er die herausragenden, kulturellen Qualitäten der Athener, denen Bewohner anderer Städte und Gegenden Griechenlands mangels gleichrangiger Voraussetzungen das Wasser nicht reichen könnten[55]. Die besonderen Qualitäten wurden zu einer in Athen beheimateten Eigenschaft hochstilisiert. Deshalb ist das Dionysostheater ein kulturpolitisches Ausrufezeichen, das den hohen Anspruch Athens als Zentrum und Hort unübertroffener kultureller Leistungsfähigkeit den eigenen Bürgern und zugleich aller Welt demonstrativ vor Augen führte.

Angesichts derart selbstbewußt vorgetragener Ansprüche wird klar, daß weder die fast hypertroph anmutende Größe des Theaters noch bestimmte, unkonventionell erscheinende Planungsmaßnahmen, noch die Trennung von Kultstätte und kulturellem Zentrum und schon gar nicht die auf den ersten Blick irritierende Koilondurchquerung einer Straße zufällig oder unverständlich sind. Die verschieden Teilaspekte sind Kompenenten eines Neubeginns, der sich auf allgemein anerkannte Traditionen berief, diese aktualisierend fortschrieb und damit zugleich eine vorausweisende Zukunftsperspektive entwickelte. Nicht zuletzt deshalb konnte das Theater zu einem Begriff werden, den sich eine ihrer Kultur bewußte Gesellschaft auf ihr Banner geschrieben hatte.

---

[1] Grundlegend zum Dionysostheater Dörpfeld, 29ff.; E. Fiechter – R. Herbig, Das Dionysostheater in Athen I und III (1935, 1936); A. W. Pickard-Cambridge, The Theatre of Dionysos in Athens (1946); L. Polacco, Il Teatro di Dioniso Eleutereo ad Atene (1990); W. W. Wurster, Architectura 9, 1979, 58ff.; ders., Antike Welt 24, 1993, 20ff.; siehe auch P. G. Kalligas, in: E. Coulson, O. Palagia u.a. (Hrsg.), The Archaeology at Athens and Attica under the Democracy (1994), 25ff.

[2] Zu Eubulos siehe der Neue Pauly 4 (1998), 212f., s.v. Eubulos 1 (J. Engels), sowie G. L. Cawkwell, JHS 83, 1963, 47ff. Die Theorika war zuerst und seit perikleischer Zeit lediglich dafür zuständig, die an ärmere Personen für den Besuch des Theaters zu verteilenden Gelder auszuzahlen. In den Folgezeiten wurden die Aufgaben der Theorika beträchtlich erweitert. Zur Theorika und dem Wandel ihrer Aufgaben siehe P. J. Rhodes, The Athenian Boule (1972), 235ff.; E. Ruschenbusch, ZPE 36, 1979, 303ff.; Hintzen-Bohlen, 21ff.; H. R. Goette, Antike Kunst 42, 1999, 21ff.

[3] Schriftquellen und epigraphische Zeugnisse zum Dionysostheater sind bei A. W. Pickard-Cambridge, a.O., 137 gesammelt. Siehe auch W. Will, Athen und Alexander. Untersuchungen zur Geschichte der Stadt von 338 bis 322 v.Chr. (1983), 77ff.; Hintzen-Bohlen, 21ff.

[4] Veränderungen, die bis weit in römische Kaiserzeit reichen, betreffen vor allem das Marmorpflaster der Orchestra und die nachträglich zwischen Orchestra und Koilon eingefügten Schranken, sowie die Bühnenarchitektur, die wahrscheinlich im 1. Jahrhundert v.Chr. völlig erneuert worden ist. Travlos, Athen, 537ff.

[5] Hierzu zuletzt W. W. Wurster, Antike Welt 24, 1993, 23f.

[6] Dörpfeld, 27f.; H. Knell, Perikleische Baukunst (1979), 79ff.

[7] W. W. Wurster, a.O., 24f., Abb.12.

[8] Dörpfeld, 27f.

[9] W. W. Wurster, a.O., 23.

[10] Deubner, 138ff.

[11] H. D. Blume, Einführung in das antike Theaterwesen (1978), 17ff.

[12] A. W. Pickard-Cambridge, a.O. (= Anm. 1), 11ff. Zur Orchestra archaischer Zeit auf der Agora siehe auch F.Kolb, Agora und Theater, Volks- und Festversammlung (1981), 15ff.

[13] Travlos, Athen, 537

[14] Zwar geht W. W. Wurster, a.O. (= Anm. 5), 25f. davon aus, das gesamte Bühnenfundament habe an seiner Rückseite zu einer Halle des fortgeschrittenen 5. Jahrhunderts v.Chr. gehört, doch kann er das in diesem Fundament verwendete Breccia-Material nicht erklären und übergeht damit einen für die Datierung nicht unerheblichen Befund.; zum Steinmaterial und seiner Bedeutung für die Datierung siehe auch H. R. Goette, a.O. (=Anm. 2), 25.

[15] Zur Bühnenmalerei und Requisiten des frühen

Theaters siehe E. Simon, Das antike Theater (1972), 31 f. Lesenswert ist die Arbeit von S. Melchinger, Das Theater der Tragödie (1974), wenngleich die dort vertretenen Datierungsvorschläge strittig bleiben. Zu Masken, Kostümen und weiteren Ausstattungsgegenständen neuerdings auch B. Zimmermann, Die griechische Komödie (1998), 26 ff.

[16] Siehe oben 13 f.

[17] Eine kritische Auseinandersetzung mit Glaubwürdigkeit und Funktion der überkommenen Staatsgötter signalisieren nicht nur die von Sokrates aufgeworfenen Fragen, sondern demonstrieren nicht weniger Götterdarstellungen, wie sie insbesondere von Praxiteles – hierzu siehe unten 186 ff. – geschaffen worden sind.

[18] Seit 386 v. Chr. waren Wiederholungen von Aufführungen klassischer Tragödien offiziell erlaubt. H. Flashar, Poetica 16, 1984, 3 ff. Zur Tragödie des 4. Jahrhunderts v. Chr. siehe insbesondere G. Xanthakis-Karamanos, Studies in Fourth Century Tragedy (1980), sowie B. Seidensticker, in: Eder, 182 ff. Zur Situation des Theaters in spät- und nachklassischer Zeit siehe die zusammenfassende und allgemein verständliche Betrachtung bei Habicht, 105 ff. Daß auch noch in dieser Zeit die Dionysien mit den Panathenäen konkurrieren konnten, ergibt sich z. B. aus der Größe der Feier, bei der nach W. S. Ferguson, Hesperia 17, 1948, 134 alleine im Jahr 333 v. Chr. ca. 240 Rinder geopfert worden sein sollen.

[19] U. Wagner, Reprisen im Athener Dionysos-Theater im 5. und 4. Jh., in: E. Pöhlmann, Studien zur Bühnendichtung und zum Theaterbau der Antike (1995), 173 ff.

[20] Da auf den Sitzreihen Markierungen für einzelne Plätze erkennbar geblieben sind, die eine Platzbreite von ca. 40 cm zeigen, ist die gesamte Platzkapazität unschwer zu ermitteln. Dörpfeld, 44.

[21] Da im Verlauf der Entwicklungsgeschichte des Theaters die Bedeutung der auf der Bühne agierenden Schauspieler zunehmend wichtiger geworden ist, wurden in gleichem Maße Inszenierungen, bei denen man auf eine funktionierende Bühne angewiesen sein konnte, aktueller. Nicht unkritisch vermerkt hierzu Aristoteles, Rhetorica 3.1,1403 b 33, das Schauspiel sei wichtiger geworden als die Dichtung. Siehe auch H. D. Blume, a. O. (= 145 Anm. 11), 79.; E. Pöhlmann, Zur Bühnentechnik im Dionysos-Theater des 4. Jh., in: E. Pöhlmann, a. O., 155 ff.

[22] Ein entsprechender Wandel wurde bei den Dithyramben beobachtet. Nach B. Zimmermann, Dithyrambos. Geschichte einer Gattung. Hypomnemata 98 (1992), 141 ff. war es beim Vortrag der Dithyramben nicht beim Gesang eines Kultlieds geblieben, sondern konnte deren Aufführung bei zugleich zunehmender Literarisierung zu einem musikalischen Ereignis werden.

[23] Auf ein kulturelles Sendungsbewußtsein verweist H. Flashar, Poetica 16, 1984, 5.

[24] Zur Rekonstruktion dieser Halle Dörpfeld, 59 ff.; E. Fiechter, R. Herbig, a. O. (= 145 Anm. 1), Taf. 7. Siehe auch R. F. Townsend, Hesperia 55, 1986, 421 ff., der m. E. jedoch den Niveausprung zwischen Orchestrafläche und Hallenfundament bei seinem Rekonstruktionsvorschlag nicht hinreichend berücksichtigt hat. Angesichts der hohen Skenerückwand könnte erwogen werden, die gegen diese Wand gelehnte Stoa – ähnlich wie die ungefähr zeitgleiche Nordhalle im benachbarten Asklepieion (siehe oben, 117 f.) – zweigeschossig zu rekonstruieren.

[25] Pausanias 1.20,4

[26] Zum jüngeren Dionysostempel Dörpfeld, 19 ff.

[27] A. Mallwitz, Olympia und seine Bauten (1972), 180 ff.

[28] Gruben, 55 ff.

[29] A. Mallwitz, a. O., 194 ff. Zu den schwierigen Baugeschichtsfragen und den damit verbundenen Datierungsproblemen siehe W. Königs, Die Echohalle (1984).

[30] Zwar berichtet Pausanias 8.32,1 ausdrücklich, das größte aller griechischen Theater befinde sich in Megalopolis, doch muß es sich ausgehend von den dortigen Baubefunden – hierzu siehe Dörpfeld, 133 ff. – um einen Irrtum handeln.

[31] Dörpfeld, 42 ff.

[32] Travlos, Athen, 387 ff.; A. L. Robkin, The Odeion of Perikles. Some Observations on its History, Form and Function (1979).

[33] Judeich, 169; C. Schnurr, ZPE 105, 1995, 139 ff.

[34] Zwar wird die Bevölkerungszahl Athens und Attikas unterschiedlich eingeschätzt, doch kann sie in ihrer Größenordnung ungefähr festgestellt werden. Die bei H. D. Blume, a. O. (= 145 Anm. 11), 58 Anm. 155 genannten Zahlen könnten sich auf die Bevölkerung ganz Attikas, jedoch nicht auf die Bewohner Athens beziehen. Deren Anzahl läßt sich aus den innerhalb des Mauerrings zur Verfügung stehenden Flächen, die mit Wohnhäusern bestückt werden konnten, abschätzen. Nach Demosthenes 25,51 sollen in Athen insgesamt etwa 20 000 Personen gelebt haben. Siehe auch W. H. Hansen, Die Athenische Demokratie im Zeitalter des Demosthenes (1995), 91 ff. sowie E. Ruschenbusch, ZPE 41, 1981, 103 ff.

[35] Plutarch, Moralia 841 F; siehe auch RE 6 A2 (1937), 2068 f., s.v. Tragoedia (K. Ziegler).

[36] Plutarch, a. O.; Pausanias 1.21,1–2 ; Hintzen-Bohlen, 29 ff.; Zur Aufstellung von Dichterstatuen beim Dionysostheater siehe auch K. Fittschen, in: M. Wörrle – P. Zanker (Hrsg.), Stadtbild und Bürgerbild im Hellenismus. Vestiga 47 (1995), 65 ff.

³⁷ Hierzu zuletzt Zanker, 49 ff.
³⁸ Chr. Vorster, Vatikanische Museen, Museo Gregoriano. Römische Skulpturen I (1993), 154 Nr. 67, Abb. 297–308. Eine knappe Beschreibung bei Lullies, Nr. 223.
³⁹ Zu der Figurengruppe (W. Gauer, JdI 83, 1968, 132 ff.; Chr. Schwingenstein, Die Figurenausstattung der griechischen Theatergebäude (1977), 74 ff.; B. Fehr, Bewegungsweisen und Verhaltensideale. Physiognomische Deutungsmöglichkeiten der Bewegungsdarstellung an griechischen Statuen des 5. und 4. Jhs. v. Chr.(1979), 54 ff.; L. Giuliani, Bildnis und Botschaft (1986), 138 f.
⁴⁰ In diesem Zusammenhang wurde wiederholt auf das Vasenbild einer attischen Amphora verwiesen. Paris, Louvre G 222; CVA Louvre III, Ic, 32 f., Taf. 5–7.
⁴¹ Zanker, 51 f.; L. Giuliani, a. O., 129 ff.
⁴² Zu diesen, auch von Aristoteles genannten Forderungen siehe L. Giuliani, a. O., 133.
⁴³ A. Krug, a. O. (= 124 Anm. 1), 148.
⁴⁴ Zum Asklepieion Athens siehe oben 115 ff.
⁴⁵ Einer solchen Einstellung entspricht auch die dezidierte Aussage des Demosthenes 3.23–29, der wiederholt darauf hinweist, die herausragenden Leistungen der Väter blieben unübertreffbar und könnten höchstens in Annäherung erreicht werden.
⁴⁶ K. Kourouniotis u. H. A. Thompson, Hesperia 1, 1932, 137 f.; W. W. Wurster, a. O. (= 145 Anm. 5), 30; F. Kolb, a. O. (= 145 Anm. 12), 93.

⁴⁷ Aristoteles, Athenaion Politeia 42.4; Habicht, 522.
⁴⁸ Besonders deutlich schildert dies Isokrates, der in seiner Friedensrede – Orationes 8,82 f. – die Athener u. a. mahnend darauf hinweist, sie könnten durch die protzende Zurschaustellung ihres den Bundespartnern abgepreßten Reichtums Neid und Ärger hervorrufen.
⁴⁹ M. Maass, Die Prohedrie des Dionysostheaters in Athen (1972).
⁵⁰ Zu Stil und Datierung des Thronsessels für den Dionysospriester siehe M. Maass, a. O., 60 ff.
⁵¹ M. Maass, a. O., 85 ff.
⁵² P. Chiron-Bistagne, Recherches sur les acteurs dans la Grèce antique (1986). Daß das Dionysostheater schließlich in den Augen auswärtiger Besucher zur wichtigsten Attraktion Athens wurde, betont Herakleides in seinem im 3. Jahrhundert v. Chr. abgefaßten Reisebericht. Offensichtlich waren die kulturellen oder kulturpolitischen Bemühungen Athens sehr erfolgreich. Siehe hierzu K. Fittschen, a. O. (= 146 Anm. 36), 55 ff.
⁵³ G. Xanthakis-Karamanos, Studies in Fourth Century Tragedy (1980).
⁵⁴ H. Flashar, Poetica 16, 1984, 1 ff.
⁵⁵ Nach Isokrates läßt eine in Athen erhaltene Erziehung einen Menschen deutlicher zum Griechen werden als jede durch Familie und von Geburt an mitgegebene Zugehörigkeit.

# Choregische Weihgeschenke

Daß das Theater für Athen im 4. Jahrhundert v. Chr. besonders wichtig war, zeigt bereits der äußerst aufwendige Neubau des Dionysostheaters und das gleichzeitig veränderte und neu ausgestattete Heiligtum des Dionysos Eleuthereus. Deshalb erstaunt es nicht, daß Anstrengungen unternommen wurden, um hier veranstaltete Theateraufführungen attraktiv zu halten. Daß dies einem allgemeiner verbreiteten und im Bewußtsein der Bevölkerung Athens tief verwurzelten Bedürfnis entsprach, unterstreicht nicht zuletzt das für Aufführungen im Theater eingesetzte Engagement wohlhabender Bürger, die vor allem bei der Finanzierung tatkräftig mitgeholfen haben. Insbesondere der Chor konnte zu einer kostspieligen Angelegenheit werden. Dies gilt in erster Linie für die im 4. Jahrhundert v. Chr. besonders beliebten Dithyramben[1], für deren Aufführung ein Chor mit mindestens 50 Mitgliedern erforderlich sein konnte[2]. Als offizielle Veranstalter der Dithyrambenaufführungen traten einzelne Phylen auf, die damit bei den im Kult verankerten Festspielen einen die Gottheit verehrenden und sich selbst ehrenden Beitrag leisteten. Die jeweils betroffene Phyle beauftragte durch Wahl ein wohlhabendes Mitglied ihrer Phyle mit der Choregie, durch die der zum Choregen gewählte Bürger die materielle und künstlerische Verantwortung für die Realisierung einer Aufführung übernahm. Wohlhabende Bürger konnten von ihrer Phyle sogar zur Übernahme einer solchen Aufgabe und der damit verbundenen finanziellen Aufwendungen offiziell verpflichtet werden[3].

Athens Bürger brauchten freilich kaum mit besonderem Nachdruck an solche Pflichten erinnert zu werden. Schließlich konnte es sehr attraktiv sein, zum Choregen gewählt zu werden. Für ehrgeizige Bürger, die daran interessiert waren, ihre Person der Öffentlichkeit bekannt zu machen, hatte dies nicht zuletzt deshalb einen besonderen Reiz, weil mit der Übernahme einer solchen Aufgabe die Aussicht auf eine beträchtliche Steigerung des persönlichen Ansehens verbunden war. Dem entspricht, daß der Chorege beim Dionysosfest im Theater einen besonderen, für ihn in der Prohedrie reservierten Platz einnahm und damit einen Status demonstrierte, der kaum hinter dem des Dionysospriesters zurückstand[4]. Da die Aufführungen in einem Wettbewerb prämiert werden konnten, hatte ein Chorege zudem die Chance, mit der von ihm betreuten Aufführung einen äußerst prestigeträchtigen Preis zu gewinnen. Als Siegespreis erhielt er einen bronzenen Dreifuß[5]. Der so ausgezeichnete Chorege konnte den Dreifuß – namentlich kenntlich gemacht – im öffentlichen Raum einer Straße aufstellen. Nach zahlreichen dort aufgestellten Dreifüßen hatte eine bestimmte Straße den Namen Dreifußstraße erhalten[6]. Sie verläuft am Hang der Akropolis unterhalb der Peripatos, beginnt beim Eleusinion und endet beim Eingang zum Heiligtum des Dionysos Eleuthereus.

Im 5. Jahrhundert blieben die dort aufgestellten Weihgeschenke noch relativ bescheiden. Meist begnügte man sich mit einem Basissockel für den Dreifuß. Solche Zurückhaltung ist vor allem in der 2. Hälfte des 4. Jahrhunderts zunehmend aufgegeben worden, so daß choregische Weihgeschenke zu regelrechten Monumenten werden konnten. Sie signalisieren, daß sie nicht nur als Weihgeschenke an Dionysos zu verstehen waren, sondern nicht weniger der stolz bekundeten Selbstdarstellung ihrer Stifter dienten. Daß dies einen Prozeß in Gang setzte, bei dem Preisträger bestrebt waren, sich gegenseitig zu übertrumpfen, ist naheliegend. Dies dokumentiert der Aufwand, der für die Herrichtung solcher Weihgeschenke betrieben wurde[7]. Er unterstreicht das Bedürfnis preisgekrönter Choregen, mit ihrem Namen verbundene, unverwechselbare Zeichen zu setzen, die geeignet waren, die Aufmerksamkeit einer breiteren Öffentlichkeit auf sich zu ziehen. Deshalb ist es keineswegs zufällig, sondern nur konsequent, daß für derartige Monumente kein gleichsam normierender und damit den Darstellungsrahmen nivellierender Typus entstanden ist.

Aus der Gruppe der choregischen Weihgeschenke blieben nur wenige Beispiele so weit erhalten, daß ihre Form und Bedeutung sowie ihre Wirkung einigermaßen zuverlässig nachgezeichnet werden können. Trotzdem vermitteln sie als Repräsentanten dieser Gattung einen aufschlußreichen Eindruck von der Gestaltungsvielfalt und einem durch sie zur Wirkung gebrachten Repräsentationsbedürfnis ihrer Stifter. Ehrgeizige oder auch eitle Bürger nahmen offensichtlich bereitwilligst die mit der Errichtung solcher Monumente verbundene Chance wahr, als großzügige Förderer durch auffallende, d.h. ungewöhnliche Denkmäler auf ihren besonderen und herausragenden Rang hinzuweisen. Deshalb sind erhalten gebliebene Beispiele nicht zuletzt auch Zeugnisse, die zur Selbsteinschätzung vermögender Bürger aus Athens Oberschicht und deren im öffentlichen städtischen Raum sehr individuell vorgetragener Präsentation eine authentische Nachricht hinterlassen haben[8].

Sie fügen sich in den durch diese Studie abgesteckten zeitlichen Rahmen bestens ein: Einerseits gehören sie zu den besonders auffallenden Überlieferungen, die das Bild Athens vor allem seit der Mitte des 4. Jahrhunderts v.Chr. spürbar bereicherten, und andererseits verloren sie im vorletzten Jahrzehnt jenes Jahrhunderts durch historisch überlieferte Eingriffe an Bedeutung. Letzteres betrifft die Herrschaft des Demetrios von Phaleron, der u.a. wahrscheinlich um 315 v.Chr. die mit dem Theater verbundenen Angelegenheiten den Phylen und anderen tradierten Einrichtungen Athens entzog und sie einer staatlichen Aufsicht unterstellte[9]. Welche Ziele er mit einer solchen Initiative verband, ist schwer zu entscheiden. Jedoch ist auffallend, daß dies in den gleichen Jahren geschah, in denen er für eine gesetzlich verordnete Einschränkung des Gräberluxus gesorgt hatte[10]. Zumindest sind sich beide Maßnahmen insoweit ähnlich, als sie eine deutliche Zurücknahme der sehr aufwendig gewordenen Repräsentationen wohlhabender Bürger zur Folge hatten. Ob dadurch in Athen klar gemacht werden sollte, daß sich inzwischen die realen Machtverhältnisse verändert hatten und deshalb die z.T. überschäumenden Ausdrucksmöglichkeiten eines Stolzes von Bürgern, der sich nicht zuletzt auf Rang, Bedeutung und Freiheit ihrer Polis gründete, zurückgeschnitten wurden, oder ob Demetrios eher daran gelegen war, vornehme Zurückhaltung zum Maßstab öffentlichen Auftretens werden zu lassen oder ob ihn andere Gründe zu seinen einschneidenden Maßnahmen veranlaßt hatten, kann hypothetischen Diskursen überlassen bleiben[11]. Allerdings können solche Einschnitte gleichsam im Umkehrschluß ein durchaus bezeichnendes Licht auf den Zustand Athens mit seinen selbstbewußt auftretenden und in hohem Wohlstand lebenden Bürgern für die Zeit vor dem Auftreten des Demetrios von Phaleron werfen.

Nicht zuletzt die choregischen Monumente sind in solchem Zusammenhang aufschlußreich. Da sie keine typologisch eindeutig zu benennende Gruppe bilden, muß jedes Beispiel einzeln betrachtet werden. Offensichtlich blieb die Entscheidung über Größe, Form und Ausstattung den Auftraggebern und Künstlern oder Architekten überlassen. Auch deshalb sind choregische Weihgeschenke besonders interessant, zumal bei ihnen in jener Zeit eines eher nachlassenden Konventionsdrucks[12] deutlicher als bei anderen Bauaufgaben oder Gattungen von innovativen Möglichkeiten Gebrauch gemacht wurde.

Das am besten erhaltene und zugleich eindrucksvollste Denkmal dieser Art ist das im Jahr 335/4 v.Chr. entstandene **Lysikratesmonument** (Abb. 105)[13]. Auf der am Architrav angebrachten Stifterinschrift ist vermerkt[14], daß Lysikrates, der als Chorege eines Knabenchors einen Sieg errungen hatte, das Monument in der Zeit, in der Euainetos als Archon amtierte, also im Jahr 335/4, errichtet hat. Das Weihgeschenk steht an der Tripodenstraße und damit an prominenter Stelle. Es war beidseits von weiteren choregischen Weihgeschenken, von denen allerdings außer Fundamentresten nichts erhalten geblieben ist, eingefaßt (Abb. 106)[15]. Deshalb täuscht der heutige Zustand, der den Eindruck hervorruft, das Lysikratesmonument sei ein Solitär gewesen. Seine ungewöhnlich gute Erhaltung verdankt es dem zufälligen Umstand, daß es in späterer Zeit von Mönchen eines damals direkt benachbarten Kapuzinerklosters als Lesestube benutzt worden ist[16]. Nachdem es von Spuren seiner Umnutzung befreit wurde, zeigt es sich heute wieder weitgehend in seiner ursprünglichen Gestalt.

Abb. 105.
Lysikratesmonument.
Ansicht von Nordwesten.

Das Monument ist ein zweigeschossiges architektonisches Denkmal, dessen additive Gestalt durch einen bemerkenswerten Dachaufbau bekrönt wird. In unkonventioneller Weise wurden unterschiedliche, Gebäudestrukturen so miteinander kombiniert, daß eine bisher ungekannte, neuartige Architekturform entstanden ist (Abb. 107–108)[17]. Seine Gestalt besteht zuerst aus einem massiven Sockel, der auf einem knapp ausladenden und das abfallende Gelände ausgleichenden Stufenbau steht. Der Sockel besitzt einen quadratischen Grundriß von 2,93 m Seitenlänge und eine Höhe von gut 3,50 m. Oben endet er in einer sparsam profilierten Deckplatte, die das eigentliche, aufgesockelte Denkmal trägt. Es ist dies ein kleiner Rundtempel, der lediglich aus einer überdachten Säulenstellung besteht, so daß er keine Cella besitzt. Eine Cella dürfte sich angesichts des zierlichen Kleinformats des Rundtempels erübrigt haben, weil für sie innerhalb des Säulenkranzes kaum mehr Platz gewesen wäre als z. B. für eine kaminartige Röhre erforderlich war. Trotzdem ist mit diesem Gebäude – vielleicht unbeabsichtigt – ein neuer Architekturtypus entstanden, durch dessen Formen zugleich eine neuartige Architektursprache kreiert worden ist. Entwicklungsgeschichtlich handelt es sich bei dem kleinen Rundtempel um den ersten Monopteros der griechischen Architekturgeschichte[18]. Daß man sich dabei auf unbekanntem und nicht erprobtem Terrain bewegte, zeigt eine anscheinend für erforderlich gehaltene, bereits im Bauvorgang selbst durchgeführte Planänderung: Die Interkolumnien wurden geschlossen, um dem konstruktiv eher fragilen Gebäude mehr Stabilität zu geben[19]. Auf dem Stylobat, dessen Durchmesser weniger als 3 m beträgt, stehen sechs schlanke, 3.54 m hohe korinthische Säulen. Es sind dies die ersten korinthischen Säulen, die für die äußere Gestalt eines Gebäudes verwendet worden sind[20]. Über dem Gebälk aus Dreifaszienarchitrav, Fries und Zahnschnitt liegt die leicht gewölbte Decke, die gemeinsam mit dem Dach, dessen Oberfläche wie eine geschuppte Haut formuliert ist, aus einem einzigen Steinblock besteht[21]. Aus der Dachmitte sprießt ein mächtiger Akanthus heraus. Mit seinen ausgreifenden Volutenstengeln bildet er einen kapitellartigen Abschluß (Abb. 109), auf dem der als Siegespreis verliehene Dreifuß gleich einem triumphal hochgehaltenen Zeichen seinen Platz finden konnte. Trotz der eher unmonumentalen Formen und kleingliedrigen Teile entstand durch deren additiv übereinander gefügte Anordnung ein Monument von beträchtlicher Größe, dessen Höhe ziemlich genau 12 m erreichte.

Beim Rundtempel des Lysikratesmonuments handelt es sich nicht nur um eine folgenreiche Neuschöpfung, sondern nicht weniger um ein Exemplar, das zeigt, daß man in jener Zeit mit

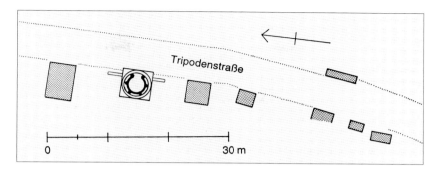

▲ Abb. 106. Ausschnitt aus dem Athener Stadtplan mit der Tripodenstraße und Standort des Lysikratesmonuments.

tradierten Vorstellungen von kanonisch gewordenen Architekturzusammenhängen bemerkenswert freizügig umgehen konnte. Einerseits führte dies zu Auflösungserscheinungen klar gefügter Architekturordnungen und andererseits zu kreativem Umgang mit einem insoweit freier zur Verfügung stehenden Repertoir. Dessen Bestandteile in einen anderen Zusammenhang zu bringen und dadurch zuvor unbekannte Lösungen zu finden, ist die fruchtbare Komponente, die mit der Lockerung und Auflösung herkömmlicher architektonischer Ordnungsstrukturen einhergeht. Dies gilt auch und in besonderem Maße für das Lysikratesmonument. Angesichts seiner Gestalt und Formen kann sich die Frage stellen, ob dieses Monument überhaupt noch als Bauwerk in des Begriffes eigentlichem Sinn verstanden werden konnte oder sollte. Ebenso könnte es auch darum gegangen sein, mit Mitteln und Formen, die einer allgemein bekannten und anerkannten Architektursprache entlehnt sind, etwas Neues zu schaffen, das seinen eigenen Wert, seine eigene Funktion und seine eigene Bedeutung behauptet.

Vermeintlich banale Tatbestände sprechen für diese Annahme: Hierzu gehört, daß das hoch aufgesockelte Rundtempelchen kaum erreichbar war, weil keine Zugangsmöglichkeit vorgesehen wurde. Offensichtlich bestand kein Interesse, den Rundtempel überhaupt zugänglich zu machen. Dies dürfte auch kaum notwendig gewesen sein, weil mit dem im Durchmesser weniger als 2 m großen Innenraum ohnehin wenig anzufangen war. Dies gilt gleichfalls für den dort ursprünglich geplanten Monopteros. Dessen lockere Baldachinarchitektur konnte sich am ehesten dafür angeboten haben, einen bestimmten Gegenstand, vielleicht ein kostbares Standbild unter einem wie frei schwebend erscheinenden und zugleich

## Choregische Weihgeschenke

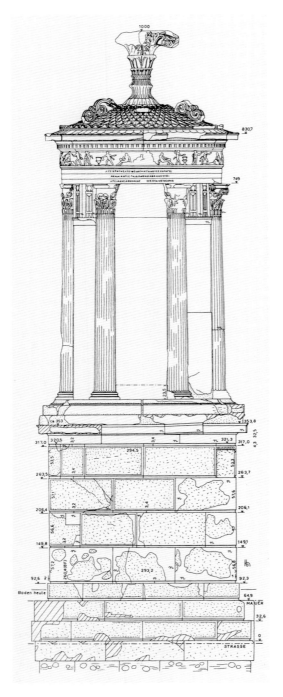

▶ Abb. 107. Aufriß des Lysikratesmonuments.

▶▶ Abb. 108. Obergeschoßgrundriß des Lysikratesmonuments.

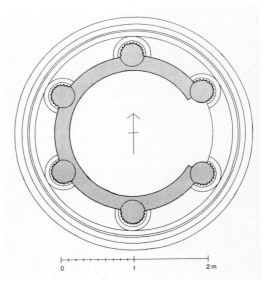

vor Witterung schützenden Dach den Blicken vorübergehender Passanten darzubieten. Dem entspricht, daß Pausanias ausdrücklich darauf hinweist[22], daß die choregischen Weihgeschenke *Tempel sind …, auf denen Dreifüße stehen … und die bemerkenswerte Kunstwerke umschließen. Darunter ist ein Satyr, auf den Praxiteles besonders stolz gewesen sein soll.* Zwar kann man diese Textpassage nicht unmittelbar auf das Lysikratesmonument beziehen und deshalb auch nicht beweisen, daß hier der seinerzeit hochberühmte Satyr des Praxiteles auf- und ausgestellt gewesen ist[23], doch scheint es allgemeinerem Brauch entsprochen zu haben, choregische Weihgeschenke mit Kunstwerken auszustatten[24]. Daß sich für diesen Zweck Statuen des Dionysos oder eines Satyrs anbieten konnten, legt der Sinnbezug eines solchen Monuments nahe. Deshalb ist es durchaus vertretbar, auch das Lysikratesmonument mit einem entsprechenden Standbild zu rekonstruieren (Abb. 110).

Daß der Bau einem solchen Zweck entgegenkam und deshalb wahrscheinlich eine Skulptur unter dem Baldachindach bei der Planung in Rechnung gestellt war, läßt sich aus dem Entwurf und den ihm beigegebenen Unregelmäßigkeiten erschließen. Bei einer näheren Betrachtung zeigt sich, daß die Säulen keineswegs gleichmäßig auf dem Stylobatkreis verteilt sind, sondern die Abstände z. T. beträchtliche Unterschiede aufweisen. Während die Joche an Nord- und Südseite jeweils auf 1,10 m disponiert sind, wurde das Joch in der Flucht der Westrichtung auf 1,05 m verengt und das Ostjoch auf 1,16 m gedehnt[25]. Es ist dies zugleich das einzige Joch, dessen Interkolumnium bei der nachträglichen Planänderung nicht geschlossen wurde. Es blieb dies eine türartige Öffnung, durch die der Blick auf eine im Inneren eventuell aufgestellte Statue möglich war. Dabei erweist sich die Plazierung des Monuments an seinem Standort als aufschlußreich, weil es wohl kaum auf Zufall beruht, daß sich die Öffnung der Ostseite gerade an der Stelle befindet, an der zu Füßen des Monuments die Dreifußstraße verläuft. Die Blicke vorübergehender Spaziergänger trafen deshalb ganz unmittelbar auf ein im Inneren des aufgesockelten Tempelchens aufgestelltes Standbild. Zugleich wurden sie durch die deutlich präsentierte Inschrift über diesem offenen Interkolumnium darüber informiert, wer aus welchem Anlaß und zu welcher Zeit als siegreicher Chorege das Straßenbild durch ein derart kostbares Weihgeschenk geschmückt hatte[26].

Zu dieser Repräsentationssprache gehört nicht zuletzt die wirkungsvolle Verwendung unterschiedlicher Materialien, durch die ein bemerkenswert farbiges Architekturarrangement entstand. Gleich einem die Kostbarkeit steigernden Crescendo begleitet es den Aufbau des Monuments. Dies beginnt mit dem Fundament aus grobem Breccia, leitet über zu dem herben Vierkantsockel aus hellem Poros und endet vorerst mit der profilierten Abdeckplatte des Sockels aus leicht blaugrau schimmerndem, hymettischem Marmor. Der Oberbau mit dem Monopteros besteht aus leuchtend weißen, pentelischem Marmor; für die zusätzlich in die Interkolumnien eingeschobenen Wandscheiben ist nochmals hymettischer Marmor verwendet worden. Bekrönt wurde das schlank aufstrebende Architekturarrangement durch den stolz präsentierten, bronzenen Dreifuß, dessen polierte Oberfläche in gleißender Sonne triumphal erstrahlte.

Der gezielt zur Wirkung gebrachte Materialwechsel sowie die absichtlich von einander abweichenden Jochmaße und nicht zuletzt die bewußt vorgenommene Plazierung und Einordnung in eine örtlich gegebene Topographie weisen übereinstimmend darauf hin, daß das Lysikratesmonument trotz seiner leichten Eleganz und fast zufällig oder beliebig anmutenden Formkombination keineswegs das Ergebnis einer launigen Spielerei ist. Zugleich bestätigen bestimmte Maße und Maßverhältnisse, aus denen sich für den Aufbau des Mo-

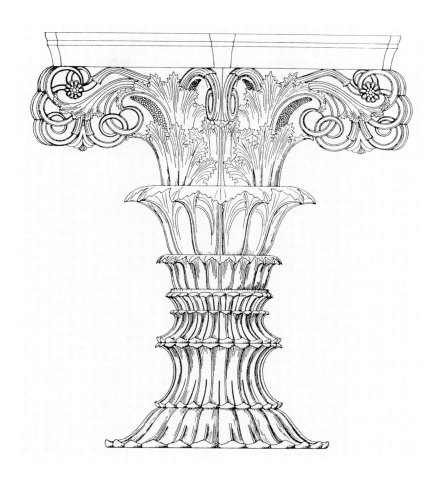

▲ Abb. 109. Akanthus von der Dachbekrönung des Lysikratesmonuments.

numents ein klares Proportionsgerüst ergibt, daß ihm ein eindeutiger Entwurf zugrunde gelegen hat, der auf einen prägnanten Gestaltungswillen verweist. Hiernach wiederholt die Höhe des Gebälks die Höhe des Stufenbaus und entspricht die Höhe des Vierkantsockels der Höhe des oben abschließenden Gebälk- und Dachaufbaus, während das Hauptgeschoß mit seinen Säulen und dem sie tragenden Stufenbau um die Hälfte höher ist als der vierkantige Sockel[27]. Solche Hinweise mögen genügen, um verständlich werden zu lassen, daß die Gestalt des Lysikratesmonuments nicht ohne absichtsvolle Planung zustande gekommen ist. Dabei braucht man weitere Proportionsrechnungen, die bekanntlich stets Gefahr laufen, sich in spekulativen Erörterungen zu verlieren, nicht weiter auszuführen. Die genannten Hinweise sollten zeigen, daß das Lysikratesmonument auf einen sehr klar disponierten Entwurf zurückgeht, dessen bestimmende Größen sich plausibel darstellen lassen. Aus dem Gesagten

▶ Abb. 110.
Rekonstruktion des Lysikratesmonuments mit einer im Monopteros hypothetisch angenommenen Skulptur.

▶▶ Abb. 111.
Korinthisches Kapitell vom Monopteros des Lysikratesmonuments.

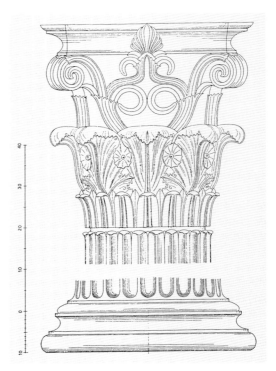

folgt, daß Form und Anordnung dieses Weihgeschenks sehr absichtsvoll entwickelt und planerisch entschieden worden sind.

Zu einem solchen Kalkül gehören die eleganten Säulen mit ihren qualitativ bemerkenswerten Kapitellen. Bei einem unteren Durchmesser von 0.33 m und einer Höhe von 3,54 m entspricht die Säulenproportion einem Verhältnis von 1:10,7, so daß die Säulen einen ungewöhnlichen Schlankheitsgrad erreichen.

Solche entmaterialisierenden Architekturglieder thematisieren eine Leichtigkeit und Eleganz, die einem stilbildenden Geschmack jener Zeit entgegenkam. Einer entsprechenden Tendenz folgt z. B. auch das offene Ostjoch, das so weit gedehnt ist, daß 2 1/2 Säulen in seinem Interkolumnium Platz fänden[28].

Vor allem die kunstvoll ausgearbeiteten, korinthischen Kapitelle konnten besondere Aufmerksamkeit hervorrufen (Abb. 111). Zuvor hatte es anscheinend noch kein Architekt unternommen, die äußere Gestalt eines Bauwerks mit korinthischen Säulen auszustatten und auf diese Weise das Erscheinungsbild eines Gebäudes derart aufwendig zu steigern. Auch dies unterstreicht den besonderen Stellenwert des Lysikratesmonument innerhalb der griechischen Architekturgeschichte[29]. In vorangegangener Zeit gehörten korinthische Kapitelle vor allem zur schmückenden Ausstattung von Innenräumen[30]. Daß es längere Zeit dauerte, bis korinthische Säulen bei der Ausstattung von Außenarchitekturen verwendet wurden, könnte u. a. darauf zurückzuführen sein, daß gerade bei öffentlichen Bauten der Konventionsdruck nur langsam abgebaut wurde. Darüber hinaus ist es durchaus möglich, daß das korinthische Kapitell wegen seines filigranen Blattwerks anfangs noch für weniger geeignet gehalten wurde, ungeschützt Wind und Wetter ausgesetzt zu sein. Auf jeden Fall gab man bei der Verwendung korinthischer Säulen über längere Zeit hin Innenräumen den Vorzug. Als aufwendig herzustellende und deshalb kostspielige Bildhauerarbeiten wurden sie anscheinend wie wertvolle Pretiosen vorerst nur in Innenräumen aufgestellt. Deshalb bleibt es ein wagemutiger und – wie die weitere Architekturgeschichte zeigen sollte – äußerst folgenreicher Schritt, der mit den korinthischen Säulen am Lysikratesmonument vollzogen worden ist.

Auch das auf den Säulen lagernde Gebälk (Abb. 112) ist durchaus erwähnenswert. Es besteht aus einem flachen Dreifaszienarchitrav, einem niedrigen Friesband und einem in das Geison überleitenden Zahnschnitt[31]. Ungewöhnlich ist vor allem die additive Form des Gebälks, in dem Teile zusammengefaßt sind, deren Verbindung zu jener Zeit keineswegs üblich war. Dies betrifft vor allem den Zahnschnitt, der eigentlich nicht zur attischen Variante dieser Ordnung, sondern zu ihrer in Kleinasien heimischen Version gehörte, die sich ihrerseits den Fries nicht zu eigen gemacht hatte[32]. Freilich zeigt sich auch hier, wie bereits bei anderen durch das Lysikratesmonument erstmals präsentierten Neuerungen, daß mit dieser Gebälkkombination eine formale Variante entstanden ist, die in späteren Zeiten geläufig wurde. Deshalb handelt es sich bei dieser Gebälkform nicht um eine folgenlose, originelle Spielerei. Vielmehr zeigt sie auf ihre Weise, daß die Abkehr von starren Ordnungsprinzipien experimentierende Freiräume entstehen ließ, die innovativ genutzt werden konnten.

Daß beim Lysikratesmonument sämtliche Möglichkeiten, die sich für eine reichhaltige Ausstattung anboten, bereitwillig aufgegriffen worden sind, zeigt nicht zuletzt der Fries (Abb. 113): Zwar besitzt er nur eine Höhe von 22,6 cm, wurde aber dennoch mit reichem Reliefschmuck ausgestattet. Sein Stil und seine bemerkenswerte Qualität haben sogar an eine

▲ Abb. 112. Gebälkaufbau vom Monopteros des Lysikratesmonuments.

Arbeit aus der Werkstatt oder dem direkten Umkreis des Leochares denken lassen[33]. Eine eingehende Betrachtung des Frieses[34] zeigt, daß man sich nicht damit begnügt hat, dem Bau ein kostbar geschmücktes Diadem um die Stirn zu binden und ihn dadurch mit einem festlichen Attribut auszustatten, sondern die sich mit einem solchen Friesband bietende Chance zur bildlichen Propagierung programmatischer Botschaften nutzte.

Die Friesreliefs schildern den Mythos, der davon berichtet, daß Dionysos auf offener See von Piraten aufgegriffen und gefangen genommen wurde. Der Gott entzog sich dem Ansinnen der Piraten, die meinten, eine gute Beute gemacht zu haben, in dem er sie in wehrlose Delphine verwandelte. Von diesem Mythos, der nicht gerade zu den Standartthemen der Mythendarstellungen gehörte[35], berichtet in aller Ausführlichkeit einer der homerischen Hymnen[36]. In der Friesdarstellung wird das Mythengeschehen in lockerer Abfolge auf den gesamten Ring verteilt, so daß von allen Seiten des Monuments einzelne Teile der Handlung sichtbar sind. Durch die gedehnte Schilderung der Szenerie werden Überschneidungen der

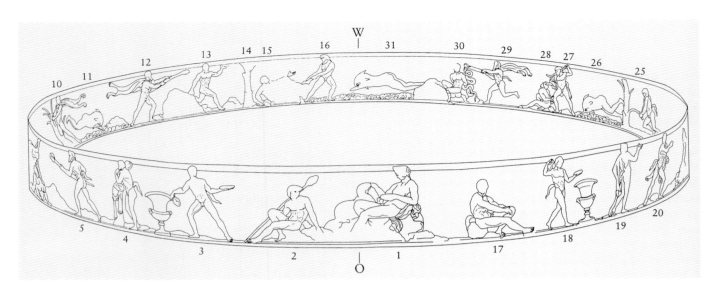

Abb. 113. Umzeichnung des ringförmig verlaufenden Frieses vom Monopteros des Lysikratesmonuments.

Figuren oder konzentrierte Verdichtungen der Mythenerzählung vermieden. Deshalb sind einzelne Frequenzen trotz des kleinen Friesformats auf größere Entfernung gut erkennbar, so daß Thema und Handlungsverlauf unmißverständlich wahrgenommen werden konnten. Dabei macht sich die Frieskomposition bei der Verteilung bestimmter Abschnitte den durch die Architektur vorgebene Rhythmus zu Nutze. Entgegen der eigentlich richtungslosen Idealstruktur eines Rundbaus, wurde der Tholos durch die genannte Jochdifferenzierung eine wahrnehmbare Ost-West-Achse beigegeben[37]. Einer solchen Akzentuierung entspricht, daß das Joch an der Ostseite gedehnt und somit zum sinnbildlichen Eingangsjoch geworden ist. Die Frieskomposition nimmt hierauf Rücksicht und plaziert Dionysos und damit die Hauptfigur des ganzen Frieses in breit geschilderter Darstellung über diesem Joch. In der gezeigten Szene hat er sich im Sitzen lässig zurückgelehnt und es sich bequem gemacht. Zugleich erweckt er den Eindruck, die in anderen Teilen des Frieses geschilderten Kämpfe gingen unbeachtet an ihm vorbei. Wie aus distanzierter Warte scheint der Gott den zwischen Silenen und Piraten ausgebrochenen Kampfhandlungen fast amüsiert zuzusehen, als handele es sich um ein eher burleskes Treiben. Direkt neben ihm befinden sich beidseits Assistenzfiguren, die – wie Dionysos – weder in die Kämpfe verwickelt sind noch spürbar auf sie reagieren. Ihre Gegenwart beschreibt eine dem Gott selbst eigene Sphäre und vergrößern zugleich die Distanz, die sich zwischen dem Gott und den in gebührendem Abstand tobenden Kampfszenen auftut. Dabei braucht man die einzelnen Handlungsabschnitte nicht zu schildern, weil sich deren Verlauf und Inhalt dem Verständnis unmittelbar erschließt. Jeder, der den Homerischen Hymnos kannte, verstand ohne besondere Hilfe, um welche mythische Erzählung es in dem Relieffries gegangen ist. Vor allem die in die Kampfszenen eingestreuten Delphindarstellungen gaben gleich allgemein verständlichen Attributen genügend Hinweise für das Verstehen der Mythenerzählung.

Bei aufmerksamen Betrachtern konnte allerdings die Frage aufgekommen sein, welches Interesse Auftraggeber und Künstler gerade an diesem Thema, einem innerhalb der griechischen Mythen eher beiläufigen oder auch skurrilen Nebenthema, gefunden hatten. Sollte sich keine plausibel erscheinende Motivation nennen lassen, bliebe die ebenso selbstgefällig auf sich selbst bezogene wie unberührtes Desinteresse ausstrahlende Gestalt des Dionysos lediglich schmückendes Beiwerk einer bedeutungslosen, illustrativen Friesdekoration. Dabei braucht diese Art der Götterdarstellung als solche nicht zu verwundern, weil sie lediglich einem bestimmten Trend, der das Götterbild jener Zeit stark beeinflußt hat[38], folgt. Irritierender könnte die Person des Dionysos innerhalb des in diesem Fries geschilderten mythischen Handlungsablauf sein, weil sie dessen im Mythos überlieferte Gestalt[39] scheinbar eigenwillig uminterpretiert haben könnte.

Daß die Initiatoren aus aktuellem Anlaß ein begründetes Interesse daran gehabt haben könnten, sich bei der Themenwahl für die Friesreliefs gerade auf diesen Mythos zu beziehen, ist mehrfach vermutet worden[40]. Die dabei ins Feld geführten, scheinbar unterschiedlichen Motive müssen sich nicht gegenseitig ausschließen, sondern wären – ganz im Gegenteil – geeignet, zu einer Steigerung der programmatischen Aussage beizutragen. Deshalb spricht nichts dagegen, daß im Fries das Thema des siegreichen Dithyrambos aufgegriffen und damit ein unmittelbarer Bezug zwischen der prämierten Aufführung und dem zum Gedenken daran errichteten choregischen Weihgeschenk hergestellt worden ist[41]. Außerdem war das Thema bestens geeignet, auf ein tagespolitisch höchst aktuelles Ereignis hinzuweisen. Dies bezieht sich auf die Überlieferung, nach der in dem Jahr, in dem Lysikrates als Chorege siegreich war, die attische Flotte auslief, um gegen die dalmatinischen Seeräuber vorzugehen[42], deren wilde Aktionen die ungehinderte Fahrt der Handelsschiffe störten und dem Seehandel schwere Schäden beifügten. Mit Gedanken an den aktuellen Kampf gegen die Piraterie und das Unwesen, das die Seeräuber trieben, bot sich das im Fries geschilderte Thema dazu an, als mythische Präfiguration gegenwärtiger Ereignisse verstanden zu werden. Dies entspricht einer in vorangegangener Zeit häufiger praktizierten und deshalb allgemein verständlichen Methode, nach der mythische Kämpfe zitiert und in großen Bildzyklen dargestellt wurden, um den besonderen Rang bestimmter Situationen, Städte oder auch Personen, bzw. die herausragende Bedeutung historischer Ereignisse anspruchsvoll kommentierend zu unterstreichen[43].

Die für den Fries des Lysikratesmonuments Verantwortlichen konnten sich bei Themenwahl und Darstellungsform einer zu ihrer Zeit geläufigen Bildsprache bedienen und sich deshalb eines allgemeineren Verständnisses gewiß sein. Waren es einst die heroischen Kämpfe der Götter gegen die Giganten und der in mythischer Vorzeit vollzogene Kampf der Athener gegen die Amazonen oder auch der Sieg, den die Lapithen gegen die wilden Kentauren errungen hatten, die vor allem im 5. Jahrhundert v. Chr. als mythischer Spiegel und heroisches Vorbild gegenwärtiger und vor allem durch die Perserkriege ausgelöster Bedrohungen zitiert wurden, so galt es jetzt, die Geisel der Seeräuberei zu vernichten. Daß sich der im Fries geschilderte Dionysosmythos nachgerade dazu anbot, den Erfolg Athens zu beschwören, ist innerhalb eines in Athen allgemein verbreiteten Bildverständnisses nicht nur naheliegend, sondern folgerichtig[44]. Zumindest konnte man damit an beste Traditionen, mit denen sich jedermann in Athen identifizierte, anknüpfen und in Fortschreibung solcher Vorbilder aus konkretem Anlaß und unter aktuellem Bezug etwas Neues entstehen lassen. Wie auch immer der Fries in seinem Ablauf und seinen einzelnen Sequenzen gesehen und verstanden wurde, an dem programmatischen Gehalt des geschilderten Mythenthemas kann angesichts zeitgleicher historischer Ereignisse kein Zweifel sein. Dies müßte sich zugleich auf den mit dem Siegespreis ausgezeichneten Dithyrambos übertragen haben, falls es zutreffend sein sollte, daß bei der von Lysikrates betreuten Aufführung das gleiche Thema vorgetragen wurde[45]. Hypothetisch ließe sich sogar vermuten, daß der Preis nicht nur wegen eines hervorragend eingeübten und überzeugend aufgeführten Dithyrambos an Lysikrates verliehen wurde. Die Aufführung könnte auch deshalb attraktiv gewesen und beim Publikum besonders gut angekommen sein, weil sie ein Thema präsentierte, das gegenwärtige Ereignisse, von denen Athen nachhaltig berührt war, im Spiegel des Mythos überhöhte. Als unmittelbar betroffene Polis konnte sich Athen in den rezitierten Ereignissen wiedererkennen und auf jenen göttlichen Schutz bauen, den die präfigurierende Mythenerzählung signalisierte.

Für Athen ging es dabei freilich um mehr als nur um die gerade anstehende Überwältigung der lästigen Piraten. Die von Athen beanspruchte Rolle als Schutzmacht der über das Mittelmeer führenden Seewege stand zur Diskussion: Inzwischen war deutlich geworden, daß mit der neu auftretenden Großmacht des Nordens, Makedonien mit Philipp II., ein Konkurrent spürbar wurde, der Anspruch auf eine entsprechende Führungsposition geltend machte⁴⁶. Angesichts einer solchen Interessenslage machte es sich gut, daß Athen auf ein mythisches Vorbild verweisen konnte, zu dem mit Dionysos ein Gott gehörte, dessen aufwendige Verehrung als einen der Stadtgötter sich Athen zu eigen gemacht hatte. Deshalb waren ein auf den genannten Mythos bezogener Dithyrambos und die im Fries geschilderte Szenerie nicht nur fromme Hinweise auf die enge Verbundenheit der Stadt mit diesem Gott, sondern nicht weniger Ausdruck eines bereits im Mythos vergebenen Anspruchs, durch den Athen seine Vorherrschaft in den Gewässern der Ägäis unterstrich.

Für den inneren, gesellschaftlichen Zustand Athens und einen dort praktizierten Lebensstil sowie damit vorgetragene Möglichkeiten und Interessen einer in materiellem Wohlstand lebenden und gleichwohl nicht ungefährdeten Bevölkerung, ist das Lysikratesmonument ein exemplarisch sprechendes Beispiel besonderer Art. Seine eigenwillige Bauform und seine aufwendige Ausstattung unterstreichen die herausragende Bedeutung, die das Engagement für das Theater im Leben dieser Stadt beanspruchen konnte. Darüber hinaus war der als Chorege prämierte Stifter anscheinend nicht nur daran interessiert, dieser kultisch begründeten Kulturinstitution durch ein deutlich wahrnehmbares Signal die Referenz zu erweisen. Vielmehr ging es ihm wohl nicht weniger darum, den im Theater errungenen Sieg zugleich dafür zu instrumentalisieren, seine eigene Person durch ein auffallendes Monument, dessen Gestalt zu jener Zeit einzigartig und ohne Vorbild war, ins Bewußtsein der Bürgerschaft Athens zu rücken.

Daß hierbei ein Bauwerk entstand, durch das nicht zuletzt eine Fülle höchst innovativer und zukunftsweisender Gestaltungsideen umgesetzt wurden, bestätigt seinen besonderen Rang und kennzeichnet es als einen Markstein innerhalb eines architekturgeschichtlichen Wandels. Dies betrifft die aufgesockelte Bauform, durch die ein neuartiger Denkmalcharakter publik wurde, dies betrifft nicht weniger den Urtypus eines Monpteros, der hier erstmals und als neuer Bautyp gebaut worden ist⁴⁷

und schließlich auch die sehr folgenreiche Entscheidung, die äußere Gestalt eines Bauwerks mit korinthischen Säulen auszustatten. Sie geben dem Gebäude einen Schmuck, der es fast wie ein reich verziertes Kleinod und weniger wie ein Bauwerk erscheinen läßt. Form und Format gehen dabei eine Synthese ein, durch die ein entwicklungsgeschichtlich bemerkenswert kreativer Schritt angezeigt ist.

Mit einem formalen Vokabular, das einem grundsätzlich gängigen architektonischen Repertoir entspricht, wurde ein Ergebnis vorgelegt, angesichts dessen man sich fragen kann, ob es überhaupt noch als Architektur zu bezeichnen ist und verstanden werden sollte. Eine solche Frage ist z. B. schon aus ganz pragmatischen Gründen nicht unberechtigt: Da der Monopteros grundsätzlich unzugänglich war und lediglich durch eine Leiter oder ähnliche Hilfskonstruktionen erreicht werden konnte, dürfte er höchstens als aufgesockelter Ausstellungspavillon nutzbar gewesen sein. Die trotz einer eindrucksvollen Höhe von 12 m maßgebliche Kleingliedrigkeit vermittelt zwar die Vorstellung von einem der Architektur ähnlichen Monument, macht es jedoch deshalb noch kaum als Architektur glaubwürdig. Statt dessen evoziert es bildhafte Gedanken an Architektur, ohne selbst Architektur zu sein. Damit hat es die Gattung, der sein formaler Bestand entlehnt ist, hinter sich gelassen und gehört zugleich einer anderen Gattung an: Einem kritischen Blick wird eine gewisse Affinität zu einem zu groß geratenen Möbelstück nicht entgehen. Daß dies keineswegs zufällig zu sein braucht, zeigt der örtliche Kontext. Gemeinsam mit anderen Monumenten, denen gegenüber es sich zu behaupten galt, stand es an einer belebten Straße. Deshalb wurde es auch durch seinen Standort zu einem den Straßenraum „möblierenden" Zierobjekt. Daß es den Erbauern freilich nicht nur darum gegangen ist, den öffentlichen Raum durch ein kunstvolles Straßenmöbel ästhetisierend anzureichern, zeigt vor allem der Relieffries. Er trägt einem durch aktuelle Ereignisse provozierten politischen Anspruch Athens programmatisch Rechnung und unterstreicht damit zugleich, daß sich der Bauherr nicht nur als wohlhabender Stifter und großzü-

◀ Abb. 114.
Thrasyllosmonument.
Ansicht des heutigen
Zustands.

giger Förderer kultureller Belange versteht. Nicht weniger deutlich tritt er als ein Bürger seiner Stadt auf, der sich konkrete politische Angelegenheiten dieser Polis zu eigen macht.

Für die Kenntnis von choregischen Weihgeschenken ist das Lysikratesmonument ein Glücksfall der Überlieferung. Andere Denkmäler dieser Gruppe sind weitaus schlechter erhalten geblieben und informieren weniger gut über Form und Inhalt solcher Stiftungen. Dementsprechend beschränkt sich die folgende Betrachtung zum Bestand dieser Gattung auf knapper formulierte Hinweise zu lediglich zwei weiteren Beispielen: Das von Thrasyllos und das von Nikias gestiftete Denkmal. Beide wurden nach Aussage der Dedikationsinschriften[48] für im Jahr 320/19 v. Chr. errungene choregische Siege aufgestellt und sind also gleichzeitig entstanden. Trotzdem unterscheiden sie sich sehr deutlich voneinander. Sie bestätigen damit ihrerseits, daß selbst nach Generationen noch kein Interesse dafür aufgekommen ist, Weihgeschenke dieser Art durch einen klaren Typus formal festzuschreiben. Nach wie vor ging es bei solchen Stiftungen offensichtlich darum, eine in jedem Einzelfall unverwechselbare, persönliche Aussage zu manifestieren.

In unmittelbarster Beziehung zum Dionysostheater wurde das **Thrasyllosmonument** angelegt (Abb. 114–115)[49]. Es befindet sich an der Stelle, an der sich östlich der Mittelachse des Theaters die letzte Sitzplatzreihe des Koilon rücklings an den Burgfels lehnt (Abb. 92). Dort war bei den für den Bau des lykurgischen Theaters durchgeführten Abarbeitungen des Akropolisfelsens eine Höhle zum Vorschein gekommen, deren große Öffnung jetzt durch das Thrasyllosmonument wie durch ein mächtiges Portal architektonisch eingefaßt wurde. Abgesehen von der wiederum sehr eigenwilligen und individuellen Form des Denkmals ist vor allem seine Plazierung ungewöhnlich. Es befindet sich nicht wie andere choregische Weihgeschenke im Umfeld des Theaters oder an der Dreifußstraße, sondern im Theater selbst. Dort wurde im hintersten Rang so viel Raum aus dem Koilon herausgeschält, daß das Monument seinen dominanten Standort finden konnte. Fast könnte man angesichts dieses Denkmals meinen, der Stifter wolle von dem Theater selbst Besitz ergreifen. Aufdringlicher konnte der Preisträger sein hierfür gestiftetes choregisches Weihgeschenk kaum in Szene setzen. Der Standort garantierte, daß zukünftig sämtliche im Dionysostheater gezeigte Aufführungen im Gegenüber zum Thrasyllosmonument stattfanden.

## Choregische Weihgeschenke

Dessen Fassadenarchitektur umfaßt ein großes Rechteck, dessen Form an die Stirnseite eines flach gedeckten Gebäudes erinnert. Die Form selbst besteht aus einem knappen Stufenpodest, auf dem zwei Anten stehen, zwischen denen in der Mitte ein Pfeiler die Front in zwei Felder teilt. In ihnen befanden sich zweiflügelige Türen, die nach innen aufgeschlagen werden konnten. Von ihren Türpfosten aus hymettischem Marmor wurden mehrere Fragmente gefunden[50]. Die Türen führten in die zu einer Kammer ausgearbeiteten Höhle[51] (Abb. 116). In dem ca. 6 m hohen und 6,20 m langen sowie 1,70 m breiten Raum soll sich eine Darstellung der Niobidentötung befunden haben[52]. Vielleicht galt der hier geschilderte Mythos einem Hinweis auf den thematisierten Inhalt eines Dithyrambos, für dessen Aufführung Thrasyllos mit einem Preis ausgezeichnet worden ist. Auf die besondere Festlichkeit des Anlasses, für den das Monument errichtet worden ist, verweisen Kränze, die entlang des über dem Architrav liegenden Frieses dargestellt sind. Schließlich befand sich oben auf dem Dach ein dreistufiges Postament, auf dem der an Thrasyllos als Siegespreis verliehene, bronzene Dreifuß stand. Von dem Ereignis berichtet eine Inschrift[53], von dem Dreifuß eine bei Pausanias

▲ Abb. 115.
Thrasyllosmonument.
Rekonstruierte Fassade.

▶ Abb. 116.
Thrasyllosmonument.
Grundriß.

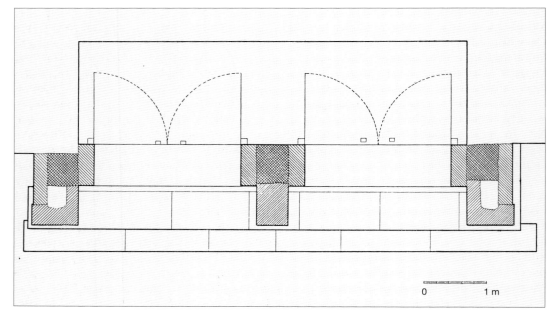

überlieferter Notiz[54]. Das Denkmal wurde anscheinend von der Familie seines Stifters noch über einen längeren Zeitraum gepflegt und von ihr als ein Monument betrachtet, für das sie weiterhin zuständig war. Einer solchen familiären Traditionspflege entspricht, daß Thrasykles, ein Sohn des Stifters, im Jahr 271/70 gleich zwei bei choregischen Wettkämpfen gewonnene Dreifüße auf dem Denkmal seines Vaters aufstellte. Die Basen dieser Dreifüße[55] sind einschließlich ihrer Inschriften erhalten geblieben[56].

Wie attraktiv es war, durch entsprechende Denkmäler auf sich aufmerksam zu machen, berichten weitere Stiftungen. Dies gilt insbesondere für das choregische Weihgeschenk, das Nikias aufstellen ließ. Bei den Dionysien, an denen im selben Jahr Thrasyllos einen choregischen Wettbewerb gewonnen hatte, bewarb sich auch Nikias erfolgreich um einen Siegespreis und wurde gleichfalls mit einem Dreifuß ausgezeichnet. Als prämierter Chorege nutzte er in sehr auffallender Weise die Chance, durch ein choregisches Weihgeschenk bekannt zu bleiben. Er tat dies in einer Art, die mit ihrem ungeschminkten Anspruchsgehabe alles bisherige in den Schatten stellte. Dabei erweiterte das **Nikiasmonument** das Spektrum solcher Denkmäler um ein nach Größe, Bauform und Standort höchst bemerkenswertes Exempel[57]. Zwar wurden seine Überreste z. T. in verschiedenem Zusammenhang aufgefunden, doch konnten sie weitgehend gesichert identifiziert und wohl auch grundsätzlich zutreffend interpretiert werden. Dies betrifft einen Materialbestand aus Werksteinen und Baugliedern, die bei einem später entstandenen Gebäude sekundär wiederverwendet worden sind. Als Spolien wurden sie in den Torbau, der westlich vor den Akropolispropyläen gemeinsam mit der sogenannten Valerianischen Mauer entstand, verbaut. Daß es sich um Werksteine handelt, die von einem anderen Bauwerk stammen, wurde bereits in der Mitte des letzten Jahrhunderts erkannt[58]. Freilich dauerte es noch geraume Zeit, bis verständlich wurde, daß sie zu einem Monument gehört haben müssen, das sich als choregisches Weihgeschenk erweisen sollte[59]. Nachdem auch die Inschrift richtig gelesen wurde, war klar, daß es sich bei diesem Monument um eine Stiftung des Nikias gehandelt hat[60]. Die bauhistorisch archäologische Untersuchung der Funde hat ergeben, daß die Werksteine zu einer Fassade gehörten, deren Aufriß zumindest grundsätzlich zutreffend rekonstruiert werden konnte (Abb. 117). Hiernach entsprach sie einem sechssäuligen Prostylos dorischer Ordnung, über dessen Frontmitte eine mehrzeilige Inschrift angebracht war, die sich über eine Strecke von drei Jochen erstreckte[61]. Da anfangs das Fundament und damit der richtige Standort des Monuments noch unbekannt blieben und vorläufig auch keine Vorstellung von Form und Größe der an die Fassade anschließenden Architektur vorhanden war, wurde für die Fassade des Nikiasmonuments eine ursprüngliche Verwendung und Lokalisierung angenommen, die eine Analogie zum Thrasyllosmonument ergab[62]. Später wurden Steinlagen gefunden, die sich als Fundamente des Nikiasmonuments erweisen sollten (Abb. 118) und damit einen sachgerechteren Anhaltspunkt für eine zutreffende Rekonstruktion geben konnten[63]. Erst jetzt wurde es möglich, eine einigermaßen gesicherte Vorstellung von dem ursprünglich ebenso aufwendigen wie wohl auch aufdringlichen

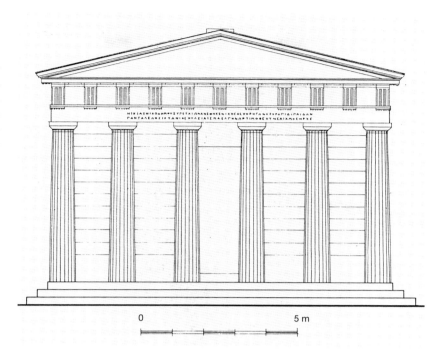

▲ Abb. 117.
Nikiasmonument.
Rekonstruierte Frontansicht.

Choregische Weihgeschenke

▶ Abb. 118.
Nikiasmonument.
Steinplan des Fundaments.

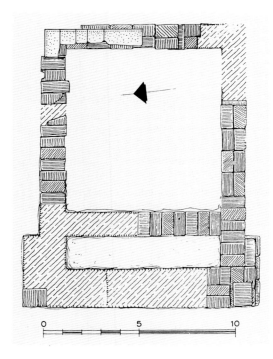

▶ Abb. 119.
Nikiasmonument.
Grundriß.

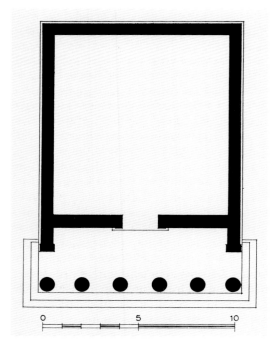

choregischen Weihgeschenk des Nikias an seinem authentischen und prominenten Standort zu gewinnen. Hiernach stand es nur wenige Meter westlich neben dem Dionysostheater an der Stelle, die in nachfolgender Zeit durch die Südostecke der erst rund 200 Jahre später erbauten Eumenesstoa deutlicher definiert worden ist (Abb. 101) [64]. Daß das Nikiasmonument nicht nur durch seine Fassade auf einen anspruchsvollen Tempelprospekt anspielt, sondern insgesamt als Gebäude einem Tempel entsprach, kann inzwischen als geklärt gelten.

Der Bau besaß eine im Grundriß (Abb. 119) dem Quadrat angenäherte Cella, der eine zur Westseite weisende Säulenhalle vorgelagert war. Wie die in dem Fundament aus Brecciablöcken ablesbare Erweiterung der Frontbreite zeigt, gehörte zu dem Bau eine die Front umgreifende Krepisspange und damit ein Motiv, das für Prostyloi kennzeichnend ist[65]. Deshalb ergänzen sich der Fundamentbefund und die aus Spolien zusammengefügte Front gegenseitig. Das Fundament besitzt eine Länge von 16,68 m und eine Breite von 11,79 m, die an der Westfront auf 13,21 m erweitert worden ist[66]. Die konkreten Baumaßen ergeben sich in erster Linie aus den in parischem Marmor hergestellten Baugliedern, die die zu der in dorischer Ordnung errichteten Front gehörten. Vor allem von Werksteinen des Triglyphon lassen sich wichtige Baumaße problemlos ableiten. Für Entwurf und Bauform des Nikiasmonuments ist die Entsprechung seiner Gebäudefront zu einem damals bekannten Tempeltypus bemerkenswert, weil sich das Monument im Gegensatz zu anderen choregischen Weihgeschenken an einer tradierten Bauform orientiert und damit in eine allgemein verbreitete Konvention einfügt. Noch auffallender könnte es sein, daß mit dem Nikiasmonument anscheinend ganz unmittelbar der Bezug zu einem bestimmten Vorbild gesucht wurde. Hierfür kämen sowohl der Tempel des Apollon Patroos auf der Agora als auch das Erechtheion auf der Akropolis in Frage[67]. Offensichtlich nimmt man mit dem Nikiasmonument Abstand von einer sonst mit solchen Denkmälern angestrebten Originalität und formalen Variationsbreite. Statt dessen bewegt es sich ganz im Rahmen konventioneller Typologie. Dies muß allerdings nicht bedeuten, daß damit nur einer konservativen Auffassung entsprochen werden sollte. Zumindest kann gefragt werden, welche Sinnbezüge oder Motive den Erbauer dazu veranlaßt haben könnten, seinem choregischen Weihgeschenk die Gestalt eines Tempels zu geben. Die Frage drängt sich auf, weil angesichts des Nikiasmonuments bei unvoreingenommenen Betrachtern der irrige Eindruck aufgekommen sein konnte, man nähere sich einem durchaus ansehnlichen und wichtigen Tempel. Entsprechende Bauformen waren in Anerkennung ungeschriebener Gesetze eigentlich den Verehrungsstätten von Göttern oder Heroen vorbehalten. Zumindest sind sie bis zum Nikiasmonument niemals dem Ruhm oder der Geltungssucht zeitgenössischer Personen untergeordnet worden. Deshalb dürfte das Nikiasmonument gerade von konservativer eingestellten Mitbürgern vielleicht auch als unangebrachte Anmaßung, wenn nicht sogar als Zumutung empfunden worden sein: Angesichts des Nikiasmonuments ist nicht zu übersehen, daß mit ihm eine eindeutig sakral geprägte Tempelform wie in einem Willkürakt zu persönlichem Repräsentationsbedarf eines ehrgeizigen Bürgers zweckentfremdet wurde.

Eine etwas genauere Betrachtung kann einen solchen Eindruck nicht nur bestätigen, sondern verstärkt ihn sogar noch. Nimmt man das Nikiasmonument detaillierter zur Kenntnis, dann können sich Vergleiche mit zeitlich nahestehenden und örtlich benachbarten oder in anderem Zusammenhang bekannt gewordenen Tempeln nachgerade aufdrängen. Dies gilt zuerst für einen Tempel in Athen und hierbei für den Tempel im Heiligtum des Apollon Patroos, das nur wenige Jahre zuvor mit beträchtlichem Aufwand reaktiviert worden ist[68]. Stellt man die Grundrisse beider Bauwerke zum Vergleich nebeneinander (Abb. 52 und Abb. 119), dann könnte man fast den Eindruck gewinnen, das Nikiasmonument sei eine nur geringfügig verkleinerte und leicht variierende Replik des Apollontempels von der Agora. Daran ändert auch die Tatsache wenig, daß beim Tempel des Apollon Patroos unter Bezug auf das Erechtheion für den Aufbau die ionische Ordnung verwendet worden ist, während man sich beim Nikiasmonument für die dorische Ordnung entschieden hatte. Dies ist schon deshalb für den tempelartigen Charakter des Nikiasmonuments unerheblich, weil es genügend hexastyle Prostyloi gegeben hat, die wie das Nikiasmonument in dorischer Ordnung errichtet waren, ohne daß an ihrer sakralen Zweckbestimmung als Tempel die geringsten Zweifel bestehen[69]. Deshalb bleibt es dabei, daß das Nikiasmonument einem anspruchsvollen Göttertempel zum Verwechseln ähnlich war.

Dies spricht für die Annahme, Formzusammenhänge, die bisher eindeutig und ausschließlich mit Tempelbauten verbunden gewesen sind, seien für freiere Verwendung zur Disposition gestellt worden. Insoweit ist die Inanspruchnahme einer solchen Formensprache und deren Lösung von tradierten Inhalten, d. h. die Verwendung einer solchen Bauform und Gestalt für ein dem persönlichen Ruhm eines attischen Bürgers dienendes Denkmal alles andere als Ausdruck einer konservativeren Grundeinstellung. Angesichts des selbstgefällig freien Umgangs mit einem tradierten und in seiner sakralen Bedeutung allgemein bekannten Formen- und Typenrepertoir könnte bei machem tradionsbewußten Betrachter die Vorstellung aufgekommen sein, der Initiator des Nikiasmonuments ironisiere solche traditionsreichen Bindungen und setze sich anmaßend über sie hinweg. Dabei konnte das Nikiasmonument einen nahezu hybriden Geltungsanspruch, durch den sich der Stifter und Bauherr zwar nicht als Gott, aber doch wie ein Gott zur Schau stellt, anklingen lassen.

Auch der vor Ort gegebene Zusammenhang mildert oder relativiert dies in keiner Weise. Schließlich hält das Nikiasmonument jedem, der von der Agora zum Dionysosheiligtum geht, demonstrativ seine einem Tempel angeglichene Fassade entgegen. Zumindest bei einem mit der örtlichen Situation weniger vertrauten Besucher konnte oder mußte sogar der irrtümliche Eindruck entstehen, er nähere sich einem Tempel, bei dem es sich angesichts des topographischen Kontexts eigentlich nur um den Tempel des Dionysos Eleuthereus handeln könnte. Erst bei näherem Hinsehen dürfte ihm klar geworden sein, daß er einer Fehleinschätzung erlegen ist, und er mußte sich getäuscht, wenn nicht gar gefoppt sehen. Schließlich liegt der Dionysostempel nur wenige Schritte, knapp 60 m südöstlich, vom Nikiasmonument entfernt. Dabei zeigt sein eher bescheidenes

Format, daß er kaum als ein dem aufwendigen Nikiasmonument ebenbürdiges Bauwerk in Erscheinung treten konnte. Daß der Tempel zumindest formal dem Denkmal unterlegen bleiben mußte, unterstreicht vor allem die gleich einem Markenzeichen verständliche Fassade: Der Tempel des Dionysos Eleuthereus besaß lediglich eine viersäulige Prostylosfront und gehörte damit zu den eher kleinformatigen Tempeln jener Zeit[70]; dagegen wurde dem Nikiasmonument eine sechssäulige Fassade vorgeblendet, die wie in einer großspurigen Geste der Front eines regelrechten Peripteros, dem Inbegriff eines wichtigen Göttertempels nachgebildet war[71]. Aufdringlicher konnte Nikias seinen choregischen Sieg kaum in einem Denkmal vor Augen führen lassen.

Zugleich ist dieses choregische Weihgeschenk ein wichtiger und aufschlußreicher Beitrag zur Entwicklungsgeschichte griechischer Architektur und zum Umgang mit tradiertem Formenrepertoir. Das Monument weist in seiner eigentümlichen Form unmißverständlich darauf hin, daß ein wohlhabend gewordenes und selbstbewußtes Bürgertum in der Lage war, sich in gleichsam freiem Zugriff eine Architektursprache zu eigen zu machen, deren Vokabular eigentlich der Götterverehrung, also dem Tempelbau vorbehalten gewesen ist. Dabei war es für das Bürgertum jener Zeit möglich geworden, bestimmte Formen aus ihrem gewachsenen Bedeutungszusammenhang zu lösen, um sich mit ihnen gleich sinnentleerten Accessoires zu schmücken. Derart anspruchsvoll betriebene Repräsentation einzelner Personen zeigt, daß der zuvor wirksame Konventionsdruck anscheinend soweit nachgelassen hatte, daß bisher gültige Formzusammenhänge offener gehandhabt werden konnten und zu anderem Zweck allgemeiner Verwendung oder Neuorientierung zugänglich geworden sind[72]. Es ist dies die innovative Komponente eines Auflösungsprozesses, innerhalb dessen zur Konvention verhärtete Traditionen mit anderen Inhalten und neuer Sinngebung verbunden wurden. Das Nikiasmonument ist ein exemplarisches Beispiel für einen solchen, von einem Paradigmenwechsel begleiteten Vorgang. Dabei repräsentiert es nicht nur in bemerkenswerter Form einen choregischen Sieg des Nikias, sondern verweist nicht weniger und in exklusiver Weise auf eine bestimmte Schnittstelle innerhalb bedeutender architekturgeschichtlicher Entwicklungen. Dies gehört zu jenem Wandel, durch dessen Vollzug sich Athen formal und inhaltlich verändert hatte. Auch deshalb trugen das Nikiasmonument und andere choregische Weihgeschenke als wichtige Komponenten maßgeblich zum erneuerten Bild dieser Stadt bei.

---

[1] Zu Form und Bedeutung des Dithyrambos A. Pickard-Cambridge, Dithyramb, Tragedy and Comedy[2] (1962). B. Zimmermann, Dithyrambos. Geschichte einer Gattung (1992). Daß der Dithyrambos in dem hier angesprochenen Zeitraum des 4. Jahrhunderts hoch angesehen war, bestätigt vor allem die ausdrückliche Wertschätzung, die Aristoteles dem Dithyrambos entgegenbrachte. In seiner Poetik hob er hervor, der Dithyrambos sei die einzige, zu jener Zeit wirklich fruchtbare Gattung der Lyrik. Hierzu S. Halliwell, Aristotele's Poetics (1986).

[2] Nach Demosthenes 21.166 konnte ein solcher Chor außerordentlich kostspielig sein. Siehe auch H. D. Blume, a.O. (= 146 Anm. 11), 34 f.

[3] Für den Dithyrambos bestimmte die jeweils als Veranstalter zuständige Phyle durch Wahl den Choregen, während diese Auswahl bei anderen Gattungen dem Archon Eponymos oder dem Archon Basileus oblag. A. W. Pickard-Cambridge, The Dramatic Festivals of Athens[2] (1968), 75 ff., 86 ff.; B. Zimmermann, a.O., 19 f.

[4] Demosthenes 21.16 und 56.

[5] RE Suppl. 8 (1956), 861 ff., s.v. Tripodes (H. Riemann).

[6] Pausanias 1.20, 1; Travlos, Athen, 566; G. Welter, AM 47, 1922, 75 ff.; Borbein, 194 ff.; A. Choremi-Spetsieri, in: E. Coulson, O. Palagia u.a. (Hrsg.), The Archaeology at Athens and Attica under the Democracy (1994), 31 ff.

[7] RE 5.2 (1905), 1694 ff., s.v. Dreifuß (E. Reisch). Ergänzend vor allem zum Lysikratesmonument und Thrasyllosmonument siehe auch P. Amandry, BCH 121, 1997, 445 ff.

[8] Darüber hinaus sind sie für die archäologische Forschung vor allem deshalb von besonderem Wert, weil sie durch ihre Inschriften eindeutig datiert sind und deshalb zu den eher seltenen und um so wichtigeren, konkreten Anhaltspunkten einer sonst weit-

gehend auf Stilkritik angewiesenen Chronologie gehören. Siehe auch Borbein, 55 ff.

⁹ Zu Demetrios von Phaleron siehe oben 24.

¹⁰ Zum Gräberluxusverbot siehe oben 70.

¹¹ Nicht zuletzt könnten hierzu auch bestimmte religionspolitische Motivationen gehört haben. J. D. Mikalson, Religion in Hellenistic Athens (1998), 46 ff.

¹² Vor allem A. H. Borbein, in: Eder, 429 ff. hat den Wandel, mit dem ein deutlich wahrnehmbares Nachlassen des Konventionsdrucks übereingeht und der wesentliche Phänomene der Kunst jener Zeit erklärt, anschaulich erläutert.

¹³ Grundlegend zum Lysikrates-Monument RE Suppl. 8 (1956), 266 ff. s.v. Lysikratesmonument (H. Riemann); Travlos, Athen, 348 ; H. Bauer, AM 92, 1977, 197 ff.; W. Ehrhardt, AntPl 22, 1993, 7 ff., Taf. 1 ff.

¹⁴ IG II², 3042.

¹⁵ Travlos, Athen, 566 f.

¹⁶ Travlos, Athen, 348.

¹⁷ Zum Baubefund und zur Gestalt des Monuments H. Bauer, a.O.; zur architekturgeschichtlichen Bedeutung siehe auch W.B.Dinsmoor, The Architecture of Ancient Greece³ (1950), 236 ff.

¹⁸ F. Seiler, Die griechische Tholos (1986), 138.

¹⁹ H. Bauer, a.O., 204 ff. Da die Schließung der Interkolumnien erst nachträglich erfolgte, können die auf den Interkolumniumsplatten gezeigten Reliefs mit Dreifußdarstellungen entgegen der von H. Froning, Dithyrambos und Vasenmalerei in Athen (1971), 2 f. geäußerten Annahme nicht zum ursprünglichen Ausstattungsprogramm gehört haben.

²⁰ F. Seiler, a.O., 139 ; Travlos, Athen, 348.

²¹ H. Bauer, a.O., 219 ff.

²² Pausanias, 1.20,1.

²³ Zu der in diesem Zusammenhang von Pausanias erzählten Geschichte mit Phryne, der Geliebten des Praxiteles siehe H. Lauter, AA 1980, 529 f.

²⁴ Borbein, 194 f.

²⁵ H. Bauer, a.O., 204.

²⁶ Siehe oben Anm. 14.

²⁷ H. Bauer, a.O., Beilage 9.

²⁸ 116 cm (Joch) − $\frac{33\,\text{cm (Säulen-}\varnothing\text{)}}{33\,\text{cm (Säulen-}\varnothing\text{)}}$ = 2,51

²⁹ Zwar fand die Verwendung korinthischer Säulen für die Ausstattung des Gebäudeäußeren in der Folgezeit eine gewisse Verbreitung, doch gingen griechische Architekten noch in hellenistischen Zeiten eher zögernd mit solchen Möglichkeiten um. Sie wurden erst in römischer Kaiserzeit zum Bestand des Standardvokabulars der Architektur. Siehe auch Travlos, Athen, 348.

³⁰ Dabei muß es angesichts des dekorativen und toreutischen Charakters der korinthischen Kapitellform kein Zufall sein, daß das älteste Beispiel eines solchen Kapitells zur Innenausstattung eines Tempels, des Apollontempels in Bassae gehörte. Hierzu zuletzt R. Schenk, AA 1996, 53; ders., Der Korinthische Tempel bis zum Ende des Prinzipats unter Augustus (1997), 11 ff.

³¹ H. Bauer, a.O., 218 f.

³² Zu landschaftlich bedingten Varianten der ionischen Ordnung siehe W. B. Dinsmoor, a.O. (= Anm. 17), 184.

³³ Lippold, Plastik, 271.

³⁴ W. Ehrhardt, a.O. (= Anm. 13), 62 f.

³⁵ Zwar wird das Thema in LIMC 3.1 (1986), 418.511 zu Nr. 792 s.v. Dionysos (C.Gaspari) genannt, doch ergeben die dabei genannten Hinweise keine Bildtradition; siehe auch R.Stupperich, Dionysos, das Meer und die Athener Demokratie, in: E. Chrysos u. a. (Hrsg.), Griechenland und das Meer. Peleus 4, 1999, 65 ff.

³⁶ Der 7. Homerische Hymnos ist ganz dieser mythologischen Begebenheit gewidmet. Gegenüber der dort erzählten Handlung schildert der Fries den Vorgang abgeklärter und verzichtet auf deftigere oder auch erschreckendere Erscheinungen. Hierzu siehe W. Ehrhardt, a.O. (= Anm. 13), 59 ff.

³⁷ Siehe oben 152 ff.

³⁸ Zum Wandel des Götterbildes siehe unten 198 f.

³⁹ Im Homerischen Hymnos verwandelt sich Dionysos in einen grimmigen Bären oder wilden Löwen, um die Piraten so zu erschrecken, daß sie die Flucht ergreifen.

⁴⁰ W. Ehrhardt, a.O. (= Anm. 13), 61 f.

⁴¹ So H. Froning, a.O. (= Anm. 19), 2 f., 29.

⁴² RE Suppl. 8 (1956), 268, s.v. Lysikratesmonument (H. Riemann); H. A. Omrod, Piracy in Ancient World 2(1957), 115 ff.

⁴³ H. Knell, Mythos und Polis. Bildprogramme griechischer Bauskulptur (1990), 190 ff.

⁴⁴ H. Froning, a.O. (= Anm. 19), 2 f.

⁴⁵ W. Ehrhardt, a.O. (= Anm. 13), 8,62 f.

⁴⁶ RE 2 AI (1921), 1038, s.v. Seeraub (M. Kroll).

⁴⁷ F. Seiler, a.O. (= Anm. 18), 138.

⁴⁸ Zum Thrasyllosmonument IG II² 3056; zum Nikiasmonument IG II2 3055.

⁴⁹ E. Reisch, AM 13, 1888, 383 ff.; G. Welter, AA 1938, 33 ff.; Judeich, 315; Travlos, Athen, 562 ff.; R. F. Townsend, AJA 89, 1985, 676 ff.

⁵⁰ G. Welter, a.O., Abb. 18 ff.

⁵¹ G. Welter, a.O., 35.

⁵² Pausanias 1.21,3.

⁵³ IG II2, 3056. G. Welter, a.O., 55, Abb. 25 f.

⁵⁴ Siehe oben Anm. 52.

⁵⁵ Zum archäologischen Befund G. Welter, a.O., 48 ff.

⁵⁶ IG II², 3038.

[57] In knapp zusammengefaßter Form dargestellt bei Travlos, Athen, 537 ff.
[58] E. Beulé, L'Acropole d' Athenès (1853), 100 ff.
[59] W. Dörpfeld, AM 10, 1885, 219 ff.
[60] U. Köhler, AM 10, 1885, 231 ff.
[61] W. Dörpfeld, a.O., Taf. VII 1.
[62] W. Dörpfeld, a.O., 225 f.
[63] W. B. Dinsmoor, AJA 14, 1910, 459 ff.
[64] Zur Stoa des Eumenes siehe Travlos, Athen, 523 ff.
[65] H. Knell, JdI 109, 1994, 220.
[66] Travlos, Athen, 357 nach W. B. Dinsmoor, a.O., 477, Fig. 9.
[67] Einer solchen Tendenz würden auch beidseits der Eingangstür angebrachte Fenster entsprechen, wie sie von M. Korres, in: E. Berger (Hrsg.), Parthenon-Kongreß Basel (1984), 47 mit Anm. 17 für möglich gehalten werden.

[68] Zum Tempel des Apollon Patroos siehe oben 133 ff.
[69] H. Knell, a.O., 222 ff.
[70] Zum jüngeren Dionysostempel siehe oben 215.
[71] Eventuell kann man den hexastylen Prostylos auch als Reduktionsform verstehen, die ausgehend vom Peripteros einem neuen Bedarf an Raumqualität Rechnung trägt. H. Knell, JdI 109, 1994, 221 f. Das Thema wird demnächst in einer von H. Svenshon vorgelegten Arbeit ausführlicher diskutiert.
[72] Darüber hinaus könnte eine neuerliche Betrachtung der Befunde durch H. Svenshon ergeben, daß es sich bei Werksteinen des Nikiasmonuments um Material handelt, das bereits im 5. Jahrhundert v. Chr. für ein anderes, bisher freilich nicht bekanntes, stilistisch jedoch der Bauhütte des Parthenon nahestehendes Gebäude hergestellt worden ist.

## Das Panathenäenstadion

Offensichtlich war dem Ehrgeiz Athens, durch Großprojekte wie der Anlage für die Volksversammlung auf der Pnyx[1] und dem spektakulären Dionysostheater[2] auf sich aufmerksam zu machen, noch nicht Genüge getan. Kaum anders kann man den engagiert verfolgten Plan verstehen, die Stadt durch ein großes Stadion für die an den Panathenäen veranstalteten, sportlichen Wettkämpfe zu bereichern. Anscheinend war dieses Thema im letzten Drittel des 4. Jahrhunderts v. Chr. so aktuell geworden, daß seiner Realisierung nichts mehr im Wege stand. Auf jeden Fall hinderten andere und z.T. noch nicht zum Abschluß gebrachte öffentliche Bauten von beträchtlichem Ausmaß nicht daran, den Bau eines großen Panathenäenstadions engagiert in Angriff zu nehmen und zügig auszuführen. Schriftquellen[3] und Inschriften[4] nennen Lykurg als die den Stadionbau maßgeblich vorantreibende Persönlichkeit.

Der heutige Zustand dieser Anlage vermittelt nur noch indirekte Hinweise auf das Stadion lykurgischer Zeit. Abgesehen von Reparaturen, die durch Inschriften sowohl für das späte 3. Jahrhundert v. Chr.[5] als auch für die römische Kaiserzeit[6] überliefert sind, geht die heutige Gestalt des Stadions auf eine unter Herodes Atticus in den Jahren zwischen 139/140 und 143/44 in die Wege geleitete[7], durchgreifende Erneuerung, die einer weitgehenden Umgestaltung gleichgekommen sein dürfte, zurück. Anscheinend galt ihr Ergebnis als besonders gelungen[8]. Auf diesen Zustand bezog man sich bei der möglichst getreuen Wiederherstellung, die für die Eröffnungsfeier der ersten olympischen Spiele der Neuzeit im Jahr 1896 realisiert wurde. Bei den zuvor und in den Jahren 1869/70 durchgeführten Ausgrabungen wurde das Stadion aus der Zeit des Herodes Atticus freigelegt (Abb. 120), ohne daß nennenswerte Erkenntnisse zur lykurgischen Bauphase gewonnen werden konnten[9]. Da auch spätere Nachuntersuchungen kaum ertragreicher waren, bleibt man für Fragen nach dem ursprünglichen Stadion weitgehend auf die alten Ausgrabungsergebnisse und auf Informationen, die aus anderen Quellen erschließbar sind, angewiesen[10].

Aus solchen Quellen geht hervor, daß Athen vor dem Bau des lykurgischen Stadions anscheinend kein eigenes Stadion besessen hatte. Gymnische Agone, allen voran der Wettlauf, gehörten zwar bereits seit langer Zeit zum Veranstaltungsprogramm der Panathenäen[11], doch stand für sie bisher keine eigene Wettkampfstätte zur Verfügung. Die Wettkämpfe fanden, wie die frühen Theateraufführungen[12], mitten in der Stadt auf der Agora statt[13]. Hierfür eine eigene Anlage, ein Stadion, zu errichten, war anscheinend erst zu einem aktuellen Thema geworden, nachdem auch für das Theater ein riesiges Bauvorhaben beschlossene Sache war. Vor allem Lykurg hatte sich für das Projekt eines Stadionbaus nachhaltig und erfolgreich engagiert und seine Mitbürger von der Notwendigkeit einer solchen Sportstätte überzeugt[14]. Es mag sein, daß Appelle an den Stolz der Bürger und zu einer Verbesserung der Stadtgestalt dazu beitrugen, die Bereitschaft wach werden zu lassen, den Plan zusätzlich durch privates Engagement zu fördern.

Ganz sicher galt die erste Frage einem geeigneten Grundstück. Man kann die für ein Stadion erforderliche Grundstücksgröße relativ leicht abschätzen. Mit weniger als zwei Hektar konnte man kaum auskommen. Bebaubare Leerflächen dieser Größe und in einer für einen Stadionbau geeigneten Geländeformation dürften innerhalb des von der Stadtmauer eingefaßten Gebiets nicht beliebig zur Verfügung gestanden haben[15]. Vielleicht war man auch unbeschadet der uns im einzelnen unbekannten innerstädtischen Bebauungsdichte aus grundsätzlichen Erwägungen nicht allzusehr daran interessiert, eine derartige Einrichtung für Massenveranstaltungen innerhalb der eigentlichen Stadt zu plazieren. Dies könnte plausibel erscheinen, weil für ein solches Wettkampfstadion mit Besuchermassen zu rechnen war, die selbst die durch die bereits ungewöhnlich große Kapazität des Dionysostheaters auftretenden Besucherströme um mehr als das Doppelte übertreffen konnten. Deshalb muß es nicht unbegründet gewesen sein, daß die Entscheidung für den Stadionbau auf ein Grundstück vor den Toren der Stadt fiel.

Das Grundstück liegt in leicht erreichbarer Nähe vor der Stadt neben dem Flußbett des

Abb. 120.
Panathenäenstadion.
Darstellung des Zustands
beim Abschluß
der Ausgrabung.

Ilissos, etwa 500 m südöstlich vom Diometischen Tor entfernt (Abb. 121). Es gehörte zum Besitz eines gewissen Deinias, der dieses zwischen zwei Hügeln liegende und deshalb für einen Stadionbau bestens geeignete Terrain der Stadt Athen als Geschenk übereignet hatte[16]. Das Stadion, das hier in lykurgischer Zeit angelegt wurde, kann sich in seiner Ausgangsform kaum wesentlich vom Stadion des Herodes Atticus unterschieden haben, weil die Laufbahn als obligatorisches Grundelement jeden Stadions eine kaum veränderbare Größe gewesen ist. Sie bestimmte sowohl die Dimension als auch die formale Struktur des Stadions. Deshalb konnte lediglich die Ausstattung der Zuschauerbereiche unterschiedlich gestaltet werden. Dies zeigen vor allem die in späterer Zeit in pentelischem Marmor kostbar hergerichteten Besucherplätze. Gleiches gilt für die formale Angleichung der südlichen Schmalseite an eine haarnadelähnliche Krümmung. Beide Maßnahmen gehen auf die Bauphase unter Herodes Atticus zurück. Trotzdem entspricht, abgesehen von solchen Veränderungen, die wiederhergestellte Anlage in ihren Grundzügen dem ursprünglichen Stadion lykurgischer Zeit.

Als prägendes Element eines jeden Stadions ist auch hier die Laufbahn die funktional wichtigste und zugleich namengebende Größe[17]. Der Wettlauf über diese Strecke gehörte von Anfang an zu den Sportarten, die solche Wettkämpfe bestimmten, und galt zudem als Gründungselement gymnischer Agone schlechthin[18]. Deshalb besaß dieser Wettbewerb höchstes Ansehen und war für Spiele dieser Art von Anfang an unverzichtbar. Daß dies auch für das Athener Panathenäenstadion des 4. Jahrhunderts v.Chr. gilt, belegt eine Inschrift, in der darauf hingewiesen wird, der wertvollste Preis der im 4. Jahrhundert v.Chr. veranstalteten panathenäischen Spiele gelte dem Knabenwettlauf[19]. Dies zeigt, daß Athen bestrebt war, sein neues Stadion und die dort veranstalteten Agone in eine in griechischen Poleis allgemein anerkannte Tradition einzufügen. Die Laufbahn ist das hierfür signifikanteste Zeichen.

Die Zuschauer saßen wahrscheinlich an den beidseits der Laufbahn angeschütteten Erdwällen auf Holzbohlen, die auf Steinblöcken lagen. Dabei kam den Erbauern des Stadions die örtliche Geländesituation sehr entgegen, weil das Stadion in einem hügeligen Gelände

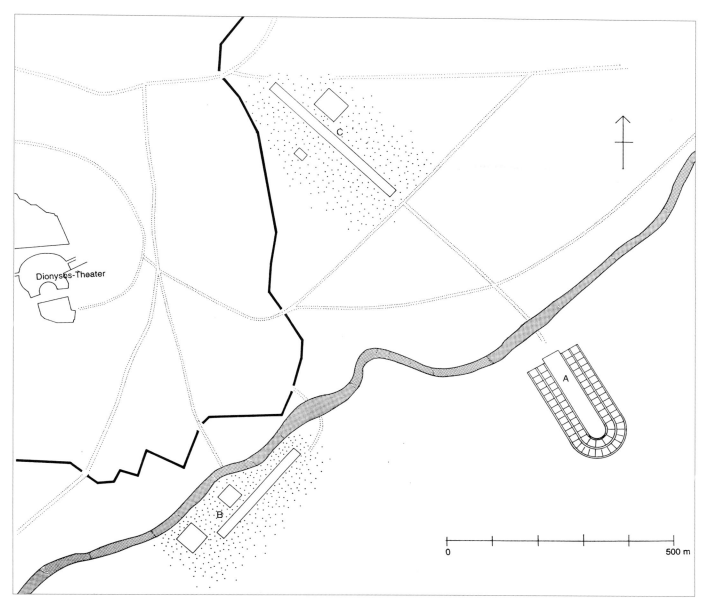

Abb. 121. Plan der östlichen Vorstadt Athens mit (A) Panathenäenstadion, (B) Kynosarges und (C) Lykeiongymnasion.

in der Senke eines Taleinschnitts liegt, dessen Naturraum sich für ein Stadion unmittelbar anbot. Für den Ausbau der Anlage waren vor allem umfangreichere Erdbewegungen erforderlich, um die Laufbahn zu begradigen und Wälle für die Zuschauerplätze aufzuschütten sowie die Gesamtanlage der funktional vorgegebenen Grundstruktur anzugleichen. Auch hierfür fand Lykurg in der Bevölkerung bereitwillige Hilfe und Unterstützung. Dies geht aus einer Inschrift hervor, die besagt, daß einem gewissen Eudemos ein offizieller und öffentlicher Dank Athens ausgesprochen wurde, weil er für die Arbeiten am Stadionbau auf eigene Kosten 1000 Fuhren mit Ochsengespannen zur Verfügung gestellt hatte[20]. Da dieser Dank nach Ausweis der Inschrift im Jahr 330/29 v. Chr. ausgesprochen wurde, muß die Stadionanlage zu dieser Zeit bereits weitgehend fertig gewesen sein. Deshalb bestätigt die Inschrift zugleich die Datierung der Bauzeit. Obwohl man somit über Rahmendaten dieses Stadions relativ gut informiert ist, bleibt seine ursprüngliche Gestalt eher unbekannt. Die Überlieferungen reichen aber aus, um wenigstens in Umrissen eine Vorstellung von dieser

Anlage zu geben. Als eine an bestimmte Funktionen gebundene und hiervon in ihrer Gestalt abgeleitete Gebäudeform dürfte sich das Athener Panathenäenstadion nicht wesentlich von anderen Sportstätten dieser Art und Zeit unterschieden haben[21]. Demnach müßte z.B. sein Fassungsvermögen die Platzkapazität sämtlicher bisher in Athen vorhandener Einrichtungen bei weitem übertroffen haben. Zwar können die für 50 000 Zuschauer ausreichenden Sitzplätze des unter Herodes Atticus ausgebauten Panathenäenstadions nicht unmittelbar auf das Stadion lykurgischer Zeit übertragen werden, doch kann durchaus bereits der erste Stadionbau für ca. 30 000 Zuschauer dimensioniert gewesen sein[22].

Damit verfügte Athen über eine neue Anlage, durch die sich ganz Athen und darüber hinaus Bewohner Attikas unmittelbar angesprochen fühlen konnten. Auf jeden Fall setzte Athen mit diesem Stadion, dessen Wirkung beträchtlich gewesen sein muß, einen unübersehbaren Akzent, der zugleich ein bezeichnendes Licht auf die Selbsteinschätzung dieser Stadt und ihrer Bürger werfen kann. Dabei darf man annehmen, in Athen sei mit Bedacht dafür gesorgt worden war, mit Stadion und Theater zwei gleichsam komplementäre Einrichtungen entstehen zu lassen, an denen das ganze Volk an seinen beiden wichtigsten Festen – den Panathenäen mit seinen Wettkämpfen im Stadion und den Dionysien mit seinen Festspielen im Theater – zusammenkommen konnte. Durch beide auf Dauer eingerichtete Anlagen dürfte zugleich bewußt gemacht worden sein, daß solche Einrichtungen und die in ihnen durchgeführten Veranstaltungen nicht mehr als ephemer und beiläufig verstanden werden sollten, sondern zum dauerhaften und unverrückbaren Bestand Athens gehörten. Sie verkörpern deshalb über jede Nutzanwendung hinaus eine programmatische Aussage, die ein Realität gewordenes Ideal beschreibt. Die beiden Bauten wirken damit wie ein Spiegel, der ein zur Eigenart Athens und seiner Bürger aufgewertetes Ideal jedermann vor Augen hielt und Athens Bürger zugleich in ihrem Zusammengehörigkeitsgefühl bestärkte.

Gewiß nicht zufällig und nicht ohne nachhaltige Absicht entspricht dies jenen beiden Lebenskomponenten, auf deren Pflege Athen bekanntlich größten Wert legte. Welch überragenden Rang sie innerhalb einer damals publik gewesenen Werteskala eingenommen haben, unterstreicht am deutlichsten Platon. Mit fast dogmatischem Anspruch stellt er apodiktisch fest, die Griechen – gemeint sind wohl in erster Linie die Athener – unterschieden sich von allen anderen ethnischen oder kulturellen Gruppierungen und Völkern durch ihre Liebe zu Literatur und Philosophie zum einen und ihre Zuneigung zu Sport und gymnischem Wettkampf zum anderen[23]. Theater und Stadion waren deshalb keine nur großspurig realisierten Projekte, sondern adäquater und im Stadtbild Athens sichtbar gewordener Ausdruck eines nach Athens und seiner Bürgerschaft eigenem Anspruch kennzeichnenden und essentiellen Wesenszuges ihrer selbst.

Hierzu gehört als dritte Großanlage Athens die wohl kaum zufällig äußerst aufwendig hergerichtete Stätte der Volksversammlung auf der Pnyx. Als markant ins Blickfeld gerücktes, sehr spezifisches Sinnbild besonderer politischer Qualitäten zählt sie zu den unverzichtbaren Komponenten, deren Zusammenhang zum wichtigsten Markenzeichen dieser Polis geworden ist. Anscheinend ordnet Athen seinen auf herausragende Eigenschaften gegründeten Rang einer ganz besonderen Güteklasse zu. Dies bedingt ein stolz bekundetes Selbstbewußtsein ebenso wie den unübersehbaren Appell an alle Bürger, sich ihrer besonderen und elitären Rolle bewußt zu sein.

Daß in solchem Zusammenhang und angesichts der dominanten Idealprojektionen die gymnische Agone zum unverzichtbaren Bestand des gesellschaftlichen Bewußtseins gehörten, versteht sich innerhalb des Bezugsgeflechts griechischer Lebensideale von selbst und kann fast als Platitüde bezeichnet werden. Deshalb sind entsprechende Schulungseinrichtungen und Übungsstätten so selbstverständlich, daß sie in keiner griechischen Stadt, die sich als solche bezeichnete, fehlen durften. Dies galt jedoch nicht für Stadien. Deren Zweck legte es anscheinend nahe, sie nicht in jeder beliebigen Stadt einzurichten, sondern möglichst an Orten, an denen bedeutende und besonders attraktive Wettkämpfe heimisch waren, die größere Massen zusammenströmen ließen. Attraktiv war es, wenn Wettkämpfer aus verschiedenen Poleis gegeneinander antraten. Dagegen waren Zweikämpfe zwischen Einheimischen wahrscheinlich weniger gefragt. Für solche Agone standen die in jeder Stadt vorhandenen Übungsstätten in Palästra und Gymnasion zur Verfügung[24], so daß Wettkämpfe zwischen Athleten derselben Stadt nichts besonderes waren; schließlich waren sie nahezu täglich zu sehen. Deshalb liegt es nahe, daß sich das allgemeiner verbreitete Interesse vor allem auf Wettkämpfe mit überregionalem Teilnehmerfeld konzentrierte. Deren über die Grenzen der Polis hinaus strahlende Bedeutung konnte das Ansehen der als Veranstalter auftretenden Stadt gewiß steigern, wenn das Ereignis nicht nur durch einen provinziellen Zuschnitt seiner Teilnehmer geprägt war. Auf jeden Fall kam es dem Renommee einer Polis zugute, wenn sie als Veranstalterin von wichtigen Wettkämpfen auftreten konnte, die Teilnehmer aus anderen Regionen und Städten an sich zogen. Deshalb ging es bei solchen Spielen nicht nur um den Wettkampf zwischen Athleten, sondern wahrscheinlich kaum weniger um einen Wettstreit zwischen den Veranstaltern.

Daß Stadionbauten nicht zuletzt einer solchen Interessenslage zu verdanken sind, ist naheliegend. Auch Athen war beim Bau seines Panathenäenstadions sicher nicht nur daran interessiert, einem eigenen, innerstädtischen Bedarf oder lokal geprägten Nutzungswünschen entgegenzukommen. Nicht weniger wichtig dürfte es gewesen sein, durch eine solche Anlage anderen Konkurrenten um Einfluß und Ansehen innerhalb des Gefüges miteinander rivalisierender Poleis Paroli zu bieten. Dies konnte vielleicht deshalb zu einem Gebot der Stunde geworden sein oder zumindest in dieser Weise verstanden werden, weil andere Städte und Stätten, die inzwischen im Besitz von Stadien waren[25], mit spürbaren Ansprüchen auftreten konnten.

Wie in Athen, fanden auch an anderen Orten derartige Wettspiele nicht nur um ihrer selbst willen und an beliebigen Daten statt, sondern blieben mit bestimmten Kulten sowie deren feierlich begangenen und ausgestatteten Festtagen verbunden. Dies konnte Gewähr dafür geben, daß die Wettkämpfe nicht auf die banale Ebene reinen Zeitvertreibs abglitten, sondern von einer kultisch bestimmten Aura umgeben wurden, die ihnen den Status hochrangiger Ereignisse sicherten. Dies schließt das oben Gesagte nicht aus, daß es dem besonderen Interesse der Veranstalter entsprach, durch solche Agone das Ansehen der jeweiligen Polis zu steigern. Wollte sich Athen in den Reigen bedeutender Städte, die den Wohlklang und Bekanntheitsgrad ihres Namens durch anspruchsvolle gymnische Agone förderten, einreihen und sich in einem solchen, einer besonderen Rangstufe angehörenden Kreis behaupten, dann blieb Athen wohl nichts anderes übrig als gleichfalls mit einem großen Stadion sichtbar in Erscheinung zu treten. Dabei könnte es sicher einer gezielten Absicht Athens entsprochen haben, die Panathenäen durch ein bedeutendes Stadion deutlich aufzuwerten und dieses Fest damit als Gied in jene Kette einzureihen, zu der vor allem die als panhellenische Spiele allgemein anerkannten Olympien, Isthmien, Pythien und Nemeen gehörten.[26] Dabei kann an den bereits seit langer Zeit zumindest kulturpolitisch gepflegten panhellenischen Ambitionen Athens kein Zweifel bestehen[27], so daß sich Athen zu einer solchen Positionsbeschreibung durchaus legitimiert gesehen haben könnte. Deshalb und insoweit ist der Bau des großen Panathenäenstadions nicht zuletzt als die Konsequenz einer Politik zu verstehen, zu deren nachdrücklich betriebenen Interessen es gehörte, Athen als maßgeblichen Vorreiter und Bewahrer griechischer Lebensart und Kultur zur Geltung zu bringen.

[1] Siehe oben 55 ff.
[2] Siehe oben 129 ff.
[3] Plutarch, Moralia 841 D.
[4] IG II², 351.
[5] IG II², 677.
[6] IG II², 1035.
[7] Pausanias 1.19,6.
[8] Philostrat, Vitae Sophistarum 2.1,5.
[9] E. Ziller, Zeitschrift für Bauwesen 20, 1870, 485 ff.; A. Köster, Das Stadion von Athen (1906); Travlos, Athen, 498 ff.; Hintzen-Bohlen, 38 f.
[10] Dies hat D. G. Romano, AJA 89, 1985, 441 ff. dazu veranlaßt, für das Stadion lykurgischer Zeit eine andere Örtlichkeit ausfindig zu machen und schlägt hierfür den Pnyxhügel vor. Allerdings sind die genannten Gründe kaum überzeugend.
[11] Zu den anläßlich der Panathenäen veranstalteten Agonen siehe Deubner, 34 und Parke, 40 ff.
[12] Siehe oben 126 f.
[13] H. A. Thompson, AA 1961, 224 ff.; D. G. Kyle, Athletics in Ancient Athens (1987), 60.
[14] Siehe die oben in Anm. 3 und in Anm. 4 genannten Quellen.
[15] Wahrscheinlich wurden aus ähnlichen Gründen auch die großen Gymnasien – siehe unten 174 – außerhalb des von der Stadtmauer umringten Stadtgebiets angelegt.
[16] Plutarch, Moralia 841 D.
[17] Daß die Strecke eines Standions 600 Fuß beträgt, überliefert bereits Herodot 2.149,3.
[18] Nach Pausanias 5.8,5 war der Wettlauf der erste Agon, der bei den olympischen Spielen durchgeführt wurde.
[19] IG II², 2311.
[20] IG II², 351.
[21] Entsprechende Beispiele bei W. Zschietzschmann, Wettkampf- und Übungsstätten in Griechenland I. Das Stadion (1960); F. Krinzinger, Untersuchungen zur Entwicklung des griechischen Stadions (Diss. Insbruck 1960).
[22] Die Platzkapazität des unter Herodes Atticus erneuerten Stadions soll nach Travlos, Athen, 498 für ca. 50 000 Zuschauer ausreichend gewesen sein. Dies könnte zumindest theoretisch einen ungefähren Rückschluß auf die Größe des Stadions lykurgischer Zeit ermöglichen.
[23] Besonders deutlich kommt dies in Vorstellungen zum Ausdruck, die entsprechend einer von Bildung und Kultur geprägten Werteskala Griechen gegenüber Barbaren in den Vordergrund stellen. Zu diesem Thema knapp zusammenfassend Der Neue Pauly 2 (1997), 439 ff., s. v. Barbaren (V. Losemann). Zu den wichtigsten Quellen gehört Platon, Symposion 182 c.
[24] Siehe unten 173.
[25] Siehe die in Anm. 21 genannte Literatur.
[26] Entsprechend einer anscheinend allgemeiner anerkannten Rangfolge galten die olympischen Spiele als die bedeutendsten Wettkämpfe. Die nächsten Ränge nahmen die isthmischen Spiele, gefolgt von den pythischen und schließlich den nemeischen Spielen ein. Zusammenfassend zu den panhellenischen Spielen äußert sich W. Decker, Sport in der griechischen Antike. Vom minoischen Wettkampf bis zu den olympischen Spielen (1995), 39 ff.
[27] Panhellenische Ansprüche machte Athen bekanntlich spätestens seit perikleischer Zeit auch machtpolitisch geltend. Siehe F. Schachermeyr, Perikles (1969), 133 ff.; Welwei, 120 f. Daß entsprechende Ansprüche auch durch Art, Umfang und Durchführung der panathenäischen Spiele zum Ausdruck gebracht werden konnten, betont M. Bentz, Panathenäische Preisamphoren. 18. Beih. AntK (1998), 12.

# Gymnasien in Athen

Übungs- und Schuleinrichtungen, die dem Unterricht der heranwachsenden Jugend dienten, gehörten bekanntlich zum nahezu selbstverständlichen Ausstattungsbestand griechischer Städte und durften auch in Athen nicht fehlen. Von früher Jugend an betriebenes körperliches Training und geistiger sowie musischer Unterricht galten als sich gegenseitig bedingende Teile einer insoweit ganzheitlichen Pädagogik. Spätestens seit spätklassischer Zeit war zumindest in Athen ein solcher Zusammenhang als Erziehungsideal bekannt[1]. Für dessen praktische Anwendung entstanden z.T. sehr unterschiedliche Anlagen, deren Formen weniger von bestimmten Bautypen als von einer Infrastruktur für den Schulungs- und Trainingsbetrieb bestimmt waren. Trotzdem haben sich im Laufe der Zeit eindeutigere Gebäudeformen herausgebildet. Dies gilt vor allem für die Palästra, aber auch für bestimmte Grundelemente eines Gymnasions[2]. Dabei sind beide Einrichtungen weniger als Alternativen, sondern eher als Bestandteile eines größeren Zusammenhangs zu verstehen. Zumindest sind Palästren bisweilen in Gymnasien angelegt worden und konnten insoweit zur Ausstattung eines Gymnasions gehören.

Daß Gymnasion und Palästra Anlagen waren, die insbesondere dem sportlichen Übungsbetrieb dienten, ergibt sich ganz direkt aus der begrifflichen Bezeichnung solcher Anlagen. Der Begriff Gymnasion hängt mit dem griechischen Verbum für „nackt" zusammen und meint eine Einrichtung, in der man sich unbekleidet aufhält. Da dies vor allem für Situationen gilt, in denen sportliche Übungen stattfanden, ist der Sinnzusammenhang einer als Gymnasion bezeichneten Anlage offenkundig. Dabei enthält der Begriff Gymnasion keinen Hinweis auf bestimmte Sportarten und umschreibt insofern gleich einem Dachbegriff die Stätte sportlicher Übungen. Dagegen bezieht sich eine als Palästra bezeichnete Einrichtung ganz konkret auf eine bestimmte Sportgattung, weil sich der Begriff von dem griechischen Verbum für „ringen" ableitet und deshalb die Palästra eine Örtlichkeit meint, in der Ringkämpfe stattfanden. Anscheinend legte es diese eingeengtere Funktion im Gegensatz zum Gymnasion eher nahe, eine klar definierte Bauform entstehen zu lassen. Sie entspricht vor allem seit dem 4. Jahrhundert v.Chr. einer im Grundriß quadratischen oder dem Quadrat angenäherten Anlage, in deren Innerem ein von Säulenhallen eingefaßter Hof liegt. An der Rückseite der Hallen können sich zu verschieden Zwecken genutzte Räume befinden. Die durch ihr Peristyl charakterisierte Palästra in Olympia ist ein hierfür häufig zitiertes und leicht zu verstehendes Exempel (Abb. 122)[3]. Solche oder ähnliche Gebäude können also entsprechend ihrer determinierten Funktion am ehesten als Bestandteil eines Gymnasions verstanden werden kann. Allerdings sind nicht sämtliche Anlagen dieser Art und Funktion so eindeutig zu erkennen. Dem mag es zuzuschreiben sein, daß bisweilen Gebäude, die in ihrem Typus eher einer Palästra entsprechen, ganz offiziell als Gymnasion bezeichnet wurden[4]. Trotzdem gilt, daß Gymnasien in aller Regel mehr Platz und größere Grundstücke beanspruchten; dies nicht zuletzt deshalb, weil zu einem richtigen Gymnasion ein Dromos für den über ein Stadion (ca. 200 m) erstreckten Wettlauf gehörte. Darüber hinaus kann dem Dromos eine überdachte und damit wettergeschützte Trainingsbahn, ein sogenannter Xystos beigeordnet sein. Außerdem verfügten Gymnasien bisweilen über zusätzliche Säulenhallen, die für vielerlei Zwecke genutzt werden konnten[5]. Zusätzlich gehörten zu Gymnasien und Palästren häufiger Unterrichtsräume für normalen Schulunterricht. Besonders gut blieb ein derartiger Raum in Priene erhalten und konnte zumindest zeichnerisch weitgehend zuverlässig rekonstruiert werden (Abb. 123)[6]. Für die Schulung und Erziehung der Jugend waren solche Räume und entsprechende Unterrichtsmöglichkeiten unverzichtbar[7]. Darüber hinaus standen sie einem allgemeineren Bedarf an Vortrags- und Diskussionsräumen zur Verfügung. Letzteres wurde vor allem seit klassischer Zeit und an Orten bedeutsam, an denen Philosophen tätig waren, die bisweilen über beträchtlichen Zulauf verfügten.

Ohne daß sämtliche Nutzungsmöglichkeiten solcher Einrichtungen genannt werden müssen, sollte klar sein, welch wichtige Rolle sie im

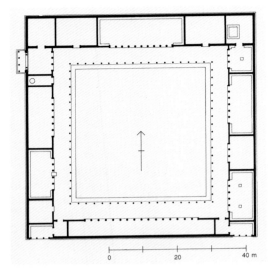

▶ Abb. 122. Die Palästra in Olympia. Grundriß.

▼ Abb. 123. Rekonstruierter Blick in den Ephebensaal des unteren Gymnasions von Priene.

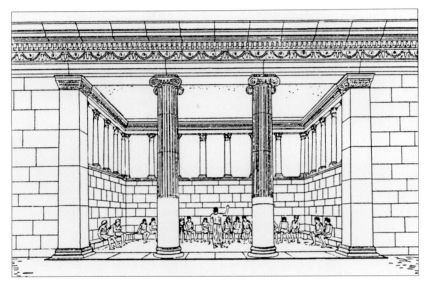

Gefüge einer Stadt eingenommen haben. Insgesamt sind Gymnasien mit den in ihnen praktizierten Aktivitäten ein Architektur und damit sichtbare Realität gewordener Spiegel griechischer Lebens- und Erziehungsideale. Eingebettet in Garten- und Waldlandschaften vermitteln sie einen Eindruck von einem auf Muße, Bildung und körperliche „Fitneß" ausgerichteten Lebensstil. Daß er nicht für jedermann angemessen war, sondern einem besonderen sozialen Status und kulturbewußten Niveau seiner Teilhaber entsprach, bedarf keiner weiteren Erläuterung. Vor allem seit klassischer und insbesondere in spätklassischer sowie in hellenistischer Zeit entstanden an zahlreichen Orten solche Einrichtungen. Schließlich gehörten Gymnasion und Palästra zum nahezu attributiven und unverzichtbaren Inventar griechischer Städte.

Daß derartige Anlagen im Athen des 4. Jahrhunderts v. Chr. nicht fehlen durften, erstaunt bei dem in dieser Stadt gepflegten gesellschaftlichen und kulturellen Zuschnitt nicht. Ebenso wenig verwundert es, daß Gymnasien, deren Ausstattung und Infrastruktur einem an sie gerichteten Anspruch gerecht werden sollten, angesichts der hierfür erforderlichen Grundstücksflächen innerhalb des eigentlichen Stadtgebiets kaum untergebracht werden konnten. Statt dessen bot sich das offenere Terrain im direkten Umfeld der Stadt für ausgedehntere Anlagen dieser Art an. Dies erklärt und bestätigt zugleich die topographische Plazierung der bedeutendsten Athener Gymnasien vor den Mauern der Stadt. Allerdings müssen diese ausgelagerten Standorte nicht für sämtliche Gymnasien, über die Athens Bürger bereits seit archaischer Zeit verfügten, gegolten haben.

Vor allem in ihren Anfängen dienten sie wohl hauptsächlich dem sportlichen Training der männlichen Jugend. Solche Übungen waren anscheinend vor allem als Vorbereitung für den Wehrdienst gedacht. Hierzu berichtet Aristoteles[8], daß in Athen die Wehrpflicht im Alter von 18 Jahren, nach Eintragung der Jugendlichen in die von den Phratrien geführten Bürgerlisten[9], fällig war. Neben solchen protomilitärischen Schulungen diente der Besuch eines Gymnasions dem normalen Unterricht, zumal es seit der Entstehung der Demokratie und insbesondere seit Einführung des Ostrakismos in Athen kaum noch schreibunkundige Bürger gegeben haben dürfte. Auf solcher Grundlage konnte sich ein allgemeiner verbreitetes Bildungsniveau entwickeln, dessen Förderung und Pflege seit klassischer Zeit immer mehr Raum einnahm[10]. Schließlich entstanden in diesem Kontext durch bestimmte Lehrer und Philosophen bedeutende Schulen, die durch hier tätige Persönlichkeiten entscheidend zum weltweiten Ruhm Athens beitrugen. Wahrscheinlich war ihr Wirken sogar mehr für die Ausstrahlung und die nachhaltig wirksam gebliebene Bedeutung Athens als ein führendes kulturelles Zentrum der Alten Welt verantwortlich, als manche literarische, künstlerische oder architekturgeschichtliche Spitzenleistung, auf die Athen bekanntlich reichhaltig verweisen konnte. Deshalb bliebe jedes Bild dieser Stadt unangemessen lückenhaft, wenn man entsprechende Schuleinrichtungen gänzlich außer Betracht ließe. Dabei ist es zwar höchst mißlich, daß bisher nur relativ geringfügige archäologische Befunde über Größe, Bauform und Ausstattung von Athener Gymnasien Auskunft geben; doch soll dies nicht daran hindern, entsprechende Überlieferungen und Nachrichten zu nennen, um wenigstens eine ungefähre Vorstellung von diesen Schulen zu skizzieren. Immerhin waren die wichtigsten Gymnasien Athens zugleich die bedeutendsten Zentren griechischer Philosophie und damit Stätten, in denen fundamental wirksam gebliebene Diskurse stattfanden. Im Mittelpunkt stehen deshalb die Akademie Platons zum einen und die von Aristoteles im Lykeion ins Leben gerufene Schule der Peripatetiker zum anderen, sowie das Kynosarges genannte Gymnasion, in dem die Schule der Kyniker, die sich auf Diogenes berief, ihr Zentrum besaß. Vor allem solche Schulen sind es wohl gewesen, die Athen als kulturelles Zentrum ersten Ranges bekannt bleiben ließen.

Dies gilt vor allem für das **Akademie** genannte Gymnasion Platons (Abb. 124)[11]. Diese Schule liegt etwa 1,5 Kilometer nordwestlich vor den Toren der Stadt und war über die als Demosion Sema bekannte Straße[12] direkt vom Dipylon aus erreichbar. Am Ort des Gymnasions wurde seit alters her ein Heros mit Namen Akademos verehrt, der sich hier nach örtlicher Tradition in mythischer Vorzeit als erster Siedler Athens niedergelassen haben soll[13]. Von diesem Heros hatten zuerst der Vorstadtbezirk und später das hier entstandene Gymnasion ihre Namen erhalten. Ausgrabungen haben bestätigt, daß dieses Gebiet bereits seit prähistorischer Zeit besiedelt war[14], so daß es als besonders traditionsreich gelten konnte. Dies gilt nicht weniger für die übermäßig breite Verbindungsstraße, über die man vom Dipylon zur Akademie gelangte. Fraglos gehörte sie zu den

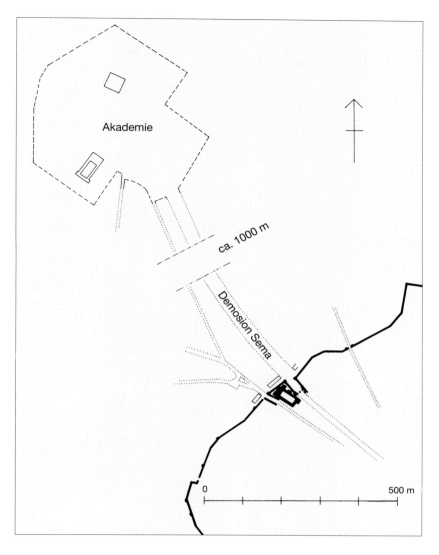

▲ Abb. 124. Plan der westlichen Vorstadt Athens mit dem Gebiet der Akademie und dem Demosion Sema.

prominentesten Zonen Athens. An ihr lagen sowohl die Staatsgräber, in denen Krieger, die im Kampf für die Stadt gefallen waren, offiziell und feierlich mit einem Staatsakt beigesetzt wurden[15], als auch Grabanlagen bedeutender Personen und führender Familien Athens[16]. Deshalb erreichte man die Akademie nicht nur über eine große Straße, sondern entlang einer Ruhmesallee der attischen Geschichte. Dies könnte dazu beigetragen haben, Besucher auf ihrem Weg zur Akademie darauf einzustimmen, daß sie sich einem besonderen Ort näherten.

In welcher Weise man sich das berühmte Gymnasion der Akademie vorzustellen hat, wird unterschiedlich beurteilt. In einer Schriftquelle, die allerdings erst aus mittelalterlicher

Zeit stammt und deshalb in ihrer Zuverlässigkeit auch fragwürdig sein kann, wird berichtet, dieses Gymnasion sei großflächig von einem Peribolos eingefaßt gewesen[17]. Ein Versuch, einen bestimmten Mauerzug hiermit in Verbindung zu bringen, konnte nicht überzeugen, weil die hierfür in Anspruch genommenen Baureste sich aus chronologischen Gründen kaum mit einer solchen Gymnasionsanlage in Verbindung bringen lassen[18]. Deshalb ist es naheliegender, dieses Gymnasion nicht als eindeutig und durch entsprechende Zonierung begrenzte Anlage, sondern als ein weitgehend offenes Gelände zu verstehen, das mit fließenden Übergängen in die Umgebung einmündet. Hiernach wäre die Akademie baulich kaum definiert gewesen, sondern ein Ort, an dem verschiedene Teile oder Einrichtungen ihren Platz fanden. Als deren gegenseitig bedingte Ergänzung oder Schnittstelle hätte sich erst das ergeben, was als Akademie Platons zu bezeichnen ist. Deshalb entspricht sein Gymnasion eher einem inhaltlichen Konzept als einem vorweisbaren Baukomplex.

Dies könnten Schriftquellen bestätigen, die von einer mit Bäumen und vielerlei Pflanzen bestückten Parklandschaft berichten, in der verschiedene Gebäude in lockerer Anordnung plaziert waren[19]. Dem entspricht, daß das Gelände der Akademie erst allmählich und in einem länger andauernden Prozeß für eine gymnasiale Nutzung hergerichtet worden ist. Wahrscheinlich ging seine Anlage auf keinen vorgegebenen Plan zurück, sondern war das Ergebnis mehrerer, auch unabhängig voneinander zur Ausführung gekommener Etappen. Hierzu berichtet z. B. Plutarch, Kimon, der im 2. Viertel des 5. Jahrhunderts v.Chr. zu den führenden Persönlichkeiten Athens gehörte, habe in der Akademie u. a. den Ausbau von Laufbahnen veranlaßt[20], um einem Bedarf an Stätten für den gymnischen Übungsbetrieb zu entsprechen. Deshalb muß es im Gebiet der Akademie spätestens seit frühklassischer Zeit gymnasiale Nutzungen gegeben haben. Vielleicht reichten sie sogar bis in archaische Zeit zurück. Hierauf könnte ein von Demosthenes zitiertes, bereits von Solon erlassenes Gesetz verweisen, demzufolge der Diebstahl von privaten Gegenständen, die in der Akademie abgelegt waren, mit dem Tode bedroht gewesen sein soll[21]. Allerdings ist hierzu auch skeptisch vermerkt worden, daß ein solches Gesetz ein Gymnasion in der Akademie noch keineswegs zwingend voraussetzt[22].

Vielfältiger wird die Überlieferung zum Gymnasion der Akademie erst für die spät- und nachklassische Zeit und hierbei verständlicherweise vor allem in Verbindung mit der Person Platons. Ein ihm von Kindheit an geläufiger, gehobener Lebensstil dürfte nicht unwesentlich zu Umfang, Art und Ausstattung seines unter dem Namen Akademie berühmt gewordenen Gymnasions beigetragen haben. Seine Familie gehörte – vor allem mütterlicherseits – zu den führenden Kreisen Athens. Dabei bleiben die politischen Aktivitäten von Mitgliedern dieses Familienverbands nicht immer unproblematisch. Dies gilt vor allem für Kritias, einen Bruder der Mutter Platons und damit dessen leiblichen Onkel[23]. In die Geschichte Athens ist Kritias vor allem als einer der verhaßten Anführer des 404/3 in Athen agierenden Terrorregimes der berüchtigten Dreißig Tyrannen in die Geschichte der Stadt eingegangen[24]. Dabei könnte es ihm weniger um eine persönliche Befriedigung gewalttätig durchgesetzter Herrschaftsgelüste gegangen sein, als um eine prinzipielle Kehrtwende politisch praktizierter Verfassungsrealität. Zumindest hielt Kritias die Demokratie für ein untaugliches Staatssystem und wollte sie durch eine konsequente Oligarchie ersetzt wissen. Es mag sein, daß ihm eine solche Herrschaftsform auch deshalb näher stand, weil er sich zu jenen Kreisen rechnen durfte, deren materielle und intellektuelle Ausstattung eine Kompetenz erwarten ließ, die aus seiner Sicht als Voraussetzung für eine fähige Staatsführung verstanden werden konnte. Auf jeden Fall war Kritias kein vom Pöbel nach oben geschwemmter Emporkömmling, sondern eine umfassend gebildete Persönlichkeit aus Athens Oberschicht. Hierzu gehört, daß er sich als Schüler des Sokrates und als sophistisch geschulter Athener verstehen konnte, der sich zudem als Dichter hervortat[25].

In einem entsprechend privilegierten Umfeld wuchs der 427 v. Chr. geborene Platon als Sohn einer in Athen außerordentlich angesehenen Familie auf. Als 20jähriger junger Mann kam er in engeren Kontakt zu Sokrates und wurde dessen bedeutendster Schüler. Nach dem Sokrates-Prozeß und dem Tod des Sokrates verließ er für einige Zeit Athen, bereiste mehrere Länder, darunter Ägypten und Kyrene, und besuchte wiederholt Sizilien. Dort interessierten ihn hauptsächlich Kontakte mit den Pythagoräern und der politischen Führungsspitze in Syrakus, die vor allem in Dionys I. einen eindrucksvollen Repräsentanten hatte. Trotz aller Bemühungen kam es zum Bruch zwischen Platon und dem Syrakuser Tyrannen, so daß Platon 387 v. Chr. wieder in seine Heimat zurückkehrte. Im selben Jahr gründete er seine Schule in Athens Vorort Akademeia. Hier entstand jene als Akademie bezeichnete Stätte, die bis zu Platons Tod im Jahr 348/7 v. Chr. das Zentrum seiner philosophischen Studien und Unterrichtung blieb und darüber hinaus von Schülern und Nachfolgern mindestens weitere drei Jahrhunderte betrieben wurde.

Durch Einsatz privaten Vermögens konnte Platon für sein Gymnasion ein größeres Gelände in Akademeia zur Verfügung stellen und dort durch entsprechende Infrastruktur einen ihm angemessen erscheinenden Rahmen schaffen. Dies betraf sowohl bauliche als auch sonstige Einrichtungen und nicht zuletzt das Angebot kostenlosen Unterrichts[26]. Als wohlhabender Bürger Athens konnte es Platon sich leisten, ein Gymnasion zu gründen, das nach Inhalt und Gestalt sowie Unterrichtsform und Zugänglichkeit ganz seinen Vorstellungen und Idealen entsprach. Offensichtlich traf Platons Lehrtätigkeit rasch auf interessierte Resonanz, so daß sich bald zahlreiche Schüler bei ihm einfanden. Es handelte sich allerdings nicht um die gängige Ephebenunterweisung, für die es in Athen einer besonderen Schule wohl kaum bedurfte, sondern um Studien, die sich auf Lehre und Disput der Philosophie Platons konzentrierten. Daß die Lehre Platons auf einen äußerst fruchtbaren Boden fiel, belegen die Namen seiner Schüler, deren Nennung sich wie ein Gotha früher Philosophiegeschichte liest[27]. Dies erklärt zugleich den nachhaltigen Erfolg und die andauernde Fortwirkung seiner Lehrtätigkeit.

Nach Platons Vorstellung und einem von ihm protegierten Erziehungsmodell sollten seine Schüler im Gymnasium nicht nur ihren Unterricht erhalten, sondern dort auch leben und wohnen. Offensichtlich wurde damit das Ziel verfolgt, über den Unterricht in einem bestimmten Fächerkanon hinaus alltägliches Verhalten in einer bestimmten Gemeinschaft zum Gegenstand pädagogischer Bestrebungen zu machen. In heutigen Sprachgebrauch übertragen, könnte man dies als ein sehr konsequent betriebenes Modell ganzheitlicher Erziehung und Fortbildung bezeichnen. Mitglied der Akademie Platons zu sein, bedeutete nicht nur, an einem höchst anspruchsvollen Unterricht zu partizipieren, sondern betraf die Schüler folgerichtig als Teil einer Lebensgemeinschaft und nahm sie somit in ihrer gesamten Personalität in Anspruch. Daß dies einem ausgesprochen elitären Bildungskonzept entspricht, versteht sich von selbst. In seiner Konsequenz könnte man sich zugleich gut vorstellen, daß eine Erziehung, wie sie in Platons Akademie angelegt war, Personen hervorbringen und prägen konnte, die Platons Vorstellung von idealer Staatsführung, wie es konzeptionell und konsequent in seiner Staatstheorie formuliert war, entsprachen[28].

Um die hierfür unverzichtbaren Grundlagen bereitzustellen, mußten Bauten für die Unterkünfte der Akademiemitglieder konzeptionell und real zur Infrastruktur dieses Gymnasions gehört haben. Darüber hinaus gewinnt man aus Schriftquellen den Eindruck, das als Akademie bezeichnete Gelände sei vor allem in der Zeit Platons in eine viel gepriesene Parklandschaft verwandelt worden[29]. Einem entsprechend großzügig ausgestatteten Ambiente entsprach wohl auch ein innerhalb der Akademie eingerichteter und durch einen hierfür vorgesehenen Altar zugleich sakral überhöhter Bereich für die Musen. Von Speusippos, einem Neffen und Schüler Platons, der nach dessen Tod für einige Jahre die Akademie leitete, soll dieser den Musen gewidmete Bereich zusätzlich mit Standbildern der Chariten ausgestattet worden sein[30]. Außerdem wird in Schriftquel-

Abb. 125.
Philosophenmosaik aus Sarsina. Römische Kopie nach einem hellenistischen Gemälde mit der Darstellung eines philosophischen Disputs. – Rom, Villa Albani Inv. Nr. 668.

len des 4. Jahrhunderts v. Chr. von einer Palästra berichtet, die zur Akademie gehörte[31]. Archäologische Funde konnten deren Existenz prinzipiell bestätigen[32]. Darüber hinaus soll es dort einen Wandelgang und eine Exedra gegeben haben, in die man sich zum ungestörten Gespräch zurückziehen konnte[33]. Nicht zuletzt gehörte Platons privates Wohnhaus zum Ausstattungsbestand der Akademie, weil sich Platon hier nicht zurückzog, sondern selbst sein privat genutzter Wohnbereich in den Unterrichtsbetrieb einbezogen blieb. Welche fachlichen Kategorien zu diesem Unterricht gehörten, belegen beispielhaft und zusätzlich zu den gewiß reichhaltig zur Verfügung stehenden Bibliotheksbeständen Überlieferungen, in denen ausdrücklich von einem Globus und einem Planetenmodell als Unterrichtsmaterialien die Rede ist[34].

Obwohl die verstreuten Nachrichten über die Akademie und das Gymnasion Platons relativ umfangreich sind, entzieht sich die architektonische Gestalt dieser Schule jedem konkreteren Darstellungsversuch. Daran ändert auch der Hinweis auf zwei Mosaikbilder römischer Kaiserzeit, die sich heute in Neapel[35] bzw. in Rom[36] befinden, wenig. Die auf ihnen dargestellten Szenen, die wohl auf ein hellenistischen Gemälde zurückgehen, zeigen eine Gruppe von Männern bei einem philosophischen Disput (Abb. 125)[37]. Bei der Betrachtung dieser Szenen kam es zu dem Versuch, die dargestellten Personen namentlich zu identifizieren und Architekturstaffagen, die im Bildhintergrund zu sehen sind, mit Bauten Athens so in Verbindung zu bringen, daß die Lokalität der Szene innerhalb Athens bestimmt werden könnte. Auf solche Überlegungen stützt sich eine aufwendig erläuterte Hypothese, nach der auf dem Mosaikbild die Akademie Platons dargestellt sein soll[38]. Dabei wird allerdings vergessen, daß solche Szenen auch deshalb bei der Ausstattung römischer Häuser gerne verwendet worden sind, weil Auftraggeber nicht so sehr an der Darstellung einer konkreter gemeinten Schule interessiert gewesen sind, sondern eher an einer reicheren Ausstattung des persönlichen Ambientes, das einem bildungsbeflissenen oder auch tatsächlich gebildeten Lebenszuschnitt eines Villenbesitzers Ausdruck gab[39]. Deshalb dürfte eine gewisse Zurückhaltung bei der Interpretation der Szene, die in den Mosaikbildern zu erkennen ist, angemessen sein. Wahrscheinlich entspricht dies einem Stimmungsbild, durch das ein philosophischer Disput illustrativ inszeniert wird, ohne eine bestimmte und deshalb auch bestimmbare Lokalität abzubilden. Trotzdem ist die Szene mit ihrer zur Darstellung gebrachten Disputationsform und dem gleichsam attributiv beigegebenen Inventar von Sonnenuhr und Globus aufschlußreich. Auch wenn sie keine eindeutig benennbare Lokalität schildert, vermittelt sie doch in einer allgemeiner formulierten Bildsprache einen durchaus treffenden Eindruck von einer Situation, wie sie in jedem der bedeutenden Gymnasien Athens, also auch in der Akademie, den von Gespräch und Unterricht geprägten Alltag bestimmte.

Darüber hinaus ist vor allem das Platonportrait von besonderem Interesse. Überliefert in mehr als einem Dutzend römischer Kopien von z. T. sehr unterschiedlicher Qualität zeigt es Platon im Alter von etwa 60 Jahren. Das Portrait geht wohl auf eine Statue zurück, die wahrscheinlich in den sechziger Jahren des 4. Jahrhunderts v. Chr., also bereits zu Lebzeiten Platons in dessen Akademie aufgestellt wurde[40]. Dabei handelte es sich um eine bronzene Portraitstatue, die Silanion im Auftrag des Mithradates, einem ehemaligen Schüler Platons geschaffen hatte[41]. Zu den qualitativ besten Repliken gehört das Portrait, das vor noch nicht allzu langer Zeit für die Münchener Glyptothek erworben wurde (Abb. 126)[42]. Wie das Standbild insgesamt ausgesehen hat, ist unbekannt, da bisher nur Kopien des Kopfes gefunden worden sind. Vielleicht entsprach es in Typus, Standmotiv und Kleidung jener Sokratesstatue, von der eine kleine Kopie im Statuettenformat (Abb. 26) bekannt geworden ist[43]. Abgesehen von der Aufstellung der von Lysipp geschaffenen Portraitstatue[44], könnte dieses Standbild zu jenem Programm gehört haben, mit dem Athen im 4. Jahrhundert v. Chr. engagiert darum bemüht war, kulturelle Leistungen einer glorifizierten Vergangenheit tatkräftig ins Bewußtsein damaliger Gegenwart zu rufen. Daß eine Statue wie das Sokratesstandbild kein Einzelfall einer bestimmten, kulturpolitisch motivierten Tendenz gewesen ist, zeigte bereits und beispielhaft die Statue des Sophokles (Abb. 102), die beim Dionysostheater aufgestellt war[45]. Allerdings bleibt der Hinweis auf den durch die Sokratesstatuette überlieferten Statuentypus als eventuelle Analogie zur unbekannten Statue des Platonportraits[46] eine letztlich unbeweisbare Vermutung. Deshalb reduziert sich die Frage nach dem in der Akademie aufgestellten Platonstandbild auf eine Betrachtung des durch den Kopftypus überlieferten Exzerpts.

Form und Sinngehalt sind zuletzt in überzeugender Weise von Paul Zanker dargestellt worden[47]. Im Anschluß an dessen Interpretation kann es als erwiesen gelten, daß Platon in diesem Portrait weniger als Träger bestimmter, seine besonderen Qualitäten als Philosoph kennzeichnender Eigenschaften dargestellt war, sondern im Habitus eines vorbildlichen Bürgers, der sich ganz seiner Verantwortung und eines normierten Verhaltens in der Polis bewußt ist. Deshalb unterscheiden ihn weder

▲ Abb. 126. Platonportrait. Römische Kopie nach einer um die Mitte des 4. Jhs. v. Chr. entstandenen Portraitstatue. – München, Glyptothek 548.

sein sorgfältig frisiertes Haar noch seine Barttracht und ebensowenig die durch Falten beschriebenen Inscriptionen seines Gesichts von Darstellungen anderer Personen großbürgerlicher Provinienz oder anderer Intellektuellen jener Zeit. Offensichtlich war man bei der Formulierung dieses Portraits nicht daran interessiert, durch spezifische und unverwechselbare Formen oder besondere Eigenheiten eine bestimmte Persönlichkeit in ihrer unverwechselbaren Individualität zu zeigen. Anscheinend sollte Platon in seinem Bildnis nicht als ein Außenseiter der Gesellschaft in Erscheinung treten, der sich abgelöst von allgemein vorherrschenden Konventionen als Individuum eigenen Zuschnitts und eigenen Lebensstils zeigt. Statt dessen wurde darauf geachtet, ihn auch in seinem Portrait als eine Person darzustellen, die sich in ihrer Zugehörigkeit zu einem bestimmten gesellschaftlichen Kontext als ein Polisbürger versteht, der in dieser Funktion ein wichtiges Element seiner Lebensweise sieht. Dies müßte zugleich bedeuten, daß mit diesem Portrait zumindest der sinnbildliche Anspruch zum Ausdruck gekommen wäre, die Philosophie Platons als eine Lehre zu verstehen, die in bestimmte gesellschaftliche Normen Athens integriert sei. Deshalb war die Akademie nicht nur die Schule Platons, sondern zugleich eine Athen und das innere Klima der Stadt beschreibende, wenn nicht sogar mitbestimmende Instanz. Insofern könnten die Inhalte und Tendenzen, die dieses Gymnasion prägten, als Pendant zu bestimmten Einflußgrößen einer in Athen aktuell gewordenen Lebensauffassung verstanden werden. Dabei ist das Platonportrait bestens geeignet, eine solche Interpretation zu bestätigen. Zumindest beschreibt es eine beanspruchte oder tatsächlich eingenommene Lebenseinstellung, die in den pädagogischen Zielen der Akademie ihr Gegenstück finden konnte. Deshalb treten die Portraitstatue und der Ort ihrer Aufstellung in eine gegenseitige Korrespondenz, die nicht unerheblich zum Verständnis beider beiträgt. Zugleich nimmt eine Stätte, wie die Akademie sie umschreibt, innerhalb des Bezugsgeflechts Athens eine Rolle ein, die dieses Gymnasion anderen besonders wichtigen Einrichtungen der Stadt gleichrangig zur Seite stellt. Ist dies zutreffend, dann gehörte die Akademie zu jenen Bestandteilen der Polis, deren Summe die Stadt erst ausmacht.

Die Akademie blieb nicht das einzige Gymnasion, auf das sich der schließlich weltweit ausstrahlende Ruf Athens als Zentrum von Philosophie stützte. Für die Zeit des 4. Jahrhunderts v. Chr. sind auf jeden Fall in solchem Zusammenhang zwei weitere Gymnasien zu nennen. Hierzu gehört das im allgemeinen Bewußtsein vielleicht weniger gegenwärtige Gymnasion, das unter dem Namen **Kynosarges** bekannt war[48]. In zumindest zweifacher Hinsicht kam ihm eine besondere und sehr eigenständige Bedeutung zu: Zum einen war dies die Stätte der kynischen Schule, die sich auf den „Aussteiger" Diogenes als geistigen Vater berief; zum anderen konnten den Kynosarges Schüler besuchen, denen wegen ihrer familiären Herkunft andere Gymnasien nicht offenstanden. Denn anscheinend waren keineswegs sämtliche Gymnasien für jedermann zugänglich. Dabei spielten für die Zulassung der Schüler weniger bestimmte materielle Voraussetzungen oder soziale Schichtenzugehörigkeit eine besondere Rolle, sondern Fragen zur Herkunft der Familie: Sorgfältig wurde zwischen Knaben, deren beide Elternteile gebürtige Athener waren, und solchen, bei denen nur ein Elternteil aus Athen stammte, unterschieden. Letztere wurden als Nothoi bezeichnet[49] und galten nicht als vollblütige Athener. Wahrscheinlich durften solche Knaben unter den Athener Gymnasien nur den Kynosarges besuchen. Dessen Schutzpatron war Herakles, der in diesem Bezirk besonders verehrt wurde. Ob die Mythologie, nach der Herakles als Sohn des Zeus und der Alkmene der Sproß einer Mischverbindung war, wie ein präfigurierender Hinweis auf die Situation der Knaben, die den Kynosarges besuchten, verstanden werden konnte[50], ist denkbar, jedoch nicht ausgemacht. Anscheinend waren solche Sondersituationen über den Besuch des Gymnasions hinaus ohne besondere Wirkung, zumal sich die Nothoi trotz der gesellschaftlichen Unterscheidung ihrer Familienbande keineswegs als diskriminiert verstehen mußten. Wie das Beispiel des Themistokles zeigt, dessen Mutter aus Thrakien oder Karien stammte[51] und der deshalb den Kynosarges besuchen mußte, konnten Absolventen dieses Gymnasions in Athens größtes Ansehen erreichen und zu höchsten Positionen aufsteigen.

Vom Kynosarges selbst blieb, wie auch von den beiden anderen großen Gymnasien der Akademie und des Lykeion zu wenig erhalten, um ein einigermaßen zuverlässiges Bild von seiner architektonischen Gestalt und funktionalen Ausstattung oder der konkreten topographischen Lage und Ausdehnung zu gewinnen.

Statt dessen muß man sich weitgehend mit allgemeineren Hinweisen begnügen. Immerhin kann als gesichert gelten, daß dieses Gymnasion im Südosten direkt vor der Stadtmauer und in der Nähe des Panathenäenstadions seinen Platz hatte[52]. Zwar wurden von seiner Anlage kaum nennesworte Bauroste bekannt, doch geben einige Schriftquellen gewisse Hinweise. Hiernach lag der Kynosarges in einer von Bäumen umgebenen Parklandschaft[53] und konnte so den Eindruck einer bestimmten Exklusivität hervorrufen. Auch die Überlieferung, nach der Herakles hier kultisch verehrt wurde[54], unterstreicht den Rang und die Bedeutung dieses Gymnasions.

Als Heros, unter dessen Schutz die Erziehung und hierbei vor allem die athletische Erziehung der Jugend steht, repräsentiert Herakles wie kein anderer die in einem Gymnasion gültigen Ideale. Dies könnte darauf hinweisen, daß Übungsstätten für den sportlichen Wettkampf besonders wichtige Teile der Infrastruktur dieses Gymnasions gewesen sind. Hierzu müßte – obwohl weder archäologische Funde noch Schriftquellen dies bisher bestätigen konnten – ein Dromos gehört haben. Angesichts der im Kynosarges gepflegten Heraklesverehrung könnte dies nicht zuletzt deshalb sinnreich gewesen sein, weil Herakles nach geläufiger Tradition die erste Wettlaufbahn überhaupt, das Stadion in Olympia, abgemessen haben soll und somit der Wettlauf in besonders enger Beziehung zu dem im Kynosarges als Patron verehrten Heros stand[55]. Darüber hinaus könnten Bauroste, die bei früheren Ausgrabungen in dem Gebiet, das dem Kynosarges zuzurechnen ist, gefunden wurden, zu einer Palästra gehört haben[56]. Trotzdem bleibt der archäologische Bestand dieses Gymnasions rudimentär. Da weder Strabon noch Pausanias den Kynosarges erwähnen, ist nicht auszuschließen, daß er bereits in römischer Kaiserzeit nicht mehr existierte. Trotzdem blieb das Gymnasion des Kynosarges und dessen Philosophenschule nicht gänzlich ohne erkennbare Nachwirkung. Dies meint allerdings keinen örtlich benennbaren Baubestand oder archäologische Reste bestimmter Gebäude, sondern einen in der bildenden Kunst überlieferten Re-

◂ Abb. 127. Portraitstatue eines unbekannten Kynikers. Römische Kopie nach einem frühhellenistischen Standbild. – Rom, Kapitolinisches Museum 1431.

flex bestimmter Eigenarten, die mit Idealen der im Kynosarges gelehrten Philosophie in Verbindung gebracht werden können. So läßt sich vermuten, daß entsprechende Inhalte auch zum Gegenstand physiognomischer Gestaltung wurden und Portraitstatuen als Träger solcher zur Eigenschaft gewordener Ideale zu erkennen sind. Beispielhaft demonstriert dies die römische Kopie eines im 3. Jahrhundert v. Chr. entstandenen Standbilds (Abb. 127)[57]. Es zeigt einen kräftigen alten Mann, dessen Erscheinung in fast provozierender Weise die Negation und Verachtung eines Kynikers gegenüber tradierten Normen und gesellschaftlichen Konventionen verkörpert[58]. Dementsprechend kommt er barfuß daher und verharrt in plattfüßigem Stand, hat einen kurzen Mantel aus grobem Stoff um die Hüften geschlungen und unterstreicht die Vernachlässigung der äußeren

Erscheinung sowohl durch seinen verfilzten Bart als auch durch das wie in klebrigen Strähnen auf dem Schädel liegende Haar sowie durch das ungepflegte Gesicht mit seinem mißtrauisch verkniffenen Blick[59]. Zwar sind Auftraggeber und Standort des verlorenen Originals dieser Statue unbekannt, doch weist sie zumindest darauf hin, daß die mit ihr in ein repräsentatives Bild gesetzten Tendenzen der kynischen Lehrmeinung[60] zwar wie ein Kontrastprogramm bürgerlicher Ideale und bürgerlichen Verhaltens zur Wirkung kommen, dies aber nicht daran hindert, mit einem solchen Standbild eine deutlich verständliche Gegenposition zu beschreiben. Anscheinend wurde die im Kynosarges entstandene Lehre der Kyniker gesellschaftlich so weit toleriert oder auch akzeptiert, daß ihrer betonten Darstellung nichts im Wege stand. Zwar greift dies schon aus Gründen der Datierung dieser Statue eines Kynikers über den hier angesprochenen Zeitraum hinaus und betrifft eher dessen Folgeerscheinungen, doch muß deshalb nicht ausgeschlossen werden, daß damit zum Ausdruck gebrachte Tendenzen bereits zuvor spürbar geworden sein könnten. Zumindest reicht der inhaltliche Zusammenhang, der ein solches Standbild ermöglichte, weiter zurück.

Kulturgeschichtlich gehört schließlich das **Gymnasion beim Lykeion** zu den wichtigsten Adressen Athens[61]. Es bestand bereits in archaischer Zeit und soll von Peisistratos ins Leben gerufen worden sein[62]. Spätestens im 5. Jahrhundert v. Chr. erreichte sein Grundstück einen Umfang, der es ermöglichte, das Militär hier paradieren und strategische Übungen absolvieren zu lassen[63]. Seine beträchtliche Ausdehnung bestätigt zusätzlich die Überlieferung, nach der die Spartaner bei ihrer Belagerung Athens im Jahr 404/3 v. Chr. im Lykeion mit ihren Truppen und Angriffsmaschinen Stellung bezogen hatten[64].

Wahrscheinlich entstand das im Vorstadtarreal gelegenen Lykeion in einem von Bäumen und Gärten durchsetzten Terrain, dessen parkartige Anlage sich für ein Gymnasion angeboten haben könnte. Seine bauliche Ausstattung scheint in perikleischer Zeit deutlich gefördert worden zu sein[65]. Dies betraf vor allem ein größeres Gebäude, von dem überliefert wird, es sei mit Bildern des Kleagoras ausgestattet gewesen[66]. Form und Typus dieses Bauwerks werden in den Quellen allerdings nicht genannt. Deshalb kann nur hypothetisch vermutet werden, bei diesem eher anonym bleibenden Bauwerk habe es sich um die von Platon genannte und damit älteste Palästra der griechischen Architekturgeschichte gehandelt[67]. Im 4. Jahrhundert v. Chr. wurde die Anlage nochmals erweitert oder erneuert. Zumindest erhielt sie – wie Schriftquellen ausdrücklich vermerken[68] – in lykurgischer Zeit eine neue Palästra. Die Lage im östlichen Vorstadtgebiet, nahe beim Diochares-Tor läßt begründet annehmen, daß das Lykeion im Gebiet des heutigen Nationalparks von Athen zu lokalisieren ist (Abb. 121)[69]. Neue Ausgrabungen geben zu der begründeten Hoffnung Anlaß, daß ihre Ergebnisse den topographischen Zusammenhang mit seinem Gymnasion genauer zu erkennen geben werden[70].

Seine besondere und herausragende Bedeutung gewann das Lykeiongymnasion im fortgeschrittenen 4. Jahrhundert v. Chr. Hier – wie in anderen Gymnasien jener Zeit auch – waren schulische Unterweisung und vielfältiger Disput zunehmend wichtiger geworden und hatten schließlich solche Stätten deutlicher für sich in Anspruch genommen. Gymnasien konnten auf diesem Wege allmählich zu Orten werden, an denen eine intellektuelle Elite ein Klima pflegte, das entscheidend dazu beitrug, mit solchen Gymnasien kulturelle Zentren besonderen und eigenen Zuschnitts entstehen zu lassen. Für das Lykeion waren dabei bestimmte Ereignisse und Entscheidungen von beträchtlicher Wirkung. Hierzu gehörte eine Reform der Ephebie, die Lykurg im Jahr 336/35 v. Chr. veranlaßt hatte. Durch gesetzliche Vorschrift war sie in den Rang einer bürgerlichen Pflicht gehoben worden, so daß die Ephebie von jetzt an als Garant einer umfassend angelegten Erziehung der Jugend gelten konnte[71]. Zum anderen hatte sich Aristoteles, der nach der Ermordung Philipps II. den makedonischen Hof verließ und nach Athen zurückkehrte, wo er bereits von 368 v. Chr. bis zum Tode Platons im

Jahr 348/47 v. Chr. als Mitglied der Akademie[72] ansässig war, im Jahr 335 v. Chr. für das Lykeion als Stätte seiner Schule entschieden[73]. Daß außerdem gerade dieses Gymnasion zu jenen Einrichtungen Athens gehörte, die auch bei Lykurg auf besonderes und persönliches Interesse stießen und sich somit seiner Förderung gewiß sein durften, unterstreicht vor allem die Überlieferung, nach der Lykurg um 326 v. Chr. am Ende seiner 12jährigen Amtstätigkeit einen Rechenschaftsbericht verfaßt hatte, in dem er über die von ihm in die Wege geleiteten und durchgeführten Entscheidungen sowie über die von ihm zu verantwortenden Bauten einen Nachweis lieferte. Dieser Bericht wurde an einer Säule vor der Palästra des Lykeion der Öffentlichkeit zur Kenntnis gegeben[74]. Dort sollte er der hier zusammengekommenen Jugend wohl als Mahnung und Vorbild für bürgerliche Tugend vor Augen bleiben.

Wie der Beginn der Lehrtätigkeit des Aristoteles im Lykeion hatte auch das Ende seiner dortigen Aktivitäten mit Ereignissen, die den makedonischen Königshof betrafen, zu tun. Aristoteles sah sich, nachdem sein einstiger Zögling Alexander im Jahr 323 v. Chr. ebenso früh wie unerwartet zu Tode gekommen war, veranlaßt, Athen zu verlassen. Dabei genoß er in Athen als Philosoph und Lehrer so großes Ansehen, daß für ihn um 325 v. Chr. und somit bereits zu Lebzeiten eine Portraitstatue öffentlich aufgestellt wurde (Abb. 128)[75]. Trotzdem befürchtete er anscheinend, von der nach Alexanders Tod in Athen ausgebrochenen antimakedonischen Stimmung[76] betroffen zu werden und ging nach Chalkis auf Euböa, wo er im folgenden Jahr verstarb.

Daß dem Lykeion als einer der führenden Philosophenschulen auch weiterhin besondere Aufmerksamkeit galt, belegt der Fortbestand dieser Peripatetikerschule auch über den Tod des Aristoteles hinaus. Dessen langjähriger Lieblingsschüler Theophrast (Abb. 129)[77] übernahm die Leitung der Schule und sorgte mit großem Engagement nicht nur für den Erhalt dieser Stätte, sondern betrieb darüber hinaus deren Vergrößerung und weiteren Ausbau[78]. In seinem Testament hatte er festgelegt, daß sein gesamter Besitz, zu dem abgesehen von seinem direkt beim Lykeion gelegenen Haus auch die von ihm erweiterte Bibliothek des Aristoteles gehörte, seinen Freunden übereignet wurde, die zugleich verpflichtet wurden, die großzügigen Anlagen in diesem Gymnasion zu pflegen[79]. Offensichtlich war ihm sehr daran gelegen, daß dieser Ort mit seinen alten Platanen, in deren Schatten sich Aristoteles mit seinen Schülern zu versammeln pflegte[80] und den Theophrast wohl auch deshalb ausdrücklich preist[81], in gutem Zustand erhalten bleibt. Solche Überlieferungen vermitteln zumindest einen ungefähren Eindruck von dem weitläufig und großzügig angelegten parkartigen Gelände sowie einer hiervon evozierten Stimmung, die das Bild des im offenen Vorstadtgebiet gelegenen Lykeion prägen.

▲ Abb. 128. Aristotelesportrait. Römische Kopie nach einer im letzten Viertel des 4. Jhs. v. Chr. entstandenen Portraitstatue. – Wien, Kunsthistorisches Museum Inv. Nr. AS I 246.

Abb. 129.
Theophrastportrait.
Römische Kopie nach
einem frühhellenistischen
Vorbild. – Rom, Villa Albani
Inv. Nr. 1034.

In diesen Zusammenhang gehörte ein bereits in antiker Zeit berühmt gewordenes **Standbild des Apollon Lykeios**. Lukian schildert diese Götterstatue so eingehend[82], daß diese Schriftquelle mit einem Statuentypus, der in mehreren Repliken römischer Kaiserzeit überliefert ist, unmittelbar in Verbindung gebracht werden konnte[83]. Zusätzlich informieren Münzbilder über dieses Standbild[84]. Die in unterschiedlichem Zusammenhang und somit verstreut erhalten gebliebenen Überlieferungen sind mehrfach Gegenstand wissenschaftlicher Betrachtung gewesen, ohne daß es bisher zu einvernehmlich akzeptierten Ergebnissen gekommen wäre[85]. Jedoch ist unbeschadet differierender Auffassungen unstrittig, daß eine aus Smyrna stammende und heute im Louvre in Paris aufbewahrte Kopie römischer Kaiserzeit das verlorene Original weitgehend getreu wiedergibt (Abb. 130)[86]. Das Standbild zeigt Apollon in ruhig entspanntem Stand als einen zwar bereits der Kindheit entwachsenen, aber trotzdem noch sehr knabenhaften Jüngling, der sich wie träumerisch selbstvergessen den von ihm unbemerkt bleibenden Blicken unaufgeforderter Betrachter darbietet. Auf ein bestimmtes und eher noch kindliches Altersstadium, das sich zwischen Kindheit und heranreifender Jugend bewegt, verweist einerseits die bereits erkennbar angewachsene Muskulatur des Körpers und zum anderen der Verzicht auf eine Darstellung der Pubes. Diesem zwischen Knabe und Jüngling pendelnden Altersstadium entspricht auch die Frisur[87]. Sie zeigt einen dichten Schopf aus lockigem Haar, das noch nicht geschoren wurde. Statt dessen ist es zu einem langen Zopf geflochten, der als Scheitelzopf auf dem Kopf liegt. Dies entspricht nach einem in Athen üblichen Brauch der Haartracht freigeborener Knaben, deren Zopf beim Eintritt in die Ephebie und somit im Alter von 16 Jahren abgeschnitten worden ist. Die dabei feierlich vollzogene Handlung war ein bedeutendes Ereignis, das am Fest der Apaturia, eines dreitägigen Festes für Apollon Patroos, an dem sich die Phratrien versammelten, öffentlich stattfand. Hierbei opferten die Knaben einen Teil ihres Haares in einem Ritus, der auf Theseus, zurückgeführt wurde, an Apollon[88].

Angesichts der im Lykeion und dort etwa gleichzeitig mit der lykurgischen Erweiterung des Gymnasion aufgestellten Statue des Apollon Lykeios kann man den Eindruck gewinnen, sie verkörpere sinnbildhaft den Übergang in die Ephebie, für deren Erneuerung und Festigung sich bekanntlich Lykurg nachhaltig eingesetzt hatte. Deshalb braucht dieses Standbild nicht nur als dekoratives Beiwerk verstanden zu werden, sondern könnte Bestandteil einer programmatischen und auf den intendierten Sinngehalt dieses Gymnasions bezogenen Aussage gewesen sein.

Welcher Inhalt oder Tenor damit zum Tragen kam, kann am ehesten durch eine genauere Betrachtung der Statue verständlich werden. Apollon steht hier mit ganzer Sohle auf seinem leicht nach außen gedrehten rechten Fuß, über dem das Bein mit durchgedrücktem Knie gleich einer nahezu unbeweglich stabilisierten Stütze die Last des Körpers aufnimmt. Durch dieses Standmotiv wurde die Beckenpartie an dieser Seite kräftig nach oben geschoben, so daß die Kontur der Gestalt hier deutlich ausschwingt. Die zur Gegenseite abgesenkte Beckenlinie trifft auf den oberen Ansatz des leicht angewinkelt nach außen gedrehten und zugleich nach vorne schreitenden Spielbeins. Es beschreibt ein ruhig zum Halt gekommenes Schrittmotiv. Dabei bleibt es zumindest soweit in das Standmotiv eingebunden, daß es formal und funktional zu dessen Halt beiträgt. Zugleich betont es einen offenen Stand, der für die Komposition der Statue wichtig ist. Sie öffnet die Gestalt an ihrer Frontseite und bestimmt damit zugleich einen wesentlichen Grundzug der Komposition, die im weiteren Aufbau der Gestalt und hierbei vor allem durch Haltung und Bewegung zur Wirkung kommt.

Dies betrifft zuerst den rechten Arm. Er ist nahezu senkrecht nach oben gerichtet und setzt damit die Linie der Körperkontur fort, die an dieser Seite straff aufwärts schwingt. Der Unterarm ist fast rechtwinkelig eingeschlagen, so daß die Hand über den Kopf bis zur Rückenseite weist, um dort in offenem Griff locker abwärts zu pendeln. Vielleicht streifen die spielerisch bewegten Finger das volle Lockenhaar des knabenhaft gezeigten Apoll. Armbewegung und Hand folgen dem deutlich zur linken Seite des Gottes gewandten Kopf des Gottes, der seinen Blick leicht abwärts richtet. Der linke Arm ist schräg abwärts und leicht nach außen gewendet, während der Unterarm deutlich nach vorne weist. Dort hielt er in seiner Hand einen für Apoll attributiven Bogen. In der Kopie aus Smyrna lehnt sich der Gott mit seiner angewinkelten linken Ellenbeuge auf einen Baumstumpf, bei dem es sich wohl um eine Ergänzung des römischen Kopisten handelt[89]. Entsprechend der Bewegung und Haltung der Arme öffnet die Gestalt die ganze

▶ Abb. 130. Statue des Apollon Lykeios. Römische Kopie nach einem im 3. Viertel des 4. Jhs. v. Chr. entstandenen Vorbild. – Paris, Louvre MA 982.

Breite ihres Körpers, ein Motiv, das vor allem die Frontansicht betont.

Offensichtlich geht die Komposition sowohl bei der Darstellung des Standmotivs als auch bei der Formulierung der Armhaltung von einer Präsentation der Gestalt aus, die einer solchen Betrachtung Rechnung trägt. Allerdings scheint sie nicht nur auf eine rein flächige Einsichtigkeit bezogen zu sein. Zumindest signalisieren Gesten und Bewegungsmotive eine Räumlichkeit, die als Bestandteil der Darstellungsabsicht verstanden werden kann. Dies beschreiben sowohl bestimmte der Figur beigegebene Drehmomente als auch die raumgreifende Gestik. Trotzdem bleibt die Betrachtung auf einen begrenzten Bewegungsraum, der ungefähr durch einen vor der Skulptur liegenden Halbkreis abgesteckt werden könnte, bezogen.

Dies unterstützt zusätzlich ein kürzlich nochmals begründeter Rekonstruktionsvorschlag, der dieses Standbild mit einer Säule in Verbindung bringt, an die sich der knabenhaft jugendliche Gott lehnt (Abb. 131)[90]. Grundsätzlich entspricht dies einer Darstellung, die durch Münzbilder bekannt ist (Abb. 132) und einer Argumentation, die durch eine in Piazza Armerina gefundene Torsoreplik (Abb. 133) bestätigt werden könnte. Dabei wird deutlich, daß Apollon zwar nach Gestik und Attribut als Bogenschütze gezeigt wird, die Darstellung jedoch darauf verzichtet, ihn auch nur andeutungsweise in eine mit dem Attribut verbundene Handlung einzubinden. Zumindest legt er weder einen Pfeil an, noch greift er nach einem Pfeil, noch sind Haltung, Blickführung oder Bewegung mit irgend einer Aktion – und sei es auch nur andeutungsweise – in Verbindung zu bringen. Statt dessen hält er den Bogen mit einer eher leeren Geste in seiner linken Hand und greift mit seiner Rechten wie in träumerischer Selbstvergessenheit zum Haarschopf.

Daß dieses Standbild formal und inhaltlich, d.h. in Stil und Bildaussage, Werken nahesteht, die zum Œuvre des Praxiteles gehören, ist offenkundig[91]. Im hier angesprochenen Zusammenhang ist nicht nur die kunstgeschichtliche Einordnung von Interesse, sondern nicht weniger ein Ausblick auf bestimmte Phänomene, die **Götterbilder des Praxiteles**, die in zeitlicher und künstlerischer Nachbarschaft entstanden sind, kennzeichnen; denn der Apollon Lykeios erinnert schon rein äußerlich an eine Erosstatue, die zu den Werken des Praxiteles gehörte. Von ihr sind zwei Torsorepliken der römischen Kaiserzeit erhalten[92]. Außerdem geht eine verkleinerte Bronzewiedergabe, die als Henkelschmuck verwendet wurde und bereits im 4. Jahrhundert v.Chr. entstanden ist (Abb. 134), auf diesen Eros zurück[93]. Zusätzlich berichtet eine ausgedehnte Textpassage Kallistrats von diesem Standbild[94], so daß die Überlieferung zum Eros des Praxiteles relativ breit ist[95]. Hiernach zeigen ihn die Überlieferungen mit einem Bogen und dem auf dem Rücken getragenen Köcher. Zumindest die kleine Bronze überliefert einen diagonal über den Oberkörper laufenden Köchergurt. Zum Verständnis des verlorenen Originals ist der Text Kallistrats aufschlußreich. Für ihn war die Beschreibung des Eros ein Exempel des Rhetorikunterrichts. Anscheinend kam es ihm dabei darauf an, die Statue so eindringlich zu beschreiben, daß sie vor dem geistigen Auge des Zuhörers Gestalt annahm. Deshalb ging es nicht nur um eine objektive oder vollständige Beschreibung, sondern vor allem um eine Charakterisierung der spezifischen Eigenart des Standbilds. Geht man von einer solchen Absicht der Beschreibung aus, kann deutlich werden, daß es für Kallistrat wahrscheinlich besonders wichtig gewesen ist, den Zustand, in dem sich der Erosknabe befand, nachempfindbar werden zu lassen. Hierzu gehört nicht zuletzt die Gestik: Anscheinend – so die Beschreibung Kallistrats – erregte den Knaben der gerade abgeflogene Pfeilschuß so sehr, daß er ihm wie gebannt nachblickt, in kindlichem Eifer in Hitze gerät und sich dabei wie in einer gespannt abwartenden Geste mit der Rechten in das feucht gewordene Haar greift.

Das Götterbild im Lykeion zeigt Apollon in einer ganz ähnlichen Haltung und Situation. Auch er hat seinen Bogen wie nach einem gerade abgegebenen Pfeilschuß in seiner leicht gesenkten Linken nach vorne gestreckt und greift mit seiner angehoben, zurückgeführten

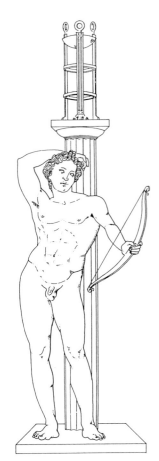

▲ Abb. 131.
Rekonstruktion der Statue des Apollon Lykeios.

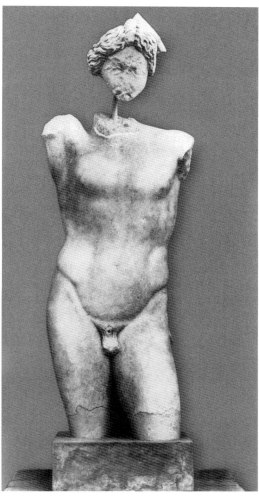

◀◀ Abb. 132. Münzbild mit einer Darstellung der Statue des Apollon Lykeios. – Paris, Cabinet des Médailles.

◀ Abb. 133. Statue des Apollon Lykeios. Torso einer frühkaiserzeitlichen Kopie aus Piazza Armerina. – Piazza Armerina, Antiquarium.

Rechten zu seinem vollen Lockenhaar. Dabei könnte man den Eindruck gewinnen, sein wie verträumt gesenkter Blick begleite einen Pfeil, der einem unbekannt bleibenden Ziel entgegenfliegt. In dieser jugendlichen, fast noch kindlichen Attitüde vermittelt das Standbild des Apollon Lykeios einen Eindruck, der jenem des praxitelischen Eros durchaus ähnlich zu sein scheint. Allerdings könnten der Apollonstatue Hinweise beigegeben gewesen sein, die sie in einen zusätzlich formulierten Sinnzusammenhang rücken. Letzteres scheint der Rekonstruktionsversuch nahezulegen, der das Standbild des Apollon Lykeios an eine Säule gelehnt zeigt. Auf der Säule steht ein Dreifuß, so daß ein attributives Zeichen des pythischen Apollon beigegeben wäre. Daß der in Athen an mehreren Stellen durch Kulte dokumentierte Apoll in unterschiedlicher Weise und Gestalt bekannt war, ist hinreichend überliefert. Bereits das Kultbild, durch das dieser Patroos und mythische Ahn aller Athener als ein zur Festlichkeit einladender Kitharöde in seinem Tempel auf der Athener Agora auftrat, hatte dies gezeigt[96]. Trotzdem wurde er auch dort als ein Gott begriffen, dessen Identität mit dem pythischen Apoll nicht nur unstrittig war, sondern explizit unterstrichen worden ist. Die Verbindung des Apollon Lykeios mit einem Dreifuß als Sinnbild und prägendem Zeichen des Gottes von Delphi verweist somit eher auf eine Bedeutungsgleichheit mit dem ehrwürdigen Apollon Patroos als mit dem scheinbar so ähnlichen Irrwisch eines Erosknaben. Dies rückt die Gestalt des Apollon Lykeios trotz seiner knabenhaften Erscheinung in eine Welt, die gegenüber dem ikonographisch scheinbar so ähnlichen Eros des Praxiteles fraglos auf Distanz bleibt.

Trotzdem ist die formale und tendenziell auch inhaltliche Verwandtschaft beider Götterbilder evident. Dabei verweisen Proportionen der Gestalten und Körpermodellierung auf einen Stil, wie er attischen Werken der fortgeschrittenen zweiten Hälfte des 4. Jahrhunderts v. Chr., die aus dem Umkreis des Praxiteles oder seines Ateliers stammen, entspricht. Für das Standbild des Erosknaben ist dies authentisch überliefert, für die Skulptur des Apollon Lykeios ist dies zumindest mit einem gewissen Abstand naheliegend[97]. Zu entsprechenden Bildwerken gehört eine bestimmte inhaltliche Tendenz, die sie von anderen Götterbildern wahrnehmbar unterscheidet. Besonders ausge-

▶ Abb. 134. Statuette des Eros von der Henkelattasche einer im 4. Jh. v. Chr. entstandenen Bronzehydria aus Myrina. – Paris, Louvre Inv. Nr. 4308.

prägt gilt dies für Götterbilder des Praxiteles. Sie schildern Götter, die sich anscheinend nur noch mit sich selbst befassen und damit als Wesen erscheinen, die sich in äußerste Privatheit zurückgezogen haben. Deshalb konnten sie in nahezu indiskret lebensnaher Situation dargestellt werden[98]: Ganz mit sich selbst und der ihnen eigenen Welt befaßt, bleiben sie von jeglicher Umgebung und jedem denkbaren Gegenüber unberührt. Ihre Konzentration gilt nur einem sie selbst betreffenden Gegenstand oder einem nur auf sie selbst bezogenen Thema. Gerade die vermeintliche Belanglosigkeit solcher Darstellungsinhalte unterstreicht ein besonderes Götterverständnis. Ihm entspricht die in solchen Bildwerken geschilderte Entrückung der Götter, deren selbstgefälliges Dasein zum eigentlichen Thema solcher Götterdarstellungen geworden ist.

Welche Stimmung mit derartigen Werken zum Ausdruck kam und in welcher Weise sie bestimmte Ideale reflektiert haben könnten, soll ein knapper Exkurs zu solchen Standbildern anschaulich werden lassen. Für Praxiteles gilt es heute als nahezu ausgemacht, daß der um 390 v. Chr. geborene Bildhauer ein Sohn jenes Kephisodot war[99], dessen Standbild der Eirene mit dem Plutosknaben zur Ausstattung der Athener Agora gehörte[100]. Wahrscheinlich erlernte Praxiteles die Bildhauerei in der Werkstatt seines Vaters und hatte wohl auch von dessen künstlerischen Maßstäben und Darstellungsmöglichkeiten sowie von den sozialen und wirtschaftlichen Verhältnissen seines Elternhauses profitiert. Hiernach gehörte er von Hause aus nicht zu dem gesellschaftlich weniger geachteten Stand der als Banausen bezeichneten Steinmetzen, sondern zu einer gehobeneren Vermögensklasse[101], deren Mitglieder allgemeines Ansehen genossen. Als Bildhauer müßte Praxiteles deshalb sowohl wirtschaftlich als auch sozial eher eine Ausnahme gewesen sein, zumal er seinen Lebensunterhalt wohl kaum durch den Verkauf seiner Werke bestreiten mußte. Daß er unbeschadet dessen oder auch vielleicht gerade deshalb ein sehr erfolgreicher Künstler war, der es anscheinend unabhängig von oder zusätzlich zu elterlichem Erbe zu beträchtlichem Wohlstand, wenn nicht gar Reichtum gebracht hatte, legen Schriftquellen nahe[102]. Dabei konnte er es sich offensichtlich sogar leisten, Kaufinteressenten nach eigenem Gutdünken abzuweisen oder den Verkauf einer Skulptur mit Bedingungen zu verbinden, die sich andere Bildhauer kaum hätten leisten können. Daß er mit Nikias einen der prominentesten Maler seiner Zeit engagierte[103], um sich von ihm Skulpturen kolorieren zu lassen, unterstreicht sowohl seinen besonderen Status als auch sein bemerkenswert ausgeprägtes Selbstbewußtsein.

Nicht zuletzt ist sein Verhältnis zu Phryne für seinen gehobenen sozialen Status und seine besonderen Lebensumstände aufschlußreich[104]. Er soll eine längere Beziehung zu dieser berühmten Hetäre unterhalten und ein Standbild von ihr für das Heiligtum des Eros in Thespiai geschaffen haben. Außerdem sei eine vergoldete Statue der Phryne im Apollonheiligtum in Delphi aufgestellt worden[105]. Von späteren antiken Betrachtern wurde sie *als Denkmal griechischer Zügellosigkeit* angeprangert[106]. Nicht weniger aufschlußreich ist die legendenhaft kolportierte Geschichte, nach der Praxiteles es seiner Geliebten freigestellt hatte, sich als Geschenk eine Skulptur aus seinem Atelier auszusuchen. Durch eine raffiniert eingefädelte List brachte sie Praxiteles dazu, sein streng gehütetes Geheimnis, welches seiner Werke er selbst für das wertvollste halte, preiszugeben[107]. Es war dies die Statue eines Eros, wobei unbekannt bleibt, ob es sich um jene Skulptur der Phryne handelte, von der bereits im Zusammenhang mit dem Standbild des Apollon Lykeios die Rede war.

Dies lenkt den Blick erneut auf die Frage nach Sinngehalt und Darstellungsabsicht, die sich aus Götterbildern des Praxiteles und ihm nahestehender oder von seinen Werken beeinflußter Bildhauer ableiten lassen. Dies betrifft nicht zuletzt das Standbild des Apollon Lykeios. Dessen indifferent bleibende Handlung muß keineswegs auf pure Gedankenlosigkeit zurückgeführte werden, sondern kann sich vor allem durch Hinweis auf praxitelische Beispiele als sinnbildhaft verständliches Götterbild zu erkennen geben. Das Standbild gehört damit zu jenen Götterbildern, die zwar einen Handlungszusammenhang suggerieren, die aber trotzdem samt einer mit ihnen ins Bild gebrachten Aktion in einer für Dritte kaum überbrückbaren Distanz von Raum und Zeit verbleiben. Insoweit ist die Statue des Apollon Lykeios eines jener visionär gestalteten Götterbilder, wie sie vor allem von Praxiteles geschaffen wurden oder aus dessen Atelierzusammenhang und näherer Einflußsphäre hervorgegangen sind[108].

Beispielhaft demonstriert dies ein um 350 v.Chr. entstandenes, heute nur noch in römischen Marmorkopien überliefertes, ursprünglich jedoch als Bronzestatue gefertigtes Standbild, das Apollon als jugendlichen und fast noch kindlichen Knaben zeigt (Abb. 135)[109]. Besonders aufschlußreich sind sowohl die Komposition samt der formalen Durchbildung der Gestalt als auch die Bildthematik sowie die gezielte Einbindung der hier gezeigten Götterfigur in eine bestimmte Rauminszenierung und das damit hervorgerufene Stimmungsklima.

Die auf eine eindeutig ausgerichtete Ansicht angelegte Komposition wird zuerst durch das auffallende Standmotiv bestimmt, das als typisch praxitelisch bezeichnet werden kann. Es bezieht sich zum einen auf das sehr eindeutig als Standbein formulierte rechte Bein und zum

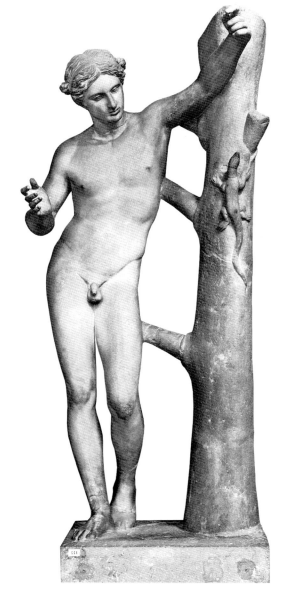

◁ Abb. 135. Statue des Apollon Sauroktonos. Römische Kopie nach einem um 340/30 v.Chr. entstandenen Werk des Praxiteles. – Paris, Louvre 441.

anderen auf eine Baumstütze, die neben der linken Flanke der Gestalt und außerhalb des von der Figur selbst eingenommenen Raums steht. Auf diese Weise erhält die Komposition an beiden Außenseiten stabilisierende Rahmenelemente, zwischen denen das locker zurückgesetzte Spielbein frei pendeln kann. Entsprechend diesem Standmotiv steigt die Beckenpartie deutlich von der Spielbein- zur Standbeinseite an und schiebt die Hüfte kräftig nach außen, so daß eine elegant ausschwingende S-Kontur den Aufbau der Figur an ihrer Standbeinseite bestimmt. Mit seinem hochgehobenen und angewinkelten linken Arm lehnt sich der Gott an die neben ihm stehende Baumstütze, so daß der Körperaufbau und mit ihm die Kontur an dieser Seite straffer hochgeführt sind. Im Gegensatz hierzu weist der angewinkelte rechte Arm bis zur Ellenbeuge abwärts. Im Anschluß an die Haltung beider Arme steigt die Schulterlinie von der rechten zur linken Schulter steil an und verläuft somit in Gegenrichtung zur von links nach rechts ansteigenden Beckenpartie. Innerhalb dieses Kompositionsrahmens bewegt sich die Gestalt, die damit zugleich einen auf sich selbst bezogenen Binnenraum formuliert. Dies geschieht vor allem durch die Haltung der Arme und die Gestik der Hände, weil beide Unterarme nach vorne ausgreifen und die Aktion der Hände ein szenisches Feld beschreiben, innerhalb dessen die gezeigte Situation thematisiert und begründet wird. Ausgangspunkt und Ziel der Bilderzählung ist eine Eidechse, die am Baumstamm gezeigt wird. Dabei macht sie gerade beim Aufwärtskriechen Halt, so, als habe sie etwas bemerkt, das ihre Neugier hervorruft. Anscheinend folgt sie dem Ton, durch den Apollon mit dem Schnalzen der Finger seiner linken Hand ihre Aufmerksamkeit geweckt hat. Offensichtlich ist der Gott ganz damit beschäftigt, die Reaktion des kleinen Tiers zu beobachten. Deshalb hat er seinen Kopf so weit zur rechten Seite gedreht und schräg abwärts gewendet, daß sein Blick direkt auf die Eidechse trifft. Freilich ist er nicht nur mit einer interessierten Beobachtung der Eidechse beschäftigt, sondern fixiert sie, weil er mit einem in seiner rechten Hand gehaltenen kleinen Wurfpfeil auf sie zielt. Wahrscheinlich wird er das kleine Tier wenig später mit dem Wurfpfeil erlegen, so daß aus der genrehaft und wie spielerisch anmutenden Situation tödlicher Ernst werden wird. Allerdings hält die Szene die gezeigte Handlung in der Schwebe und überläßt es dem Betrachter, sich seinen Reim auf die Darstellung zu machen. Auf ihre Schilderung und eine Charakterisierung der damit zum Ausdruck gebrachten Eigenart dieses Gottes und des ihn inhaltlich und formal umgebenden Gestaltraums sind Komposition, Durchbildung und Handlung konsequent bezogen. Deshalb orientiert sich die Darstellung ganz auf den beschriebenen Binnenraum, wie er durch die Haltung der Figur, den Gestus der Arme, die Blickwendung des Kopfes und die die Szene thematisierende, am Baumstamm heraufkriechende Eidechse abgesteckt wird.

Die Gestalt des Gottes selbst, die sich in ihrer jugendlichen Schönheit unbekümmert und ohne jede Anspannung zeigt, ist nicht nur Gegenstand der Komposition, sondern zugleich Kommentar einer eigenwilligen und keineswegs beliebigen Bildaussage. Zumindest weist sie darauf hin, daß Götter dieser Art und Erscheinung ganz mit sich selbst und dem ihrer Willkür ausgesetzten Spiel mit einer ahnungslos verbleibenden Kreatur beschäftigt sein können. Anscheinend existieren sie in einer wie entrückt erscheinenden Welt, die den Bezug und Kontakt zu jeglicher Realität weit hinter sich gelassen hat. Offensichtlich sind dies keine Götter mehr, vor denen man in Ehrfurcht verweilt oder deren Aufmerksamkeit und Anteilnahme man erbittet. Zusätzlich unterstreicht das zur Schau getragene oder zur Darstellung gebrachte Desinteresse gegenüber allem, was sich außerhalb des zum Bildinhalt gewordenen Gestaltraums abspielt, die Eigenart solcher Götter. Hierzu gehört auch, daß eine Gestalt wie sie in der von Praxiteles geschaffenen Apollonstatue gezeigt wird, noch nicht einmal das Alter einer fast noch der Kindheit verbundenen Jugendlichkeit hinter sich gelassen hat. Hierauf spielen sowohl sein noch kaum trainierter Körper als auch die noch nicht vorhandene Pubes und ebenso die in langen Haaren um den Kopf gewundene Frisur, wie sie am ehesten dem Altersstadium eines fast kindlichen Knaben entspricht, an. Apollon in dieser Art zu zeigen, bedeutet nicht zuletzt, daß mit ihm nur ein Gott gemeint sein kann, der sich in einem Zustand befindet, in dem er die Freiheit, Unbekümmertheit und das Glück eines Kindes genießt, das sich schon deshalb um Betroffenheiten Dritter nicht kümmern muß. Damit wird der Darstellung zugleich eine private Zurückgezogenheit und eher intime Situationsbeschreibung beigegeben, deren Tenor eigentlich jede Betrachtung durch Dritte unzulässig oder überflüssig erscheinen läßt.

Für eine derartige Götterdarstellung, die

eine Gottheit in einer nur auf sie selbst bezogenen Situation zeigt, an der andere nicht teilhaben, ist das Standbild des Apollon Sauroktonos kein Einzelfall geblieben. Dies überliefern vor allem weitere Götterbilder des Praxiteles, zu denen als das wohl bekannteste Werk die berühmt gewordene Aphrodite von Knidos gehört (Abb. 136). Man braucht die Skulptur im hiesigen Zusammenhang nicht ausführlicher zu beschreiben, weil ein Blick auf das Standbild genügt, um zu erkennen, daß sie noch extremer als der als Sauroktonos gezeigte Apollon in einer Situation und in einem Zusammenhang erscheint, die nur für sie selbst von Belang sein können: Schließlich befindet sie sich wie in einer intimen Toilettenszene in ihrem Bad und hat sich der Kleidung entledigt[110]. Zumindest intendiert eine derartig gezeigte Gestalt der Göttin, daß sie sich in einem Raum befindet, in dem sie alleine ist und dem sich höchstens ein ungebetener Voyeur nähert.

Bei solchen Bildwerken geht es nicht mehr darum, bestimmte, dem Mythos verpflichtete Aktivitäten der Götter oder deren zur Wirkung gebrachte Eigenschaften zu schildern. Statt dessen werden ihrer Art nach eher beiläufige Alltäglichkeiten thematisiert, die der Gottheit einen szenischen Hintergrund geben, vor dem sich ihr Erscheinen vollzieht. Deshalb sind die Themen selbst fast belanglos oder auch austauschbar. Sie dienen vor allem dazu, die Götter um ihrer selbst willen zu zeigen. Zugleich werden solche Gottheiten zu Paradigmen eines unbehelligt genußreichen nur noch ihnen allein zugänglichen Daseins. Deshalb bleiben sie von allem, was hiervon ablenken könnte, unberührt. Ihre bildliche Verkörperung schildert sie als Träger von Zielen und Idealen, die zu erreichen oder zumindest anzustreben selbst zum Ideal geworden ist.

Da die Vorstellung von der Welt der Götter und ihre verbildlichte Darstellung nicht zuletzt ein Reflex realer Lebensbedingungen und hiervon abgeleiteter Sehnsüchte ist, kann der in Skulpturen zum Ausdruck gebrachte Götterwandel auch als Idealprojektion gegenwärtiger Erfahrungen und Wünsche verstanden werden. Unter solcher Voraussetzung sind die

Abb. 136. Statue der Aphrodite von Knidos. Mit Hilfe römischer Kopien hergestellter Rekonstruktionsversuch der knidischen Aphrodite des Praxiteles. – Ehemals Abgußsammlung der Münchener Universität.

Götterbilder Zeugnisse, die wie in einem Spiegelbild einen Zustand beschreiben, der für die innere Verfaßtheit Athens und seiner Bürger höchst aufschlußreich ist. Dies dürfte wahrscheinlich nicht für sämtliche Bürger Athens gegolten haben, aber doch für jene Kreise, die sich mit solchen ins Bild übertragenen Traumvorstellungen auseinandersetzen und identifizieren konnten. Man kann sich deshalb gut vorstellen, daß sich Angehörige einer wohlhabenden, aufgeklärten und kulturell gebildeten Oberschicht der attischen Gesellschaft die verbildlichte und scheinbar unmittelbare Nähe entsprechender Göttergestalten durchaus gerne zu eigen gemacht haben. Zumindest konnten solche Götterbilder als Repräsentanten eines sinnbildhaft in Szene gesetzten und damit wahrnehmbar gewordenen Zustands begriffen werden, der bestimmten Idealen einer verwöhnten Oberschicht Athens entsprochen haben dürfte.

Das Standbild des Apollon Lykeios ist solchen Götterbildern in Komposition und Form sowie thematischer Anspielung und inhaltlicher Tendenz verwandt. Seine Gestalt und seine zwar ausgreifende, zugleich jedoch wieder auf die Figur zurückführende Gestik und Armbewegung verweisen deutlich genug auf praxitelische Göttergestalten. Damit gehört das Standbild des Apollon Lykeios zu jenen Werken, deren bildhaft formulierte Aussage einer programmatischen Botschaft gleicht, die bestimmte Vorstellungen gesellschaftlich führender Schichten Athens in jener Zeit kommentiert.

Darüber hinaus ist dieses Götterbild für ein Verständnis des Gymnasions, zu dessen Ausstattung sein Original geschaffen wurde, aufschlußreich. Hierzu gehört, daß dieses Standbild das Ephebendasein durch eine Gestalt, die den Übergang eines der Kinderwelt entwachsenen Knaben zu früher Jugend schildert, zum Gegenstand einer Götterdarstellung werden ließ. Offensichtlich wird damit auf einen außergewöhnlichen, für Athen geltend gemachten Zustand angespielt: Dessen besondere Qualität scheint selbst einen Vergleich mit der Welt der Götter nicht scheuen zu müssen. Entsprechend einem solchen Analogieschluß sind die in einem derart anspruchsvoll ausgestatteten Gymnasion vermittelten und in die Praxis der Ephebenerziehung umgesetzten Ideale als Ziele zu verstehen, deren tendenziöse Inhalte in der Welt der Götter ihre Vorbilder besaßen.

Dies dürfte einer in Athen und für Athen aktuell gewordenen Stimmung entsprochen haben, die u. a. in gezielt vorgenommener Aneignung der Götterwelt ihren Niederschlag fand.

Der Bedeutung des Gymnasions als vorbildhaftem und unverzichtbarem Bestandteil der Polis konnten solche bildlich überhöhten Aussagen nur zugute kommen. Nicht zuletzt war es einem solchen Klima förderlich, daß diese Anlage nicht nur als Trainingsstätte und Schule diente, sondern mit ihren weitläufigen und großzügig mit Bäumen und Pflanzen ausgestatteten Grundstücken allgemeiner in Anspruch genommenem Nutzen zur Verfügung stand. In einem entsprechenden Ambiente könnte man sich wohl auch die Szene, in der Apollon als Sauroktonos gezeigt wurde, vorstellen. Auf jeden Fall spiegelt und propagiert ein derart großzügig angelegtes und reichhaltig eingerichtetes Gymnasion einen bestimmten und gehobenen Lebensstil, wie er vor allem jenem wohlhabenden Teil der Bevölkerung entspricht, der sich als Elite Athens verstehen durfte. Daß ein solcher Rahmen den Anreiz bot, freiem Gedankenaustausch oder auch philosophischem Disput nachzugehen, ist naheliegend. Deshalb wird es kein Zufall sein, daß dieses Gymnasion die Stätte eines so bedeutenden Philosophen wie Aristoteles war und zum Sitz der von ihm gegründeten sowie von seinen Nachfolgern fortgeführten Schule der Peripatetiker wurde.

[1] So sehr deutlich von Platon, Politeia 376 e in den Mittelpunkt der Erziehung gestellt.

[2] Grundlegend zu solchen Anlagen Délorme, passim. Siehe auch S. L. Glas, Palaistra and Gymnasium in Greek Architecture (1967).

[3] Hierzu zuletzt Wacker, 15ff.

[4] So z. B. die beiden Gymnasien in Priene. Hierzu siehe Th. Wiegand – H. Schrader, Priene. Ergebnisse der Ausgrabungen und Untersuchungen in den Jahren 1895–1898 (1904), 265ff., 275f.; M. Schede, Die Ruinen von Priene (1964), 81ff.

[5] Zu Säulenhallen, ihren verschiedenen Typen und vielfältigen Nutzungsmöglichkeiten siehe Coulton, passim.

[6] M. Schede, a.O., Abb. 97.

[7] Délorme, 407f.

[8] Aristoteles, Athenaion Politeia 42.

[9] Zu den Phratrien und deren Funktion bei der Führung der Bürgerlisten siehe oben 112 Anm. 165.

[10] M. P. Nilsson, Die hellenistische Schule (1955), 17ff.

[11] Allgemein zur Akademie Platons Travlos, Athen, 42ff.; Wacker, 145ff.; Der Neue Pauly 1 (1996), 381ff., s.v. Akademeia (T. A. Szlezák).

[12] Zum Demosion Sema siehe oben 26.

[13] Zum Heros Akademos siehe LIMC 1.1 (1983), 433f., s.v. Akademos (U. Kron).

[14] Entsprechende Hinweise bei Wacker, 146.

[15] Stupperich, 4ff.

[16] Ausdrücklich verweist Pausanias 1.29, 3ff. auf die Gräber der bedeutendsten Männer der Geschichte Athens. Zu ihnen gehören Harmodios und Aristo-

geiton sowie Kleisthenes und Perikles. Auch der für Athen im 4. Jahrhundert v.Chr. so außerordentlich wichtige Lykurg hatte hier in der Grabstätte seiner Familie seine letzte Ruhe gefunden. Zu den Funden des Grabs der Familie des Lykurg siehe M. P. Matthäu, Horos 5, 1987, 31 ff.

[17] Travlos, Athen, 42.

[18] Wacker, 148 f.; siehe auch L. P. Lynch, in: Festschrift St. Dow (1984) 173 ff.

[19] Wacker, 151 f.

[20] Plutarch, Kimon 8.8.

[21] Demosthenes, Tim. 114.

[22] Wacker, 171.

[23] Stichworte zu Kritias in: Der Neue Pauly 6 (1999), 851 f., s.v. Kritias (B. Zimmermann).

[24] Zum Terrorregime der berüchtigten „Dreißig" siehe oben 13.

[25] A. v. Blumenthal, Der Tyrann Kritias als Dichter und Schriftsteller (1927).

[26] Diogenes Laertios 3.20.

[27] E. Zeller, Die Philosophie der Griechen in ihrer geschichtlichen Entwicklung 2.1$^5$ (Nachdruck 1963), 982.

[28] K. Trampedach, Platon, die Akademie und die zeitgenössische Politik (1994); E. Flaig, Saeculum 45, 1994, 34 ff.

[29] Zusammengestellt bei A. Swift Rigions, Platonica. The Anecdotes Concerning the Life and Writings of Plato (1976), 121 ff.

[30] Diogenes Laertios 4.1.

[31] Hypereides, gegen Demosthenes 26.

[32] Wacker, 153.

[33] Ailianus, Varia Historia 3.19; Cicero, De Finibus Bonorum et Malorum 5.1 ; Diogenes Laertios 4.19.

[34] M. Baltes, Hermathena 155, 1993, 5 ff.

[35] Neapel, Mus. Naz. Inv. Nr. 124545. K. Gaiser, Das Philosophenmosaik in Neapel. Eine Darstellung der platonischen Akademie. Abh. Akad. Wiss. Heidelberg, Phil. hist. Kl. (1980).

[36] Rom, Villa Albani. 545. P. C. Bol (Hrsg.), Forschungen zur Villa Albani. Katalog der antiken Bildwerke IV (1994), 456 ff. (M. de Vos).

[37] Ausführlich besprochen, wenngleich vielleicht auch etwas überinterpretiert von K. Gaiser, a.O.

[38] So K. Gaiser, a.O.; zurückhaltender äußert sich M. de Vos, a.O.

[39] M. de Vos, a.O.

[40] Zu den Repliken des Platonportraits R. Boehringer, Platon. Bildnisse und Hinweise (1935); Richter 2, 165 ff.

[41] Diogenes Laertios 3.25. K. Fittschen, a.O. (= 146 Anm. 36), 61 hält es für wahrscheinlich, daß diese Portraitstatue erst nach dem Tod Platons, also erst nach 347 v.Chr. aufgestellt wurde.

[42] K. Vierneisel, in: Ein Platon-Bildnis für die Glyptothek (Glyptothek München 1987), 11 ff.

[43] London, Brit. Mus. 1925.11–18; Richter 1, 116.

[44] Diogenes Laertios 2.43. Zum Statuentypus I. Scheibler, Sokrates in der Bildenden Kunst (Glyptothek München 1989), 44 ff., 50.

[45] Zu dem gemeinsam mit anderen Dichterstatuen beim Dionysostheater aufgestellten Standbild des Sophokles siehe oben 139 ff.

[46] Zanker, 74 ff.

[47] Zanker, 46. 71 ff.

[48] Knapp zusammengefaßt zum Kynosarges Travlos, Athen, 340 ff.; Wacker, 161 ff.

[49] Aristophanes, Vögel 1650 ff.; Athenaios 6 234 d–e (nach Plutarch); Bleicken, 656 f.

[50] Wacker, 163 f.

[51] Plutarch, Themistokles 1.1.

[52] Zur Lokalisierung des Kynosarges Judeich, 372 f.

[53] Livius 31.24, 17.

[54] Herodot 4.115; Aristophanes, Frösche 650 f. Solche Schriftquellen bestätigen, daß die kultische Verehrung des Herakles beim Kynosarges auf ältere Traditionen zurückgeht.

[55] Da Herakles als Begründer der olympischen Spiele galt – H.-V. Herrmann, Olympia. Heiligtum und Wettkampfstätte (1972), 37 ff. – lag es nahe, ihn als Vorbild der Athleten zu verstehen. J. Tondirau, RIL 83, 1950, 397 ff.

[56] Erstaunlich optimistisch beurteilt Travlos, Athen, 340 die hierfür in Anspruch genommenen archäologischen Funde.

[57] Rom, Kapitolinisches Museum. 137. Richter 2, 185. Siehe auch R. von den Hoff, Die Philosophenportraits des Früh- und Hochhellenismus (1994), 118 ff. und ders., Antike Plastik 25 (1966), 65 ff.

[58] Antike Schriftquellen – Xenophon, Memorabilia 1.6, 2; Diogenes Laertios 2.28, 41 – nennen bestimmte Charakteristika, die für Kyniker kennzeichnend sind.

[59] Zur Eigenart dieses Standbilds und der mit ihm zum Ausdruck gebrachten Tendenzen Zanker, 127 ff.

[60] P. R. Dudley, A History of Cynism (1937).

[61] Knapp zusammengefaßt zum Gymnasion beim Lykeion Délorme, 56 ff.; Travlos, Athen, 345; Wacker, 167 ff.; Hintzen-Bohlen, 39 f.

[62] Theopompos bei Harpokrates s.v. Lykeion.

[63] Xenophon, Hipparchicus 3.1; Xenophon, Hellenika 1.33. Außerdem geht aus Aristophanes, Friede 353–356 hervor, daß hier das Heer Athens in voller Ausrüstung mit Speer und Schild aufmarschieren konnten.

[64] Xenophon, Hellenika 2.4, 27.

⁶⁵ Philochoros bei Harpokrates, s.v. Lykeion; Hesych, s.v. Lykeion.
⁶⁶ Xenophon, Anabasis 8.8.,1.
⁶⁷ Platon, Euthydemos 272 e–273 b; Lysias 204. Siehe auch D. G. Kyle, Athletics in Athens (1987), 79.
⁶⁸ Pausanias 1.29, 16; Plutarch, Moralia 841 C–D
⁶⁹ C. E. Ritchie, in: Festschrift T. E. Mylonas, Bd. 3 (1989), 250 ff.; zur topographischen Situation des Lykeion Gymnasions siehe auch J. P. Lynch, Aristoteles' Schools. A Study of a Greek Educational Institution (1972), 9 ff.
⁷⁰ H. J. Kienast, Antike Welt 1997, 71 f.; neuerdings sollen allerdings aus griechischen Archäologenkreisen auch skeptische Kommentare bekannt geworden sein, die bezweifeln, daß die für das Lykeion in Anspruch genommenen, neuen Ausgrabungsbefunde tatsächlich zu diesem Gymnasion gehören.
⁷¹ Siehe hierzu W. Will, Athen und Alexander. Untersuchungen zur Geschichte der Stadt von 338 bis 322 v. Chr. (1983), 97.
⁷² Zur Akademie Platons siehe oben 175 ff.
⁷³ Diogenes Laertios 5.2. Es mag sein, daß sich Aristoteles aus Verärgerung darüber, daß nicht er, sondern Xenokrates zum Nachfolger des Speusippos, der als Neffe Platons dessen unmittelbarer Nachfolger gewesen ist, gewählt wurde, dafür entschieden hat, seine eigene Schule zu gründen.
⁷⁴ Plutarch, Moralia 843 F.
⁷⁵ Richter 2, 170 ff. Ob ein in römischen Kopien überlieferter Portraittypus direkt auf dieses Standbild zurückgeht, bleibt freilich ungewiß.
⁷⁶ Zu der nach dem Tod Alexanders d. Gr. in Athen aktuell gewordenen antimakedonischen Stimmung siehe oben 16.
⁷⁷ Ausführlich zu Theophrast RE Suppl. 7 (1940), 1354 ff., s.v. Theophrastos 3 (O. Regenbogen). Zum Theophrastportrait siehe L. Giuliani, in: P. C. Bol (Hrsg.), Forschungen zur Villa Albani. Katalog der Bildwerke I (1989), 463 ff.
⁷⁸ Wacker, 170.
⁷⁹ Wesentliche Teile des Testaments sind durch den Bericht bei Diogenes Laertios 5.51–57 bekannt.
⁸⁰ Diogenes Laertios 5.2.
⁸¹ Theophrast, Hist.Plant. 1.7,1
⁸² Lukian, Anarch. 7. Der Text ist mit deutscher Übersetzung abgedruckt bei St. F. Schröder, AM 101, 1986, 167 Anm. 4.
⁸³ Zur Replikenliste siehe St. F. Schröder, a.O., 183 f.
⁸⁴ Zum Münzbild St. F. Schröder, a.O., Anm. 2.
⁸⁵ Zusammenfassende Darstellung bei St. F. Schröder, a.O., 173 ff.; siehe auch E. J. Milleker, The Statue of Apollon Lykeios in Athens (1991), insbesondere 49 ff.

⁸⁶ Paris, Louvre MA 928. Darüber hinaus ist – wie St. F. Schröder, a.O., 169 ff., Taf. 33 und 35 gezeigt hat – vor allem eine in Piazza Armerina gefundene Torsoreplik wegen ihrer bemerkenswerten Qualität zu nennen.
⁸⁷ Zur Frisur und deren Bedeutung St. F. Schröder, a.O., 176 f.
⁸⁸ Plutarch, Theseus 5.1.
⁸⁹ St. F. Schröder, a.O., Anm. 45.
⁹⁰ St. F. Schröder, a.O., 171 f.
⁹¹ Zur Meisterzuschreibung St. F. Schröder, a.O., 173 f.
⁹² Paris, Louvre, Cat. somm. 2266 und Parma, Dütschke 5 (1882), Nr. 876.
⁹³ Paris, Louvre, Inv. 4308.
⁹⁴ Overbeck, Schriftquellen 243 f., Nr. 1265 (36).
⁹⁵ Die Überlieferungen sind ausführlich besprochen von M. Pfrommer, AA 1980, 532 ff. Dort ist auch der Text Kallistrats einschließlich einer Übersetzung veröffentlicht.
⁹⁶ Zum Standbild des Apollon Patroos siehe oben, 89 ff.
⁹⁷ Siehe oben Anm. 94.
⁹⁸ So auch Borbein, 174 in grundsätzlicher Übereinstimmung mit G. Rodenwaldt, Abh. Berlin 1943, 13.
⁹⁹ Zur Familie des Praxiteles H. Lauter, AA 1980, 525 ff.
¹⁰⁰ Zur Eirene des Kephisodot siehe oben, 73 ff.
¹⁰¹ Zu den Wirtschaftlichen Verhältnissen der Familie des Praxiteles äußerte sich grundlegend J. K. Davies, Athenian Proportied Families 600–300 B.C. (1971), 286 ff. Nr. 8334. Siehe auch H. Lauter, a.O., 526 f.
¹⁰² Aus den Überlieferungen geht hervor, daß der Sohn des Praxiteles, Kephisodot d.J., wahrscheinlich bald nach dem Tod seines Vaters zu Sonderausgaben für den Staat herangezogen wurde, wie sie nur von den Mitgliedern der 300 finanzstärksten Familien Athens verlangt worden sind. Siehe H. Lauter, a.O.
¹⁰³ H. Lauter, a.O., 530.
¹⁰⁴ Zur Beziehung des Praxiteles zur Phryne siehe RE 20.1 (1941), 898 ff., s.v. Phryne (A. Raubitschek).
¹⁰⁵ Pausanias 10.15,1.
¹⁰⁶ Krates, Athen. 591 b.
¹⁰⁷ Pausanias 1.20.1; H. Lauter, a.O., 529 f.
¹⁰⁸ Siehe auch Borbein, 153 f.
¹⁰⁹ Die qualitativ besten Repliken befinden sich in Paris, Louvre 441 und in Rom, Vat. Mus. Gal. d. Statue 264. Zu diesem Werke des Praxiteles G. E. Rizzo, Prassitele (1932), 39 ff.; L. Alscher, Griechische Plastik 3 (1956), Abb. 30; Helbig 1⁴ (1964), 91 f. (H. v. Steuben); LIMC 2 (1984), 199 Nr. 81, s.v. Apollon (O. Palagia); G. Rodenwaldt, Abh. Berlin 1943, 6 f.; A. H. Borbein, in: Eder, 446 f.

110 Nur so kann sie wie eine Aktfigur dargestellt werden, ohne damit allgemeiner und anzüglicher Betrachtung preisgegeben zu sein. Zur Knidischen Aphrodite, die im hiesigen Zusammenhang lediglich kurz genannt, jedoch nicht eingehender besprochen wird, seien aus dem umfangreichen Schrifttum lediglich einige Arbeiten genannt: G. E. Rizzo, a.O., 45ff.; L. Alscher, a.O., Abb. 29; Th. Kraus, Die Aphrodite von Knidos. Opus Nobile 10 (1957); Borbein, 173f.; Lullies, Nr. 209.

# Schlußbetrachtung

Daß innenpolitische Verwerfungen und außenpolitische, kriegerische Niederlagen Athen mit der Wende vom 5. zum 4. Jahrhundert v. Chr. an den Rand des Ruins gebracht, seinen inneren Zustand beträchtlich verändert und seinen machtpolitischen Einfluß nahezu ausgelöscht hatten, ist allgemein bekannt. In welcher Weise sowie mit welchen sichtbaren Ergebnissen Athen in der Folgezeit diese deprimierenden Vorgänge überwunden, andere Wege beschritten und dabei zu einer neuen Stadtgestalt gefunden hatte, sollte – soweit archäologische Funde und Befundzusammenhänge dies erkennen lassen – die bisherige Darstellung gezeigt haben. Zum Abschluß wird in einem Rückblick und unter Bezug auf zuvor genannte Einzelaspekte oder Zusammenhänge der Versuch unternommen, einige Fragen, Themen und Schwerpunkte in komprimierter Form nochmals aufzugreifen, um zugleich die Tragfähigkeit und die sachliche sowie methodische Legitimität der Betrachtung zu überprüfen. Dabei könnte die z.T. disparat anmutende Überlieferungsvielfalt vielleicht den Eindruck hervorrufen, in Athen sei die Organisationsstruktur der Polis einem sich selbst überlassen gebliebenen Zergliederungsprozeß ausgesetzt gewesen. Daß dies einem Niedergang der Polis und der sie tragenden Voraussetzungen gleichgekommen wäre, ist in der Sache selbst begründet.

Eine genauere Betrachtung archäologischer Funde und hieraus ableitbarer Schlüsse zeigt jedoch, daß gerade für Baumaßnahmen, die einem reibungslosen Funktionieren der wichtigsten politischen Organe zugute kamen, mehr als je zuvor getan wurde. Daß dies nicht nur nebenbei oder als Alibi in Kauf genommen worden ist, belegen entsprechende Aktivitäten. Hierzu gehört, daß der Erneuerung und weiteren Ausstattung der Agora als politischer, kultischer sowie wirtschaftlicher Mitte der Stadt bereits in unmittelbarer Nachkriegszeit eine besondere und bemerkenswerte Aufmerksamkeit galt. Vor allem die gleich nach den herben Verlusten, die Athen kurz vor der Jahrhundertwende erlitten hatte, für die politischen Organe der Polis erneuerten oder gänzlich neu errichteten Bauten unterstreichen dies eindeutig genug. Sie belegen, daß die Organe der demokratisch verfaßten Polis erneut in ihre zwischenzeitlich mehrfach suspendierten Rechte eintraten und wieder ordnungsgemäß ihren Aufgaben nachgehen konnten. Demonstrativ betonen dies die besonderen Baumaßnahmen für die Ekklesia (Abb. 28–33), die Bule (Abb. 37), das Prytaneion (Abb. 38–39) und die Gerichtsbarkeit (Abb. 68, 71–73). Mit solchen Einrichtungen für wichtigste Staatsfunktionen der Legislative, Exekutive und Judicative war ein verbindlicher Rahmen abgesteckt, innerhalb dessen sich Athen entwickeln und behaupten konnte. Deshalb kann für das 4. Jahrhundert v. Chr. – soweit archäologische Funde hierzu Auskunft geben – von einem Niedergang der Demokratie in Athen nicht die Rede sein. Statt dessen könnte man aus archäologischer Sicht angesichts der aufwendigen Baumaßnahmen – sollte deren quantitatives Ausmaß einen Hinweis zum Interesse der Bürger Athens an ihrem Staat erkennen lassen – die Gegenthese aufstellen, nach der es um eine demokratisch geordnete Staatsform in Athen noch nie besser bestellt gewesen sei. Vielleicht konnte sogar erst jetzt die Verfassung zu ihrer wahren Entfaltung kommen.

Auch wenn man die Befunde nicht derart zugespitzt interpretieren möchte, ist nicht zu bestreiten, daß in Athen nicht zuletzt durch das Zurückschneiden mancher etwas üppig aussprießender Schößlinge einer Demokratie, die sich auf eine konsequent beachtete Anarchie berief, eine Praxis entstehen konnte, die Demokratie erst eigentlich funktionsfähig und damit zugleich auch auf Dauer lebensfähig werden ließ. Insofern hätten die Initiatoren der Verfassungsreform, die nach dem Zusammenbruch des Terrors der „Dreißig" in die Wege geleitet wurde, bestimmte Organisationsbedingungen eines ungestört funktionierenden Staats gut verstanden. Beispielhaft zeigen dies bestimmte Ämter mit ihren an einzelne Personen für nicht zu knappe Amtszeiten übertragenen Aufgaben. Zumindest im Prinzip entsprach dies einem Staatsideal, das diese Polis in die Lage versetzte, prospektiv mit ihren Mitteln und Möglichkeiten umzugehen. Daß dies Athen neue Perspektiven eröffnete, bestätigen die erfolgreichen Amtszeiten von Eubulos und Lykurg. Mit Geschick hatten sie vor allem dafür gesorgt, daß sich die Wirtschaft Athens gut entwickeln konnte und die Staatsfinanzen sich wieder stabilisierten. Die ihnen zugeschriebene Konsolidierung des Wirtschaftslebens trug entscheidend dazu bei, daß sich Athen erneut als Bauherr und Initiator bedeutender Baumaßnahmen engagieren konnte. Die Geschäfte florierten wohl nicht zuletzt deshalb sehr gut, weil es für manche Bürger attraktiver geworden zu sein scheint, sich an einer Perspektive zu orientieren, die persönlichen Gewinn versprach, als riskanteren machtpolitischen Interessen zu folgen. Entsprechende Signale vermitteln die bereits im fortgeschrittenen 5. Jahrhundert v.Chr. entstandene Südstoa I und die neben ihr liegende Prägestätte der Münze Athens (Abb. 74–76). Solche Einrichtungen weisen darauf hin, daß im Südteil der Agora ein Wirtschafts- und Handelszentrum entstand, durch das für Athen ein deutlich wahrnehmbarer Akzent gesetzt wurde.

Allerdings blieb es nicht dabei, die Funktionsfähigkeit des Staats wiederherzustellen und wirtschaftlichen Belangen günstige Bedingungen oder breiten Raum zu verschaffen. Daneben sind andere Themen oder Bezugsfelder wichtig geworden, die einen in der Öffentlichkeit wahrnehmbar gewordenen Wandel thematisieren. Dies betrifft nicht zuletzt Tempel und Heiligtümer. Noch in der 2. Hälfte des 5. Jahrhunderts v.Chr. hatte deren aufwendiger und anspruchsvollster Ausstattung die besondere und nahezu ausschließliche Aufmerksamkeit Athens gehört. Die Akropolis (Abb. 1) legt hiervon das eindrucksvollste Zeugnis ab. Um so mehr fällt es auf, daß im gesamten 4. Jahrhundert v.Chr. in ganz Athen kein Tempel mehr entstanden ist, der sich in Größe und Reichtum seiner Ausstattung auch nur im Entferntesten mit dem vergleichen ließe, was z.B. die perikleische Zeit an einzigartigen Bauten in Heiligtümern Athens und Attikas hervorgebracht hat. Daß dies nur auf Zufall beruhte, ist eher unwahrscheinlich. Anscheinend hatte sich eine distanziertere Haltung gegenüber dem monumentalisierten Sakralbau als eine den Staat repräsentierende und als eine in die Polis integrierte Aufgabe verbreitet.

Es mag sein, daß eine veränderte Interessenslage und neue Prioritätensetzungen dazu beigetragen haben, solche Aufgaben kaum weiterzuentwickeln. Auf jeden Fall gehörten sie nicht mehr zu den Bauaufgaben, die das Engagement der Polis und ihrer Bürger vorrangig in Anspruch nahmen. Welche Gründe hierfür jeweils verantwortlich waren, wird sich im einzelnen kaum noch beantworten lassen. Doch gehören sie sicher in einen Zusammenhang, der mit einem nachlassenden Interesse an weiteren Repräsentationssteigerungen der zuvor unbestritten und vorherrschend verehrten Staatsgötter zu tun hat. Dies muß allerdings nicht bedeuten, daß deren traditionsreiche Tempel und Heiligtümer plötzlich vernachlässigt wurden, doch ist nicht zu sehen, daß von ihnen noch besondere Impulse ausgegangen wären. Deshalb ist es nicht unbegründet, wenn man den Eindruck gewinnt, die weiterhin betriebene Pflege der alten Kulte habe eher einer gesellschaftlich verpflichtenden Konvention oder auch Routine entsprochen als einem aus tiefer begründeter Zielsetzung gespeisten Anliegen. Trotzdem blieben die in Kulten tradierten Feste attraktiv und standen auch weiterhin hoch im Ansehen. Beispielhaft bestätigt dies das gleich am Stadteingang angelegte Pompeion (Abb. 21–25). Damit hatte sich Athen für die Vorbereitung und Durchführung großer Feste ein besonderes und in seiner spezifischen Art vorbildloses Gebäude zugelegt, das seinerseits an dieser Stelle einen deutlichen, auch städtebaulich wahrnehmbaren Akzent setzte. Dabei könnte die Vermutung fast naheliegend sein, der damit verbundene Aufwand habe mehr dem Nutzen der Bürger als einer distanzierter gewordenen Götterverehrung gedient. Doch braucht dies kein Widerspruch zu sein, weil es gerade solche, aus kultischem Anlaß gefeierten Feste gewesen sind, die schon immer dazu beitrugen, das von Staats wegen geförderte Zusammengehörigkeitsgefühl der Bürger zu stärken. Trotzdem fällt beim Pompeion auf, daß mit diesem Bau mehr für die Vorbereitung des Festes und für das abschließende fröhliche Zusammensein beim

Festschmaus im Stadtgebiet getan wurde als für die Kultereignisse selbst, die ihren angestammten Platz fernab auf der Akropolis hatten.

Auch darüber hinaus ist eine gewisse innere Distanz der Athener Bürger zu ihren Staatsgöttern durchaus verständlich. Schließlich hatten die herkömmlichen Olympier die Stadt weder vor der verheerenden Pestseuche bewahrt noch Athen im Peloponnesischen Krieg vor der katastrophalen Niederlage gegen Sparta geschützt. Da mag sich so mancher Athener gefragt haben, weshalb man derart untätigen Göttern weiterhin große Tempel bauen sollte. Die vorhandenen Tempel oder auch einige kleinformatigere Neubauten bzw. Renovierungen reichten anscheinend aus, um den mit den Aufgaben der Polis verbundenen kultischen Verpflichtungen nachzukommen. Deshalb gehörte die Traditionspflege zwar zu Aufgaben, die im 4. Jahrhundert v. Chr. in Athen wahrgenommen wurden, doch berührten solche Aktivitäten die aktuelleren Interessen nur am Rande.

Um so aufschlußreicher sind einige religionsgeschichtlich bemerkenswerte Phänomene, die im 4. Jahrhundert v. Chr. in Athen wichtig geworden und durch archäologische Funde grundsätzlich gut bestätigt und verständlich sind. Sie sagen mehr über ein bestimmtes Interesse der Bürger an religiösen Bindungen aus als der weiterhin gepflegte Umgang mit herkömmlichen Kulten und den darin einbezogenen Göttern. In personifizierter Form sind veränderte Interessen durch Gottheiten bekannt geworden, die man als die „Neuen Götter" bezeichnet hat. Anscheinend kam ihre Verehrung einem allgemeiner wach gewordenen Grundbedürfnis mehr entgegen als die offiziellen Rituale für die olympischen Götter der alten Staatskulte[1]. Friede, Reichtum und ein von Krankheit verschontes Lebensglück waren die aktuellen und in den „Neuen Göttern" greifbar nahe gewordenen Ziele. Athens Bevölkerung hatte sie sich nicht nur allgemein, sondern insbesondere auf Grundlage jüngster Erfahrungen, von deren negativer Auswirkung fast jeder Athener persönlich betroffen war, ganz direkt zu eigen gemacht. Archäologische Überlieferungen bestätigen eine solche Tendenz und erleichtern deren Verständnis. Zumindest verweisen z. B. einerseits das Standbild der Eirene mit dem Plutosknaben, das gewiß nicht unbeabsichtigt dicht bei den offiziellen Staatsbauten auf der Agora stand (Abb. 45) und andererseits das neu gegründete Asklepieion (Abb. 77–82) oder Darstellungen des Asklepios (Abb. 84–88) ganz in diese Richtung. Anscheinend fühlten sich manche Bürger Athens von solchen Gottheiten und den mit ihnen verbundenen Erwartungen mehr angesprochen als von anderen, bisher im Mittelpunkt religiöser Praxis stehenden olympischen Göttern. Dies signalisiert nicht zuletzt einen Wertewandel, der nicht nur in einigen neuen Verehrungsstätten für Gottheiten aus dem Kreis der „Neuen Götter" zum Ausdruck gekommen ist. Darüber hinaus brachte es ein solcher Wandel mit sich, daß sich die Verhältnisse zwischen den Ansprüchen der Polis an ihre Bürger und den Interessen der Bürger an ihrer Polis zugunsten der Bürger verschoben hatten und dies auch im Erscheinungsbild Athens oder im Gesicht dieser Stadt erkennbar geworden ist.

Der angesprochene Vorgang wirft ein durchaus bezeichnendes Licht auf Einstellung, Ziele und Erwartungen, die für Athens Bevölkerung wichtiger geworden sind und dementsprechend das Geschehen der Stadt vermehrt beeinflußten. Zumindest entspricht die veränderte Interessenslage einer Tendenz, die im Wandel der Götterkulte und nicht weniger im Wandel des Götterbilds gleichsam fokussiert zum Ausdruck kam. Hiernach sind neben den genannten und ganz konkret von sämtlichen Bürgern auf Grund eigener Erfahrung oder Betroffenheit verständlichen Losungen und Parolen nicht zuletzt auch jene Götterbilder aufschlußreich, durch die weder Versprechungen noch Erwartungen angedeutet werden, weil mit ihnen nur noch ein unbegrenztes Daseinsglück thematisiert wird. Wie in einem entrückten Zustand gezeigte Göttererscheinungen, deren Eigenart beispielhaft in Gestalten wie dem Apollon Sauroktonos (Abb. 135) und der Knidischen Aphrodite (Abb. 136) dargestellt worden ist, konnten zu vorbildhaften Exempla ungetrübten Lebensglücks werden. Sie standen Athens Bürgern gleich Paradigmen eigener Daseinsziele vor Augen. Offensichtlich griff ein solcher fast spielerisch anmutender Tenor auch auf die Darstellung von ehrwürdigsten Göttern, die in Staatskulten offiziell verehrt wurden, über. Dabei ging es nicht nur darum, die äußere Erscheinung des Götterbilds dem Zeitstil anzugleichen, sondern nicht weniger um eine wahrnehmbare Aktualisierung einer mit der Götterdarstellung ins Bild gesetzten Aussage. Beispielhaft zeigt dies das von Euphranor geschaffene Standbild des Apollon Patroos (Abb. 57–58), das in dessen Tempel auf der Agora die Position eines Kultbilds eingenommen hatte. Gewandelte Ansprüche und ein neues Götterverständnis hatten dazu geführt, daß selbst Apollon Patroos, die altehrwürdige Vatergottheit aus einer mythisch verklärten Früh- und Entstehungszeit Athens, als jugendlicher Kitharöde auftritt. Er erscheint in einer Gestalt und einem Habitus, als lade er die Athener zu diesseitig fröhlichen Festen mit Tanz und Gesang ein. Sollte eine solche Gottheit als sinnbildlicher Spiegel tatsächlicher Lebensverhältnisse verstanden worden sein, bedeutet dies nicht nur die Aufforderung zur Teilnahme an einem schönen Fest, wie es aus besonderen Anlässen stattfindet. Darüber hinaus suggeriert sie die Vorstellung von einem Leben, das sui generis einer stets festlich bleibenden Situation gleichkäme.

Daß dies einer Tendenz entspricht, die tatsächlich auf breiterer Ebene zur Wirkung gekommen sein könnte, signalisieren archäologische Funde aus gänzlich anderem Zusammenhang. Sie bestätigen, daß Bürger Athens die Gestaltung ihres eigenen Lebens und hierbei nicht zuletzt ihres persönlichen Lebensraums mit neuen Ansprüchen in Verbindung brachten. Besonders deutlich wird dies durch die Aneignung bestimmter Repräsentationsformen im Wohnungsbau, wie sie vor allem durch die Übertragung des Peristyls in die private Lebenssphäre des eigenen Hauses sprechend zum Ausdruck kommt. Zwar sind in Athen selbst nur vergleichsweise dürftige Reste entsprechender Hausarchitekturen erhalten geblieben (Abb. 4), doch gibt es Gründe anzunehmen, daß diese für die Architektur und Haustypologie neue Bauform im 4. Jahrhundert v. Chr. und hierbei in Attika, wenn nicht sogar in Athen entstanden ist. Vielleicht kann dieser entwicklungsgeschichtlich skizzierbare Vorgang als ein Prozeß verstanden werden, der auf einen bestimmten Wertewandel und ein entsprechend angestiegenes Selbstbewußtsein der Athener Bürger hinweist. Zumindest muß die im Interesse einer deutlichen Aufwertung des privaten Lebensbereichs durchgeführte Aneignung einer – wie es das Pompeion nahelegt (Abb. 25) – in öffentlichem Kontext und für offizielle Feste entwickelten Repräsentationsarchitektur für eine repräsentativere Ausstattung des persönlichen Wohnbereichs nicht zufällig gewesen sein. Auf jeden Fall drängt sich angesichts einer solchen Aufwertung von Häusern der Eindruck auf, es sei deren Initiatoren auch darum gegangen, ihren Wohnhäusern einen Zuschnitt zu geben, der sie mit repräsentativeren Einrichtungen vergleichen läßt. Dies zeigt – soweit sich der neue Bautypus des Peristylhauses durchgesetzt hatte –, daß ein mit ihm verbundenes, repräsentatives und zugleich auf festliche Geselligkeit hinweisendes Image fast zu einer Norm bürgerlicher Identität werden konnte. Wahrscheinlich kamen entsprechend ausgestattete Häuser dem Ansehen ihrer Besitzer durchaus zugute. Dabei liegt es nahe, daß manche Häuser einflußreicher Bürger zu Orten wurden, an denen man sich nicht nur in familiär privaterem Kreis bei großzügig gepflegter Gastlichkeit traf. Beispielhaft dürfte dies für das Haus des Kallias gegolten haben, in dem das Streitgespräch zwischen Sokrates und Protagoras stattgefunden hat. Aus dem Text Platons geht eindeutig hervor, daß man sich zum Disput im Peristyl dieses Hauses traf[2]. Dies bestätigt auf jeden Fall, daß ein solches Haus der Treffpunkt einer geistigen Elite sein konnte[3]. Anscheinend lieferten Peristylhäuser hierfür einen passenden Rahmen. Dies dürfte gegebenenfalls auch für Gespräche gegolten haben, deren Inhalt die Polis und Entscheidungen, die in politischen Organen zur Entscheidung anstanden, betrafen. Deshalb könnte so manchem der Peristylhäuser als Stätte intellektueller und politischer Kommunikation eine Aura von besonderer Bedeutung eigen gewesen sein. Auf jeden Fall entsprechen solche Wohnbauten einem beträchtlich angestiegenen und sichtbar zur Wirkung gebrachten Selbstbewußtsein Athener Bürger.

Daß das Wohnhaus nur eine Form war, um Rang und Bedeutung einzelner Bürger Ausdruck zu geben, belegt in besonders sprechender Weise die Ausstattung von Privat- und Familiengräbern auf den Friedhöfen vor den Toren der Stadt. Unübersehbar wurde dies auf dem Kerameikos ins Blickfeld gerückt. Dort erreichte ein öffentlich zur Schau getragenes Darstellungsbedürfnis stolzer Bürger Athens ein Ausmaß, wie es in dieser Form und mit diesen Inhalten in vorangegangenen Zeiten der Klassik unvorstellbar gewesen wäre. Dies zeigt, daß ein persönlich und von subjektiven Interessen geleitetes Darstellungsbedürfnis neue Möglichkeiten suchte und fand. Die Friedhöfe, die entlang der aus Athen herausführenden Straßen angelegt waren, scheinen sich nicht zuletzt deshalb hierfür angeboten zu haben, weil hier aufgestellte Reliefstelen beste Chancen hatten, die Aufmerksamkeit von Passanten und damit einer allgemeineren Öffentlichkeit zu gewinnen. Ehrgeizige Bürger nutzten solche Möglichkeiten, befreiten sich zugleich von einer zuvor üblichen Unterdrückung jeglicher Selbstdarstellung und kehrten solches Brauchtum in sein Gegenteil um. Aus Gründen, die im einzelnen unbekannt sind, war es anscheinend ohne Widerspruch auszulösen, möglich und akzeptabel geworden, auffallende, mit Reliefs geschmückte und durch Inschriften bereicherte Grabstelen aufzustellen. Mit solchen Denkmälern, die dem Ruhm privater Personen galten, waren die Straßen vor den Toren der Stadt gleich Galerien eines anspruchsvoll gewordenen Bürgertums gesäumt (Abb. 8). Personen, die sich nach eigener Selbsteinschätzung für entsprechend wichtig hielten, zeigten, daß sie willens und in der Lage waren, sich im öffentlichen Raum in einer ihrem Rang und Anspruch entsprechender Form darzustellen.

Sowohl die Funde, wie sie vor allem vom Kerameikos bekannt geworden sind, als auch der neue Typus des Peristylhauses weisen nachdrücklich darauf hin, daß es in Athen zu einem Emanzipationsprozeß gekommen sein muß, der das Bürgertum und zu ihm gehörende Personen ungehinderter mit repräsentativen Selbstbezeugungen in Erscheinung treten ließ[4]. Offensichtlich hatte der zuvor dominantere Konventionsdruck, durch den vermieden wurde, daß Einzelpersonen über ihre Mitgliedschaft in der Polis hinaus als Individuen deutlicher sichtbar wurden, nachgelassen. Allerdings scheint es nicht nur bei einem Nachlassen des Konventionsdrucks geblieben zu sein. Vielmehr dürfte er in einem gleichsam gegenläufigen Prozeß durch einen die einzelnen Bürger persönlich stärker fordernden Repräsentationsdruck ersetzt worden sein.

Offensichtlich blieb dies nicht nur auf den privaten Bereich des Wohnhauses oder die aufwendigere Grabausstattung begrenzt. Eine in die Belange der Öffentlichkeit hineinreichende Ausdehnung entsprechender Erwartungen könnten vor allem Überlieferungen vermuten lassen, nach denen sich wohlhabende Bürger veranlaßt sahen oder dazu gebracht wurde, durch privates Engagement öffentliche Baumaßnahmen als Sponsoren zu fördern. Dies konnte für den Geldgeber in eigenem Interesse attraktiv sein, wenn es aus solchem Anlaß dazu kam, daß – wie es durch Schriftquellen und Inschriften wiederholt bestätigt und für den Bau des Panathenäenstadions (Abb. 120) belegt ist – der Stifter in Anerkennung seiner Freizügigkeit von der Polis mit einer öffentlichen Bekränzung ausgezeichnet wurde. Zumindest profitierte das Ansehen eines Sponsors von einer solchen Ehrung. Dies dürfte für eine Zeit, die allgemeinen Wohlstand und persönlichen Reichtum positiv und weit oben in ihrer Werteskala postiert hatte, von besonderem Interesse gewesen sein. Entsprechende Bewertungen fügen sich widerspruchslos in einen Kontext, in dessen Mitte ein neu geschaffener Kult für den Frieden, der den Reichtum mitten in die Stadt bringt, eingerichtet worden ist. Deshalb sind der neue Kult und Aktivitäten, durch die wohlhabende Bürger ihren Vermögensverhältnissen beim Bau ihres Wohnhauses oder bei der Anlage repräsentativer Grabstätten und nicht zuletzt als großzügige Sponsoren öffentlicher Einrichtungen ungeniert Ausdruck gaben, Bestandteile eines bestimmten Zusammenhangs. Zu dessen Wurzeln gehört eine Neubewertung der Polis und der Erwartungen der Bürger, die diese Polis trugen.

Angesichts solcher Signale, die einzelne Bürger als Persönlichkeiten und Individuen deutlicher wahrnehmbar werden ließen, erhalten weitere, für den Zustand Athens bezeichnende Überlieferungen einen gut verständlichen Sinn. Dies betrifft vor allem Portraitstatuen, durch die einzelne Personen in kenntlich gemachter Form das Spektrum der öffentlich gezeigten Bildwelt bereicherten. Dabei braucht der Schritt von einer bereits allgemein akzeptierten Selbstdarstellung, wie er oben nochmals angesprochen wurde, zur konkreten Darstellung bestimmter Personen nicht mehr allzu groß gewesen zu sein. Zumindest war eine gleichsam innere Barriere gegenüber solchen Vereinnahmungen des öffentlichen Raums anscheinend nicht mehr allzu hoch. Beispielhaft weist hierauf eine bereits im frühen 4. Jahrhundert v. Chr. auf der Agora aufgestellte Portraitstatue des Konon hin (Abb. 44), durch die weitere Entwicklungen beeinflußt worden sein könnten. Allerdings überließ man die Entscheidung zu solchen Maßnahmen in aller Regel nicht dem Belieben einzelner Bürger. Deshalb kann es einer programmatischen Absicht entsprochen haben, daß sich unter den mit Portraitstatuen ausgezeichneten Personen insbesondere solche befinden, die als Repräsentanten vorbildhafter Leistungen oder Eigenschaften gelten konnten. Daher betraf deren posthumes Gedenken nicht so sehr ihre subjektive Individualität, sondern mehr ihre Eigenschaften. Sie wurden damit zu Trägern von Inhalten und Werten, die für eine größere Allgemeinheit oder auch die Ziele der Polis besonders wichtig waren. In diesem Sinne sind die Portraitstatuen der drei großen Tragödiendichter, die beim Dionysostheater aufgestellt wurden und von denen das Sophoklesstandbild in römischer Kopie bekannt ist (Abb. 101), Paradigmen, die bestimmte Wertevorstellungen Athens propagieren. Fragt man nach deren Inhalt und Bedeutung, so ist unschwer zu erkennen, daß die Übernahme staatsbürgerlicher Pflichten sowie Bildung und Kultur im Zentrum der Bildbotschaft stehen.

Mißt man einer solchen Aussage die ihr angemessene Bedeutung bei, ist es naheliegend und leicht verständlich, daß in Athen Bildungseinrichtungen und Kulturzentren entstanden sind, die unübersehbar und in ihrer Art einzigartig waren. Dies betrifft nicht nur deren bemerkenswerte und bedeutsame Inhalte, sondern nicht weniger deren raumgreifende Größe, die alles bisherige an Einrichtungen dieser Art bei weitem in den Schatten stellte. Zugleich wurden damit städtebauliche Akzente gesetzt, die nicht nur äußerlich und formal das Gesicht dieser Stadt veränderten. Dies gilt vor allem für das von Grund auf erneuerte und zugleich gewaltig vergrößerte Dionysostheater (Abb. 91) und einige choregische Weihgeschenke, die die innerstädtische Situation bereicherten (Abb. 104–119), sowie das Panathenäenstadion (Abb. 120), mit dem sich Athen erstmals als konkurrenzfähiger Austragungsort wichtiger Wettspiele vorstellte. Darüber hinaus sind es nicht zuletzt die großen Gymnasien, die für das Athen des 4. Jahrhunderts v. Chr. bedeutsam waren. Daß hierbei vor allem die Akademie Platons (Abb. 124) und das Lykeiongymnasion des Aristoteles (Abb. 121) als Stätten, die den kulturellen Ruf Athens in aller Welt verbreitet haben, zu nennen sind, versteht sich von selbst.

Die genannten architektur- und kunstgeschichtlichen Überlieferungen sowie damit verbundene oder zum Ausdruck gebrachte Phänomene zeigen, daß Athen nach dem Zusammenbruch seiner hegemonialen Macht am Ende des 5. Jahrhunderts v. Chr. neue Wege eingeschlagen und dabei seine Ziele und sein Verständnis von Funktion und Bedeutung der Polis Athens maßgeblich verändert hatte. Vor allem bestimmten neue Prioritäten, die vermehrt von persönlichen Interessen bürgerlichen Engagements getragen waren, den weiteren Verlauf der mit dieser Stadt verbundenen Entwicklungen. Dabei entsprach es einem veränderten Grundverständnis, daß – nachdem auf offenem Feld und durch außenpolitisches oder militärisches Engagement trotz beträchtlicher Investitionen in militärische Präsenz und Verteidigungsanlagen keine Erfolge mehr zu erzielen waren – andere Themen zu wichtigeren Faktoren des Interesses geworden sind.

Mehr denn je spielte neben einem allgemeinen Streben nach persönlichem Erfolg, materiellem Gewinn und wirtschaftlichem Wohlstand eine gemeinschaftliche und zugleich identitätsstiftende Aufgabe eine herausragende Rolle. Man könnte sie mit dem Begriff einer Kulturpolitik beschreiben, die einem besonderen Selbstverständnis Athens und seiner Bürger entsprach.

Offensichtlich wurde Kultur zu einem unverzichtbaren Bestandteil des öffentlichen Lebens. Angesichts einer solchen programmatischen Zielsetzung ist der Neubau des Dionysostheaters durchaus konsequent. Die Stadt hatte sich damit ein neues Kulturzentrum geschaffen, das seiner Bedeutung nach mehr war als nur eine gern besuchte Festspielstätte. Dabei dürfte es nicht nebensächlich gewesen sein, daß das Dionysostheater durch seine immense Größe als eine Anlage hervorgehoben war, in der ganz Athen Platz finden konnte. Soweit dies mit einem inneren Wertanspruch korrelierbar gewesen ist, war damit sichtbar gemacht und zugleich propagiert worden, worauf sich in Athen für wichtig erachtete Prioritäten bezogen und durch welche Hinweise sich die Stadt auf ihre Größe und Eigenart berief. Dem entspricht auch die am Ort gegebene Wegeführung mit ihrer Vernetzung des Theaters im innerstädtischen Straßensystem, die ganz unmittelbar auf eine sehr konkret wahrnehmbare Verbundenheit der Stadt mit ihrem Theater verweist. Athen zeigte sich damit als eine Polis, an deren kulturellen Errungenschaften und kultureller Größe die gesamte Bevölkerung der Stadt unmittelbar teilnahm: Das Theater war jetzt ein ganz unmittelbar in die Stadt integriertes Element dieser Polis. Kultur wäre demnach nicht nur ein allgemein zugängliches Bildungsgut geblieben, sondern zu einer nahezu autochthonen Eigenschaft Athens und seiner Bürger geworden. Deshalb nahm Athen nach eigener Einschätzung mit Blick auf andere griechische Kulturgebiete und Konkurrenten aus seiner Sicht mit Fug und Recht für sich in Anspruch, ein kulturell maßgebliches Flaggschiff zu sein, an das andere nicht heranreichen könnten.

Bei einem Blick auf die Entwicklungsgeschichte des griechischen Theaters ist die innovative und weit über die Grenzen Athens und Attikas hinaus wirksam gewordene Komponente des Athener Theaters leicht verständlich. Daß mit seiner ersten Bauphase die Geschichte des antiken Theaterbaus überhaupt beginnt, ist allgemein bekannt. Um so bemerkenswerter ist es, daß es trotzdem noch beträchtliche Zeit brauchte, bis das Theater als Bauaufgabe allgemeiner verbreitet war. Anscheinend gab das Dionysostheater auch hierfür nochmals entscheidende Impulse. Mit dem lykurgischen Neubau hatte es zu einer Form und Gestalt gefunden, die anscheinend von anderen Städten als vorbildliches und nachahmenswertes Exempel angesehen wurde. Wie erfolgreich dies war, ist unmittelbar daran zu erkennen, daß es sich bald kaum eine Stadt, die etwas auf sich hielt, mehr leisten konnte, auf ein derartiges Theater zu verzichten.

Daß Athen nicht nur mit dem Dionysostheater eine kulturpolitische Führungsrolle für sich reklamierte, ist durch Schriftquellen explizit überliefert. Sie zeigen zugleich, daß sich ein solcher Anspruch nicht nur auf das Theater bezog, sondern grundsätzlicher verstanden wurde. Besonders deutlich belegen dies Äußerungen des Isokrates und Ausführungen Platons. Nach Platon sind nur Griechen dafür geeignet, als Weise einen von ihm ersonnenen Idealstaat, dessen Vollbürger gleichfalls nur Griechen sein können, zu führen[5]. Darüber hinaus unterstreicht Platons in Athen höchst einflußreicher Zeitgenosse, Isokrates, für Bildung kämen aufgrund ihrer Eigenart ohnehin nur Griechen in Frage[6]. Außerdem werde man durch eine in Athen erfolgte Erziehung mehr zu einem Griechen als durch jede notariell bestätigte Abstammung[7]. Aus einer solchen, auf Athens führende kulturelle Bedeutung zugespitzten Sicht lassen einzig attische Kultur und Erziehung erwarten, Bürger hervorzubringen, die in der Lage wären, das kulturelle Niveau, und damit das, was Griechen gegenüber anderen überlegen sein läßt, aufrechtzuerhalten.

Offensichtlich sind solche programmatischen Parolen in Athen gut verstanden worden. Signifikante Einrichtungen, zu denen an vorderer Stelle Gymnasien gehören, könnten dies beispielhaft veranschaulichen. Dabei entsprach der von Lykurg geforderte und für die männliche Jugend obligatorische Besuch eines Gymnasions zwar einem Interesse der Polis an einem möglichst gut für den Militärdienst vorbereiteten Nachwuchs, doch ging dies ganz zwanglos und wie selbstverständlich mit einem allgemeinen Unterricht überein. Deshalb wurden die Gymnasien Athens zur Quelle eines bestimmten Bildungsniveaus, das zugleich einem besonderen, kulturellen Bewußtsein förderlich gewesen sein dürfte. Daß damit – wie es die Akademie Platons und das Gymnasion beim Lykeion des Aristoteles zeigen – ein Humus entstanden war, aus dem einzigartige Philosophenschulen hervorgehen konnten, bedarf keiner besonderen Erörterung. Dabei bestimmten solche Stätten nicht nur das geistige Klima Athens, sondern trugen mit ihren reichhaltig ausgestatteten Anlagen zugleich nicht unerheblich zum Bild der Stadt bei.

Um die Voraussetzungen der in Athen vollzogenen Veränderungen zu verstehen, ist es nützlich, sich nochmals bestimmter Rahmenbedingungen zu erinnern, die einen solchen Vorgang erst möglich werden ließen. Bekanntlich konnten bei der hoch politisierten Gesellschaft Athens kaum bedeutendere Angelegenheiten von starker Hand alleine durchgesetzt und realisiert werden, sondern sie bedurften stets einer möglichst breit angelegten Zustimmung. Schon die in der Verfassung festgeschriebenen Verfahren, die eine aktive Mitwirkung der politischen Organe bei nahezu allen Entscheidungen vorsah, unterstreicht, daß gegen den erklärten Willen der Bürgerschaft kaum etwas zu machen gewesen wäre. Offensichtlich waren in Athen ein politisches Klima und eine Stimmung entstanden, die ein gesellschaftliches Bewußtsein tragfähig werden ließen, nach dem der Kultur ein herausragender Platz eingeräumt wurde. Unter solcher Voraussetzung scheint es möglich geworden zu sein, Bildungs- und Kultureinrichtungen entstehen zu lassen, die zur Sache der Bürgerschaft wurden. Deshalb ist es kein Zufall, daß entsprechende Vorhaben innerhalb Athens eine herausragende Rolle spielten und dabei Ergebnisse zu Stande kamen, die gleich Gütezeichen das Bild dieser Stadt maßgeblich mitbestimmten.

Versteht man dies im Zusammenhang mit einer politisch aufmerksamen und selbstbewußten Bürgerschaft, kann die Handlungsmaxime verständlich werden. Sie könnte sich als Quintessenz eines Wandels erweisen, der nicht nur zu anderem Verhalten der Bürger gegenüber ihrem Staat führte, sondern auch und darüber hinaus die Stadt in ihrem Erscheinungsbild nachdrücklich veränderte. Offensichtlich waren Athens Bürger in besonderer Weise zu Trägern und Teilhabern eines Prozesses geworden, der den inneren Bedingungen und damit zugleich als deren Folgen der Stadt einen neuen und unverwechselbaren Zuschnitt gaben. Athens Bürger hatten ihre Polis, von der sie selbst in vorangegangener Zeit nahezu gänzlich in Anspruch genommen waren, neu entdeckt und sich selbst zu eigen gemacht. Auf der Grundlage demokratischer Verfassungsrealität und wirtschaftlicher Erfolge ließ ein engagiertes Bürgertum von hohem Bildungsniveau Athen zu einer kulturellen Metropole werden, deren Eigenart das veränderte Gesicht dieser Stadt maßgeblich geprägt hat.

---

[1] Siehe oben 110 Anm. 100.
[2] Platon, Protagoras 314 D ff.
[3] E. Walter-Karydi, Die Nobilitierung des Wohnhauses. Lebensform und Architektur im spätklassischen Griechenland, Xenia 35 (1994), 17f.
[4] Siehe auch Borbein, 84ff.
[5] Platon, Politeia 469 B ff.
[6] Isokrates, Orationes 4.
[7] Isokrates, a.O., 51.

# Glossar

**Abaton oder Adyton**
geschützter oder auch unbetretbarer Raum bzw. Bereich eines Heiligtums

**Akanthus**
distelartiger Dornstrauch, dessen gezackte Blätter die pflanzlichen Dekorformen des Kapitells korinthischer Ordnung charakterisieren

**Altis**
antiker Name des Zeusheiligtums in Olympia

**Apaturia**
Kultische Feier, bei der die Phratrien, d.h. die Geschlechterverbände Athens, die heranwachsenden Knaben durch den Initiationsritus der Haarschur in die Ephebie aufnahmen

**Archon**
das politische Führungsamt einer Polis

**Attischer Seebund**
nach den Perserkriegen gegründetes Verteidigungsbündnis, dem mehr als 250 Poleis unter der Führung Athens angehörten. Nach der Niederlage Athens im Peloponnesischen Krieg wurde das Bündnis aufgelöst, konnte 378 v.Chr. als 2. attischer Seebund nochmals erneuert werden und brach nach innergriechischen Konflikten bereits vor der Mitte des 4. Jhs. v.Chr. auseinander

**Baldachin**
ein Hoheitszeichen, das aus einem von mehreren Stützen getragenen Dach besteht, das der Auszeichnung besonderer Personen und Würdenträger oder dem Schutz bestimmter Gegenstände dienen konnte

**Bothros**
ein Erdloch oder eine Grube, die u.a. in Heiligtümern als Opferstelle oder als Depot kultischer Opferreste verwendet wurde

**Breccia**
harte Kalksteinart, die in Attika seit dem 4. Jh. v.Chr. hauptsächlich als Fundamentmaterial verwendet wurde

**Bule**
die Ratsversammlung, die im Buleuterion einer griechischen Polis tagt

**Cella**
das innere Gehäuse eines Tempels

**Chiton**
gegürtet getragenes, hemdartiges Gewand aus Leinen oder dünnem Wollstoff. Es wurde seit dem 5. Jh. v.Chr. fast ausschließlich von Frauen getragen

**Chor**
ursprünglich der für einen Reigentanz hergerichtete, runde Platz, dessen Bezeichnung sich auf die hierbei agierende Gruppe der Sänger übertragen hat

**Chorege**
der Anführer eines Chors, der sowohl für die Einstudierung einer entsprechenden Veranstaltung als auch für deren Finanzierung und Aufführung verantwortlich war

**Choreuten**
die Mitglieder eines Chores

**Demos**
das Volk in der Gesamtheit seiner Bürger. – Innerhalb der kleistheneischen Staatsorganisation sind die Demen die kleinsten Gemeindezusammenschlüsse einer Phyle

**Diazoma**
zwischen den verschiedenen Rängen des Zuschauerbereichs eines griechischen Theaters horizontal verlaufender Erschließungsgang

**Dionysien**
Kultfeste für Dionysos. Sie wurden in Athen im Februar/März als die großen, städtischen Dionysien und im November/Dezember als die ländlichen Dionysien gefeiert

**Dipylon**
das große Doppeltor in der westlichen Stadtmauer Athens, durch das die Straßen nach Eleusis und zur Hafenstadt Piräus erreichbar waren

**Dithyrambos**
bei den Dionysien aufgeführtes Chorlied

**Dromos**
Wettlaufbahn

**Eirene**
der Friede und zugleich Name der Friedensgöttin

**Ephebie**
ab dem 18. Lebensjahr in Athen obligatorischer, zweijähriger Militärdienst

**Epigramm**
in der Regel eine in Versform abgefaßte Inschrift

**Eridanos**
Fluß in Athen, der neben dem Dipylon die Stadt verläßt und anschließend im Kerameikos die Heilige Straße begleitet

**Eteobutaden**
Name einer alten Athener Familie, die sich auf den im Erechtheion verehrten attischen Heros Butes zurückführte

**Hekatombaion**
Name des ersten Monats im attischen Kalender. Nach heutiger Zählung entspricht dieser Monat der Zeit zwischen Mitte Juli und Mitte August

**Hekatombe**
ursprünglich ein Opfer von 100 Stieren, später allgemein ein besonders großes Opfer

**Hekatompedos**
eine Strecke von 100 Fuß Länge. Da mehrere Tempel einem solchen Maß entsprechen, hat sich für sie eine Bezeichnung als Hekatompedos eingebürgert

**Hieropoioi**
Opferdiener, die – vor allem bei offiziellen Staatskulten – die Feste und Opfer vorbereitet haben

**Hopliten**
schwer bewaffnete Soldaten

**Ikria**
hölzerne Balken und Gerüste, die im Schiffsbau und allgemeinen Bauwesen sowie für Zuschauertribünen des Theaters verwendet wurden

**Inkubationshalle**
Halle, in der Kranke in Heiligtümern durch Schlaf und Traum Heilung suchten

**Isonomie**
politische und rechtliche Gleichheit gegenüber Staat und Gesetz

**Isthmien**
panhellenische Wettkämpfe, die am Isthmos von Korinth zu Ehren Poseidons veranstaltet wurden

**Katagogion**
hotelartiges Gästehaus

**Kerkides**
keilförmige Abschnitte eines Koilons

**Kerykeion**
attributiver Heroldsstab des Hermes

**Kithara**
griechisches Saiteninstrument, dessen Saiten zwischen dem Schallkörper und aufwärts gerichteten Jocharmen eingespannt sind

**Klepshydra**
einfache Wasseruhr, deren Gefäßkörper unten einen verschließbaren Ausfluß besitzt, nach dessen Öffnung die Ausflußzeit kontrolliert werden kann. Vor allem bei Gerichtsverhandlungen wurden solche Geräte zur Limitierung der Redezeit verwendet

**Kleroterion**
Losmaschine, mit der die Geschworenen für die Gerichte und Beamte für andere Aufgaben bestimmt werden konnten

**Kline**
Liege oder Bett

**Koilon**
Zuschauerbereich des griechischen Theaters

**Logeion**
der auf einem aufgesockelten Paraskenion angebrachte Bühnenboden

**Lutrophore**
großes, mit zwei bis drei Henkeln ausgestattetes, langhalsiges Wassergefäß

**Melite**
Name eines Athener Stadtteils

**Metöken**
in Athen ansässig gewordene, aus anderen Gegenden stammende Personen, die in der Regel allgemeinen Rechtsschutz genossen und beruflich frei tätig sein konnten, jedoch kein Bürgerrecht besaßen und deshalb ohne politische Mitwirkungsmöglichkeiten blieben

**Musagetes**
Beiname Apolls in seiner Funktion als Anführer der Musen

**Naiskos**
kleines Tempelchen oder tempelartiges Gebäude

**Nemeen**
panhellenische Wettkämpfe, die in Nemea zu Ehren des Zeus veranstaltet wurden

**Nothoi**
Bewohner Athens, die kein Bürgerrecht besaßen, weil nicht beide Elternteile gebürtige Athener waren

**Odeion**
überdeckter Saalbau für musische Aufführungen

**Olympien**
panhellenische Wettkämpfe, die in Olympia zu Ehren des Zeus veranstaltet wurden

**Opisthodom**
das Gegenstück zum Pronaos an der Rückseite einer Tempelcella

**Orchestra**
kreisförmige Spielfläche des griechischen Theaters

**Ostrakismos**
das in Athen im 5. Jh.v.Chr. praktizierte Scherbengericht. Sein Name leitet sich von Scherben (Ostraka) ab, die bei der Abstimmung über ein Gerichtsurteil als Stimmzettel verwendet worden sind

**Palästra**
griechische Ringschule, die in der Regel aus einem Peristylhof als Trainingsplatz besteht, der von Säulenhallen eingefaßt wurde, an die sich Räume unterschiedlicher Funktion anschließen konnten

**Panathenäen**
wichtigstes Fest für den zentralen Staatskult Athens, das mit aufwendigen Prozessionen, Opferfeierlichkeiten und Wettkämpfen für Athena Polias gefeiert wurde

**Paraskene**
vor der Skene liegende Spielfläche des griechischen Theaters

**Parthenon**
Name des für Athena Parthenos auf der Kuppe der Athener Akropolis in perikleischer Zeit errichteten, großen Tempels

**Pelargikon**
die dem mythischen Stamm der Pelasger zugeschriebene Ringmauer der Athener Akropolis aus mykenischer Zeit

**Pentekontaetie**
von Thukydides eingeführte Bezeichnung für die ca. 50jährige Friedenszeit zwischen dem Ende der Perserkriege und dem Ausbruch des Peloponnesischen Kriegs

**Peribolos**
Umfassungsmauer eines abgegrenzten Bezirkes

**Peripatetiker**
die Mitglieder und Anhänger der philosophischen Schule des Aristoteles, deren Name von dem in einer Wandelhalle üblichen Umhergehen abgeleitet worden ist

**Peripatos**
Name jener Athener Ringstraße, die am Fuß der Akropolis um diesen Stadtberg führt

**Peripteros**
auch als Ringhallentempel bezeichneter Tempeltypus, dessen Cella an allen vier Seiten von einer Säulenhalle eingerahmt wird

**Peristyl**
ein Hof, der ringsum von Säulenhallen umgeben wird

**Phorosbeiträge**
Zahlungen, die die Mitglieder des attischen Seebunds in Athen abzugeben hatten

**Phratrien**
ehrwürdige Familienverbände, die als alteingesessene Bevölkerungsgruppen bestimmte staatsrechtliche Aufgaben, z.B. die Führung der Bürgerlisten, wahrnehmen konnten

**Phyle**
Gemeinde- und/oder Organisationsteil einer griechischen Polis

**Phylenordnung**
staatliches Organisationsmodell, das vor allem im Zeitalter der Athener Demokratie die politi-

schen Aufgaben der Phylen innerhalb der Polis und das Wahlsystem regelte

**Pinakia**
Bronzetäfelchen, die bei der Auslosung der Geschworenen für Athener Gerichte benutzt wurden

**Plutos**
das griechische Wort für den Reichtum. Darüber hinaus der meist als kindlicher Knabe dargestellte Gott des Reichtums

**Polis**
griechischer Stadtstaat

**Pompai**
Festzug oder kultische Prozession

**Prohedrie**
die für Priester und andere Amtspersonen in der ersten Reihe des griechischen Theaters reservierten und besonders ausgestatteten Plätze

**Pronaos oder Pronaon**
Die Vorhalle einer griechischen Tempelcella

**Propylon**
griechischer Torbau

**Proskenion**
die zu beiden Seiten der Skene vorspringenden Flügelbauten einer griechischen Theaterbühne

**Prostylos**
griechischer Bautypus, der durch eine vor dem Eingang stehende Säulenreihe charakterisiert ist

**Prytaneion**
Amtssitz der Prytanen

**Prytanen**
die Mitglieder des geschäftsführenden und für Aufgaben der Exekutive zuständigen Ausschusses der Polis, die durch Los aus dem Rat der Stadt bestimmt wurden

**Psephoi**
Stimmsteinchen, die bei Abstimmungen zur Feststellung der Mehrheit gezählt wurden

**Psychopompos**
der Seelengeleiter; Beiname des Hermes, soweit er die Seelen der Verstorbenen in den Hades führt

**Pythien**
panhellenische Wettkämpfe, die in Delphi zu Ehren des Apollon Pythios veranstaltet wurden

**Skene**
die Bühnenrückwand des griechischen Theaters

**Skias**
das griechische Wort für einen Schirm. Darüber hinaus jedoch auch der wegen ihrer Ähnlichkeit mit einem Schirm allgemein üblich gewordene Rufname der Tholos auf der Athener Agora

**Spolien**
Bauglieder, die bei einer sekundären Wiederverwendung in einen anderen Bauzusammenhang gebracht worden sind

**Stoa**
multifunktional nutzbare Säulenhalle

**Stratege**
Amtsbezeichnung für einen griechischen Heerführer

**Symbola**
Marken, die in Athen zur Teilnahme an bestimmten Ereignissen und/oder Zusammenkünften wie z.B. Gerichtssitzungen oder auch Theateraufführungen berechtigten

**Synoikia**
das attische Staatsfest, bei dem in Athen der Einheit der Stadt und Attikas gedacht und somit der Gründungsakt dieser Polis gefeiert wurde

**Talent**
griechisches Gewichtsmaß, das in Athen 26,196 kg entsprach und zugleich – Edelmetall vorausgesetzt – als größtes Zahlungsmittel galt, das den Wert von 6000 Drachmen hatte

**Temenos**
ein von seiner Umgebung abgegrenzter, heiliger Bezirk

**Theorika**
Gelder, die in Athen ursprünglich an ärmere Bürger gezahlt wurden, um ihnen den bei einem Theaterbesuch entstandenen Verdienst-

ausfall zu ersetzen. Im Verlauf des 4. Jhs.v.Chr. wurden der hierfür eingerichteten Kasse weitere Aufgaben übertragen, so daß sie zunehmend wichtiger wurde und schließlich für den größeren Teil der Finanzverwaltung Athens zuständig war

**Tholos**
griechischer Rundbau

**Thyromata**
Türen oder Scheintüren in der Skenewand eines griechischen Theaters

**Tripodenstraße**
Name einer in der Nähe des Athener Dionysostheaters gelegenen Straße, an der zahlreiche Dreifüße, die bei Theaterwettbewerben als Siegespreise gewonnen wurden, aufgestellt worden sind

**Trittyen**
Unterabteilungen der Phylen, die nach der kleistheneischen Reform aus 30 Trittyen bestanden

**Valerianische Stadtmauer**
die nach der Mitte des 3. Jhs.n.Chr. von Valerian zum Schutz Athens gegen die Goten und andere Stämme erneuerte Stadtmauer und Akropolisbefestigung

**Xystos**
überdachte Wettlaufbahn eines Gymnasions

# Register der Schriftquellen und Inschriften

Ailianus, Varia Historia 3.19–193 Anm. 33
Aischines 1.81–84–62 Anm. 30; 3.236–45 Anm. 35
Aristophanes, Acharner 19–33, 44–61 Anm. 10
    Friede 353 ff. – 193 Anm. 63
    Schol. Friede 1183–112 Anm. 178
    Frösche 66 ff. – 20 Anm. 10; 650–193 Anm. 54
    Vögel 736–111 Anm. 103; 1191 ff. – 111 Anm. 106; 1650 ff. – 193 Anm. 49
    Wespen 92 f. – 113 Anm. 201
    Schol. Wespen 984–112 Anm. 158
Aristoteles, fragm. 5–112 Anm. 169
    Athenaion Politeia 21,5–111 Anm. 136 und 112 Anm. 166; 22,3–44 Anm. 6; 42–192 Anm. 8; 42,4–147 Anm. 47; 43,2–109 Anm. 34; 43,3–108 Anm. 9; 44,1–109 Anm. 35; 53,4–112 Anm. 179, Anm. 182; 58–45 Anm. 20
    Politik 1319 A 26–30–109 Anm. 45 und 112 Anm. 190
    Physik 196 A 3–6–109 Anm. 45
    Rhetorica 3.1,1403 b 33–146 Anm. 21
Athenaios 6 234 d–e (nach Plutarch) – 193 Anm. 49

Cicero, De Finibus Bonorum et Malorum 5.1–193 Anm. 33

Demosthenes 3.23–29–147 Anm. 45; 10.49–50–109 Anm. 45; 18.141–112 Anm. 144, Anm. 189; 20.70–109 Anm. 50 und 110 Anm. 60; 20.94–112 Anm. 184; 21.16–164 Anm. 4; 21.166–164 Anm. 2; 21.56–164 Anm. 4; 24.23–112 Anm. 184; 25.51–109 Anm. 45 und 112 Anm. 190 und 146 Anm. 34; 34.39–54 Anm. 39; 40.52–46 Anm. 56
    3. Olyth. 25 f. – 22 Anm. 55
    Tim. 114–193 Anm. 21
Diodor 16.85,5–86, 6–21 Anm. 28
Diogenes Laertios 2.28,41–193 Anm. 58; 2.43–54 Anm. 32 und 193 Anm. 44; 3.20–193 Anm. 26; 3.25–193 Anm. 41; 4.1–193 Anm. 30; 4.19–193 Anm. 33; 5.2–194 Anm. 73, Anm. 80; 5.51–57–194 Anm. 79; 6.22–54 Anm. 36

Euripides, Ion 10 ff., 281 ff. – 111 Anm. 135
    Kyklop 335–111 Anm. 104

Harpokration s.v. Tholos – 109 Anm. 36
Herodot 2.149,3–172 Anm. 17; 4.115–193 Anm. 54
Hesiod, Theogonie 901 f. – 110 Anm. 95
Hesych, s.v. Lykeion – 194 Anm. 65
Homerischer Hymnos Nr. 7–165 Anm. 36, Anm. 39
Hypereides gegen Demosthenes 26–193 Anm. 31

Inschriften
    Agora I 1969–111 Anm. 138; I 3706–112 Anm. 162; I 7180–114 Anm. 235; I 7475–112 Anm. 180

IG II2 334–54 Anm. 5; 351–172 Anm. 4, Anm. 20; 457–21 Anm. 30 und 22 Anm. 44; 677–172 Anm. 5; 974–975–125 Anm. 25; 1035–172 Anm. 6; 2046–125 Anm. 17; 2311–172 Anm. 19; 3038–165 Anm. 56; 3042–165 Anm. 14; 3055–165 Anm. 48; 3056–165 Anm. 48, Anm. 53; 4960–124 Anm. 2 und 125 Anm. 16; 4969–124 Anm. 8

Isokrates
    Orationes 4, Panegyrikos 50–203 Anm. 6; 51–203 Anm. 7
    Orationes 8,82 f. – 147 Anm. 48;
    Orationes 9,57–109 Anm. 51;
    Orationes 15, 109 f. – 110 Anm. 73, Anm. 76

Kallistrat, stat. 3–194 Anm. 94
Krates, Athen. 591 b – 194 Anm. 106

Livius 31.24,17–45 Anm. 15 und 193 Anm. 53
Lukian, Anarch. 7–194 Anm. 82
Lysias 204–194 Anm. 67

Pausanias 1.19,6–172 Anm. 7; 1.2,4–54 Anm. 10; 1.20,1–164 Anm. 6 und 165 Anm. 22 und 194 Anm. 107; 1.20,4–146 Anm. 25; 1.21,1–2–146 Anm. 36; 1.21,3–165 Anm. 52; 1.21,4–125 Anm. 18; 1.24,3–110 Anm. 72; 1.26,5–112 Anm. 141; 1.28,2–112 Anm. 196; 1.29,16–22 Anm. 44, Anm. 49 und 113 Anm. 223 und 194 Anm. 68; 1.29,3 ff. – 44 Anm. 2 und 192 Anm. 16; 1.3,2–109 Anm. 50 und 110 Anm. 71; 1.3,4–112 Anm. 145; 1.3,5–109 Anm. 22; 1.5–112 Anm. 182; 1.8,2–110 Anm. 73, Anm. 82; 5.8,5–172 Anm. 18; 6.3,16–109 Anm. 49; 8.32,1–146 Anm. 30; 10.15,1–194 Anm. 106
Philostrat, Vitae Sophistarum 2.1,5–172 Anm. 8
Platon, Apologie 24 c – 20 Anm. 12; 32 c–d – 109 Anm. 41;
    Euthydemos 271 e – 273 b – 194 Anm. 67; 302 c–d – 112 Anm. 170
    Parmenides 127 b–c – 44 Anm. 1
    Politeia 376 e – 192 Anm. 1; 469 ff. – 203 Anm. 5
    Protagoras 314 D ff. – 203 Anm. 2
Plinius, nat. hist. 35.50–110 Anm. 86
Plutarch, Demetrios 40.8–112 Anm. 189
    Demosthenes 25.51–112 Anm. 190; 39 f. – 21 Anm. 37
    Kimon 8.8–193 Anm. 20
    Moralia 837 D – 46 Anm. 66; 839 C – 54 Anm. 37; 841 A-D – 21 Anm. 30; 841 C-D – 194 Anm. 68; 841 D – 172 Anm. 16; 841 F – 146 Anm. 35; 842 D – 21 Anm. 35; 843 F – 111 Anm. 137 und 194 Anm. 74; 847 A – 22 Anm. 43; 852 A–E – 21 Anm. 30; 852 F – 22 Anm. 44
    Perikles 12–111 Anm. 114

Phokion 19–111 Anm. 110; 26 ff. – 20 Anm. 3 und 21 Anm. 39
Solon 18.2–113 Anm. 194
Theseus 5.1–194 Anm. 88; 24 f. – 110 Anm. 80
Themistokles 1.1–193 Anm. 51; 11.4–61 Anm. 12

Theophrast, Hist. Plant. 1.7,1 – 194 Anm. 81
Thukydides 1.118,2–10 Anm. 1; 2.15, 2–110 Anm. 80; 2.34,5–44 Anm. 1; 6.57 -54 Anm. 6

Xenophon, Anabasis 8.8,1–194 Anm. 66
Hellenika 1.3,3–193 Anm. 63; 1.3,51–55–109 Anm. 18; 2.1,38 f. – 109 Anm. 47; 2.3,11–54 Anm. 14; 2.4,27–193 Anm. 64; 4.3,10 ff. – 109 Anm. 48; 4.8,7 f. – 21 Anm. 20; 4.8,9 ff. – 110 Anm. 59; 5.1,31–21 Anm. 15
Hipparchicus 3.1–193 Anm. 63
Memorabilia 1.6,2–193 Anm. 58
Oikonomikos 2.3–46 Anm. 57

# Allgemeines Register

Abaton 118
Abrechnungsurkunde 86
Abstimmarken 100
Acharnai 115
Achilleus-Maler 32
Adoranten 124
Adyton 91
Aegypten 177
Agora 17, 56, 60, 126, 137, 167, 196, 197
Agoraios Kolonos 50, 63, 66, 81, 83
Aigospotamoi 71
Aischines 33, 99
Aischylos 9, 139, 141
Akademeia 26, 28
Akademie 35, 201, 208
Akademos 175
Akanthus 151
Akanthussäule (Delphi) 95
Akropolis 9, 11, 18, 25, 26, 47, 48, 63, 79, 84, 87, 88, 90, 115, 136, 137, 159, 161, 197, 198
Alexander d.Gr. 15, 16, 183
Alkamenes 133
Alkmene 180
Allansichtigkeit 83
Altar 85, 92, 177
Altersstadium 30
Altis 134
Amazone 157
Amynos 115, 141
Anarchie 196
Anklage/n 33, 97, 100
Antenpfeiler 34
Antigonos 16
Apaturia 184
Aphrodite von Knidos 191, 198
Apollon Epikureios 50
Apollon Lykeios 184 ff.
Apollon Musagetes 91
Apollon Patroos 63, 80, 87, 96, 106, 162, 163, 184, 187, 199
Apollon Pythios 89, 93, 96, 187
Apollon Sauroktonos 189, 191, 192, 198
Architekturkopie 50
Architekturordnungen 151
Architektursprache 85, 151
Architekturzitat 50
Archon 76, 149
Ares 17
Aristogeiton 72
Aristonautes 45 Anm. 50
Aristophanes 13, 25, 56, 79, 94, 144
Aristoteles 16, 27, 92, 94, 96, 144, 174, 182, 183, 192, 201, 203
Asklepios 90, 141, 198
Asklepios Giustini 121

Astyphilos 115
Athena Parthenos 90
Athena Phratria 92
Athena Polias 79, 84, 85, 87, 88, 89
Athenatempel 87
Attika 23, 90
Attische Flotte 157
Attischer Seebund 12, 14, 73, 141
Auditorium 55, 57, 115, 131, 188
Auflösungserscheinungen 151
Autonomie 11, 13, 15, 17, 61, 105

Baldachin 118, 151
Banausen 188
Bankettbaus 106, 107
Bietträume 47
Basilika 115
Bassae 50
Bauboom 11
Bauruine 105
Befestigung 33
Bekränzung 88, 200
Bibliothek 178, 183
Bildhauer 25, 79, 188
Bildung 145, 174, 177
Binde 40
Bogen 185
Bothros 118
Brauron 9
Braut 31, 38
Breccia 91, 94, 128, 133, 145 Anm. 14, 153, 162
Brunnen(-haus) 101, 102
Bühne 127, 131
Bühnenarchitektur 127
Bühnenbilder 127
Bühnengebäude 131
Bule 57, 67, 68, 196
Buleuterion 60, 80, 93 ff.
Bundesgenossenkrieg 14
Bürger 12, 17, 23, 51, 57, 68, 95, 141, 148, 149, 159, 179
Bürgerideal 52, 72, 182
Bürgerlisten 92, 174
Bürgerrecht 72, 92
Bürgerschaft 100, 158, 203
Butes 88

Chaironeia 14, 15, 60
Chalkis 183
Chariten 177
Chiton 38, 40
Chor 127, 148
Chorege 148, 157
Choregie 148

**D**almatinische Seeräuber 157
Daseinsbild 40
Deinias 168
Delos 90
Delphi 87, 89, 93, 95, 188
Delphine 156
Demades 16
Demeterheiligtum (Eleusis) 28
Demetrios Poliorketes 11, 16, 104, 105
Demetrios von Phaleron 11, 16, 42, 149
Demokratie 24, 52, 56, 60, 64, 67, 69, 72, 93, 124, 176, 196
Demokratische Verfassung 17, 92, 97
Demon 124 Anm. 8
Demos 60
Demosion Sema 26, 35, 175
Demosthenes 15, 16, 17, 26, 33, 43, 52, 61, 71, 72, 89, 96, 99, 176
Denkmal 17, 35, 93, 141, 150, 158, 159, 161, 163, 164, 200
Dexileos 34, 35, 36
Diazoma 136, 137
Dichterstatuen 139, 144
Diochares Tor 182
Diogenes 52, 175, 180
Diometisches Tor 168
Dionys I. 177
Dionysien 126, 161, 170
Dionysos Eleuthereus 126, 127, 129, 148, 163, 164
Dionysospriester 143
Dionysostempel 131, 132
Dionysostheater 15, 57, 115, 159, 162, 167, 179, 201, 202
Dipylon 14, 18, 23, 26, 27, 33, 34, 47, 53, 126, 175
Dithyrambos 148, 157, 160
Dorische Ordnung 82, 132, 161
Dreifaszienarchitrav 151, 155
Dreifuß 94, 148, 151, 153, 160, 161, 187
Dreifußstraße 148, 153
Drei-Metopen-System 103, 117
„Dreißig" (Tyrannen) 13, 18, 25, 35, 52, 56, 57, 64, 66, 67, 68, 69, 108, 176, 196
Dromos 27, 173, 181

**E**chohalle 134
Edelmetall 108
Ehrengäste 143
Ehrenstatue 70
Eichamt 69, 105
Eidechse 190
Einansichtigkeit 131, 186
Einberufung (Listen) 95
Eirene 90, 188, 198
Ekklesia 16, 55, 57, 60, 61, 95, 96, 97, 196
Eleusinion 115, 148

Eleusis 9, 28, 47, 115, 116
Eleutherai 126
Elite 43, 76, 79, 145, 182, 192, 199,
Entwurf 86, 153
Epheben 51, 95, 141, 192
Ephebie 182, 184
Epidauros 115, 119, 121
Epigramm 29, 38
Erechtheion 25, 50, 84 ff., 162
Eretria 19
Eridanos 27, 47
Eros 26, 189
Erosstatue (Praxiteles) 186
Erythrai 39
Erziehung 173, 177, 192
Esse 108
Etagierte Säulen 117
Eteobutaden 16, 88
Euagoras 70, 72
Euainetos 149
Eubulos 14, 15, 126, 129, 197
Eudemos 169
Eukrates 60
Euphranor 89, 90, 91, 199
Euripides 9, 79, 139, 141
Exedra 178

**F**ächerkanon 177
Fackellauf 26
Fahrspuren 48
Familie(n) 20, 23, 33, 34, 35, 40, 42, 161
Familienanathem 73
Fassade 83, 84, 86, 118, 131, 160 ff.
Fenster 85
Festkalender 51, 73
Flotte (Athen) 14, 70
Flotte (Sparta) 72
Freitod (Demosthenes) 16
Friede 73, 91, 107
Friedensschlüsse 25, 76
Frontprospekt 88
Führungsanspruch 157 f.
Füllhorn 77
Fünf-Metopen-System 117
Fußmaß 86

**G**arten 174
Gästehaus 116
Gemälde 117, 178
Gericht 97, 103, 104, 196
Geschworene 97, 99, 100, 103
Gesetze(svorhaben) 65, 95, 96
Gewichte 69, 105, 108
Giganten 157
Globus 178

Götterbilder 156, 186
Götterwandel 91, 191
Gräberluxusverbot 23, 24, 42, 72, 149
Gräberstraße 28
Grabrelief 25, 26, 29
Grabstele 20, 28, 34
Gymnasion 27, 51, 92, 171, 173, 201, 202, 203

Haaropfer 184
Hades 31, 32, 38
Halbsäule(n) 117
Hallen 57, 106, 132
Handel 14, 28, 105, 107
Handelszentrum 108
Harmodios 72
Hegeso 29 ff., 40, 43
Hegisippos 112 Anm. 138
Heilgott 119
Heilige Straße 28
Heilschlaf 118
Hekatombaion 73
Hekatombe 47
Heliaia 101, 102
Hephaistostempel 50
Herakles 180, 181
Hermes 32
Herodes Atticus 167, 168, 170
Herodot 9
Heros Dexion 140
Hieropoioi 95
Hochzeitsgestus 38
Homer 44
Homerischer Hymnos (Nr. 7) 155, 156
Horen 119
Hygieia 119, 124

Ideal(e) 170
Idealportrait 139
Ikria 127
Ilissos 18, 168
Ilissosstele 41
Inkubationshalle 118, 119
Inszenierung 128
Ion 87
Ionische Ordnung 82, 83, 85, 86
Isokrates 16, 73, 99, 145, 202
Isonomie 72
Isthmien 141

Jagd 41
Jüngere Götter s. Neue Götter

Kalamis 89
Kalauria 16
Kallias 199

Kallikrates 85
Kallimedes 76
Kallistrat 186
Kallithea 43
Karien 180
Kassander 16
Katagogion 116
Kentauren 157
Kephisodot 76 ff., 90, 188
Kerameikos 20, 200
Kerkides 131
Kerykeion 32
Kerykes 115, 116
Kimon 176
Kithara 90
Kitharöde 90, 91, 199
Klassizismus 77
Kleagoras 182
Kleistheneische Reformen 55, 65, 92, 94
Kleisthenes 23, 92
Klepshydra 98, 99, 102
Kleroterion 98
Kline(n) 47, 106, 115
Knabenwettlauf 168
Knidos 70
Köcher 186
Koilon 58, 128, 131, 136, 137, 138, 159
Komödien 126
Konglomeratgestein 128
Königsfriede 13, 14
Konon 14, 49, 70, 71, 72, 201
Konvention 164, 197
Konventionsdruck 149, 154, 164, 200
Kopie 89
Korinth 34
Korinthische Säule 151, 154, 155
Korinthischer Helm 70
Korinthisches Kapitell 154
Koroibos 29, 33, 34
Krankenbett 124
Krepisspange 162
Kriegswaisen 141
Krisenzeit 121
Kritias 66, 176
Ktesileos 39, 40
Kultbild 83, 85, 121, 133
Kultur 16, 17, 138, 145, 202
Künstler 188
Kurotrophos 78
Kykladen 25
Kyniker 175, 181, 182
Kyrene 177

Lamischer Krieg 16
Lange Mauern 71

Lapithen 157
Laufbahn 168
Laurion 108
Lebensideal 170, 174
Lebensstil 20, 41, 174, 192
Lehmziegel 49
Lekythen 31
Leochares 89, 155
Literatur 170
Lossystem 100
Lukian 184
Lutrophore 29
Lykeion 182, 203
Lykeiongymnasion 144, 201
Lykurg 15, 16, 63, 81, 88, 95, 99, 104, 126, 129, 139, 144, 167, 169, 182, 183, 184, 197, 203
Lykurgische Zeit 15, 57, 87, 95, 115, 127, 129, 167, 168, 170, 182
Lysikrates 157
Lysipp 51, 52, 179

**M**akedonen 14, 15, 33
Makedonien 61, 157
Mantinea 76
Marmor 34, 49, 50, 89, 143, 153, 160, 162, 168
Maße 69, 105, 108
Materialwechsel 124 Anm. 9, 153
Matrosen 56
Meidias-Maler 115
Melite 87
Menander 52
Meter 63
Metöken 43, 120
Metrologie 86
Mine 108
Mithridates 179
Mnesarete 37, 38
Monopteros 151, 158
Münze 105, 197
Musagetes 91
Musen 177
Musik 90
Musterung 141
Mysterienheiligtum (Eleusis) 28, 47

**N**abel der Welt 89, 93
Naiskos 46 Anm. 50
Nemeen 171
Neoptolemos (von Melite) 87
Neue Götter 79, 119, 198
Nikefiguren 25, 88
Nikias 159, 161, 162, 188
Niobidentötung 160
Nothoi 180

**O**chsengespanne 169
Odeion 136
Ödipus auf Kolonos 129
Oligarchie 176
Olympia 121, 134, 173, 181
Olympien 171
Olynth 14
Opfer 76, 119
Opfergrube 118
Orchestra 126, 127, 131
Ostrakismos 24, 174

**P**ädagogik 173
Palästra 171, 173, 178, 181, 182, 183
Palmettenstele 29, 33
Panathenäen 26, 47 ff., 76, 170, 171
Panathenäenstadion 200, 201
Panathenäische Amphora 76
Panhellenische Spiele 171
Paradigmenwechsel 164
Parklandschaft 176, 177, 181
Parthenon 25, 85
Patienten 125
Patriotismus 16
Pausanias 47, 67, 76, 89, 117, 132, 152, 160, 181
Peisistratos 182
Pelargikon 115, 116
Peloponnesischer Krieg 9, 11, 12, 14, 18, 25, 33, 52, 67, 70, 71, 88, 94, 107, 119, 198
Pentekontaetie 9
Peplos 48
Pergamon 117
Peribolos 95, 115, 176
Perikleische Zeit 11, 16, 25, 63, 87, 126, 127, 182, 197
Perikles 25, 26, 81
Peripatetiker 175, 192
Peripatos 115, 116, 137, 138, 148
Peripteros 164
Peristyl 19, 47 ff., 101, 103, 104, 173, 199
Peristylhaus 19, 199
Persephone 38
Perserkriege 9, 24, 63, 87, 157
Persersturm 81
Persien 13, 70
Personifikation 60, 73
Pest 121, 198
Pharnabazos 70
Phiale-Maler 31
Phidias 9, 90
Phigalia 50
Philipp II. 15, 16, 157, 182
Philosophie 170, 175, 180
Phokion 78
Phorosbeiträge 142
Phratrien 92, 93, 174, 184

Phryne 188
Phyle 95, 98, 148
Phylenheroen 93, 95
Phylenordnung 92, 93
Phylenreform 95
Piazza Armerina 186
Pinakia 98
Piraten 155, 156, 157
Piräus 9, 28, 53, 71
Planetenmodell 178
Platanen 183
Platon 16, 170 ff., 199, 202, 203
Platzkapazität (Theater) 136, 137, 138
Plinius 76
Plutarch 17, 44, 56, 81, 176
Plutos 76, 78, 79, 188, 198
Pnyx 167, 170
Polis 18, 20, 25, 40, 57, 63, 65, 67, 69, 71, 72, 92, 95, 101, 131, 138, 171, 179
Polisbürger 17, 24, 52, 60, 123, 180
Pompai 47
Pompeion 20, 27, 55, 63, 103, 197, 199
Poros 94, 153
Portrait 51, 70, 72, 183, 201
Präfiguration 157
Praxiteles 90, 152, 186 ff.
Priene 173
Privilegien 143, 145
Professionalisierung (Schauspieler) 144
Prohedrie 126, 143, 148
Pronaos 81, 116
Proportionen 153
Propylon 47, 48, 49, 103, 116
Prosaliteratur 99
Prostylos (hexastyl) 47, 48, 49, 103, 116
Protagoras 199
Proxenos 29
Prozeß (Sokrates) 13, 119, 177
Prozeßtermine 95
Prytaneion 65, 105, 196
Prytanen 57, 63, 68, 69
Prytanikon 68
Psephoi 100
Psychopompos 32
Pubes 184, 190
Publikum 157
Pythagoräer 177
Phytien 171
Pythionike 46 Anm. 55

**R**atsversammlung 65, 66
Rechenschaftsbericht (Lykurg) 183
Rechtspflege 96
Rechtsschutz 92
Redekunst 99

Redezeit 99
Redner 17, 140, 141
Reichtum 67, 78, 79, 91
Repertoiretheater 143
Repräsentation 19, 25, 29, 31, 36, 40, 71, 143, 149, 163, 164, 199, 200
Rhamnus 9
Rhetorikunterricht 113 Anm. 204, 186
Ringhallentempel 18, 83
Ringkampf 173
Ritus 76, 90, 129, 184

**S**alamis (Zypern) 72
Sardes 13
Satyr (Praxiteles) 152
Schauspieler 143
Scheitelzopf 184
Schiffskarren 48
Schlange 122
Schleier 30, 31
Schmuckschatulle 31, 39
Schranken 117
Schulunterricht 173
Seeräuber 157
Sepulkralskulptur 23, 25
Siegespreis(e) 76, 148, 151
Silanion 179
Silber 108
Silen 156
Sizilien 177
Skene 127 ff., 136
Skias 68
Smyrna 184
Sokrates 13, 15, 43, 51, 68, 176, 177, 179, 199
Solon 176
Sonnenuhr 102, 178
Sophisten 13, 25
Sophokles 9, 13, 115, 139, 179, 201
Sparta 13, 14, 70, 76, 182, 198
Speusippos 177
Spiele / Wettkämpfe 167, 170, 171
Spolien 161
Sponsoren 200
Staatsarchiv 65, 66
Staatsfinanzen 14, 197
Staatsgräber 23, 26, 33, 34, 35, 175
Staatsideal 196
Staatskulte 124, 198
Staatsmonument 96
Staatstheorie 177
Stadion 171, 173
Stadtgräben 33
Städtische Dionysien 126
Stadtmauer 14, 26, 49
Statuenprogramm 139, 141

217

Stifter 88, 148, 149
Stimmarken 100
Stoa 117
Stoa Basileus 106
Stoa des Attalos 91, 103
Stoa des Eumenes 162
Stoa des Zeus Eleutherios 63, 70, 80, 81, 106
Straßenmöbel 158
Strabon 181
Stratege 70
Strategenportrait 70
Südstoa I 63, 102, 106, 108, 197
Südstoa II 104
Symbola 100
Synoikia 73
Szepter 76

**T**alent 43
Telemachos aus Acharnai 115
Temenos 95
Theano 39, 40
Thebaner 15
Themistokleische Stadtmauer 14
Themistokles 180
Theodektis aus Phaselis 44
Theophrast 183
Theorikon 14, 15, 126
Theramenes 66
Theseus 73
Thespiai 188
Tholos 80, 96, 108, 156
Thorikos 34
Thrakien 180
Thrasybul 53
Thrasykles 161
Thrasyllos 159, 160, 161
Thrasymedes 121
Thukydides 9, 23
Timarchos 62 Anm. 30
Timokratische Verfassung 16
Timotheos 14, 73
Toilettenszene 191
Totenspiele 27
Tracht 90
Tradition 157
Traditionspflege 161, 198
Tragödie 13, 126 ff., 139, 144
Treppenhäuser 117

Tripodenstraße 149
Tugend 36, 38, 138, 141
Tyrannen s. Dreißig
Tyrannentöter 71, 72
Tyrannis 60, 72

**U**nterricht 173
Urne 103
Urteil 97, 100

**V**alerianische Mauer 161
Verfassung (timokratisch) 16
Verfassung (demokratisch) 12, 13, 17, 55, 57, 196, 203
Verfassungsreform 53, 55, 64, 67, 196
Volksversammlung 55, 56, 59, 60, 65, 66, 88, 95, 97, 99, 139, 140, 141, 170
Volutenkapitell 50

**W**asserleitung (Agora) 63, 83, 102
Wasseruhr 102
Wehrpflicht 173, 174
Weihrelief 124
Weißgrundige Lekythen 32
Werteskala 170, 199
Wertewandel 18, 72, 76, 105, 129, 198, 199
Westweg (Agora) 63, 64, 83, 93, 94
Wettkampf 167, 170, 171
Wirtschaft 105 ff.
Wohlstand 202
Wohnhaus 18
Wurfholz 41
Wurfpfeil 190

**X**enokrates 194 Anm. 73
Xenophon 49, 66, 67
Xystos 173

**Z**ahnschnitt 151, 155
Zelt(e) 47, 49
Zeus 78, 121, 134, 180
Zeus Bulaios 67
Zeus Eleutherios 72
Zeus Phratrios 92
Zitat 50
Zopf 184
Zukunftsperspektive 145
Zukunftsvision 78
Zypern 70, 71

# Abbildungsnachweise

AA 1938,66 (G. Welter) = Abb. 115, 116
AA 1978, 69 (D. Cramers) = Abb. 78
Alinari = Abb. 58, 86, 130, 135
Allison – Franz = Abb. 104
AM 92, 1977 (H. Bauer) = Abb. 107, 109, 110, 111
AM 101, 1986 (St. F. Schröder) = Abb. 131
Antike Plastik 22, 1993 (W. Ehrhardt) = Abb. 113
Athen, Agoragrabung = Abb. 34, 41, 50, 62, 46, 65
Athenian Agora Bd. 27 (R. F. Townsend) = Abb. 72, 73
Athenian Agora Bd. 28 (A. L. Boegehold) = Abb. 64
A. Brückner, Der Friedhof am Eridanos (1909) = Abb. 14
J. M. Camp, Die Agora von Athen (1986) = Abb. 42, 48, 49, 61, 70
Deutsches Archäologisches Institut, Athen = Abb. 7, 8, 20, 31, 77, 83, 89, 98, 99, 103, 105, 112
Deutsches Archäologisches Institut, Rom = Abb. 85, 102, 129, 133
W. Dörpfeld – E. Reisch, Das griechische Theater (1896) = Abb. 92
G. Fischer (Darmstadt) = Abb. 90, 114
Hesperia 6, 1937 (H. A. Thompson) = Abb. 51
Hesperia 46, 1977 (J. E. Armstrong) = Abb. 69
Hirmer = Abb. 1, 10, 11, 12, 13, 15, 16, 18, 19, 84

W. Hoepfner, Das Pompeion (1976) = Abb. 24, 25, 27
JdI 109, 1994 (H. Knell) = Abb. 52
H. Knell, Perikleische Baukunst (1979) = Abb. 55, 91
U. Knigge, Der Kerameikos von Athen (1988) = Abb. 22
H. Koppermann (München) = Abb. 17, 126
Marburg = Abb. 87
Museumsfoto = Abb. 2, 6, 26, 44–47, 57, 60, 63, 66, 67, 125, 127, 128, 134
Neue Deutsche Ausgrabungen im Mittelmeergebiet und Vorderen Orient 1959 (D. Ohly) = Abb. 9
G. E. Rizzo, Prassitele (1932) = Abb. 132
M. Schede, Die Ruinen von Priene (1964) = Abb. 123
B. Schmaltz, Griechische Grabreliefs (1983), Abb. 7 = Abb. 20
L. Schneider (Hamburg) = Abb. 54
J. Travlos, Athen = Abb. 75, 117–119
G. B. Waywell, The Lever and Hope Sculptures. Monumenta Artis Romanae XVI (1986), 69 Fig. 10 = Abb. 88
B. Wernig nach Angaben des Verfassers = Abb. 3, 4, 5, 21, 23, 38–30, 32, 33, 35–40, 53, 56, 59, 68, 71, 74, 76, 79, 81, 82, 94–97, 100, 101, 106, 108, 121, 122, 124